Margaret A. Farley
Verdammter Sex

*Für Patricia und Robert Hammell,
John und Elizabeth Farley, Mary Farley Valenti
und ihre geliebten Kinder und Enkelkinder*

Inhalt

Vorwort 11

Kapitel 1   Die Fragen 15

Der Weg 16

Wo wir stehen 18
Neue Landkarten 23
Probleme mit dem Terrain 26

Die Aufgabe 30

Kapitel 2   Die Vergangenheit 33

Sex, Moral und Geschichte 34

Michel Foucault: Die historische Konstitution des Begehrens 34
Catharine MacKinnon: Historisches Schweigen 39
Fortschrittsgeschichten 40

Eine kurze Geschichte der Sexualethik 43

Sexualität in der Antike: Griechenland und Rom 44
Das Judentum: Sexualität, Moral und Religion 51
Christliche Traditionen 55
Philosophie und Medizin 68

Vergangenheit und Gegenwart 73

Kapitel 3   Schwierige Übergänge 75

Interkulturelle Perspektiven auf die Sexualethik 76

Kolonialistische Forschung und ihre postkolonialen Kritiker 80

Die Lektion des »Orientalismus« 81

Die Lehren für eine Sexualethik 83

In der Südsee 87

Afrika 96

Sexualität und Gemeinschaft 97

Gender, Ehe und Familie 99

Nachhaltige Sexualität 101

Das Kamasutra 109

Die Welt des Islam 115

Unbegrenzte Vielfalt? 123

Kapitel 4   Sexualität und ihre Bedeutungen 131

Warum der Körper wichtig ist 133

Theorien des Körpers 133

Transzendente Verkörperung 139

Ist Gender wichtig? 155

Gender: Theorie und Praxis 159

Christliche Theologien 161

Biologie und Kultur 167

Intersexualität und Transgender 171

Wie wichtig ist Gender? 177

Die Bedeutungen der Sexualität 181

Elemente der sexuellen Erfahrung 182

Liebe, Begehren und Sexualität 186

Kapitel 5   Gerechte Liebe und gerechter Sex –
Vorbereitende Überlegungen 197

Sexualität und Gerechtigkeit 198

Alternative Entwürfe 201

Die Quellen christlicher Sexualethik 205
Die heilige Schrift 206
Die Tradition 208
Die Wissenschaften 211
Die Erfahrung 212

Gerechte Liebe 219
Moralische Normen für eine gerechte Liebe 222
Liebe und Freiheit 226
Begehren 228

Kapitel 6   Gerechter Sex –
Leitlinien für eine Sexualethik 229

Gerechtigkeit 230
Die konkrete Realität von Personen 232
Verpflichtende Merkmale der Personalität 233

Die Normen für gerechten Sex 238
1. Unversehrtheit 238
2. Einvernehmlichkeit 240
3. Gegenseitigkeit 243
4. Gleichheit 245
5. Verbindlichkeit 246
6. Fruchtbarkeit 250
7. Soziale Gerechtigkeit 252

Besondere Fragen 256

    Nur für Erwachsene? 256

    Sexuelle Beziehungen mit sich selbst 259

    Das negative Potenzial von Sex 261

    Charakter, Glauben und sexuelle Gerechtigkeit 264

Kapitel 7   Beziehungsformen – Kontexte der gerechten Liebe 271

Ehe und Familie 272

    Historische und kulturelle Kontexte 273

    Das Christentum und sein Einfluss 277

    Beschreibende und normative Fragen 285

Gleichgeschlechtliche Beziehungen 299

    Die kirchliche Tradition 305

    Gleichgeschlechtliche Beziehungen und Gerechtigkeit 317

    Ist die sexuelle Orientierung vorgegeben oder gewählt? 323

Scheidung und Wiederverheiratung 325

    Das Eheversprechen: Geben, Halten, Ändern 330

    Scheidung 334

    Neuanfang 338

Danksagung 343

Anmerkungen 345

Personenregister 411

Vorwort

Ich hatte eigentlich nie die Absicht, ein Buch zur Sexualethik zu schreiben. Und als ich zu unterrichten begann, plante ich auch keine Kurse zu diesem Thema. Ethische Themenstellungen werden jedoch selten von Ethikern vorgegeben, sie folgen den Fragen, die von den Studierenden und im größeren gesellschaftlichen Umfeld aufgeworfen werden. Meine hier entwickelten Überlegungen zu einer »fairen Sexualität« sind in vielen Jahren des Zuhörens, Unterrichtens, Beratens, Forschens und Nachdenkens entstanden. Jedes Seminar, das ich gehalten habe, hat mich etwas gelehrt, und jedem Vortrag folgte ein Gedankenaustausch mit Menschen aus ganz verschiedenen gesellschaftlichen Gruppen. Zahllose Personen haben mich bei diesem Projekt unterstützt, indem sie mir ihre Fragen, Erfahrungen, Einsichten und Sorgen anvertraut haben.

Von Anfang an wurde deutlich, wie dringlich die aktuellen Probleme der Sexualethik sind und wie eng sie mit anderen akuten ethischen Problemen zusammenhängen. Was im sexuellen Bereich des menschlichen Lebens geschieht, ist nicht unabhängig von dem, was in anderen Bereichen geschieht – seien es Familie, Religion, Gesellschaft, Politik oder Wirtschaft. Ob sich Menschen frei entfalten können, ist nicht zuletzt eine Frage der Sexualität. Jeder weiß um die Erfüllung und Freude, welche die menschliche Sexualität verspricht, aber auch um die Verletzungen, die Gewalt, die Stigmata und die Ungerechtigkeiten, die unserem sexuellen Selbst zugefügt werden können. Vielleicht waren Worte des Heilens und der Hoffnung noch nie so notwendig wie heute, besonders vonseiten der Kirchen. Mein Buch hat in dieser Hinsicht den Charakter einer Aufforderung, denn es versucht, neue Möglichkeiten aufzuzeigen, wie wir als Individuen – oder wie unsere gesellschaftlichen Institutionen – über Sexualität nachdenken können.

Obgleich das Ziel dieses Buches damit eher praktisch als theoretisch ist, versuche ich zu zeigen, wie wichtig wirkliches Wissen und Verstehen, Urteilsvermögen und Abwägen sind, wenn wir angemessen über Sexualität sprechen wollen. Ein Blick in unsere eigene Geschichte, aber auch in die Geschichte anderer Völker und Kulturen wird uns dabei helfen, die vielen Bedeutungen des Körpers, von Gender und Sexualität zu verstehen. Es wird auch um den Zusammenhang von Liebe, Sex und Gerechtigkeit gehen und um die Bedeutung von Liebe und Begehren. Was für Menschen wollen und müssen wir eigentlich sein, um richtig zu lieben? Meiner Ansicht nach liegt der Schlüssel zu dieser Frage – im sexuellen wie in jedem anderen Bereich des menschlichen Lebens – in der Gerechtigkeit. In der Gerechtigkeit unserer Liebe, unserer Wünsche und unserer Handlungen.

Die Suche nach Weisheit im Zusammenhang mit Fragen des Geschlechts und der Sexualität ist ein schwieriges Unterfangen, und dieses Buch zielt nicht darauf ab, diese Suche zu vereinfachen – aber es will neue Perspektiven eröffnen und Leitlinien für eine christliche Sexualethik entwerfen. Christlich ist in diesem Zusammenhang keinesfalls exklusiv zu verstehen – es geht mir immer darum, diese Leitlinien als Teil einer allgemeinen Sexualethik verständlich und überzeugend zu gestalten. Der historische Ansatz wird deswegen von einem interkulturellen Ansatz begleitet. In den letzten Jahren hat meine Zusammenarbeit mit afrikanischen Theologinnen, die auf die AIDS-Pandemie reagieren, meine Überzeugung bestärkt, dass

Fragen der Sexualethik trotz aller kulturellen Unterschiede in gewissem Maß allgemeinmenschlich sind. Was jedoch nicht heißt, dass die soziale und kulturelle Konstruktion von Körpern, Geschlecht und Sexualität zu vernachlässigen ist.

Die Komplexität dieser und anderer Fragen mag einige Leser abschrecken, und ich möchte deshalb auf mögliche Abkürzungen hinweisen. Es ist etwa möglich, nach der Einführung in Kapitel 1 direkt zu den Vorschlägen von Leitlinien für eine Sexualethik in Kapitel 6 zu springen. Sollte jemand diesen Weg wählen, hoffe ich, dass sein Interesse so weit geweckt wird, dass er doch noch einen Blick in Kapitel 4 und 5 riskiert. Lesern, die gezielt Antworten auf Fragen zu sexuellen Beziehungsmustern suchen, empfehle ich, mit Kapitel 7 anzufangen. Auch wenn das Buch Schritt für Schritt vorgeht und jeder Schritt zum Verständnis des Ganzen beiträgt, ist es also möglich, an mehr als einer Stelle mit der Lektüre zu beginnen.

Es ist ebenso möglich, die zahlreichen Anmerkungen einfach zu ignorieren. Auch wenn die Anmerkungen bestimmte Punkte näher ausführen oder umfangreiches bibliografisches Material zur Verfügung stellen, steht der Text für sich. Um es kurz zu machen: Jeder hat das Recht, sich auf seine Art auf die Suche nach Einsicht in diese quälenden und interessanten Fragen zu machen.

Kapitel 1

Die Fragen

Die Frage nach der Bedeutung und Ethik der menschlichen Sexualität hat Tradition. Schon Platon erkundete das Verhältnis von Sex und Liebe und die Möglichkeiten sowohl homosexueller als auch heterosexueller Beziehungen. Die Stoiker plädierten dafür, die Sexualität der menschlichen Fortpflanzung unterzuordnen. Der Heilige Augustinus untersuchte die vermischten Motive, die zum ehelichen Sex führen. Martin Luther widersetzte sich einer Anschauung des sexuellen Begehrens, die bei Christen die Enthaltsamkeit gegenüber einer geregelten Bindung an Ehefrau und Familie vorzieht. Und Freud stellte mit seiner Interpretation der psychosexuellen Entwicklung des Individuums eine ganze Kultur radikal infrage.

Es ist also keineswegs neu, die menschliche Sexualität zu hinterfragen, ihre psychologische und soziale Bedeutung zu bewerten und darüber zu urteilen, was moralisch möglich oder erwünscht ist. Und doch unterscheidet sich unsere heutige Perspektive grundlegend von allen früheren. Nicht zuletzt dürfte dies daran liegen, dass mit der zunehmenden empirischen Erforschung der Sexualität seit der zweiten Hälfte des 20. Jahrhunderts zahlreiche neue Gesichtspunkte in Erscheinung getreten sind, die mit den poetischen Überlegungen in Platons *Gastmahl*, den abgewogenen Argumenten eines Seneca oder Mark Aurel oder gar der heftigen Polemik von Augustinus oder Luther nicht mehr viel zu tun haben. Selbst die

Metapsychologie und klinische Theorie von Freuds *Drei Abhandlungen zur Sexualtheorie* stehen unserer heutigen Sicht eher fern. Wir befinden uns in einer seltsamen Gemengelage. Über Sexualität wird zugleich kontrovers und gleichgültig gesprochen, trotzig und schüchtern. Traditionalisten stoßen mit Befürwortern einer modernen Sexualaufklärung zusammen, und diesen wiederum stehen postmoderne Stimmen gegenüber, die jeden Standpunkt ablehnen, der Objektivität und festgelegte Regeln für sich in Anspruch nimmt. Die Hitze des Gefechts zwischen »rechts« und »links« ist jedoch häufig nur lauwarm, weil sie von einem radikalen Skeptizismus gemildert wird, der sowohl traditionelle als auch nicht traditionelle Ansichten erfasst. All das ist ganz fraglos neu.

Der Weg

Die Geschichte der Sexualethik ist in westlichen Gesellschaften weitgehend eine Geschichte eindeutiger Regeln oder zumindest Ideale. Natürlich hat es auch in der Vergangenheit Uneinigkeit über sexuelle Sitten gegeben, und die Geschichte kennt zahllose Diskrepanzen zwischen Theorie und Praxis. Abhängig von Zeit und Ort wurden die ethischen Normen für sexuelle Beziehungen und Aktivitäten verschieden formuliert. Darüber hinaus spiegelten sich in ihnen stets kulturelle und klassenbedingte Unterschiede. Aber im Großen und Ganzen ist die Entwicklung unserer Sexualmoral doch von Klarheit und augenscheinlicher Kontinuität gekennzeichnet.

In der westlichen Kultur (aber auch anderswo) werden heute jedoch die traditionellen Regeln für sexuelles Verhalten auf die eine oder andere Weise infrage gestellt. Lange anerkannte Verpflichtungen und Verbote werden beispielsweise von staatlicher Seite neu ausgehandelt, und religiöse Traditionen geraten zunehmend unter

Druck. Das Problem ist nicht bloß im Gegensatz von Traditionalismus und radikalem Veränderungswillen begründet. Vielmehr hat eine umfassende Erschütterung der sexuellen und moralischen Sitten eine Verwirrung und den Wunsch nach Selbstversicherung in diesen quälenden menschlichen Fragen erzeugt. Lange für selbstverständlich gehaltene Überzeugungen sind wieder zu offenen Fragen geworden. Angefangen mit der Fortpflanzung über die destruktiven Elemente in sexuellen Beziehungen bis hin zur Frage, wie die Sexualität in unseren Alltag integriert werden kann und wie wir die gesunde psychosexuelle Entwicklung von Kindern gewährleisten. So intensiv wie niemals zuvor machen wir uns Gedanken über die Konsequenzen von sexueller Gewalt, die Sexindustrien, sexuelle Belästigung und genderbedingte Machtverhältnisse, die grassierende Bindungslosigkeit und die offenbar weitverbreitete Hilflosigkeit bei der Suche nach Vertrautheit. Obwohl einige Personen und Gruppen klare Antworten auf diese Fragen zu haben scheinen, trifft das auf viele andere nicht zu.

All dies hat vielfältige Gründe. Es geht ganz sicher nicht an, dem sogenannten Liberalismus und seinen vermeintlichen Nachkommen, dem Materialismus und Hedonismus, die gesamte Schuld in die Schuhe zu schieben. Und auch die sexuelle Revolution ist mitsamt ihren Widersprüchen nicht aus dem Nichts gekommen. Es waren die vielfältigen und tief greifenden ökonomischen, politischen und sozialen Veränderungen des 20. und 21. Jahrhunderts, die den Zugang zum Wissen verbreitet, die praktischen Möglichkeiten für eine sexuelle Selbstbestimmung geschaffen und damit das sexuelle Verhalten insgesamt beeinflusst haben. Ohne allzu stark zu vereinfachen, ist es möglich, einige maßgebliche Entwicklungen zu bestimmen. Eine Flut von Studien zur Sexualität (nicht nur naturwissenschaftliche, sondern auch philosophische, historische, psychologische, anthropologische und literarische) hat uns die gesamte Breite von Verhaltens- und Beziehungsmustern vor Augen geführt, und wir tendieren dazu, diese Entwicklungen für selbstverständlich zu nehmen. Dabei vergessen wir leicht, wie neu viele von ihnen sind und wie komplex sie die menschliche Erfahrung gestalten. Trotz der Gefahr, Bekanntes zu wiederholen, lohnt es sich, an einige dieser Entwicklungen zu erinnern.

Wo wir stehen

So ist zum Beispiel ein ganz erstaunlicher Fortschritt hinsichtlich der wissenschaftlichen Erkenntnis über sexuelle Reaktionen als solche und über den menschlichen Fortpflanzungsprozess zu verzeichnen. Während das Ovum schon (oder erst, je nachdem) 1828 entdeckt wurde, war noch bis ins 20. Jahrhundert unklar, wie der aktive physiologische Beitrag des weiblichen Partners im Fortpflanzungsprozess eigentlich aussieht. In den Jahrhunderten davor pflegte man das Bild eines männlichen »Samens« und eines weiblichen »Nährbodens«, was wiederum die Ansicht stärkte, der Mann sei bei der Fortpflanzung und ganz allgemein in sexuellen Beziehungen überwiegend aktiv, die Frau dagegen passiv.[1]

Im 20. und 21. Jahrhundert hat nicht nur die Biologie für neue Erkenntnisse gesorgt, sondern auch die Psychologie, Ethnologie und Soziologie[2] -und das nicht nur in Bezug auf die Interaktion zwischen Mann und Frau, sondern auch in vielen anderen Punkten. In der neuen Disziplin der »Sexualwissenschaft«[3] kamen viele traditionellere Disziplinen zusammen, um Bedeutung und Praxis der Sexualität sowie ihre ökonomischen und politischen Implikationen zu erforschen. Auf der Grundlage von Laborversuchen und Feldforschung, von psychiatrischen Fallanalysen und dem Zusammentragen von Daten zu sexuellen Praktiken hat die sozialwissenschaftliche Forschung stark zugenommen. Wie umstritten einige der Studien im Einzelnen auch sein mögen, sie haben vorherige pseudowissenschaftliche Anschauungen erfolgreich zurückgedrängt, zum Beispiel das Risiko des Wahnsinns durch Masturbation, die Unnatürlichkeit homosexueller Praktiken bei Tieren (und damit beim Menschen), die Fruchtbarkeit der Frau während ihrer Menstruation und so fort. Keine dieser Erkenntnisse konnte für sich genommen die traditionellen sexuellen Normen zu Fall bringen, aber ihre Geltung wurde entschieden geschwächt. Wenn zum Beispiel Alfred Kinsey recht (oder annähernd recht) hatte, dass 95 Prozent der männlichen Bevölkerung der Vereinigten Staaten und 70 Prozent der weiblichen Bevölkerung autoerotische Handlungen vornehmen, ist es schwer vorstellbar, dass Masturbation zu Krankheit und Wahnsinn führt (was zuvor geglaubt oder zumindest behauptet wurde). Und sofern William Masters und Virginia Johnson die physiologischen Reaktionen sowohl von Männern als auch von Frauen akkurat aufgezeichnet haben, ist das Ideal von männlicher Aktivität und weiblicher Passivität nicht mehr haltbar. Während die Biologie der menschlichen Fruchtbarkeit zunehmend besser verstanden wurde, ist die Behauptung, dass jegliche sexuelle Aktivität der Fortpflanzung zu dienen habe, zunehmend in Zweifel gezogen worden.

Interkulturelle Studien haben die große Variationsbreite sexueller Verhaltensmuster in den unterschiedlichen Kulturen festgestellt. Was in der westlichen Gesellschaft als abweichend angesehen wurde, erwies sich in anderen Gesellschaften als erlaubt und sogar akzeptiert. Berichte aus der Mitte des 20. Jahrhunderts zeigten zum Beispiel, dass in 49 von 76 Gesellschaften homosexuelle Aktivitäten verschiedener Art für bestimmte Angehörige der Gemeinschaft als normal betrachtet wurden. Masturbation gab es bei beiden Geschlechtern in fast jeder Gesellschaft überall auf der Welt. Es fanden sich keine einheitlichen Normen für voreheliche oder außereheliche Sex.[4] Für sich genommen konnten solche Informationen die traditionellen westlichen Normen wiederum nicht zu Fall bringen, aber sie trugen dazu bei, etliche Normen, die zuvor als absolut und allgemein betrachtet wurden, zu relativieren. Mit jedem weiteren Jahrzehnt haben interkulturelle Studien den Glauben an die gesellschaftliche Konstruktion sexueller Normen weiter gestärkt: Unsere Normen sind nicht wesensmäßig mit uns verknüpft, sondern werden von den Kräften innerhalb einer gegebenen Gesellschaft geprägt.

Auch historische Studien haben dazu beigetragen, sexuelle Normen zu relativieren und zu schwächen. Allein die Enthüllung, dass sexuelle Vorschriften eine Geschichte haben, hat ihre Kontingenz aufgezeigt. Dass etwa die Ethik der Fortpflanzung ebenso auf der stoischen Philosophie basiert wie auf der Bibel, hat vielen Christen gestattet, ihre Gültigkeit infrage zu stellen. Die Belege für eine alternative Sexualmoral und die tatsächlichen Praktiken in vergangenen Gesellschaften führten zu der Erkenntnis, dass die sexuellen Sitten veränderlich sind.[5] Mit dem Ziel, zeitgenössische Anschauungen besser zu verstehen, haben Historiker nach den Wurzeln und Entwicklungen dieser Anschauungen gesucht und sind dabei selten auf vernünftige oder logische Grundlagen gestoßen.

Zusätzlich zu den Entwicklungen in den theoretischen Disziplinen war die Stärkung des weiblichen Selbstbewusstseins – besonders in den letzten drei Jahrzehnten des 20. Jahrhunderts – ein signifikanter Faktor bei der Lockerung traditioneller Sexualnormen. Das neue Selbstverständnis von Frauen hat eine enorme Auswirkung auf die Wahrnehmung von sexuellen Normen gehabt. Viele Jahrhunderte, in denen eine von Grund auf falsche Weltwahrnehmung dem Sexismus – trotz gegenläufiger Tendenzen in allen großen religiösen und philosophischen Bewegungen – zur Blüte verhalf, ließen viele Frauen an der Gültigkeit fast aller früherer Lehren zu den Grundsätzen der Sexualmoral zweifeln. Frauen haben die Irrationalität sexueller Tabus unmittelbar erfahren; so meinte Freud in Bezug auf den Glauben, Menstruation, Schwangerschaft und Geburt stellten eine Verunreinigung dar: »… beinahe könnte man sagen, das Weib sei im Ganzen tabu.«[6] Ökonomische und soziale Veränderungen haben mit verschiedenen Formen der Bewusstseinsbildung zusammengewirkt und damit Frauen neue Perspektiven auf alte Fragen vermittelt. Doppelmoral, repressive genderspezifische soziale und politische Strukturen, männliche Interpretationen der weiblichen Sexualität, die medizinische und soziologische Beschreibung von unerreichbaren Idealen und destruktiven Rollenbildern – all diese Erfahrungen haben viele Frauen dazu gebracht, traditionelle sexuelle Anschauungen und Verhaltensweisen radikal infrage zu stellen.

Neben der Frauenbewegung führte auch das Entstehen der Schwulenbewegung zu einer völlig anderen öffentlichen Wahrnehmung von sexuellen Praktiken, die zuvor für unannehmbar gehalten wurden. Was weitgehend verborgen war, ist sichtbar geworden, und das selbstbestimmte Outing von Schwulen und Lesben in Familien, Vereinen, Kirchen und am Arbeitsplatz trug zur nachhaltigen Stärkung einer Bewegung bei, die ansonsten möglicherweise klein geblieben wäre.[7] Natürlich gibt es immer noch viele Unbelehrbare, aber die – wenn auch zögerlich vollzogene – öffentliche Anerkennung von Schwulenrechten (vom Recht auf Gleichbehandlung bis zu eingetragenen Partnerschaften und gleichgeschlechtlichen Ehen) spiegelt im Großen und Ganzen die Toleranz alternativer Ansichten zur menschlichen Sexualität und die Erschütterung früherer Überzeugungen zur Sexualmoral im Allgemeinen wider. Die Unbeständigkeit der öffentlichen Meinung in Fragen der gleichgeschlechtlichen Partnerschaften enthüllt vielleicht sogar besser als alles andere, wie sehr die Dinge in Bewegung geraten sind.

Für all diese Entwicklungen kann die Bedeutung der naturwissenschaftlichen und medizinischen Forschung gar nicht hoch genug eingeschätzt werden. Die weitverbreitete Verfügbarkeit von wirksamen Kontrazeptiva erlaubte zum ersten Mal die Trennung von heterosexuellem Geschlechtsverkehr und Schwangerschaft. Und trotz aller Rückschläge – vor allem aufgrund von AIDS – haben medizinische Entwicklungen in Prävention und Behandlung auch dazu geführt, sexuelle Aktivität und das Auftreten von Infektionskrankheiten weitgehend zu entkoppeln. Die Entwicklung reproduktiver Techniken hat vorher unfruchtbaren Paaren, aber auch fruchtbaren Einzelpersonen Möglichkeiten des Kindergebärens geschenkt, die bislang unvorstellbar waren. Viele Arten von sexuellen Funktionsstörungen sind durch Medikamente oder andere Therapien behandelbar geworden.

Wie interessant es auch ist, über den Beitrag dieser und anderer Faktoren bei der Relativierung von sexuellen Normen zu spekulieren: Die Probleme, vor die uns unsere Sexualität stellt, können sie nicht lösen. Genau genommen stellen sie uns sogar vor neue ethische Herausforderungen.[8]

Von den offensichtlich negativen Entwicklungen war damit noch gar nicht die Rede. Alle hier angesprochenen Entwicklungen haben das Potenzial, uns zu wirklicher Freiheit und Wohlbefinden in der sexuellen Sphäre zu verhelfen. Es ist schließlich eine gute Sache, von irrationalen Tabus erzeugte Angst und Scham zu überwinden und eine auf Unwissen beruhende Selbstgefälligkeit hinter sich zu lassen. Es ist auch gut, Klarheit über solche sexuellen Beziehungsmuster zu erlangen, die verletzend und ungerecht sind. Dennoch haben uns diese Entwicklungen zwangsläufig zu weiteren Fragen geführt. Wir brauchen die Erkenntnisse der Biologie und Psychologie, der Ethnologie, Soziologie, der Wirtschaftstheorie und Geschichte; und wir brauchen auch den befreienden Einfluss der sozialen Bewegungen. Aber wir brauchen noch mehr. Individuen und Gesellschaften stellen sich weiterhin drängende Fragen: Wie geht es von hier aus weiter? Wie gehen wir mit den noch existierenden Problemen im sexuellen Bereich um? Können wir unser neues Wissen und die vielen neuen Handlungsmöglichkeiten in jene Weltanschauungen integrieren, die unserem ganzen Leben einen Sinn geben? Wenn wir nicht mehr auf den Kompass traditioneller Normen zählen können, an wen wenden wir uns, wenn wir uns nach Rat und Führung sehnen? Nicht nur die Wissenschaftler haben über diese Fragen nachgedacht. Sie lagen auch in der Verantwortung von Gesetzgebern, Gerichten und Glaubensgemeinschaften. Letztere wurden wiederum stark von den Erkenntnissen und Argumenten der Philosophen und Theologen beeinflusst. Um zu verstehen, wo wir uns befinden und warum, müssen wir deshalb auch auf die Entwicklungen in diesen Disziplinen schauen.

Neue Landkarten

Besonders im letzten Viertel des 20. und zu Beginn des 21. Jahrhunderts sind zahlreiche wichtige philosophische und theologische Studien entstanden. Wie die Theologen und Philosophen in der Vergangenheit haben sich die zeitgenössischen Wissenschaftler an der Biologie orientiert – aber auch die Psychologie, die neuen Technologien und die sozialen Bewegungen haben wichtige Impulse für ihre theoretische Arbeit geliefert. In der Tat wird die Notwendigkeit interdisziplinärer Ansätze weithin anerkannt. Nach dem Zweiten Weltkrieg versuchten Philosophen wie Jean-Paul Sartre, Maurice Merleau-Ponty und Simone de Beauvoir, die Bedeutung der menschlichen Sexualität nicht nur im Licht neuer wissenschaftlicher Daten, sondern auch neuer philosophischer Theorien der Freiheit und Liebe neu zu bestimmen.[9] Am einflussreichsten für unser Verständnis von Sexualität und sexuellem Begehren war jedoch das Werk von Michel Foucault.[10] Aber auch analytische Philosophen steuerten wichtige Studien zu Themen wie Gender, Ehe, Familie, Homosexualität und Pornografie bei.[11] Insbesondere feministische Philosophinnen leisteten bahnbrechende Arbeit, nicht nur zum Verständnis der Sexualität im engeren Sinn, sondern auch zu den

großen philosophischen Fragen der Verkörperung, der Genderidentität, der Natur des sexuellen Begehrens, der Gerechtigkeit in familiären Beziehungen und den Formen der Elternschaft.[12]

Auch die Theologie hat wichtige Erkenntnisse in Bezug auf die
menschliche Sexualität und das Sexualverhalten geliefert. Einige dieser Arbeiten entstanden in Nordamerika in den 1960er-Jahren mit
der römisch-katholischen theologischen Debatte über die künstliche
Empfängnisverhütung.[13] Kurz darauf läuteten die wichtigen Publikationen von Anthony Kosnik und seinen Kollegen aus der römisch-
katholischen Tradition und James Nelson aus der protestantischen
Tradition den Beginn einer ganz neuen Ära für eine christliche Sexualethik ein.[14] Die Beiträge von Charles Curran, André Guindon,
Philip Keane, Giles Milhaven, Lisa Sowle Cahill, Beverly Wildung
Harrison, Carter Heyward, Christine Gudorf und vielen anderen
waren zum Verständnis des Sexuellen innerhalb christlicher Ge-
meinschaften von unschätzbarem Wert.[15] Bibelforscher wie Phyllis
Trible, Mary Rose D'Angelo, William Countryman, Robin Scroggs,
Richard Hays und Dale Martin haben sich mit Fragen der Sexual-
ethik befasst.[16] Und auch jüdische Theologen haben zu vielen dieser
Fragen wichtige Untersuchungen beigetragen. Autoren wie Eugene
Borowitz, David Feldman, David Novak, Judith Plaskow, David
Biale und Elliot Dorff haben sich kritisch mit der Rolle der Sexua-
lität in der jüdischen Gemeinschaft (und darüber hinaus) auseinan-
dergesetzt.[17]

Viele der philosophischen und theologischen Forschungsbei-
träge sind freilich umstritten, trotzdem haben sie zahlreiche neue
Erkenntnisse generiert und Perspektiven eröffnet, die nicht mehr
ignoriert werden können. Einige theoretische Analysen zur Bedeutung der menschlichen Sexualität sind genauso entscheidend für
unser Verständnis wie die naturwissenschaftlichen Entdeckungen,
die ihnen vorausgegangen sind. Die Einsicht in den Zusammenhang
von Sex und Freiheit, Sex und Macht, Sex und Geschichte, von Gen-

der und beinahe allem anderen, ist in mancher Hinsicht so wichtig, dass es einfach kein Zurück zu naiveren Betrachtungsweisen gibt.

Die theologische Kritik am anthropologischen Dualismus und an der Betonung von Sünde und Scham hat für die Schöpfungs- und Inkarnationslehre und die Eschatologie neue Sichtweisen auf die Sexualität ermöglicht. Kritische Bibelexegesen haben allgemein akzeptierte Sexualnormen destabilisiert und neues Licht auf die Stellung der Sexualität in der menschlichen Gemeinschaft geworfen. Die Kritik an religiösen Traditionen hat in einigen Fällen zur kreativen Neustrukturierung wichtiger Aspekte der Tradition geführt. Aber selbst dort, wo die neuen theologischen Sichtweisen der menschlichen Sexualität mit Skepsis betrachtet oder rundheraus abgelehnt werden, haben sie den theologischen Diskurs erheblich verändert. Die Theologie hat wie die Philosophie einen Weg eingeschlagen, der eine Umkehr unmöglich macht.

Obwohl die Schlüsselfragen erforscht sind und sich die Hauptrichtungen für eine zeitgemäße Philosophie, Theologie und Ethik der menschlichen Sexualität herauskristallisiert haben, ist die Diskussion alles andere als abgeschlossen. In den Kirchen und Synagogen wütet der Dissens, und es gibt viele Fragen (wie die nach der Bedeutung der menschlichen Sexualität, des Begehrens und der Verkörperung sowie der Strukturen menschlicher Beziehungen), die zur Gattung der »ewigen Fragen« gehören. Jede Generation wird sie immer wieder neu für sich erkunden müssen. Deshalb ist es wichtiger denn je, mit allen uns zur Verfügung stehenden Disziplinen die Diskussion fortzusetzen und ethische Leitlinien für den Bereich der Sexualität zu entwickeln.

Probleme mit dem Terrain

Ethische Analysen im sexuellen Bereich werden mit besonderer Skepsis betrachtet – was gewissermaßen in der Natur der Sache liegt: Da wären zunächst einmal die früheren Misserfolge. Wenn es so viele Jahrhunderte lang »falsch gemacht wurde«, wieso sollten wir es dann plötzlich richtig machen? Dieser Einwand geht davon aus, dass aus religiösen, philosophischen und kulturellen Traditionen keinerlei Wissen über die menschliche Sexualität zu gewinnen sei. Er geht auch davon aus, dass es wirklich »nichts Neues unter der Sonne« geben kann, keine neue Erkenntnis, der bedingungslos (oder auch nur für eine bestimmte Zeit und einen bestimmten Ort) zu trauen wäre. Offenbar handelt es sich um eine überzogene Absage sowohl an die Vergangenheit als auch an die Gegenwart. Selbst wenn es das »letzte Wort« nie gibt, ist der Versuch der Bergung und Rekonstruktion von Wissen der Mühe wert. Ob dem wirklich so ist, hängt nicht zuletzt davon ab, wie drängend wir unsere Probleme mit der Sexualität erfahren. Wenn wir damit fortfahren, uns in unserem Sexualleben zu schaden und zu verletzen, oder daran scheitern, das Potenzial des anderen anzuerkennen, wenn wir uns auf irgendeine Weise verantwortlich für zukünftige Generationen fühlen, wenn Angst und Verwirrung unsere sexuellen Optionen immer noch einschränken, wenn wir uns deren Verwirklichung gegenseitig nicht zugestehen und der eigenen Entscheidung sowie der Entscheidung der anderen nicht trauen können, wenn unsere Sehnsucht nach Freude oder Glück oder Erfüllung unnötig behindert scheint: Wenn dem so ist, muss die Sexualität erforscht werden – unabhängig davon, wie attraktiv skeptische Positionen zu sein scheinen.

Es gibt jedoch einen weiteren Grund, der uns zur Vorsicht mahnt. In der westlichen Kultur, zumindest in ihrer christlichen Prägung, hat es die ständige Tendenz gegeben, der Sexualmoral eine zu große

Bedeutung zuzumessen. Das Sexuelle hat den moralischen Schwerpunkt ganzer Generationen von Menschen eingenommen. Alles »Sexuelle« wird als »moralisch« oder »unmoralisch« angesehen. »Moral« wird oft beinahe auf »sexuelle Moral« reduziert. Das geschieht zum Nachteil anderer wichtiger Anliegen, als da sind ökonomische Ungerechtigkeit, die Unterdrückung ganzer Völker, politische Unehrlichkeit, selbst Diebstahl und Mord. Ironischerweise fällt vielleicht ein Großteil dessen, was die sexuelle Sphäre ausmacht, gar nicht in den Bereich der Moral oder nur indirekt. Beziehungen – zu anderen, uns selbst, Gott – tragen immer moralische Elemente in sich; aber die Sexualität oder die Abwesenheit von Sex in ihnen kann von geringerer moralischer Bedeutung sein als Faktoren wie Respekt, Vertrauen, Ehrlichkeit, Fairness und Treue. Und doch verletzen oder verraten wir einander häufig als sexuelle menschliche Wesen. Trotz des Risikos, die moralische Bedeutung von Sex überzubewerten, kann deshalb die Notwendigkeit einer Sexualethik nicht gänzlich verworfen werden.

Die andere Seite der Tendenz, Moral mit Sex gleichzusetzen, besteht darin, den sexuellen Bereich als isoliert vom Rest des Lebens zu betrachten. Das bedeutet, dass wir einerseits der Sexualmoral zu viel Gewicht beimessen, andererseits jedoch zu wenig. Diese Art von Skepsis bemängelt, dass eine Sexualethik ein kleines, leichtfertiges Unterfangen oder eine Obsession ist, die von den wirklich drängenden moralischen Problemen wie Rassismus, Hunger, Obdachlosigkeit, Armut und Krieg ablenkt. Das ist plausibel, aber nur solange man die Verbindung zwischen sozialen Strukturen und sexuellen Beziehungen, zwischen politischen Kämpfen und Gender-Bias, zwischen sexuellen Sanktionen und sozialpolitischen Strategien außer Acht lässt. Feministinnen sind mit ihrer Behauptung, dass das »Persönliche politisch« sei, nicht immer auf Verständnis gestoßen; aber insbesondere in der Sphäre der Sexualethik ist das Private ebenso institutionell wie individuell bestimmt. In einem

Jahrhundert, in dem Vergewaltigungen Teil der militärischen Strategie waren, Armut nicht selten das Ergebnis eines Mangels an selbstbestimmter Reproduktion ist, in dem Industrien auf sexueller Ausbeutung basieren und die Vergabe von Arbeitsplätzen von Rasse, Geschlecht und Klasse abhängen, kann die Entwicklung einer Sexualethik kein triviales Anliegen sein.

Eine letzte, aber zweifache Quelle der Skepsis entspringt einerseits der unüberschaubaren Breite des sexuellen Erlebnishorizontes und andererseits unseren wachsenden Zweifeln, dass moralische Normen überhaupt eine positive Auswirkung auf unser Sexualleben haben. Allein der Gedanke an ethische Standards für sexuelle Beziehungen und Aktivitäten setzt voraus, dass sie generalisierbar sind. Aber ist dem so? Von kulturellen Unterschieden einmal ganz abgesehen: Ist es möglich, eine allgemeingültige Ethik zu entwickeln, die unser Sexualleben bereichert? Nehmen wir nur die Erfahrung der romantischen Liebe, die das sexuelle Begehren prägt und von ihm geprägt wird. Wie viele Formen nimmt sie an? Gibt es wirklich moralische Kriterien, die sowohl auf schmerzhaft unerwiderte Liebe anwendbar sind wie auf Beziehungen, in denen die Leidenschaft in einem gemeinsamen und geordneten Leben allmählich zu reifer gegenseitiger Liebe wird? Können ethische Normen bestimmen, ob eine Liebe Erfüllung findet? Ob sich unerfüllte Liebe als tragisch oder einfach traurig oder als glückliche Möglichkeit eines Neuanfangs erweist? Können ethische Prinzipien und moralische Regeln den Weg zu einer möglichen und schönen Beziehung weisen? Oder verhindern, dass wir verletzt werden oder unser Leben aus der Bahn geworfen wird? Oder uns dabei helfen, die unsicheren Gewässer der Intimität zu befahren?

Gibt es ethische Perspektiven, die sowohl die erotische Liebe in romantischen Beziehungen als auch leidenschaftliches Verlangen nach Sex ohne Beziehung umfassen können? Wie sieht es mit Beziehungen aus, die weder romantisch noch leidenschaftlich sind? Kann es dieselben moralischen Grenzen für lang andauernde (oder im Laufe der Zeit bitter gewordene) Liebe geben wie für aufblühende, noch unsichere Liebe voller Macht und Gefahr? Stärkt es die ethischen Normen, wenn Sex und Liebe institutionell durch Strukturen von Ehe und Familie, Berufs- und Alterskategorien, stärkenden Traditionen, selbstgenügsamen Kulturen reguliert werden? Mit anderen Worten: Kann über die menschliche Erfahrung der Sexualität überhaupt genug gesagt werden, um universelle oder auch nur lokale Richtlinien zu erlassen? Was bedeutet die Erfahrung der moralischen Verpflichtung für die sexuelle Erfahrung? Kann diese geschützt oder befreit werden? Wenn sich Sex friedlich in die Ordnung des Lebens einfügt, wozu braucht es dann ethische Normen? Und wenn Sex Unruhe stiftet und unser Leben in Unordnung bringt, helfen sie dann überhaupt? Geht es lediglich darum, ob ethische Normen befolgt, oder vorrangig darum, dass sie überhaupt zur Kenntnis genommen werden?

Niemand würde argumentieren, dass ethische Standards alle möglichen Probleme der Sexualität lösen oder auch nur beleuchten können. Und nur wenige Menschen würden darauf bestehen, dass moralische Regeln sich immer positiv auf unser Sexual- und Beziehungsleben auswirken. Trotzdem sollten wir nicht zu dem Schluss kommen, dass unser Sexualleben *nicht* reflektiert und von ethischen Grundsätzen und moralischer Klugheit bestimmt sein soll. Wie grundverschieden unsere sexuellen Erfahrungen auch sind, wie vielfältig die Kontexte für unser sexuelles Begehren, wie gleichgültig unsere Sexualität gegenüber ethischen Standards auch erscheinen mag, wir fällen trotzdem moralische Urteile, entwickeln bestimmte Ansprüche als Reaktion darauf und erfahren uns in unserem Handeln als selbstbestimmte Menschen. All das mag sich als illusorisch erweisen, als illegitime Überbleibsel seit Langem bestehender Tabus. Und doch erleben wir echte moralische Verwirrung, suchen nach moralischer Führung und empfinden moralische Empörung über bestimmte sexuelle Aktivitäten, bestimmte sexuelle Beziehungen. Wie auch immer die Theorien über Sex und Moral beschaffen sind, unser Sexualleben ist untrennbar mit moralischen Fragen verbunden. Skepsis hin oder her: Die Anstrengung, eine Sexualethik zu entwickeln, ist unumgänglich.

Die Aufgabe

Inzwischen sollte klar geworden sein, dass die Entwicklung einer angemessenen zeitgemäßen Sexualethik erfordert, einer Reihe von verwandten Forschungsfeldern Aufmerksamkeit zu schenken. Interkulturelle und historische Studien müssen berücksichtigt werden; soziologische Erhebungen spielen ebenso eine Rolle wie eine Reihe meta-ethischer Fragen (also die »großen Sinnfragen«); die Bedeutung der Sexualität an sich, der Verkörperung und des sexuellen Begehrens oder des sozialen Geschlechts muss diskutiert werden, ebenso die Universalität oder Partikularität jeglicher moralischen Norm. Und weil ethische Leitlinien nicht aus einem moralischen Vakuum kommen, wird sich eine Sexualethik (ob positiv oder negativ) auf bestimmte philosophische, theologische, kulturelle Traditionen beziehen müssen. Eine Sexualethik kommt nicht umhin, menschliche Handlungen und Möglichkeiten zu bewerten, nach erkennbaren Widersprüchen oder Gefahren zu fragen und nach Beziehungsmustern zu suchen, die individuelles und gesellschaftliches Wohlbefinden fördern. Darüber hinaus ist es wichtig, nicht nur über Normen für Handlungen und Beziehungen nachzudenken, sondern auch über Fragen des Charakters oder der Tugend, soweit sie sich auf unser Sexualleben auswirken. Zweifellos ließe sich diese To-do-Liste fortsetzen.

Dieses Buch zielt nicht darauf ab, eine vollständige oder umfassende Sexualethik zu schaffen. Es wird sich nicht mit all den Fragen befassen, die für eine Sexualethik bedeutsam sind, und auch nicht mit allen vielversprechenden Konzepten. Es beschränkt sich weitgehend auf Probleme, mit denen sich die gegenwärtige westliche Kultur konfrontiert sieht (obwohl nicht davon auszugehen ist, dass sie für andere Kulturen irrelevant sind). Des Weiteren konzentriert sie sich auf die in christlicher Tradition wichtigen Ressourcen und zielt in erster Linie darauf ab, innerhalb dieser Tradition sinnvoll zu sein.

Selbst in dieser bescheideneren Version beinhaltet das Buch immer noch einige Elemente für eine umfassende Sexualethik. Die folgenden Kapitel befassen sich mit der Geschichte (Kapitel 2), den interkulturellen Differenzen (Kapitel 3) und einer Untersuchung der Bedeutung von Verkörperung, Gender und Sexualität (Kapitel 4). In Kapitel 5 widme ich mich einigen vorbereitenden Fragen in Bezug auf die Formulierung von Leitlinien für eine Sexualethik: Methoden und Quellen, alternative Konzepte und das Verhältnis von Gerechtigkeit und menschlicher Liebe. Kapitel 6 enthält meinen Vorschlag für eine menschliche und christliche Sexualethik. Im letzten Kapitel, Kapitel 7, betrachten wir drei wichtige »Beziehungsmuster«, die unsere Sexualität betreffen und anhand der Leitlinien der von mir vorgeschlagenen Sexualethik beleuchtet werden können.

Kapitel 2

Die Vergangenheit

Die Geschichte der Sexualethik ist wichtig, um die gegenwärtigen ethischen Fragen zur menschlichen Sexualität verstehen und kontextualisieren zu können. Entsprechende Studien haben jedoch mit einigen nicht geringen Schwierigkeiten zu kämpfen, wie neuere kritische Untersuchungen zeigen.[1] Während Gesetze, Kodizes, Abhandlungen, Predigten und andere Formen der moralischen Belehrung zum sexuellen Verhalten hervorragende Quellen für die normativen Aspekte der Geschichte abgeben, ist es sehr viel schwieriger – wenn nicht unmöglich –, herauszufinden, was die wirklichen Menschen glaubten und taten. Hier ist man auf oft fragmentarische und vorläufige Studien angewiesen. Zweitens wurden ethische Theorien über Sex überwiegend von der männlichen Elite in den untersuchten Gesellschaften formuliert. Die Erfahrungen, Anschauungen, Werte von Frauen sind größtenteils nicht dokumentiert und waren bis vor Kurzem fast ganz unzugänglich. Dasselbe trifft auf Männer zu, die nicht der herrschenden Klasse angehörten. Drittens hängt die Interpretation der Quellen immer von einem bestimmten Erkenntnisinteresse ab. Es macht einen großen Unterschied, ob man nach historischen Bewertungen des menschlichen Begehrens sucht oder aber nach den Leerstellen, wenn zum Beispiel über den sexuellen Missbrauch von Frauen geschwiegen wird.

Trotz all dieser Schwierigkeiten ist es (mit der gebotenen Vorsicht) möglich, eine Geschichte der Normen und Theorien der westlichen Sexualethik zu umreißen.[2] Vor diesem Versuch können wir jedoch die damit verbundenen Schwierigkeiten und wunderbaren Möglichkeiten aufzeigen, indem wir kurz drei interpretierende Theorien betrachten, deren Interesse sich vorwiegend auf historische Quellen und Trends innerhalb der westlichen Kultur und einiger ihrer Subkulturen richtet. Diese Theorien liefern ganz unterschiedliche Sichtweisen nicht nur für die Geschichte des Denkens über Sexualität und ihre institutionalisierten Normen, sondern auch für das, was manchmal als Geschichte der Sexualität bezeichnet wird.

Sex, Moral und Geschichte

Wie im ersten Kapitel angedeutet, hat vielleicht kein Denker einen größeren Einfluss auf die zeitgenössische Forschungslandschaft zur Sexualität und zum sexuellen Begehren gehabt als der französische Philosoph Michel Foucault. Seine Untersuchung der Geschichte der Sexualität in der Antike inspirierte zahllose Arbeiten von Historikern, Philosophen und Theologen. Er ist gleichwohl nicht der einzige einflussreiche Denker, und seine Schlussfolgerungen haben auch viel Kritik auf sich gezogen.

Michel Foucault:
Die historische Konstitution des Begehrens

Foucault plante ursprünglich, eine Geschichte der »Sexualität als Erfahrung« in der modernen abendländischen Kultur zu schreiben. Im Laufe seiner Arbeit verlagerte sich das Projekt jedoch hin zu einer Geschichte des Begehrens oder des begehrenden Subjekts. Im

Kern seiner Argumentation steht die Prämisse, dass die Sexualität keine abstrakte, ahistorische Konstante ist. Sex ist kein konkretes, natürlich Gegebenes, kein biologischer Referent, der sich lediglich in verschiedenen Erfahrungen von Sexualität ausdrückt und historisch von moralischen Normen geformt wird. Mit diesen Prämissen stellt Foucault viele traditionelle Theorien der Sexualität und des sexuellen Begehrens auf den Kopf. Sex ist seiner Ansicht nach keine »autonome Instanz«, zu beschränken »auf ein biologisches Minimum: Organ, Instinkt, Finalität«[3], dessen geheimnisvolle Bedeutung untersucht werden und dessen unablässiger »Drang« kontrolliert werden müssen. Um das sexuelle Begehren zu verstehen, ist es notwendig, Macht, Sexualität und erst dann Sex (in dieser Reihenfolge) zu verstehen. Denn Macht formt die Erfahrung von Sexualität, und Sexualität konstituiert und strukturiert Sex. Mit anderen Worten: »Sex« und »Sexualität« sind als historische gesellschaftliche Konstrukte abhängig von einer bestimmten Konfiguration der Macht in einem spezifischen historischen Kontext. Folglich muss jede Erkenntnis über Sex aus einer historischen Untersuchung stammen.[4]

Foucaults Sexualitätsbegriff liegt also eine Theorie der menschlichen Kräfte oder der Macht zugrunde. Macht als solche ist für Foucault »die Vielfältigkeit von Kraftverhältnissen, die ein Gebiet bevölkern und organisieren«.[5] Daher sind zu verschiedenen Zeiten religiöse, politische, medizinische und psychologische Kräfte in Form von »zahllosen Prozeduren« am Werk, die »den Körper verabscheuenswert« machen sollen, und »Hinterlistigkeiten, mit denen man uns seit Jahrhunderten den Sex liebenswert … macht«.[6] Kurz gesagt, Mechanismen, um die Sexualität zu disziplinieren, aber sie auch zu wecken und zu erregen.[7] Sexualität ist ein »Durchgangspunkt für die Machtbeziehungen: zwischen Männern und Frauen, zwischen Jungen und Alten, zwischen Eltern und Nachkommenschaft, zwischen Erziehern und Zöglingen, zwischen Priestern und Laien, zwischen Verwaltungen und Bevölkerungen«.[8] Foucault zufolge wird das, was als »Sex« gilt, von komplexen und – ohne akribische dekonstruktive historische Analyse – weitgehend unsichtbaren Kräften determiniert. Folglich erschafft die Macht sexuelles Begehren und unterdrückt es auch; und aus Foucaults Sicht produziert und konstituiert die Macht das sexuelle Begehren viel stärker, als sie es unterdrückt. Das bedeutet, dass kulturelle und gesellschaftliche Kräfte unsere sexuellen Wünsche formen, sodass sexuell attraktive Merkmale (dünne Körper oder üppige, unbedeckte Brüste oder bedeckte, breite Schultern oder die Körpergröße) einem zeitlichen und geografischen Wandel unterworfen sind.

Foucault weist die »Repressionshypothese«[9] als Erklärung für die westliche Erfahrung von Sexualität im 18. und 19. Jahrhundert zurück. Er bestreitet, dass das viktorianische Zeitalter eine Ära der sexuellen Repression und des gesellschaftlich erzwungenen Schweigens über Sex gewesen sei. Er argumentiert im Gegenteil, dass zu dieser Zeit der Diskurs über Sex geradezu explodiert sei und sich der Einsatz von Sexualität stark ausgeweitet habe. Deshalb ist die Frage, die ihn interessiert, nicht: »Weshalb werden wir unterdrückt?« Sondern: »Weshalb sagen wir … daß wir unterdrückt werden?« Und: Warum hat man den Sex so lange Zeit mit der Sünde verbunden? Oder er fragt, »warum wir uns heute dermaßen dafür anschuldigen, ehedem eine Sünde aus ihm gemacht zu haben«.[10] Weil Foucault glaubt, der Schlüssel zu diesen Fragen sei in einer Analyse der Geschichte des Diskurses zu finden, beginnt er mit der Untersuchung dessen, was er für den westlichen Impuls hält, die »Wahrheit des Sexes« zu entdecken. In seinen Augen beinhaltet dies einen auffälligen Zwang der Selbstprüfung und Selbstanzeige bezüglich der sexuellen Erfahrung, sei es im Diskurs der Religion, Medizin, Psychiatrie oder des Strafrechts.

Um die Verbindungen zwischen Macht, Sexualität und Wahrheit in der Moderne sinnfällig zu machen, erweitert Foucault sein Projekt um eine Analyse der Variationen sexueller Themen in anderen

Epochen. Seine Hinwendung zur Vergangenheit beginnt mit der These, dass das Gewicht, das die Kirche im 17. Jahrhundert auf die Beichte legt, ein Vorläufer des modernen Diskurses über den Sex sei. Um diese Behauptung in die richtige Perspektive zu rücken, geht er weiter in die Geschichte zurück und untersucht das heidnische Altertum und das Christentum vor dem 17. Jahrhundert. Deshalb befassen sich der zweite und dritte Band von *Sexualität und Wahrheit* mit den sexuellen Sitten der Griechen des 4. Jahrhunderts v. Chr. und der Römer des 1. und 2. Jahrhunderts n. Chr.[11] Der bislang unveröffentlichte vierte Band, *Die Geständnisse des Fleisches*, untersucht Entwicklungen innerhalb des Christentums. Die Gegensätze, die er zwischen den verschiedenen Epochen feststellt (und die Kontinuitäten), beleuchten sich gegenseitig und geben den Blick auf das westliche Streben nach jener Art von Wissen frei, das Macht in Bezug auf Sex verspricht – von Foucault *scientia sexualis* genannt.

Foucault kommt zu dem Schluss, dass sich die Sexualmoral der Griechen und Römer nicht wesentlich von der christlichen unterscheidet. Er weist die allgemein vertretene Ansicht zurück, der entscheidende Unterschied zwischen der Sexualethik in der Antike und im frühen Christentum liege entweder in der Permissivität der griechisch-römischen Gesellschaften im Gegensatz zu den restriktiven sexuellen Regeln der Christen oder in der positiven Haltung der Antike zum Sex im Gegensatz zu einer negativen christlichen Einstellung. Beide Traditionen, so argumentiert er, kennen Inzestverbote, geben der ehelichen Treue den Vorzug, haben ein Modell der männlichen Überlegenheit, warnen vor gleichgeschlechtlichen Beziehungen, schätzen die Askese, halten sexuelle Abstinenz für positiv, fürchten einen Verlust männlicher Stärke durch sexuelle Aktivität und hoffen auf bestimmte Wahrheiten durch sexuelle Disziplin. Auch unterscheiden sich seiner Ansicht nach die grundlegenden Vorschriften nicht sehr von dem, was sich in der westlichen Gesellschaft nach dem 17. Jahrhundert feststellen lässt.

Und doch beharrt Foucault darauf, dass es deutliche Diskontinuitäten, sogar Brüche zwischen diesen historischen Epochen gibt. Schon die Gründe für die moralische Sorge um die Sexualität waren unterschiedlich. Nach seiner Lesart geht es den Griechen und Römern um Gesundheit, Schönheit und Freiheit, während Christen die Reinheit des Herzens vor Gott anstreben und das moderne Bürgertum auf die Selbstidealisierung abzielt. Die Griechen schätzen die Selbstbeherrschung, die Christen suchen das Selbstverständnis, und die modernen westlichen Individuen erforschen ihre Gefühle, um sich der Übereinstimmung mit den Standards der Normalität zu versichern. Erotik wird für die Griechen auf Knaben, für die Christen auf Frauen gelenkt und für die viktorianische und post-viktorianische Mittelklasse als zentrifugale Bewegung in viele Richtungen. Die Griechen fürchten die Versklavung des Geistes durch den Körper; die Christen haben große Angst vor der chaotischen Macht der verderblichen Leidenschaft; die Menschen im 19. und 20. Jahrhundert fürchten die Devianz und die daraus folgende Schande. In der Antike ist Sexualmoral ein ästhetisches Ideal, persönliche Wahl für eine Elite; im Christentum wird sie zur allgemeinen ethischen Verpflichtung; unter der Herrschaft der modernen Familie und des modernen Berufslebens wird sie zum sozialen Erfordernis.

Foucaults Analyse der Geschichte der Sexualität lässt die Frage offen, von der er ausgegangen war: Wie gelangte die heutige westliche Kultur zu der Überzeugung, dass die Sexualität der Schlüssel zur individuellen Identität ist? Wie wurde Sex wichtiger als Liebe und beinahe noch wichtiger als das Leben selbst? Foucault entlarvt den Mangel an Freiheit in vergangenen Konstrukten der Sexualität, und er kritisiert die althergebrachten sexuellen Vorschriften. Nach seiner Darstellung kommen gegenwärtige Strategien zur sexuellen Befreiung allerdings auch nicht besser weg. Er legt vielmehr nahe, dass die moralische Sorge um die Sexualität nicht in jeder Hinsicht falsch ist, wie historisch relativ Sexualethiken auch sind.

Catharine MacKinnon: Historisches Schweigen

Viele westliche Feministinnen teilen Foucaults Überzeugung, dass Sexualität sozial konstruiert und der Körper ein Ort der Macht sei. Wie Foucault decken sie den Einfluss von Medizin, Erziehung und Psychologie bei der Festlegung sexueller Sitten nach 1800 auf. Wie Foucault betonen sie, dass der Diskurs den Schlüssel zur Identifizierung der zugrunde liegenden Kräfte liefert, die Macht, Sexualität und Identität verbinden. Aber viele Feministinnen bemängeln, dass Foucault seine Analytik der Macht nicht auf die Genderfrage ausdehnt. Die Rechtswissenschaftlerin Catharine MacKinnon zum Beispiel lehnt eine Geschichte des Begehrens im Sinne von Foucault mit der Begründung ab, dass sein nicht präzise benanntes begehrendes Subjekt männlich sei.[12] Eine Geschichte der Sexualität, welche die Konstitution des sexuellen Begehrens ins Zentrum stellt, wird den konstanten Missbrauch von Frauen notwendigerweise verfehlen. Die Geschichte schweigt zu sexueller Ausbeutung, Belästigung, Körperverletzung und Vergewaltigung. Ohne diesen Erfahrungen von Frauen Rechnung zu tragen, argumentiert MacKinnon, kann es keine zutreffende Analyse von Sex und Macht und auch keine wirkliche Geschichte der Sexualität geben.

Eine feministische Theorie der Sexualität, so MacKinnon, »verortet Sexualität innerhalb einer Theorie der Genderungleichheit«.[13] Das heißt, sie sieht Sexualität nicht wie Foucault als Konstrukt einer diffusen Vielfalt von Kräften an, sondern »als soziales Konstrukt der männlichen Macht: von Männern definiert, wird sie Frauen aufgezwungen«.[14] MacKinnon verortet also im Kern des »Sexuellen« in der westlichen Kultur eine genderspezifische Hierarchie. Dies sei die Vergangenheit, die Historiker aufdecken müssten und ohne die sie mit großer Wahrscheinlichkeit (und anhaltenden unheilvollen Konsequenzen für Frauen) nur den Standpunkt fördern würden, dass aller Sex gut sein kann, wenn er nur unideologisch und im Geist der Freiheit betrachtet wird. MacKinnons Entwurf einer feministischen Geschichte der Sexualität unterscheidet sich stark von Foucault, obwohl sie mit derselben Voraussetzung beginnt: Sex als soziales Konstrukt.

Fortschrittsgeschichten

Foucaults und MacKinnons Interpretationen der Geschichte der Sexualität und Sexualethik bestreiten die Leistung – wenn auch nicht die Möglichkeit – des Fortschritts. Weiterentwicklungen im Verständnis von Sexualität stehen sie kritisch gegenüber, und auch die Gegenwart halten sie keineswegs für aufgeklärt und frei. In gewissem Maße weisen sie sogar die Idee des historischen Wandels zurück – Foucault mit seinem Eintreten für andere, aber nicht kausal oder ideell verbundene historische Perspektiven; MacKinnon mit ihrem Fokus auf die Zeit überdauernde Gegebenheiten, die eine Unfähigkeit zur Veränderung belegen. Andere Forscher jedoch haben in der Geschichte der sexuellen Vorstellungen und der moralischen Normen zur Regulierung des Sex einen bedeutenden Fortschritt erkennen wollen. Hierher gehören jene, die glauben, dass moderne sexuelle Revolutionen Individuen und ihre sexuellen Möglichkeiten befreit haben. Hierher gehören auch Historiker, die Fortschritte in Biologie und Psychologie für substanziell halten und einer Anpassung der philosophischen und theologischen Ethik das Wort reden. Wieder andere wollen zwar nicht von Fortschritt sprechen, konstatieren aber trotzdem evolutionäre Veränderungen. Zu den wichtigsten Autoren, die solche Veränderungen beschreiben und interpretieren, gehören Edward Shorter, John D'Emilio, Estelle Freedman und Richard Posner.

Die historischen Narrative dieser Wissenschaftler haben zwei

Dinge gemeinsam: ein starkes Interesse an ökonomischen Entwicklungen und die Hinwendung zu anderen Quellen als den traditionellen philosophischen und theologischen Diskursen. Bevölkerungsstatistiken, Erwerbsmuster, private Tagebücher und Erinnerungen, ärztliche Aufzeichnungen, kirchliche und standesamtliche Verzeichnisse von Eheschließungen, Geburten, Kindersterblichkeit und so fort – all diese Quellen dokumentieren wichtige Veränderungen der sexuellen Anschauungen. In Shorters *Die Geburt der modernen Familie* ist die Geschichte der westlichen Familie seit dem 17. Jahrhundert eine Geschichte der zerstörten Bindungen.[15] Unter dem Einfluss des modernen Kapitalismus verlieren Familien das Interesse an traditionellen Verwandtschaftsbeziehungen und der Interaktion zwischen den Generationen und im Rahmen von größeren Lebensgemeinschaften. Romantische Liebe und eine intensive Mutter-Kind-Bindung gewinnen die Oberhand; die enge Intimität der Kernfamilie und »hohe Mauern um ihre Privatsphäre« sorgen für eine eigene, isolierte Welt.[16] Die Familie wird so von einer produktiven und reproduktiven Einheit zu einer emotionalen Einheit, die individuelle Freiheit und Erfüllung verspricht. Bei Shorter endet die Geschichte ironisch mit der Destabilisierung der Partnerbindung und der »Zerstörung des Nestes«, sowohl die Frauen als auch die Kinder treibt es fort.[17]

D'Emilio und Freedman legen in *Intimate Matters* den Schwerpunkt auf die Geschichte der Sexualität in den Vereinigten Staaten.[18] Sie versuchen, ihre eigenen Forschungen mit den Ergebnissen spezialisierterer Untersuchungen zu verbinden, um ein »synthetisches Narrativ« zu schaffen.[19] Sie schildern den Wandel von kolonialen, familienzentrierten Reproduktionsordnungen zu »romantischen, intimen und doch konfliktgeladenen« Ehen im 19. Jahrhundert bis hin zur zeitgenössischen »kommerzialisierten« Sexualität, in der »sexuelle Beziehungen mit der Erwartung verbunden werden, über die Reproduktion hinaus persönliche Identität und individuelles Glück bereitzustellen«.[20] Die Geschichte endet in der politischen Krise: Die scheinbare Befreiung der Sexualität von den institutionellen Zwängen findet keinen gesellschaftsweiten Konsens, und die kontrovers geführten Debatten der Gegenwart zeigen, wie anfällig die sexuelle Sphäre für Konflikt, Verwirrung und Manipulation ist.

In *Sex and Reason* konstruiert Richard Posner ein Narrativ des Wandels, das auf einer »ökonomischen Theorie der Sexualität« basiert, wie er sie nennt.[21] Posner bemüht überwiegend ökonomische Analysen, sowohl um die gesellschaftliche Praxis zu beschreiben als auch um die entsprechenden rechtlichen und ethischen Normen zu evaluieren. Es gebe, argumentiert er, drei Phasen in der Evolution der Sexualmoral, die mit dem Status von Frauen in ihrer jeweiligen Gesellschaft korrelieren. In Phase eins hat die Frau lediglich die Aufgabe, für Nachwuchs zu sorgen. In diesem Fall ist eine partnerschaftliche Ehe sehr unwahrscheinlich, während Praktiken, die als »unmoralisch« gelten, vermutlich florieren (zum Beispiel Prostitution, Ehebruch, homosexuelle Beziehungen). Die zweite Phase beginnt, wenn die Frau über die Kinderaufzucht hinaus zur Gefährtin des Ehemannes wird: Jetzt ist eine partnerschaftliche Ehe möglich, und deshalb werden »unmoralische« Praktiken, die sie gefährden, vehement verurteilt. Wenn die partnerschaftliche Ehe als bevorzugtes und vielleicht einziges Modell für alle idealisiert wird, werden Gesellschaften sittenstreng in dem Bestreben, die Ehe zu fördern und zu schützen. In Phase drei erweitert sich die Rolle der Frau noch einmal und schließt Erwerbstätigkeit ein. Die Zahl der Ehen verringert sich, aber wo es sie gibt, sind sie partnerschaftlich. Andere Formen von sexuellen Beziehungen, die zuvor als »unmoralisch« galten, erscheinen jetzt nicht mehr unmoralisch oder anormal.

Es hat natürlich Kritiker dieser Fortschrittstheorien gegeben. Kritisiert wurden etwa die Auswahl und Interpretation der empirischen Daten, aber auch der theoretische Rahmen der Arbeiten.[22] Angesichts des Interesses an dieser Art von Sozialgeschichte haben sich solche Studien in den letzten beiden Jahrzehnten jedoch vervielfacht, wobei häufig sozialwissenschaftliche Methoden mit einer Untersuchung historischer Diskurse über Sex verbunden werden. Literatur und bildende Kunst werden ebenso berücksichtigt wie Bevölkerungsstatistiken und philosophische Abhandlungen. Viele dieser Untersuchungen fügen sich zu großen Rahmenerzählungen, obwohl das gar nicht ihre Absicht ist. Ihr Schwerpunkt liegt häufig eher auf Lokalgeschichtlichem oder bestimmten Aspekten der menschlichen sexuellen Erfahrung – homosexuelle Beziehungen, Prostitution oder sexuelle Aktivitäten von Heranwachsenden.

Ohne die Schwierigkeiten und die besonderen Möglichkeiten der historischen Forschung zu unterschätzen, möchte ich im Folgenden einen kurzen Überblick über die Geschichte der Sexualmoral wagen. Recht verstanden kann uns diese Geschichte nicht nur als Hintergrund oder Genealogie aktueller Vorstellungen dienen, sondern auch als Diskussionspartner auf der Suche nach einer zeitgemäßen Sexualethik.

Eine kurze Geschichte der Sexualethik

Angesichts der begrenzten Ziele dieses Buches liegt der Schwerpunkt meiner Darstellung auf den westlichen philosophischen, religiösen und bis zu einem gewissen Grad auch medizinischen Traditionen der Sexualethik. Die zentralen Stränge dieser Geschichte können im klassischen Griechenland und Rom, im Judaismus und in späteren Entwicklungen innerhalb des Christentums ausgemacht werden. Das soll auf keinen Fall bedeuten, dass andere religiöse und kulturelle Traditionen für diese Geschichte nicht bedeutsam sind. Der Islam war nicht nur zu bestimmten Zeiten integrativer Teil der westlichen Kultur, sondern er hat auch immer wieder auf sie eingewirkt (islamische Gelehrte haben etwa die Interpretation von Aristoteles im Mittelalter maßgeblich beeinflusst). Zu den wichtigen Traditionen im Westen zählen selbstverständlich die Anschauungen und Sitten der amerikanischen Ureinwohner und auch die von den Afroamerikanern wiedergefundenen Traditionen, ebenso die der Amerikaner asiatischer Herkunft in neuerer Zeit. Dennoch kann es keinen Zweifel daran geben, dass es bei der Entwicklung einer Sexualethik eine für die westliche Kultur dominante Geschichte gibt, die der Modifikation durch Subkulturen weitgehend widerstanden hat. »Interkulturelle« Überlegungen werden jedoch ebenfalls eine Rolle spielen, nicht zuletzt weil sie als kulturelle Strömungen im Westen selbst vorkommen.[23]

Sexualität in der Antike: Griechenland und Rom

Allgemeine Einstellungen und Praxis[24]

Das antike Griechenland und Rom erkannten die Sexualität als natürlichen Teil des Lebens an. Beide Gesellschaften waren permissiv in Bezug auf das sexuelle Verhalten von Männern. In Athen zum Beispiel richteten sich die einzigen klaren Vorschriften für männliche Vollbürger gegen Inzest, Bigamie und Ehebruch, weil Letzterer das Eigentumsrecht eines anderen Mannes verletzte. Es gibt jedoch einen bedeutenden Unterschied. Bei den Griechen war die Liebe erwachsener Männer zu heranwachsenden Jünglingen Gegenstand der öffentlichen Aufmerksamkeit, während bei den Römern die heterosexuelle Ehe als Grundlage des sozialen Lebens galt (obwohl beide Kulturen gleichgeschlechtliche Beziehungen kannten und die heterosexuelle Ehe auch bei den Griechen für den Fortbestand der Familie wichtig war). Allerdings sind im Fall des antiken Griechenlands und auch Roms alle Generalisierungen fragwürdig, bedenkt man die Vielzahl der Kontexte und historischen Perioden, die Teil ihrer getrennten und auch gemeinsamen Geschichte sind.[25]

Die Ehe war sowohl bei den Griechen als auch bei den Römern monogam, Sex war hier wie dort jedoch nicht auf die Ehe beschränkt. Die männliche Natur wurde generell als bisexuell angesehen und die polyerotischen Bedürfnisse von Männern wurden für selbstverständlich gehalten. Das Konkubinat, männliche und weibliche Prostitution und der sexuelle Gebrauch von Sklaven durch männliche Vollbürger wurden allgemein akzeptiert. In Rom suchten sowohl Männer als auch Frauen der Oberklasse »erotische Befriedigung durch andere Partner als die rechtmäßigen Ehepartner«.[26] Dessen ungeachtet wird die römische Kultur heute manchmal als »polygyn« beschrieben, weil bedeutend mehr Männer als Frauen dauerhafte Verbindungen mit anderen Personen als den Ehepartnern eingingen.

Griechenland und Rom waren männlich dominierte Gesellschaften, und es setzte sich eine geschlechtsspezifische Doppelmoral durch. Griechische und römische Bräute – nicht aber die angehenden Ehemänner – sollten jungfräulich sein. Man ging davon aus, dass Frauen Männern intellektuell unterlegen seien. Dazu kamen Unterschiede im Alter (Frauen waren oft wesentlich jünger als ihre Ehemänner) und in der Bildung. Diese geschlechtsspezifischen Unterschiede wurden jedoch zum Teil für einige Mitglieder der Elite relativiert.[27] Mit anderen Worten: Auch die Ähnlichkeiten wurden anerkannt. Weibliche Gottheiten waren sowohl in Griechenland als auch in Rom zu kriegerischer Aktivität und Weisheit befähigt. Römische Mädchen aus Patrizierfamilien wurden manchmal gemeinsam mit ihren Brüdern erzogen und übten nach ihrer Heirat einen gewissen politischen Einfluss aus. Frauen aus niedrigeren Klassen konnten eine Erwerbstätigkeit aufnehmen (zum Beispiel als Schneiderinnen). Im Großen und Ganzen kam es jedoch nicht zu einer Gleichstellung der Geschlechter. Was ihren Status in der Gesellschaft betraf, waren Frauen abhängig von Männern und den Beziehungen zu Männern. Eine römische Frau konnte Eigentum erben, aber nur wenn sie einen Rechtsvormund zur Verwaltung des Eigentums hatte.[28]

Insgesamt überwog die Ungleichheit der Geschlechter. Griechische Ehefrauen nahmen kaum oder gar nicht am öffentlichen Leben teil, obwohl ihnen die Haushaltsführung oblag. In Rom erreichte das Ideal des *pater familias* (und der *patria potestas*) seine Vollendung. Frauen unterstanden weitgehend der Kontrolle der Männer. Und obwohl Frauen in Rom im 1. Jahrhundert n. Chr. einige ökonomische und politische Freiheiten erlangt hatten, konnten sie die den Männern traditionell gewährte sexuelle Freiheit nicht übernehmen.

Männliche Homosexualität wurde sowohl in der griechischen als auch in der römischen Antike akzeptiert. Bei den Griechen war der entscheidende Punkt nicht, dass sich einige Männer sexuell nur zu Männern (oder vielmehr Jünglingen) hingezogen fühlten, sondern vielmehr, dass sich Männer generell von schönen Individuen angezogen fühlten, seien sie männlich oder weiblich (obwohl in der maßgebenden Klasse die männlichen in der Regel für schöner gehalten wurden). Man erwartete von Männern, dass sie heirateten, um einen Erben zu zeugen. Aber Liebe und Freundschaft, manchmal auch Sex, zwischen Männern wurden für wichtiger erachtet als alles, was innerhalb der Ehe möglich war – weil Männer trotz möglicher Altersunterschiede gleichrangig waren. Wie jedoch Warnungen vor männlicher Passivität bezeugen, waren gleichgeschlechtliche Beziehungen nicht unproblematisch.[29] Sex zwischen Männern und Knaben (zwischen Vollbürgern) beschränkte sich vorzugsweise auf bestimmte Positionen, die keine völlige Passivität oder Unterwerfung seitens der Knaben erforderten (und für erwachsene Männer galt das Gleiche); außerdem sollten diese Beziehungen aufhören, wenn ein Junge ein bestimmtes Alter erreichte. Sexuelle Aktivitäten zwischen Frauen wurden nicht unterstützt.[30] Lesbische Beziehungen wurden oft negativ bewertet, denn sie galten als Ehebruch (weil Frauen ihren Männern gehörten). Zudem hatten die Griechen fast ausschließlich das männliche sexuelle Begehren im Blick, Sex zwischen Frauen galt dementsprechend als unnatürlich.

Sowohl in Griechenland als auch in Rom waren Abtreibung und Kindesmord gebräuchliche Formen der Geburtenkontrolle. Zu verschiedenen Zeiten beeinflusste das Anliegen, die Bevölkerung zu begrenzen, die griechischen Sexualpraktiken, während man sich im römischen Kaiserreich eher um die Erhöhung der Geburtenrate bemühte und rechtliche Anreize zur Förderung von Ehe und Fortpflanzung einführte. Die Scheidung war im antiken Griechenland wie später in Rom einfach zu erlangen, und beide Kulturen versuchten, den daraus folgenden ökonomischen Bedürfnissen geschiedener Frauen gerecht zu werden.

Heute bestreiten Historiker vielfach die Annahme, dass in den letzten Jahren des römischen Imperiums eine Schwächung der Sexualnormen und sexuelle Ausschweifungen einen allgemeinen moralischen und politischen Niedergang ankündigten. Man geht im Gegenteil mittlerweile davon aus, dass sich im späten Rom die normativen Restriktionen der sexuellen Aktivitäten erhöhten. Zumindest zum Teil dürfte dies die Folge philosophischer Theorien gewesen sein, die den Wert der sexuellen Aktivität infrage stellten und die Gefahren und Konsequenzen betonten.

Die Philosophen und der Sex

Foucault und andere identifizieren zwei Probleme, mit denen sich Philosophen in der Antike beschäftigen: die natürliche Kraft des sexuellen Begehrens mit der daraus folgenden Neigung zum Exzess und die Machtbeziehungen, die sich aus der Aufteilung in die aktive und die passive Rolle ergeben.[31] Das erste Problem führt zur Formulierung eines Ideals der Mäßigung innerhalb einer weitgefächerten Ästhetik der Existenz. Mäßigung kann, wie man glaubte, durch eine Lebensweise erreicht werden, die Diät, Bewegung und verschiedene Praktiken der Selbstdisziplin umfasst. Das zweite Problem führt zur Regulierung von Liebe und Sex zwischen Männern und Jünglingen. Aktive und passive Rollen sind kein Problem in Beziehungen erwachsener Männer zu Frauen oder Sklaven, denn die untergeordnete passive Rolle wird für Frauen – auch Ehefrauen – und für Diener oder Sklaven als selbstverständlich angesehen. Für Knaben kann diese Rolle jedoch ein Problem sein, da sie zumindest potenziell den erwachsenen Männern ebenbürtig sind. Einige Philosophen (zum Beispiel Demosthenes[32]) schlagen deshalb vor, das Alter der jugendlichen Liebhaber sowie die Umstände und Ziele ihrer Beziehungen zu Männern zu regulieren. Andere (zum Beispiel Platon[33]) ziehen die Transzendierung des Begehrens und letztlich die Abschaffung körperlicher Liebe in erotischen Beziehungen zwischen Männern und Knaben vor.

Aspekte des griechischen und römischen Denkens über den Sex, die über die Jahrhunderte großen Einfluss entfalten, sind das Misstrauen gegenüber dem sexuellen Begehren und die Unterordnung der sexuellen Lust unter andere Lüste, was mit dem niedrigen Status des Körpers im Vergleich zur Seele korrespondiert. Sex wird nicht als an sich böse angesehen, aber als potenziell gefährlich: nicht nur im Exzess, sondern auch wegen seiner natürlichen Gewalt (der Orgasmus wird manchmal als Form des epileptischen Anfalls beschrieben) und wegen der mit ihm verbundenen Verausgabung (man schreibt ihm eine schwächende Wirkung insbesondere auf Männer zu – daher das Verbot sexueller Betätigung von Soldaten vor einer Schlacht). Und schließlich ist da seine Verbindung zum Tod (der Akt der Fortpflanzung gemahnt an die eigene Sterblichkeit).[34]

Die Pythagoreer im 6. Jahrhundert v. Chr. verfechten die Reinheit des Körpers um der Seele willen. Ihr Einfluss macht sich besonders im späteren Denken von Sokrates und Platon bemerkbar. Platon distanziert sich zwar von einer generellen Ablehnung körperlicher Lust, macht aber einen sorgfältigen Unterschied zwischen niedrigen und höheren Lüsten und siedelt die sexuelle Lust bei den niedrigen an.[35] Obwohl das Begehren beherrscht werden muss, befürwortet Platon die Entfesselung und nicht die Zurückhaltung der Macht des Eros (in ihren höchsten Ausprägungen), um den menschlichen Geist mit dem Guten, Schönen und Wahren zu vereinen. Sofern körperliche Freuden in diesem Streben genossen werden, ist nichts gegen sie einzuwenden. Aber Platon glaubt, dass der Geschlechtsverkehr die Macht des Eros mindere, höhere Wirklichkeiten zu betrachten und zu lieben; letzten Endes behindere er sogar den Austausch von Zärtlichkeit und Respekt in Liebesbeziehungen.

Auch Aristoteles unterscheidet niedrige und höhere Lüste, wobei er die Lust des Berührens am unteren Ende der Skala ansiedelt, weil sie mit den Tieren geteilt wird.[36] Weniger weltabgewandt als Platon befürwortet Aristoteles beim Sex eher die Mäßigung als die Transzendenz. Die höchsten Formen von Freundschaft und Liebe scheinen jedoch sexuelle Aktivität oder auch nur den platonischen Eros nicht mehr zu benötigen.[37] Aristoteles liegt die Vorstellung der Gleichheit oder Gegenseitigkeit in Beziehungen zwischen Frauen und Männern fern, und er lehnt den utopischen Entwurf dazu ab, den Platon in der *Politeia* und den *Nomoi* vorstellt.

Von allen griechisch-römischen Philosophien hat der Stoizismus vermutlich die größte Auswirkung auf spätere Entwicklungen gezeitigt. Musonius Rufus, Epiktet, Seneca und Mark Aurel zum Beispiel vertreten entschieden die Ansicht, dass der menschliche Wille die Kraft habe, die Emotionen zu regulieren, und halten eine solche Regulierung um des inneren Friedens willen für wünschenswert. Sie halten sexuelles Begehren genau wie die Gefühle von Angst und Wut für an sich irrational, störend und anfällig für den Exzess. Deshalb muss es, wie sie sagen, abgemildert und in ein größeres Ganzes der menschlichen Erfahrungen und Absichten eingebettet werden. Niemals sollte ihm um seiner selbst willen gefrönt werden, sondern nur insofern, als es einem rationalen Zweck diene und dadurch auf sein wahres Ziel gerichtet sei – die Zeugung von Nachkommen. Folglich ist der Geschlechtsverkehr selbst in der Ehe nur moralisch gut, wenn er der Fortpflanzung dient.[38] Später wird man dies als die »prokreative Norm« für den Sex bezeichnen.

Mit den späteren Stoikern taucht nach Foucault die »Konjugalisierung« der sexuellen Beziehungen auf.[39] Das heißt, das sexuelle Begehren folgt einem fundamentalen natürlichen Drang nicht nur zur Fortpflanzung, sondern auch zur Gemeinschaft der Ehepartner. In der Folge entwickelt sich die Norm: »Kein Sex außerhalb der Ehe«. Die Ehe wird zum zentralen Ort, an dem Selbstbeherrschung und ein tugendhaftes Leben praktiziert werden. Sie wird als natürliche Pflicht angesehen, von der es nur unter besonderen Umständen Ausnahmen gibt, etwa wenn jemand die Verantwortung des Lebens als Philosoph auf sich nimmt. Plutarch vertritt später die Position, dass die Ehe, nicht homosexuelle Beziehungen, der primäre Ort der erotischen Liebe und Freundschaft sei.[40]

Im Großen und Ganzen gehört gerade die freie Sexualität, die das alte Griechenland charakterisiert, nicht zum griechisch-römischen Vermächtnis an die Nachwelt. Die vorherrschenden Themen, die in den späteren Traditionen aufgegriffen werden, haben mit Misstrauen und Kontrolle zu tun. Weder den griechischen noch den römischen Denkern ist es gelungen, die Sexualität mit den tiefsten Erkenntnissen über menschliche Beziehungen in Einklang zu bringen. Ob dies im Prinzip überhaupt möglich ist, war auch für andere Traditionen eine unausgesprochene Frage.

Das Judentum: Sexualität, Moral und Religion

Wie die meisten religiösen und kulturellen Traditionen ist auch das jüdische Denken über die Sexualität komplex und von tiefen Spannungen gekennzeichnet.[41] Viele dieser Spannungen waren von Anfang an im grundlegenden Text des Judentums, in der hebräischen Bibel, angelegt. Erzählungen (wie die Geschichte von Ruth) stehen in einem Spannungsverhältnis zu strengen Gesetzbüchern; sexuelle Überschreitungen (wie Davids Ehebruch) gehören in Gottes Plan für die Zukunft Israels; erotisches Begehren wird gemeinschaftlichen Anliegen untergeordnet (nicht aber im Hohelied); Reinheitsgesetze koexistieren mit Gleichgültigkeit gegenüber der weiblichen Sicht von Vergewaltigung (wie im 5. Buch Mose, 22:28–29).[42] Die Spannungen lösen sich auch nicht in den talmudischen Schriften der Rabbis und zu keiner Zeit der jüdischen Geschichte auf, obwohl bestimmte Konflikte dabei nach und nach verblassen. Folglich ist die Einstellung zum Sex nie frei von Ambivalenz, obgleich sie in allen Zweigen des Judentums grundsätzlich positiv ist. Der sexuelle Instinkt wird als Geschenk Gottes angesehen, als natürlicher Teil des menschlichen Lebens, wesentlich für das Überleben eines häufig bedrängten Volkes. Doch birgt dieser Instinkt Gefahren in sich, sowohl weil er dem Göttlichen nahesteht als auch weil er zum Kontrollverlust führen kann.

Im Gegensatz zu vielen benachbarten Religionen glauben die Juden an einen asexuellen Gott, dessen Plan für die Schöpfung aber Ehe und Fruchtbarkeit heiligt und zum Gegenstand der religiösen Pflicht macht. Im Kern der traditionellen Sexualmoral des Judentums steht die religiös motivierte Heirat. Das Ehegebot enthält ein Fortpflanzungsgebot, und das Modell für Ehe und Familie ist patriarchalisch. Diese beiden Elemente der Tradition, die Pflicht, sich fortzupflanzen und ihr patriarchalischer Kontext, erklären viele der spezifischen sexuellen Vorschriften und die ethischen Kommentare, die sie begleiten.

Während also die Verpflichtung zur Ehe das Gebot der Fortpflanzung nach sich zieht, wird die Ehe auch als Pflicht angesehen, weil sie der Heiligkeit der Partner förderlich ist. Heiligkeit schließt mehr ein als die Kanalisierung des sexuellen Begehrens, obwohl sie auch das meint; aber sie beinhaltet auch die Gemeinschaft und gegenseitige Erfüllung der Ehepartner. Die monogame lebenslange Ehe wurde von Beginn an bevorzugt (obwohl andere geordnete Beziehungen lange als gegeben hingenommen wurden), und im Lauf der Zeit setzt sie sich als Brauch und Ideal durch. Zu bestimmten Zeiten jedoch standen das Fortpflanzungsgebot und der Wert ehelicher Beziehungen an sich in einem Spannungsverhältnis. Obwohl die Gesetze zu den ehelichen Rechten und Pflichten – als *onah* bezeichnet – darauf abzielten, den Sex zum Hüter der Liebe zu machen, wurden die Polygynie, das Konkubinat und Scheidung sowie Wiederverheiratung lange Zeit als Lösung für eine kinderlose Ehe akzeptiert. Im 11. Jahrhundert wurde die Polygynie schließlich von Rabbi Gerschom aus Mainz verboten, und im 12. Jahrhundert verbot Maimonides ausdrücklich das Konkubinat.[43]

Innerhalb der gesamten jüdischen Tradition hat es einen deutlichen Unterschied in der Behandlung der männlichen und weiblichen Sexualität gegeben.[44] Zum Teil lag das an der untergeordneten Rolle von Frauen in Familie und Gesellschaft. Ross Kraemer warnt allerdings davor, ein allzu düsteres Bild des Lebens jüdischer Frauen zu zeichnen, besonders im 1. Jahrhundert n. Chr.[45] Es gibt zahlreiche Geschichten jüdischer Frauen, die den weiblichen Einfluss bei der Gestaltung ihrer Gemeinschaften und ihr häufiges Auftreten im öffentlichen Raum belegen. Trotzdem treten im sexuellen Bereich einige deutliche Unterschiede hervor. Die Regulierung der weiblichen Sexualität wurde als notwendig für die Stabilität und Kontinuität der Familie angesehen. Beim vorehelichen und außerehelichen Sex, selbst bei Vergewaltigung, gab es rechtliche Unterschiede für Männer und Frauen. In der biblischen Periode konnten Ehemänner, aber nicht Ehefrauen, die Scheidung bewirken (5. Buch Mose, 24:1–4), und obwohl die Rabbis später nach Möglichkeiten für die Frau suchten, die Scheidung einzuleiten (oder einen Mann zur Scheidung von seiner Frau zu zwingen), wurde das grundlegende Ungleichgewicht der Macht in dieser Frage nicht geändert. Der Ehebruch wurde als Verletzung der Eigentumsrechte eines Ehemannes verstanden, und er konnte mit dem Tod beider Parteien bestraft werden. Das Verhalten und die Bekleidung von Frauen wurden reguliert, um zu verhindern, dass sie Männer zu verbotenem Sex verlocken. Die Gesetze der *onah* verpflichteten Männer, die sexuellen Bedürfnisse ihrer Frauen zu respektieren, aber die *Niddah*-Vorschriften (zur menstruellen Reinheit) hatten – wie unbeabsichtigt auch immer – die Folge, dass Frauen symbolisch mit Verunreinigung assoziiert wurden.

Die jüdischen Ehegesetze, welche die sexuellen Pflichten des Mannes seiner Frau gegenüber regeln, zeigen die außerordentlich positive Einstellung des Judentums zur Sexualität. Obschon in einem patriarchalischen Kontext formuliert (und folglich aus der Sicht des Mannes), zielen sie darauf ab, die Bedürfnisse von Frauen zu berücksichtigen und ihre Interessen zu wahren. Weil man glaubte, Frauen seien passiver als Männer und würden den Sex nicht mit derselben Freiheit wie Männer initiieren, werden Ehemänner ermahnt, nicht nur auf ihre eigenen Wünsche und Impulse zu hören, sondern auch auf die ihrer Frauen. Auf diese Weise könnten sie gemeinsam unter angemessener Mäßigung seitens des Mannes und unter Beachtung der Gesetze der menstruellen Reinheit die Sexualität zärtlich und voller Freude zelebrieren.

Die jüdische Sexualethik bejaht folglich die Sexualität innerhalb der heterosexuellen Ehe. Sex außerhalb der Ehe (oder ähnlicher Strukturen) war allgemein verboten, oder es wurde zumindest davor gewarnt (es gibt kein ausdrückliches Gesetz gegen vorehelichen Sex oder gegen die sexuelle Beziehung mit einer unverheirateten Frau, aber die ethischen Normen schlossen ein solches Verhalten aus). Masturbation, Inzest, Ehebruch, männliche Homosexualität wurden als ernsthafte Überschreitungen angesehen. Lesbische Beziehungen wurden vom biblischen Gesetz nicht geregelt und in der rabbinischen Literatur weit weniger ernst genommen als männliche Homosexualität (zum Teil, weil sie kein »unziemliches Verströmen von Samen« beinhalten).

Die Spannungen innerhalb der jüdischen Tradition spitzten sich deutlich zu, als das jüdische Denken mit den hellenistischen Philosophen in Kontakt kam. Im 1. und 2. Jahrhundert n. Chr. erwies sich das rabbinische Judentum keineswegs immun gegen das Misstrauen, das man dem Sex in der stoischen Philosophie und der gnostischen Religion entgegenbrachte. Jüdische Gelehrte hielten den sexuellen Instinkt für ein Geschenk Gottes, aber sie bezeichneten ihn auch als »bösen Trieb« *(yetzer hara)*, der besonderer Kontrolle bedurfte und der ohne sorgfältige, sogar asketische Disziplin einen Menschen davon abbringen könne, Gott und der Gemeinschaft zu dienen. Das passte gut zu dem stoischen Sexualpessimismus und brachte die Juden jener Zeit dazu, den Sex weitaus negativer einzuschätzen, als es vorher charakteristisch war. Entsprechend wurde die Kontrolle über den weiblichen Körper verschärft (um die Versuchung für Männer zu begrenzen) und dem Sex – ob ehelich oder außerehelich – mit Misstrauen begegnet.

In seiner Gesamtheit betrachtet, verfügte das Judentum über vielfältige sexuelle Traditionen. Aber die inhärenten Spannungen sind als Problem für das heutige Judentum geblieben. Wie andere religiöse Gemeinschaften wird auch das Judentum mit einem wachsenden Pluralismus zu Fragen des vorehelichen Sex, der Gleichstellung der Geschlechter und gleichgeschlechtlicher Beziehungen konfrontiert. Gegenwärtige Konflikte betreffen die Interpretation traditioneller Werte, die Analyse der gegenwärtigen Situation und die Eingliederung bislang nicht vertretener Perspektiven – insbesondere jener von gleichgeschlechtlich orientierten Männern und Frauen.

Christliche Traditionen

Wie in anderen religiösen und kulturellen Traditionen sind die christlichen Lehren zur Sexualität komplex. Sie wurden von unterschiedlichster Seite beeinflusst und haben sich über Generationen hinweg gewandelt und weiterentwickelt. Das Christentum beginnt nicht mit einem systematischen ethischen Kodex. Die Lehren von Jesus und seinen Jüngern, wie sie im Neuen Testament aufgezeichnet sind, sehen einen Schwerpunkt für das moralische Leben von Christen in dem Gebot, Gott und den Nächsten zu lieben. Darüber hinaus bringt das christliche oder Neue Testament Begründungen für eine Sexualethik vor, die *erstens* Ehe und Fortpflanzung auf der einen und Ehelosigkeit und Enthaltsamkeit auf der anderen Seite zum Wert erhebt, *zweitens* inneren Haltungen und Gedanken genauso viel oder mehr Gewicht beimisst als äußeren Handlungen und *drittens* dem Geschlechtsakt zwar eine heilige symbolische Bedeutung verleiht, ihn aber anderen menschlichen Werten unterordnet und in ihm etwas potenziell Böses sieht. Einstimmigkeit über spezifischere sexuelle Regeln ist allerdings schwer zu finden, handelt es sich doch um die Anfänge einer Religion, deren Gründer als wandernder Prophet lehrt und deren heilige Texte in einer spannungsgeladenen Welt von Schülern und Wanderpredigern formuliert werden.[46]

Frühe Einflüsse

Das Christentum entstand in späthellenistischer Zeit, als sogar das Judentum von der dualistischen Anthropologie der stoischen Philosophie und gnostischer Religionen beeinflusst wurde. Im Gegensatz zu den griechischen und römischen Philosophen jener Zeit galt die Hauptsorge der Christen nicht der Kunst der Selbstbeherrschung und auch nicht dem Erhalt der Polis oder des Imperiums. Und anders als bei den wichtigsten Strömungen des Judentums lag der Fokus weniger auf Stabilität und Kontinuität des Lebens in dieser Welt als auf der Kontinuität zwischen Diesseits und Jenseits. Und doch wurden die frühen Christen nachdrücklich sowohl von der jüdischen Religion als auch von der griechisch-römischen Philosophie beeinflusst. Mit dem Judentum teilten sie einen theistischen Zugang zur Moral, die Bekräftigung der Schöpfung als Kontext von Ehe und Fortpflanzung und ein Ideal der aufrichtigen Liebe. Mit den Stoikern hatten sie das Misstrauen gegenüber leiblicher Leidenschaft und den Respekt für die Vernunft als Wegweiser zum moralischen Leben gemeinsam. Wie die Griechen, Römer und Juden übernahmen und verstärkten christliche Denker die Ansicht, Frauen seien Männern unterlegen, obwohl es in den Anfängen des Christentums einige Anzeichen einer Gleichberechtigung der Geschlechter gegeben hatte. Während das Christentum um seine Identität kämpfte, waren Fragen des sexuellen Verhaltens zwar wichtig, aber es kam zu keiner unmittelbaren Einigung darüber, wie all diese Fragen gelöst werden würden.

Auch die Gnosis beeinflusste in den ersten drei Jahrhunderten n. Chr. die Formulierung einer christlichen Sexualethik.[47] Einige Kirchenväter lehrten, dass es zwei extreme Positionen unter Gnostikern gebe – eine, die jeglichen Geschlechtsverkehr ablehne, und die andere, die jede Form von Geschlechtsverkehr erlaube, solange er nicht der Fortpflanzung diene. Die Dichotomie von »asketisch/

libertin« wird kaum zutreffend gewesen sein, spielte für die christlichen Denker aber auch keine große Rolle

Was sich in der christlichen Morallehre durchsetzte, war die Doktrin, nach der Sex gut (weil Teil der Schöpfung), aber mit einem schwerwiegenden Fehler behaftet sei (weil die Macht der sexuellen Leidenschaft als Ergebnis des verheerenden Sündenfalls nicht mehr durch die Vernunft kontrolliert werden kann). Die stoische Position, der Geschlechtsverkehr könne unter die Herrschaft der Vernunft gezwungen werden, indem man ihn (statt das Begehren zu unterdrücken) einem rationalen Zweck (also der Fortpflanzung) unterordne, leuchtete den frühen christlichen Denkern sehr ein. Diese Verbindung zwischen Geschlechtsverkehr und Fortpflanzung war zwar nicht identisch mit der großen Bedeutung, welche die Juden der Fruchtbarkeit zuschrieben, aber sie stand im Einklang damit. Auf diese Weise konnte die christliche Lehre sowohl die Fortpflanzung als zentrale Begründung für die sexuelle Vereinigung bekräftigen als auch die Jungfräulichkeit als lobenswerte (oder sogar ideale) Option für jene Christen unterstützen, die in der Lage waren, sie zu wählen.

Mit der Übernahme der stoischen Norm wird die Richtung der christlichen Sexualethik für Jahrhunderte festgelegt. Eine Sexualethik, die sich in erster Linie mit der Bekräftigung des Wertes der Fortpflanzung und folglich mit dem guten Gebrauch potenziell böser Neigungen beschäftigt, fand über die Zeit immer wieder neue Antagonisten. Kaum beginnt die Gnosis zu schwinden, als im 4. Jahrhundert die Manichäer auftauchen. Augustinus formuliert seine Sexualethik, welche die bereits von Clemens von Alexandria, Origenes, Ambrosius und Hieronymus integrierten stoischen Elemente weiterführt und über sie hinausgeht, weitgehend als Reaktion auf den Manichäismus.

Die Sexualethik des Augustinus[48]

Augustinus argumentiert gegenüber den Manichäern zugunsten der Tugendhaftigkeit von Ehe und Fortpflanzung, obwohl er ihre negative Einschätzung des sexuellen Begehrens als an sich böse (das heißt von der Erbsünde verdorbene) Leidenschaft mit ihnen teilt. Weil das Böse für ihn jedoch ein »Mangel« an Ordnung ist (das heißt, etwas fehlt, das da sein sollte, oder etwas an sich Gutes ist anders, als es sein sollte[49]), glaubt er zunächst, das sexuelle Begehren gemäß der Vernunft neu ordnen, es also in eine richtige und heile Liebe zu Gott und dem Nächsten integrieren zu können. Das, behauptet er, könne nur geschehen, wenn die sexuelle Vereinigung innerhalb der heterosexuellen Ehe und zum Zweck der *Fortpflanzung* stattfinde.[50] Geschlechtsverkehr innerhalb der Ehe, aber ohne die Absicht der Fortpflanzung, sei, so Augustinus, eine Sünde – obwohl nicht notwendig eine Todsünde. Die Ehe andererseits dient einem dreifachen »Gut«: dem Gut von Kindern, dem Gut der Treue der Ehepartner (im Gegensatz zum Ehebruch) und dem Gut der Unauflöslichkeit der Verbindung (im Gegensatz zur Scheidung).[51] Augustinus und viele seiner Anhänger konnten mit großer Eloquenz über die konkrete und symbolische Bedeutung der christlichen Ehe sprechen – mit der Sexualität taten sie sich schwerer.

In seinen späteren Schriften gegen die Pelagianer[52] bettet Augustinus das in Unordnung geratene sexuelle Begehren in eine Theologie der Erbsünde ein. Obwohl Adams und Evas Erbsünde für Augustinus eine Sünde des Geistes (eine Sünde des hochmütigen Ungehorsams) ist, sind die Folgen in dem Konflikt zwischen sexuellem Begehren und der Liebe zu höheren Werten äußerst präsent. Der Verlust der Integrität des Gefühlslebens wird von einer Generation an die nächste weitergegeben, und zwar exakt durch die Art der Fortpflanzung, den Geschlechtsakt. Augustinus argumentiert, dass etwas Böses in jedem Geschlechtsakt sei, selbst wenn er innerhalb der Ehe und zum Zweck der Fortpflanzung geschehe. Die meisten von Augustinus' Anhängern stimmen in diesem Punkt nicht mit ihm überein, aber die Grundsätze seiner Fortpflanzungsethik beeinflussten die christliche Morallehre lange Zeit.

Einige der frühen christlichen Schriftsteller (zum Beispiel Augustinus und Johannes Chrysostomos) betonen auch den paulinischen Sinn der Ehe als Abhilfe für die Lust (1. Korinther 7:1–6). Eine solche Position trägt kaum zu einer positiveren Ansicht über Sexualität bei, aber sie bietet eine Möglichkeit der tugendhaften sexuellen Vereinigung ohne direkten Bezug zur Fortpflanzung. Vom 6. bis zum 11. Jahrhundert werden Augustinus' Prinzipien jedoch in Pönitenzbüchern (sie enthalten die Richtlinien für Beichtväter mit Listen von Sünden und den entsprechenden Bußen) kodifiziert – mit detaillierten Verboten von Ehebruch, Unzucht, oralem und analem Sex, Masturbation und sogar einigen speziellen Stellungen für den Geschlechtsakt, wenn sie für Abweichungen von der prokreativen Norm gehalten werden.[53] Gratians große Sammlung von kanonischem Recht im 12. Jahrhundert enthält rigorose Vorschriften, die auf dem hartnäckig vertretenen Prinzip basieren, alle sexuelle Aktivität sei böse, es sei denn die von Ehemann und Ehefrau zum Zwecke der Fortpflanzung. Einige wenige Stimmen (zum Beispiel Abaelard und Johannes von Damaskus) vertreten die Ansicht, dass Konkupiszenz (ungeregelte Begierde) die sexuelle Lust nicht zum Bösen an sich mache und dass der Sexualakt in der Ehe durch die einfache Absicht gerechtfertigt werden kann, Unzucht zu vermeiden.[54]

Frühchristliche Schriftsteller verbinden negative Urteile über das sexuelle Begehren mühelos mit negativen Urteilen über Frauen. Obwohl Eva in den kanonischen Schriften nicht die gleiche Verantwortung für den Sündenfall trägt wie in einigen apokryphen Texten, wird sie dennoch häufig als die Verführerin Adams interpretiert. Und ob die Frau nun bewusst für eine bedrohliche Kraft, für die große Versucherin der Männer gehalten wird oder nicht, in christlichen Schriften erscheint sie durchgehend als Spezialagentin des Bösen. Statt die Assoziation mit Verschmutzung und Unreinheit zu verlieren, wird »die Frau« in den christlichen Theologien der Erbsünde, der höheren und niedrigeren Natur, des Geistes und des Körpers, der Rationalität und des Begehrens theoretisch als das gefährliche »Andere« verankert. Aber auch ohne dass man Frauen zum Inbegriff des Bösen erklärt, werden sie als den Männern intellektuell unterlegen, als von Natur aus passiver, als im historischen Sinn weniger wichtig angesehen. Außerdem haben sie am *imago dei*, dem Bild Gottes, nur sekundär und partiell teil. Sexualität wird im Wesentlichen in geschlechtsspezifische hierarchische Beziehungen gezwängt, die verhindern, dass sie in die großen Gnadentheologien integriert wird.[55]

Obwohl Augustinus und die meisten seiner Nachfolger weder gegen den Körper noch gegen die Ehe sind, entwickelt die christliche Tradition in ihren frühen Jahrhunderten eine im Großen und Ganzen durchgängig negative und pessimistische Ansicht von Sex, außerdem kommt sie zu der Überzeugung, dass Frauen den Männern nicht ebenbürtig seien. Das muss natürlich eine Behauptung unter Vorbehalt bleiben, denn die frühe Tradition schweigt häufig oder schwankt bei vielen Fragen zur Sexualität (zum Beispiel bei der Frage der Homosexualität). Es gibt allerdings wenige Belege, dass die Christen im Allgemeinen von den strengen sexuellen Einstellungen ihrer Führer beeinflusst wurden.[56] Auch die frühe Erkenntnis, dass es in Jesus Christus »nicht Mann und Frau« gibt (Galater 3:28), taucht von Zeit zu Zeit auf und mildert die Frauenfeindlichkeit. Die Richtung und der Ton, den die frühen Jahrhunderte vorgeben, ist jedoch unmissverständlich. Zentrales Anliegen ist die Befreiung von der Sklaverei des Begehrens, weil dieses scheinbar nicht zu Gott führen kann. Auf der Suche nach der Transformation des Körpers zusammen mit der des Geistes scheint selbst die Fortpflanzung unwichtig zu sein. Folglich überschattet das Ideal der Enthaltsamkeit häufig Fragen der Regulierung der sexuellen Aktivität, der Komplementarität der Geschlechter und sogar der Bedeutung der Familie. Wie Peter Browns umfangreiche Untersuchung zeigt, dient der sexuelle Verzicht sowohl dem Eros als auch der selbstlosen Liebe, und er passt zu einer Weltsicht, welche die Grenzen der diesseitigen Welt aufbricht, ohne sie im Ganzen als böse zurückzuweisen.[57]

Thomas von Aquin[58]

Thomas von Aquin lebte im 13. Jahrhundert, als sich der sexuelle Rigorismus in der christlichen Lehre und Kirchendisziplin bereits durchgesetzt hatte. Seine bemerkenswerte Synthese der christlichen Theologie hat nicht viel Innovatives im Bereich der Sexualethik zu bieten. Und doch macht die Klarheit seiner Aussagen seinen Beitrag bedeutsam für die nachfolgenden Generationen. Er lehrt, dass das sexuelle Begehren nicht an sich böse ist, da keine spontane körperliche oder emotionale Neigung an sich böse ist; dies wäre nur der Fall, wenn eine bewusste Entscheidung für das moralisch Böse vorliegt. Als Folge der Erbsünde gibt es jedoch in der menschlichen Natur einen gewissen Verlust an Ordnung unter den natürlichen menschlichen Neigungen zu beklagen. Die sexuelle Leidenschaft wird von dieser Unordnung beschädigt, aber sie ist nicht moralisch böse, sofern die Unordnung nicht frei gewählt ist.

Thomas von Aquin bietet zwei Begründungen für die prokreative Norm an, die von der Tradition favorisiert wird. Zum einen das augustinische Argument, dass die sexuelle Lust in der (als Resultat der Erbsünde) »gefallenen« Person den Geist bei seiner Arbeit behindere. Sie muss in Einklang mit der Vernunft gebracht werden und einem vorrangigen Zweck dienen – der Fortpflanzung.[59] Aber die Vernunft liefert, zweitens, nicht nur einen guten Zweck für die sexuelle Lust. Sie entdeckt diesen Zweck auch in der Anatomie und biologischen Funktion der Sexualorgane.[60] Daher erfordert die Norm der Vernunft im sexuellen Verhalten nicht nur die bewusste Absicht der Fortpflanzung, sondern auch den ungehinderten (das heißt, nicht kontrazeptiven) Sexualakt, durch den die Fortpflanzung ermöglicht wird.

Aus der prokreativen Norm ergeben sich weitere moralische Regeln, von denen viele auf das Wohlergehen der im Geschlechtsakt gezeugten Kinder abzielen. Zum Beispiel argumentiert Thomas, dass Unzucht, Ehebruch und Scheidung Kinder eines guten Umfelds für ihr Aufwachsen berauben. Sexualakte, die nicht den Erfordernissen des heterosexuellen Aktes entsprechen, hält er für unmoralisch, weil sie nicht zur Fortpflanzung führen können. Seine Behandlung der Ehe enthält nur ansatzweise neue Erkenntnisse bezüglich des Verhältnisses des Sexualakts zur ehelichen Liebe. Er entwickelt eine Theorie der Liebe, welche die geschlechtliche Vereinigung miteinbezieht[61], und er weist darauf hin, dass die Ehe die Basis der höchsten Form von Freundschaft sein könnte.[62]

Obwohl die kanonischen und theologischen Grundsätze, die sich im Mittelalter herausbilden, die christliche Morallehre bis in eine unbestimmte Zukunft beeinflussen sollen, markiert das 15. Jahrhundert den Beginn eines bedeutsamen Wandels. In den Schriften von Albertus Magnus aus dem 13. Jahrhundert und in der allgemeinen (wenn schon nicht spezifisch sexuellen) Ethik Thomas von Aquins finden sich Gründe, der vorherrschenden augustinischen Sexualethik zu widersprechen. Und Autoren wie Dionysius der Kartäuser und Martin Le Maistre spekulieren jetzt über die Integration von spiritueller Liebe und sexueller Lust und über den Wert der sexuellen Lust an sich (im Gegensatz zu dem von ihrem Mangel verursachten Schmerz). Das stellt die augustinische Tradition nicht auf den Kopf, aber es schwächt sie. Die Wirkung dieser neuen Theorien macht sich in den Kontroversen der Reformation im 16. Jahrhundert bemerkbar.

Die protestantische Reformation

Fragen der Sexualität spielen eine wichtige Rolle in der protestantischen Reformation. Der Zölibat von Priestern zum Beispiel wird nicht nur in seiner skandalösen Nicht-Beachtung, sondern auch als christliches Ideal infrage gestellt. An seiner statt gewinnen nun Ehe und Familie an Bedeutung. Sowohl Martin Luther als auch Johannes Calvin sind stark von augustinischen Vorstellungen von der Erbsünde und ihren Folgen für die menschliche Sexualität beeinflusst. Und doch entwickeln beide eine Position zur Ehe, die nicht von einer Fortpflanzungsethik abhängt. Wie weitgehend in der christlichen Tradition üblich, bestätigen sie Ehe und Sexualität als Teil des göttlichen Schöpfungsplans und deshalb als gut. Auch teilen sie Augustinus' negative Einschätzung von der gefallenen menschlichen Natur und ihrem in Unordnung geratenen Sexualtrieb. Luther ist jedoch davon überzeugt, dass die Ehe die notwendige Abhilfe für das ungeordnete Begehren schaffe, und macht aus ihr ein Schlüsselelement der christlichen Sexualethik.[63] Luther ist natürlich nicht der Erste, der die Ehe als Kur für das ungebärdige sexuelle Begehren befürwortet, aber er interpretiert die Gesamtheit der Tradition auf eine Weise, wie es noch niemand zuvor getan hat. Er stellt Theorie und Praxis infrage und bietet nicht nur eine alternative Rechtfertigung für die Ehe an, sondern eine Sicht der menschlichen Person, welche die Ehe für quasi obligatorisch erklärt.

Luther zufolge braucht die Lust an sich keine Rechtfertigung. Sie ist einfach eine Tatsache des Lebens. Wie alle gegebenen Tatsachen bleibt sie ein Gut, solange sie durch die Ehe kanalisiert wird und in die sinnvolle Gesamtheit des Lebens einfließt, was auch die Produktion von Nachkommen miteinschließt. Eine Sexualität allerdings, die das Wissen um Gott und seine Anbetung beeinträchtigt, ist sündig und benötigt daher Vergebung (nicht einfach nur eine spezielle Rechtfertigung wie den Fortpflanzungszweck) wie alle anderen sündhaften Elemente des menschlichen Lebens auch. Nach 1523 verschiebt Luther den Akzent: Die Ehe wird von einem »Spital der Siechen« zu einer Schule des Charakters. Innerhalb der weltlichen Institution von Ehe und Familie (als Teil der Schöpfungsordnung) lernen Individuen den Gehorsam gegen Gott und entwickeln wichtige menschliche Werte. Allein schon die Struktur der Familie dient diesem Ziel, denn sie ist hierarchisch und auf Gehorsam gegründet, da der Ehemann der Frau übergeordnet ist und die Eltern den Kindern.

Auch Calvin sieht die Ehe als Korrektiv für andernfalls ungeordnete Gelüste an. Er erweitert die Vorstellung von der Ehe als Ort der menschlichen Entfaltung, indem er feststellt, dass der größte Wert von Ehe und Sex in der Gemeinschaft bestehe, die zwischen Mann und Frau gebildet wird.[64] Calvin ist optimistischer als Luther, was die Möglichkeit der Kontrolle des sexuellen Begehrens anlangt, obwohl auch er glaubt, dass jedwede Schuld, die in Begehren und sexueller Aktivität noch vorhanden ist, durch die Ehe »überdeckt« und von Gott vergeben wird.[65] Wie frühere Autoren sorgt er sich, dass die Ehe als Korrektiv für Unkeuschheit sich trotzdem als Anreiz für unkontrollierte Leidenschaft erweisen könnte.

Als Teil ihrer Lehren zur Ehe lehnen Luther und Calvin vorehelichen und außerehelichen Sex und homosexuelle Beziehungen ab. Luther ist so daran gelegen, das sexuelle Begehren institutionell zu zügeln, dass er (als Reaktion auf einen bestimmten Fall) einmal die Meinung äußert, Bigamie sei dem Ehebruch vorzuziehen. Sowohl Luther als auch Calvin lehnen die Scheidung ab, obwohl sie – etwa im Fall von Ehebruch oder Impotenz oder wenn ein Ehepartner den Geschlechtsverkehr verweigert – in Betracht gezogen werden kann.[66]

Die römisch-katholische Kirche

Während und nach der römisch-katholischen Reformation (oder »Gegenreformation«) im späten 16. Jahrhundert dominiert die augustinische Ethik. Nur gelegentlich können sich daneben neuere Ideen behaupten. Das Konzil von Trient (1545–63) ist das erste ökumenische Konzil, das sich mit der Rolle der Sexualität in der Ehe befasst, aber es bestätigt auch erneut den Vorrang der Fortpflanzung und betont die Überlegenheit des Zölibats. Im 17. Jahrhundert reagiert die moralstrenge und letzten Endes häretische Bewegung namens Jansenismus auf ein in ihren Augen gefährliches Absinken der sexuellen Standards und bringt die augustinische Verbindung von Sex, Konkupiszenz und Erbsünde wieder ins Spiel. Alfonso de Liguori regt im 18. Jahrhundert die Tradition der moralischen Handbücher an (die wie die Pönitenzbücher in erster Linie die Beichtväter unterstützen sollen), die versuchen, den paulinischen Zweck der Ehe (als Abhilfe gegen die Begierde) mit dem prokreativen Zweck zu vereinbaren. Die moralischen Handbücher des 19. Jahrhunderts betonen die »Sünden der Unkeuschheit«, die sexuelle Lust in Gedanken oder Handlungen, und erlauben nur den ehelichen Geschlechtsakt mit dem Ziel der Fortpflanzung. Im 20. Jahrhundert beginnt die katholische Theologie, sich dem Personalismus zuzuwenden, und die protestantischen Kirchen akzeptieren die Geburtenkontrolle.

1930 reagiert Papst Pius XI. auf die Anerkennung der Empfängnisverhütung durch die anglikanische Kirche, indem er die prokreative Ethik für die Katholiken erneut bestätigt. Aber er gibt auch seine Zustimmung zum ehelichen Verkehr zu Zeiten oder unter Bedingungen, die eine Empfängnis nicht ermöglichen.[67] Damals reichte das Wissen über den Prozess der menschlichen Fortpflanzung nicht aus, um die unfruchtbaren Tage im Zyklus einer Frau gezielt zur Empfängnisverhütung zu nutzen, aber die Tatsache, dass

Pius XI. die Erlaubnis zum ehelichen Verkehr auch bei Unmöglichkeit einer Empfängnis gibt, bereitet den Weg für die spätere Anerkennung der »Rhythmusmethode« durch Pius XII.[68] Die Moraltheologen bewegen sich vorsichtig in eine Richtung, die Geschlechtsverkehr in der Ehe ohne Fortpflanzungsabsicht, aber mit dem Ziel der Förderung der ehelichen Verbundenheit billigt. Der Wandel in der römisch-katholischen Moraltheologie von den 1950er- bis zu den 1970er-Jahren ist schließlich dramatisch. Die Trennung von Fortpflanzung und Geschlechtsakt durch die Erlaubnis der Rhythmusmethode und das neue Verständnis von der Ganzheit der menschlichen Person bringt eine völlig andere Sicht der Sexualität als Ausdruck und Ursache der ehelichen Liebe mit sich. Nicht zu verkennen sind die Wirkungen dieses theologischen Wandels in der Feststellung des Zweiten Vatikanischen Konzils von 1965, dass die für die Ehe wesentliche Liebe durch »den Vollzug der Ehe in besonderer Weise ausgedrückt und verwirklicht« wird.[69] Obwohl das Konzil noch die Meinung vertritt, dass die Ehe schon aufgrund ihrer Natur der Zeugung von Kindern diene, werden Nachkommen und eheliche Vereinigung, gemäß der Tradition die beiden grundlegenden Ziele der Ehe, nicht mehr als primär und sekundär eingestuft.

1968 beharrt Papst Paul VI. darauf, dass Empfängnisverhütung unmoralisch sei.[70] Aber anstatt das Problem für die Katholiken damit beizulegen, entsteht daraus ein heftiger Konflikt. Eine weltweite Mehrheit von Moraltheologen ist nicht mit der päpstlichen Lehre einverstanden, obwohl eine Unterscheidung zwischen *nicht* prokreativem und *anti*prokreativem Verhalten den Streit für einige schlichtet.[71] Seither sind viele der spezifischen Moralregeln, denen die Sexualität in der katholischen Tradition unterliegt, ernsthaft infrage gestellt worden. Die offizielle Lehre hat frühere Verfügungen aufrechterhalten, obgleich die pastorale Reaktion auf Scheidung und Wiederverheiratung, auf homosexuelle Orientierung (nicht aber sexuelle Aktivität) und auf individuelle Gewissensentscheidungen für die Verhütung geändert und angepasst wurden. Unter den Moraltheologen gibt es eine ernsthafte Debatte (und seit den 1990er-Jahren einen deutlichen Pluralismus) in Bezug auf vorehelichen Sex, homosexuelle Akte, Wiederverheiratung nach der Scheidung, Infertilitätstherapien, Geschlechterrollen und Zölibat.[72]

Nachreformatorischer Protestantismus

In der Zwischenzeit entwickelt sich die protestantische Sexualethik des 20. Jahrhunderts noch dramatischer als die römisch-katholische. Nach der Reformation machen protestantische Theologen und Kirchenführer weiterhin geltend, dass die heterosexuelle Ehe der einzig akzeptable Kontext für sexuelle Aktivität sei. Von den Unterschieden in Bezug auf den Zölibat und die Scheidung abgesehen, ähneln die sexuellen Normen der protestantischen Kirchen denen der katholischen Tradition sehr; der Protestantismus des 19. Jahrhunderts hat erheblichen Anteil am kulturellen Druck des Viktorianismus. Im 20. Jahrhundert wird das protestantische Denken dann allerdings durch biblische und historische Untersuchungen, welche die Grundlagen der christlichen Sexualethik hinterfragen, durch Erkenntnisfortschritte in der Psychologie und durch die offen angesprochenen Erfahrungen von Mitgliedern der Kirche stark beeinflusst. Wichtige protestantische Theologen wie Paul Tillich, Karl Barth und Helmut Thielicke beschäftigen sich mit Fragen in Bezug auf Sexualität und Geschlecht und verändern die kirchliche Wahrnehmung erheblich.[73]

Es ist schwierig, hier eine klare Linie nachzuzeichnen oder auch nur eine so klare Dialektik zu finden wie im Katholizismus. Die Tatsache, dass im Protestantismus von Beginn an die Fortpflanzungsethik keine so prominente Rolle gespielt hat, erlaubt ihm letzten Endes, die Empfängnisverhütung als Mittel verantwortlicher Elternschaft fast einstimmig zu akzeptieren. Im Großen und Ganzen hat die protestantische Sexualethik aber eine Theologie der Ehe und der menschlichen Person entwickelt, die sexuelles Begehren nicht mehr als egozentrisch und gefährlich missbilligt. Auch beschäftigt sie sich nun mit Fragen der geschlechtsspezifischen Hierarchie in Familien und mit den häufig sogenannten »alternativen Lebensstilen« wie dem Zusammenleben unverheirateter Heterosexueller und sexuellen Partnerschaften von Schwulen und Lesben. Größtenteils wird die heterosexuelle Ehe immer noch als idealer Kontext für den Geschlechtsakt angesehen, aber viele Theologen akzeptieren voreheliche Sex und homosexuelle Partnerschaften, auch die Schwulenehe. Alle wichtigen protestantischen Kirchen haben seit den 1990er-Jahren Arbeitsgruppen, die sich besonders mit Fragen der Homosexualität, der beruflichen Sexualethik (die Geistlichen eingeschlossen) und Sexualerziehung befassen.

Philosophie und Medizin

Der lange Arm der griechischen und römischen Antike hatte nicht nur die Theologie, sondern auch die Philosophie der Sexualität erreicht, die wiederum in engem Austausch mit der Medizin stand. Beide Disziplinen sind für eine Geschichte der Sexualmoral von enormer Bedeutung. Intellektuelle Entwicklungen finden nicht in einem Vakuum statt; wenn man das Denken über Sex verstehen möchte, muss man selbstverständlich auch die Literatur, die Musik, die Malerei, die ökonomischen Entwicklungen, die Migrationsbewegungen, die politischen Kämpfe und die vielen anderen Elemente ins Auge fassen, die zur Veränderung der Ansichten über Sexualität und Geschlecht beigetragen haben. Das Entstehen der höfischen Liebe im Mittelalter war hier vermutlich wichtiger als die Schriften jedes einzelnen Theologen zu dieser Zeit; die Verschiebung von ökonomischen Strukturen im Kapitalismus beeinflusste den Wandel von Familienrollen und die ihn begleitenden Begründungen durchgreifend – und damit auch den Sex. Ich werde mich im Folgenden jedoch auf die Entwicklungen in Philosophie und Medizin beschränken und die Bedeutung der anderen wichtigen Faktoren in der westlichen Geschichte der Sexualität lediglich kursorisch vermerken.

Philosophien der Sexualität

Wie Überblicke über die Geschichte der Philosophie feststellen, haben Philosophen dem Sex zu den meisten Zeiten keine große Aufmerksamkeit geschenkt. Sie haben sehr viel über Liebe geschrieben, das sexuelle Verhalten aber weitgehend der Religion, der Lyrik, der Medizin und dem Gesetz überlassen.[74] Nach den Griechen und Römern und mittelalterlichen Denkern wie Thomas von Aquin, dessen Werk sowohl philosophisch wie auch theologisch ist, ist bis ins 20. Jahrhundert bezüglich der Sexualität nicht viel zu finden. Rare Ausnahmen sind die Schriften zu Sex und Geschlecht von David Hume, Jean-Jacques Rousseau, Immanuel Kant, Mary Wollstonecraft und Johann Gottlieb Fichte im 18. und von Arthur Schopenhauer, Karl Marx, Friedrich Engels, John Stuart Mill und Friedrich Nietzsche im 19. Jahrhundert. Die meisten von ihnen bestärken die Norm des heterosexuellen Sex in der Ehe zum Zweck der Fortpflanzung. In seinem Essay *Of Polygamy and Divorces* beharrt Hume darauf, dass alle Argumente zur Frage des sexuellen Verhaltens am Ende zu einer Empfehlung »unseres gegenwärtigen europäischen Brauchs der Ehe« führen.[75] Rousseaus *Julie oder Die neue Heloise* beklagt die Mängel der konventionellen Ehe, ist aber strikt gegen eheliche Untreue und Scheidung. Kant verteidigt traditionelle sexuelle Sitten, obwohl er in seinen *Vorlesungen über Moralphilosophie* eine Rechtfertigung der Ehe nicht im Sinne der Fortpflanzung, sondern der altruistischen Liebe einführt und argumentiert, dass nur die gegenseitige Verpflichtung in der Ehe das sexuelle Begehren davor bewahrt, einen Sexualpartner zum bloßen Instrument der eigenen Lust zu machen.[76] Schopenhauer kennzeichnet in *Metaphysik der Geschlechtsliebe* die sexuelle Liebe als subjektiv der Lust, objektiv jedoch der Fortpflanzung dienend; sein starker Naturalismus ebnet den Weg für eine radikalere Theorie des Sex als Instinkt ohne ethische Normen.[77]

In der Frage der Gleichberechtigung der Geschlechter finden sich bei Philosophen dieser beiden Jahrhunderte zwei konträre Positionen. Fichte bekräftigt die wesentlich passive Natur der Frau, die, soll sie dem Mann gleichgestellt sein, ihre Weiblichkeit aufgeben muss.[78]

In *Verteidigung der Frauenrechte* und *Die Hörigkeit der Frau* stellen Mary Wollstonecraft und John Stuart Mill jeweils die traditionelle Ungleichheit der Geschlechterrollen in der Gesellschaft infrage.[79] Marx und Engels kritisieren die bürgerliche Ehe als eine Beziehung der ökonomischen Dominanz.[80] Schopenhauer antwortet auf feministische Programme und befürwortet die Polygynie mit der Begründung der männlichen Bedürfnisse und den Vorteilen für die Frau.[81] Wie Schopenhauer entfernt sich Nietzsche von traditionellen ethischen Normen, bestärkt aber zugleich die Auffassung, die Bestimmung der Frau sei die Fortpflanzung.[82]

Ihr relatives Schweigen zum Thema Sex brachen die Philosophen allerdings erst im 20. Jahrhundert. Wie in Kapitel 1 vermerkt, haben europäische und nordamerikanische Philosophen und Philosophinnen Fragen von Sex und Freiheit, von Paradigmen der Sexualität, von Gender-Bias und sexuellem Missbrauch und viele andere Themen aufgegriffen.[83] Sie integrieren die Ergebnisse biologischer und sozialwissenschaftlicher Forschungen, ohne die philosophischen Perspektiven der Vergangenheit aus dem Blick zu verlieren. Wie bei den Theologen befindet sich hier alles im Fluss.

Die Medizin

Bei der Entwicklung und Ausarbeitung der sexualethischen Normen stand die Medizin stets in engem Austausch mit der Philosophie und der Religion.[84] Oftmals reflektierte sie nur die akzeptierten Anschauungen und Sitten einer Zeit, aber manchmal war sie auch eine Kraft des Wandels. Vom hippokratischen Korpus aus dem alten Griechenland bis zu den Schriften von Galen im 2. Jahrhundert n. Chr. spiegeln die medizinischen Empfehlungen zur sexuellen Disziplin die Ambivalenz griechischer und römischer Philosophen und verstärken sie.[85] Bis in die Renaissance behalten Galens Theorien erhebliche Wirkungsmacht. Die Interpretation der Syphilis als Krankheit und nicht als göttliche Strafe erscheint erst im 15. Jahrhundert in medizinischen Schriften, die auf ein starkes Auftreten der Krankheit innerhalb der sozialen Elite reagieren. Im 19. Jahrhundert erweisen sich medizinische Autoren als enorm einflussreich, ob es nun um Fragen der Masturbation geht (die nach ärztlicher Meinung zum Wahnsinn führt), der Homosexualität (die jetzt zu den Perversionen gezählt wird und medizinisch diagnostiziert und behandelt werden muss), der Empfängnisverhütung (die für ungesund erachtet wird, weil sie den sexuellen Exzess fördert und so zum Verlust der körperlichen Kraft führt) oder der Geschlechterrollen (die auf der Grundlage von medizinischen Bewertungen der körperlichen und psychologischen Gesundheit bestätigt werden). Im 20. Jahrhundert ändern sich natürlich die meisten der oben genannten ärztlichen Ansichten (am wenigsten vielleicht die Interpretation der Geschlechterrollen).

Als zur Jahrhundertwende die Theorie der Psychoanalyse aufkommt, bringt sie neue Wahrnehmungen der Bedeutung und Rolle von Sexualität mit sich. Gerade auch im medizinischen Bereich. Wie auch immer man über Sigmund Freud urteilen mag, seine Einsichten brechen mit einer Kraft über die Welt herein, die beinahe die

Grundlagen der traditionellen Sexualmoral mit sich reißt. Freuds Theorie unterfüttert Augustinus' und Luthers Behauptung der Unbezähmbarkeit des sexuellen Begehrens, die Macht des sexuellen Bedürfnisses ist jetzt jedoch nicht mehr das Ergebnis der Sünde, sondern ein natürlicher Trieb und zentral konstitutiv für die menschliche Persönlichkeit.[86] Vergangene Bemühungen, die Sexualität rationalen Zwecken unterzuordnen, können jetzt als Repression interpretiert werden. Eine fehlgeleitete Sexualität ist vor Freud ein moralisches Übel, nach Freud eine psychische Krankheit.[87] Die therapeutische Praxis macht sich daran, Tabus zu brechen, und wird weithin – wie ehemals Reue und Vergebung – als Befreiung erlebt.

Doch die psychoanalytische Theorie wirft genauso viele Fragen auf, wie sie beantwortet. Freud wendet sich zwar gegen sexuelle Tabus, die Heuchelei und Krankheit erzeugen, hält aber dennoch an der Notwendigkeit der sexuellen Beschränkung fest. Seine Sublimationstheorie fordert Disziplin und ein Kanalisieren des sexuellen Instinkts zum Wohle der Gesellschaft. Sexuelle Normen werden also keineswegs abgeschafft, und Freuds eigene Empfehlungen sind in vieler Hinsicht recht traditionell. Was nichts daran ändert, dass seine Forschungen die weltlichen und religiösen Traditionen vor eine enorme Herausforderung gestellt haben.

Mit der Medikalisierung der menschlichen Sexualität wurde der Sex von einem ethischen oder gar ästhetischen Problem zu einer Frage der Gesundheit. Ironischerweise boten jedoch Experten aller Art – Ärzte, Therapeuten, Sozialarbeiter, Lehrer – moralischen Beistand an. Davon zeugen etwa die langwierigen Bemühungen, sexuelle Devianz oder Perversion zu definieren und zu identifizieren, die sexuelle Aktivität als notwendigen Teil der menschlichen Selbstentfaltung zu propagieren oder die Verknüpfung von Medizin und Recht bei der Bestrafung oder Resozialisierung von Sexualstraftätern. Insbesondere Frauen schienen anfällig zu sein für moralische Beschränkungen und Urteile, die auf den vorherrschenden medizinischen Einschätzungen ihrer sexuellen Fähigkeiten, ihrer »femininen« Merkmale und ihrer Bereitschaft beruhen, die Mutterrolle zu akzeptieren.[88] Gleichgeschlechtlich orientierte Männer und Frauen wurden zudem von der Ärzteschaft genauso stigmatisiert wie von religiösen Traditionen. Mit dem Vorwurf der Unmoral oder der Diagnose eines krankhaften Verhaltens wurden sie marginalisiert, manchmal sogar inhaftiert und Prozeduren der Verhaltens- und Charakteränderung unterworfen. Was auch immer dazu geführt hat, dass Homosexualität aus der offiziellen Liste der Krankheiten der *American Psychiatric Association* von 1973 gestrichen wurde, die sozialen Konsequenzen dieser Entscheidung waren enorm.[89]

Vergangenheit und Gegenwart

Seit langer Zeit wissen wir, dass die Bedeutung der Vergangenheit in irgendeiner Weise in der Gegenwart steckt und die Bedeutung der Gegenwart zumindest teilweise in der Zukunft. Ganz unabhängig davon, ob es irgendwelche großen Narrative gibt oder geben sollte oder ob es möglich ist, Geschichte objektiv zu erzählen: Dieser kurze historische Abriss der Sexualmoral wird sich für alles Folgende als nützlich erweisen. Was ich in diesem Kapitel nachgezeichnet habe, ist unvollständig, Gegenstand der Interpretation und der Revision bedürftig. Eine eklatante Auslassung (MacKinnon kritisierte sie bereits bei Foucault) betrifft die Gewalt gegen Frauen. Das liegt nicht zuletzt daran, dass dieses Thema nicht viel Aufmerksamkeit erfahren hat, obwohl die vorherrschende Ungleichheit der Geschlechter in jeder Tradition und Epoche evident ist.

Dieses Kapitel bietet also nur die sprichwörtliche »Spitze des Eisbergs«. Und doch liefert es sowohl Material als auch einen historischen Rahmen – beides wird meinem Versuch, eine moderne

Sexualethik zu erarbeiten, zugutekommen. Die Fragen, vor denen wir heute stehen, sind nicht vollkommen neu (obwohl sie auch nicht einfach alt sind), und sie sind gewiss mindestens genauso komplex, wie sie es in der Vergangenheit waren. Es sind immer noch jene »großen Fragen«, welche die Antike fasziniert, Gläubige in den verschiedenen religiösen Traditionen bekümmert und moderne Spezialisten beschäftigt haben. Gründe zur Vorsicht gibt es genug – wie nicht zuletzt der Blick in die Geschichte deutlich gemacht haben sollte. Aber historische Perspektiven befreien und bereichern uns auch, denn sie halten das Gespräch über die Jahrhunderte offen.

Kapitel 3

Schwierige Übergänge

Bei den ungeklärten und drängenden ethischen Fragen geht es nicht nur um spezifische Moralregeln oder akzeptables sexuelles Verhalten, sondern auch um größere, grundlegendere Fragen nach den Zielen des sexuellen Begehrens, dem Wert von sexueller Lust, den Gründen für sexuelle Aktivität, dem Ort des sozialen Geschlechts im öffentlichen und privaten Raum, der Rolle von persönlichen und familiären Bindungen bei der Identitätsfindung und der Gesellschaftsstruktur. Einige dieser Fragen sind in Kapitel 1 aufgeworfen und in Kapitel 2 historisch untersucht worden.

Wenn Fragen schwierig sind, hilft es manchmal, sie im Licht der Geschichte zu betrachten. Wenn dies jedoch nicht ausreicht, gibt es gute Gründe, in anderen Kulturen nach Antworten Ausschau zu halten. Der Blick nach draußen trägt nicht nur zum Verständnis unserer eigenen kulturellen Tradition bei, sondern eröffnet uns auch einen neuen Zugang zu alten Fragen.

Seit den ersten ethnologischen Untersuchungen zur Sexualität wurden diese extensiv zur Kritik und Relativierung der eigenen kulturellen Voraussetzungen genutzt. Mit Blick auf die fremden Praktiken und Vorstellungen argumentierte man, dass es kein natürliches, allgemeinmenschliches Fundament unserer Moral geben könne – auch wenn dies oft behauptet wurde. Andererseits haben interkulturelle Studien dazu beigetragen, unsere traditionellen ethischen Ansichten zu bestärken, indem kulturübergreifende Gemeinsamkeiten festgestellt oder Unterschiede zu anderen Kulturen schlicht ihrer Primitivität zugeschrieben wurden. Beide Haltungen sind in den letzten Jahren jedoch problematisch geworden. So ist die vermutete sexuelle Freiheit in einigen Kulturen beispielsweise durch die Entdeckung von komplexeren Beziehungsmustern im Inneren dieser Kulturen relativiert worden (wie wir weiter unten sehen werden). Auch ist es nicht mehr akzeptabel, fremde Kulturen ohne Weiteres in ein Fortschrittsparadigma zu zwängen. Das bedeutet nicht, dass interkulturelle Untersuchungen für das Verständnis von Sexualität nichts mehr beizutragen hätten, sondern einfach nur, dass der Umgang mit ihnen genauso problematisch geworden ist wie der Umgang mit unserer eigenen Geschichte.

Interkulturelle Perspektiven auf die Sexualethik

Es gibt wichtige theoretische und praktische Gründe, sich interkulturellen Untersuchungen von sexuellen Anschauungen und Verhaltensweisen zuzuwenden. So etwa die schlichte Notwendigkeit einer erweiterten Perspektive. Oder die Erkenntnis, dass es wichtig ist, Unterschiede zu respektieren und die westliche kulturelle Erfahrung nicht mehr zu verabsolutieren, als wäre sie die eigentlich menschliche. Außerdem muss die oft naive Sichtweise des westlichen Christentums auf die sexuellen Sitten anderer Gesellschaften und Kulturen korrigiert werden, zumal das Christentum als Weltreligion auch in anderen Kulturen als Westeuropa und Nordamerika existiert – eine längst bekannte und offensichtliche Kampfansage an eine allzu einseitige Auffassung der christlichen Sexualethik.[1] Schließlich ist es für eine Kultur im 21. Jahrhundert fast unmöglich, andere zu ignorieren, weil Kommunikation und Transporttechnologie für einen immer engeren Austausch sorgen. Mit der Frage der weiblichen Genitalbeschneidung[2] zum Beispiel sind nicht nur internationale NGOs vor Ort konfrontiert, sondern sie überschreitet durch die zunehmende ökonomisch bedingte Migration sämtliche Ländergrenzen.

Quellen

Natürlich gibt es auch wichtige praktische und theoretische Gründe dafür, warum interkulturelle Studien problematisch sind. Der erste von ihnen liegt in der Natur der Quellen, die für westliche Forscher zur Verfügung stehen, besonders für Ethiker.[3] Disziplinen, die sexuelle Usancen in verschiedenen Kulturen untersuchen, sehen sich zudem stets mit fachinterner Kritik und Fragen nach Absicht und Richtung ihrer Untersuchung konfrontiert. So ist zum Beispiel die »Volkskunde« zutiefst selbstkritisch geworden und sammelt keine Traditionen mehr, sondern hinterfragt mit Vorliebe die Bedeutung der Begriffe »Volk« und »Tradition«.[4] Die Ethnologie brachte im 20. Jahrhundert eine Flut von Untersuchungen zur Sexualität in verschiedenen Kulturen hervor. Aber die anthropologischen und ethnografischen Untersuchungen der Sexualität kommen aus verschiedenen Gründen zuweilen zu verwirrenden Ergebnissen. Zum einen ist das Untersuchungsfeld schwer zu definieren, vielleicht in erster Linie, weil es keine allen Kulturen gemeinsame Bedeutung des Begriffs »Sexualität« gibt. Der Rahmen empirischer Studien ist zudem extrem groß und umfasst sexuelles Verhalten, Identität, Institutionen, Strukturen, Orientierung, Leidenschaft und Begehren, Gesundheit und Krankheit, Sexualerziehung und so fort.[5] Trotz dieses weit gesteckten Rahmens tendierte die traditionelle Forschung (mit einigen Ausnahmen[6]) dazu, sich auf Initiationsriten, Verwandtschaftssysteme und Ehe zu konzentrieren – mit anderen Worten: auf Sexualität als Mittel der sozialen Organisation. Und innerhalb dieses

Schwerpunkts gab es eine Tendenz seitens der Forscher, das »Exotische« zu betonen, was im Wesentlichen immer das ist, was sich von der Kultur des Betrachters unterscheidet.[7]

Nicht nur der Fokus, sondern auch die tatsächliche Untersuchung eines einigermaßen fest umrissenen Gegenstandsbereichs ist problematischer geworden. Während die Welt in gewissem Sinne immer kleiner wird, bringt die Interaktion zwischen Kulturen Veränderungen mit sich.[8] Die Kulturen passen sich an die neue Situation an. Ihre Erforschung wird deshalb zu dem Versuch, »einen ständig zurückweichenden sozialen Bezugspunkt« zu ergreifen.[9] Persönliche und kulturelle Befangenheit der Forscher[10] sowie die häufige Notwendigkeit, sich mit den politisch Verantwortlichen vor Ort arrangieren zu müssen, erbringen manchmal widersprüchliche Ergebnisse. Die vielleicht größte Schwierigkeit war der Einfluss des Kolonialismus auf die interkulturelle Forschung, insbesondere die Forschung über die Sexualität kolonisierter Völker. Diese Frage muss unabhängig betrachtet werden – ich komme darauf zurück.

Komparative Sexualethik

Selbst die beste sozialwissenschaftliche Forschung zu sexuellen Anschauungen wird normalerweise nicht von vergleichenden Untersuchungen der jeweiligen religiösen und kulturellen Basis begleitet.[11] Außerdem werden Informationsquellen zu sexuellen Sitten und religiösen Traditionen meistens nicht zur Sexual*ethik* befragt, was an Sprachbarrieren liegen mag oder an der Tatsache, dass die Sexualität auf der Tagesordnung für interreligiöse oder interkulturelle Dialoge meistens nicht besonders weit oben steht. Eine Ausnahme stellen die neuen Arbeiten von feministischen Wissenschaftlerinnen in der Ethik dar.[12] Bis vor Kurzem hat sich die vergleichende religiöse Ethik weitgehend auf Fragen von Theorie und Methode konzentriert. Außerdem besteht bei der Behandlung bestimmter normativer ethischer Fragen die Tendenz, sich auf Themen wie Umwelt, Gewaltverzicht, Völkermord, Verteilungsgerechtigkeit und allgemeine Menschenrechte zu konzentrieren.[13] Obwohl sich hier Änderungen abzeichnen, besonders in Bezug auf die Genderproblematik und ihre Relevanz für die Menschenrechte, befindet sich die sexualethische Diskussion noch im Anfangsstadium.[14]

Kulturelle Konstruktion und allgemeine Moral

Interkulturelle und interreligiöse Untersuchungen können das Vorhaben der Ethik an sich ernsthaft infrage stellen, insofern sie dem ethischen Relativismus und der historischen Kontingenz aller Normen das Wort reden. Wenn moralische Prinzipien und Regeln in jeder Hinsicht kulturspezifisch sind und keinerlei Grundlage in einem gemeinsamen Mensch-Sein oder einer universellen Gottesvorstellung haben, dann wird keine noch so große Menge an ethischen Untersuchungen so etwas wie eine objektive moralische Einschätzung des sexuellen Verhaltens oder eine gemeinsame, für alle gültige Sexualmoral hervorbringen.[15] Diese Fragen, die für komparative religiöse und ethische Untersuchungen im Allgemeinen nicht neu sind, stellen sich für die Sexualethik mit besonderer Dringlichkeit. Die soziale Konstruktion von moralischen Regeln wird fast nirgendwo deutlicher als in der historisch-kulturellen Prägung sexueller Rollen, Pflichten, Verbote, sogar des Begehrens. Da das Wissen um interkulturelle Unterschiede jeden Anspruch auf Universalität gefährdet, können Ethiker vielleicht nur die in unterschiedlichen Kulturen vorkommenden Anschauungen und Usancen beschreiben und ihre Gültigkeit innerhalb des Kontextes der jeweiligen Kultur (oder sogar Subkultur) anerkennen. Man kann sie intern kritisieren, muss sie in ethischer Hinsicht aber insgesamt als gleichwertig beurteilen. Wenn das stimmt, bleiben interkulturelle Untersuchungen wichtig, jedoch vorwiegend, um die Toleranz für die Vielfalt im sexuellen Verhalten und den Respekt für Unterschiede in der Interpretation des sexuellen Begehrens zu fördern.

Interkulturelle Arbeiten zur Sexualethik können jedoch nicht nur nutzlos, sondern auch einfach schlecht sein. Die Selbstkritik, also die kritische Bewertung der kulturellen Voreingenommenheit, bei diesen Untersuchungen (in denen nicht-westliche Kulturen durch die westliche Brille gesehen werden) stellt nämlich keinesfalls sicher, dass die Forschungsergebnisse zu nicht westlichen Kulturen zutreffend oder angemessen sind. Das Problem wird zweifellos dadurch gemildert, dass die Forschung zunehmend von Menschen betrieben wird, die in den entsprechenden Kulturen beheimatet sind und den untersuchten religiösen Traditionen angehören. Aber selbst so machen ältere Stereotype und auch neue Vorurteile den Ethikern das Leben schwer, sobald sie sich fremden kulturellen und religiösen Traditionen widmen.

Kolonialistische Forschung und ihre postkolonialen Kritiker

Im späten 20. und frühen 21. Jahrhundert wurde die westliche Interpretation von nicht westlichen Kulturen zunehmend problematisiert, vielleicht besonders in Bezug auf sexuelle Verhaltensweisen innerhalb dieser Kulturen. Wie wir bereits gesehen haben, sind Untersuchungen sexueller Anschauungen und Usancen in nicht westlichen Kulturen nicht in einer historisch »reinen« Welt unternommen worden, wo Völker Gemeinschaften bilden und autonom Traditionen ausleben, ohne sich zu vermischen. Viele ältere Untersuchungen, die weiterhin unser Verständnis von anderen Kulturen prägen, wurden in einer Welt durchgeführt, die bereits in Kolonialisten und Kolonisierte aufgeteilt war. Gelehrte aus der ersten Gruppe untersuchten Völker aus der zweiten. Selbst wenn ein bestimmtes Volk noch nicht kolonisiert war, waren die Methoden, mit denen es betrachtet wurde, die Methoden einer Kolonialmacht, die sich für »fortschrittlich«, weiter entwickelt und deshalb für berechtigt hielt, »rückständige« Völker zu kolonisieren und sich die politische Führungsrolle anzumaßen. Auch in der Antike oder im Mittelalter wurden Kolonien errichtet, aber es sind vor allem die 400 Jahre des westlichen Kolonialismus nach der Renaissance, die sich über jene Welt gelegt haben, welche die Ethnologen im 19. und 20. Jahrhundert betraten. Inzwischen erwartet sie eine weitgehend postkoloniale Welt, aber dennoch eine, in die sich bereits eine Geschichte von außen eingeschrieben hat.

Die Lektion des »Orientalismus«

Edward Saids *Orientalismus* (1978) warf einen eher nüchternen Blick auf den westlichen Zugang zu nicht westlichen Kulturen.[16] Dieses inzwischen klassische Werk bot eine neue Sichtweise sowohl für die Interpretation der sozialwissenschaftlichen Forschung als auch für literarische Schilderungen von ehemals kolonisierten Ländern in Asien, Lateinamerika und Afrika. Mit *Orientalismus* begann die postkoloniale Kritik, die jetzt einen großen Teil der Forschung infrage stellt. Said selbst legt den Fokus auf die historische Entwicklung von Konzepten und Einstellungen zum sogenannten Orient. »Orientalismus« bezeichnet für ihn: 1. ein akademisches Forschungsfeld, das sich orientalischen Themen widmet (und das sich der Ethnologie, Soziologie, Sprachwissenschaft, Geschichte, Philologie bedient), 2. eine Art des Nachdenkens über Unterschiede (oder imaginierte Unterschiede) zwischen dem »Orient« und dem »Okzident« und 3. einen Diskurs, der die Bedeutung des Orients politisch, ideologisch, sozial, militärisch, wissenschaftlich und künstlerisch erschafft und festschreibt (und in dem im foucault-schen Sinn Sprache und Wissen durch Macht oder in diesem Fall durch mächtige westliche Denksysteme geformt wird). Der »Orientalismus« (oder seine Analyse durch Said) liefert damit ein Werkzeug für die Interpretation aller kolonisierenden Anstrengungen: Er repräsentiert die Kolonisation als Restrukturierung von Erfahrungen und als Geltendmachen von Autorität über ein »Anderes« – ein bislang unbekanntes Anderes, das in den Kategorien der Kolonialisten verstanden werden muss. Mit dem Aufkommen des Orientalismus im 18. Jahrhundert schuf die europäische (hauptsächlich die französische und die britische) Kultur ein Verständnis der Kulturen des Ostens (insbesondere Indiens, Chinas, Japans, Ostindiens), das von westlichen Haltungen der Überlegenheit, des Rassismus und Imperialismus geprägt war.[17] Dieses Verständnis ist ein theatralisches, »wobei der Orient als Bühnenbild für den gesamten Osten dienen soll«.[18] »Da der Orient schwächer war als der Westen, lässt sich der Orientalismus sogar als eine dem Orient übergestülpte politische Doktrin auffassen, die die Andersartigkeit des Orients mit seiner Schwäche gleichsetzt.«[19]

Said behauptet nicht, dass es überhaupt keine Entsprechung zwischen dem Orientbild und dem gibt, was man im Osten vorfindet; er behauptet auch nicht, dass nur die in einer Kultur Beheimateten diese wirklich verstehen können.[20] Es ist vielmehr so, dass es trotz aller Definitionsbemühungen des Westens keine feste, wesenhafte Realität gibt, die »der Osten« ist. Imaginierte Bedeutungen der Menschen des Orients, ihrer Sitten und ihres Schicksals können im Inneren entstehen, sie können aber aber auch von außen an eine Kultur herangetragen werden. Saids Analyse führt ihn zu der allgemeineren Bemerkung, »dass die Vorstellung in höchstem Maße fraglich ist, es gebe dort Regionen mit indigenen, ›völlig anderen‹ Einwohnern, die man auf der Grundlage einer religiösen, kulturellen oder ethnischen Essenz, die dieser Region eigen sei, definieren könne«.[21] Im Fall des Orients wurde die Bedeutung vorwiegend von außen bestimmt – sodass die Menschen im Osten genauso wie die im Westen die durch die Sichtweise der Kolonialisten bestimmte Deutung internalisiert haben. Forscher, die den Osten studiert haben, betrachteten ihn mit orientalistischem Blick, und die Ergebnisse ihrer Forschung müssen jetzt in diesem Licht interpretiert werden.

Weil Said abstreitet, dass der Orientalismus *einfach* nur ein von außen durch mächtige Beobachter kreiertes systematisches Geflecht von Fiktionen und Lügen ist, ruft er nicht dazu auf, dass niemand eine andere Kultur erforschen oder mit ihr interagieren solle. Aber er mahnt an, dass Außenstehende Vorsicht walten lassen und ihre Interpretation kritisch reflektieren sollten.[22] Kolonialisten und Kolonisierte verändern sich durch ihre historische Begegnung; Bilder des »Westens« hängen teilweise von den westlichen Bildern des »Ostens« ab (und umgekehrt); Forscher und Forschungsobjekt verändern sich ebenfalls. Daher erfordert jede Bemühung, uns selbst und andere zu verstehen, die Hinterlassenschaft früherer Interpretationen zu hinterfragen, unsere eigenen Vorurteile zu ergründen, unseren Platz in der historischen Dynamik von Macht und Wissen kritisch zu reflektieren und die Kategorien zu erkennen, die zu Irrtum und Leid führen.

Die Lehren für eine Sexualethik

Ganz besonders hilfreich scheint Saids Sicht bei der Bemühung, die *sexuellen* Anschauungen und Sitten von uns fremden kulturellen und religiösen Traditionen zu verstehen. Tatsächlich ist es erstaunlich, welch große Rolle die Sexualität im Kolonialismus spielte (und wie groß der Einfluss der kolonialen Sichtweisen auf die Interpretationen nicht westlicher Sexualität war). Je entfernter und andersartiger Völker ihren Besuchern und Kolonisatoren erschienen, desto stärker wurden die »eingeborenen« Körper in rassisch aufgeladenen Spannungsfeldern sexualisiert und erotisiert.[23] Heute hat die postkoloniale (insbesondere die feministische) Forschung damit begonnen, die epistemologische Gewalt[24] zu beleuchten, mit der westliche Eroberer oder Siedler nicht westliche Kulturen heimgesucht haben – eine Gewalt, die darauf abzielte, die Erfahrung und das Selbstverständnis von Völkern zu restrukturieren, indem ihnen westliche Ideen aufgezwungen wurden. Im frühen 20. Jahrhundert popularisierte Carl Gustav Jung eine Sicht der Völker Indiens und Chinas als Reflexion der archetypischen »Anima« im Gegensatz zu einem westlichen »Animus«.[25] Im Einklang mit dieser Sicht wurde östliche Sexualität als gefühlvoll, kindlich, unschuldig frei und als radikal anders als die Sexualität im Westen verstanden. Frühe Besucher und Kolonialisten der Südsee, Afrikas und Lateinamerikas interpretierten die einheimischen Sitten als permissiv, zügellos, »wild« – als eine Beleidigung westlicher Gefühle.[26] Die fremden Sitten wurden an der westlichen Überzeugung gemessen, Sex sei ein mächtiger und instinktiver Trieb, den man kontrollieren und disziplinieren müsse. Folglich brachte man den indigenen Völkern bei, dass ihre sexualisierten Körper Zurückhaltung und ihr sexuelles Verhalten eine Beschränkung benötigten.

Ironischerweise wussten die weißen männlichen Kolonialisten die sexuelle Freiheit durchaus zu schätzen und lebten in den Kolonien mit einheimischen Geliebten das aus, was ihnen in ihrer Heimat durch die spießigen Sexualnormen vorenthalten wurde.[27] Das bereitete keine sonderlichen Probleme, da sie indigene Frauen als häusliche und gleichzeitig sexuelle Dienerinnen einstellen konnten. Wenn weiße Frauen eintrafen, wurden sie abgesondert, um sie vor der vermeintlichen Lasterhaftigkeit der »Eingeborenen« zu »beschützen«. Ob verheiratet oder ledig, weiße Frauen wurden zum Inbegriff europäischer Häuslichkeit und gezügelter Sexualität stilisiert.

Es waren nicht nur Besucher, Eroberer, Siedler und Forscher, welche die westlichen (und letztendlich auch die nicht westlichen) Anschauungen zur Sexualität der Bewohner ferner Länder formten. Auch der Einfluss von Missionaren ist in dieser Hinsicht nicht zu unterschätzen. Während einige Kolonialisten und Forscher die sexuellen Sitten »eingeborener« Völker zu einer Kritik an den westlichen Normen benutzten, zielten viele christliche Missionare eifrig darauf ab, Verhalten und Glauben der Einheimischen zu verändern. Sie beurteilten Einwohner von Missionsländern als hemmungslos und sexuell gefährlich für sich selbst und für ihre Kolonialherren. Wenn diese bislang noch »unzivilisierten« Völker erlöst werden sollten, mussten sie zuallererst sexuell diszipliniert werden – ein zentrales Kriterium für das Empfangen der frohen Botschaft des Evangeliums. Viele Missionare nahmen deshalb die sexuellen Körper indigener Personen und Gruppen ins Visier und machten sie zum »Ziel einer Intervention«.[28]

Die Ziele der missionarischen Aktivitäten kamen den Zielen der Kolonisierung entgegen, nämlich Völker zu »zivilisieren«. Zivilisation wurde natürlich gleichgesetzt mit einem Fortschritt in Richtung der westlichen Lebensweise. Wie Sophia Chen bemerkt, »waren Missionare, die nach China kamen, nicht darauf vorbereitet, auf eine Kultur zu treffen, die es mit jener aufnehmen konnte, an die sie gewöhnt waren«.[29] Obgleich China in dieser Hinsicht zweifellos ein Sonderfall war, machten Missionare in Teilen von Afrika und Lateinamerika sicher ähnliche Erfahrungen.

Trotz der Tatsache, dass die meisten Kolonien inzwischen ihre politische Unabhängigkeit erreicht haben, besteht der Kolonialismus weiter. Koloniale Ideologien gestalten weiterhin die Interaktion zwischen Westen und Osten oder Westen und Süden. Die gesellschaftliche Elite der ehemaligen Kolonien wurde schließlich weitgehend in den Schulen und Seminaren der Kolonisatoren ausgebildet. Daher bestimmen westliche Vorstellungen von Modernität, industriellem Fortschritt und Sexualität weiterhin das Selbstverständnis ehemals kolonisierter Völker. Darüber hinaus halten viele ökonomische und politische Formen der Globalisierung Machtbeziehungen aufrecht, mit denen der Westen den Alltag von Menschen auf der ganzen Welt kontrolliert.

Postkoloniale Kritik an kolonialistischen Interpretationen nicht westlicher Sexualität zielt nicht nur darauf ab, die Prozesse zu dekonstruieren, die zu diesen Interpretationen geführt haben, sondern auch Abhilfe zu schaffen. Das heißt, sie will nicht nur mutmaßliche Fehler oder zumindest Verwirrungen der Vergangenheit vermeiden, sondern auch neue Wege vorschlagen, mit unterschiedlichen Kulturen zu interagieren. Lenore Manderson und Margaret Jolly zum Beispiel wollen »Sexualität nicht nur als ein autonomes Reich der Sinne betrachten, sondern eingebettet in eine von Machtbeziehungen strukturierte und gesättigte soziale Welt«[30], eine Welt, in der Gender, sexuelle Orientierung, Rasse und Klasse berücksichtigt werden müssen. Und die afrikanische Theologin Musa Dube besteht darauf, dass die postkoloniale Analyse »angesichts verfestigter globaler Strukturen der Unterdrückung und Ausbeutung eine Suche nach Antworten und Veränderung«[31] beinhalten muss. Zu diesem Zweck müssen postkoloniale Theorien nicht nur Unterdrückung und Ausbeutung hervorheben, sondern auch die Art und Weise, wie kolonisierte Nationen Strategien entwickelt haben, »der Beherrschung zu widerstehen, ihre eigenen Länder und Köpfe zu dekolonisieren, ihre eigene Befreiung zu beurkunden und bessere und gerechtere Formen internationaler Beziehungen vorzuschlagen«.[32]

Um eine allzu abstrakte theoretische Betrachtung dieser Fragen zu vermeiden, möchte ich einige konkrete Berichte und Analysen kultureller und religiöser Traditionen untersuchen. Angesichts der allgemeinen, eben vermerkten Kritik müssen wir mit aller gebotenen Vorsicht vorgehen – aber vorgehen müssen wir. Schließlich ist es – wie am Anfang des Kapitels vermerkt – wichtig, verschiedene Traditionen zu berücksichtigen. Unser Zugang zu diesen Traditionen wird notgedrungen von mehr oder weniger hilfreichen Interpretationen mit all ihren Voreingenommenheiten vermittelt. Aber der Zugang ist vielleicht nicht vollständig verschlossen. Wir können aus Untersuchungen und Darstellungen von diversen Traditionen lernen – wenn vielleicht auch den größeren Teil aus der Kritik, die an ihnen geübt worden ist. Außerdem könnte die Vorsicht, mit der wir an dieses Material herangehen, die Probleme der ideologischen Überlagerung etwas abschwächen. Und wenn wir auch nicht mit einer angemessenen und stabilen Übersicht über unterschiedliche Traditionen rechnen können, so begreifen wir möglicherweise doch, warum es in Bezug auf die Sexualethik nicht nur im Westen Konflikte und Verwirrung gibt, sondern auch andernorts.

Es ist weder möglich noch passend, hier einen umfassenden Überblick über interkulturelle und interreligiöse Studien der Sexualität zu versuchen. Einige Feldstudien über indigene Traditionen im Südpazifik und in Afrika[33], ein klassischer Text aus Indien (das *Kamasutra*) und eine kritische Darstellung muslimischer sexueller Überzeugungen und Normen sollen dazu dienen, die zur Debatte stehenden Fragen zu diskutieren. Mir ist klar, dass meine »Stichproben« nicht in eine allgemeine Kategorie passen (sie sind nicht alle denselben kulturellen oder religiösen Traditionen zugehörig), aber gerade deshalb sind sie vielleicht besonders aussagekräftig.

In der Südsee

Einige der wichtigsten ethnografischen Studien, die in den frühen 1920er-Jahren unternommen wurden und Menschen auf den Südseeinseln in den Blick nahmen, beeinflussen auch heute noch unser

Denken über Sexualität und »andere« Kulturen. Bronislaw Malinowski zum Beispiel untersuchte das Sexualleben der Einwohner der Trobriand-Inseln (vor der Küste des heutigen Papua-Neuguinea in der Salomonsee gelegen).[34] Obwohl seine Arbeit in vielerlei Hinsicht veraltet ist, bleibt sie als frühe Studie wichtig, die sich auf die sexuellen Sitten konzentriert. Die Sicht, die Malinowski artikulierte, hat die ethnologische Interpretation der indigenen Sexualität bei ähnlichen Völkern stark beeinflusst.[35]

Inspiriert durch frühe Berichte von Missionaren über die sexuelle Permissivität auf diesen Inseln, beginnt Malinowski seine Arbeit in der Hoffnung, ein Gegenbild zur rigiden Sexualmoral in Europa zu entdecken. Er gelangt zu demselben Eindruck einer weltfernen Permissivität wie die Missionare, verzichtet aber im Gegensatz zu ihnen darauf, die uneingeschränkte »wilde« Sexualität zu verurteilen.

Als Malinowski ankommt, um das Sexualleben der Bewohner der Trobriand-Inseln zu studieren, findet er sich in einer für ihn wahrhaft anderen Welt wieder.[36] Sex ist mehr als eine physiologische Transaktion zwischen zwei Individuen und mehr als eine Methode, ein Volk zu reproduzieren; er durchdringt fast jeden Aspekt des Lebens der Inselbewohner. In seiner weitesten Bedeutung stellt er eine »soziologische und kulturelle Kraft«[37] dar. Der Sex unter den Inselbewohnern, wie Malinowski ihn interpretiert, schließt Liebe und Liebe-Machen ein; er ist der Kern von Ehe und Familie; er inspiriert die Kunst und wird in Zauber und Zaubersprüche einbezogen. Aber gerade weil der Sex mit der Struktur des Lebens verwoben ist, werden sowohl das Begehren als auch der Akt von den Einzelheiten dieses Lebens geformt und gefärbt. Es sieht anders aus als das, was Malinowski und andere Forscher in Europa gewöhnt sind, scheint aber zumindest in mancher Hinsicht ähnlich zu sein, sodass Parallelen deutlich werden.[38]

Zum Beispiel sind bei den Trobriandern einige Beschäftigungen streng geschlechtsspezifisch festgelegt. Männer sollen Lasten auf den Schultern, Frauen sollen sie auf dem Kopf tragen. Die Frauen sind verantwortlich für den Wasservorrat, und es ist undenkbar, dass sie nicht jeden Tag eine gewisse Zeit damit verbringen, Gefäße an Wasserlöchern zu füllen. Aufgaben im Haushalt werden geschlechtsspezifisch verteilt. Gibt es dabei ein Übertreten von Geschlechterrollen, wie klein auch immer, ist das eine Schande für die ganze Familie.

Was die Gleichstellung der Geschlechter betrifft, so ist sie für westliche Besucher und Forscher aus dem 19. und frühen 20. Jahrhundert schwer zu durchschauen. Es gibt eine matrilineare Gesellschaft, in der rechtliche Beziehungen von Verwandtschaft und Abstammung durch die Mutter bestimmt werden.[39] Die Menschen der Trobriand-Inseln glauben, dass der Körper eines Kindes allein und ausschließlich von der Mutter stamme.[40] Ein Kind ist daher von der gleichen Substanz wie seine Mutter, und zwischen Vater und Kind besteht »nicht die geringste leibliche Verbindung«[41]. (Tatsächlich gibt es – Malinowski zufolge – kein Verständnis von Fortpflanzung durch die Vereinigung zweier Substanzen im Geschlechtsakt; für die Empfängnis besteht nur die Notwendigkeit einer »mechanischen Öffnung der Scheide«[42].) Und doch kann sich eine starke emotionale Bindung zwischen Vater und Kind entwickeln, und (was Malinowski »merkwürdig« findet) von dem männlichen Kind meint man, es ähnele dem Vater, nicht der Mutter oder ihren Brüdern.[43]

Während die Gesellschaft matrilinear ist, ist die Ehe patrilokal, das heißt, die Frau zieht in das Dorf ihres Mannes, und das Ehepaar lebt im Haus des Mannes. Hier ist die Frau das rechtliche Oberhaupt der Familie, und sie kann eigene Besitztümer haben (obwohl sie kein Land besitzen kann). Aber in Wirklichkeit ist der Ehemann Herr des Hauses, da das Haus in seinem Dorf steht und ihm gehört. Außerdem kann die Frau nach ihrem eigenen ältesten Bruder nur an zweiter Stelle über die Kinder bestimmen. Nach und nach erfährt ein männliches Kind, dass es nicht demselben Klan angehört wie sein Vater und dass seine Eigentums- und Bürgerrechte in dem Dorf liegen, wo sein Onkel mütterlicherseits lebt, ein Onkel, dessen Weisungsbefugnis ihm gegenüber ständig wächst. Mit anderen Worten: Die soziale Stellung wird in der mütterlichen Linie weitergegeben, aber von einem Mann zu den Kindern seiner Schwester. Soziale Privilegien werden durch Frauen vererbt, aber von Männern in Anspruch genommen. Wie Malinowski es ausdrückt, führen Frauen in jeder Generation ihre Linie fort, und Männer repräsentieren sie. Macht und Funktionen in der Familie und im Klan werden an Männer verliehen, obwohl sie von Frauen vererbt werden.[44]

Ein anderer Bereich des sexuellen Verhaltens, der Forscher wie Malinowski sehr interessiert, ist die sexuelle Erfahrung von Jugendlichen. Auf den Trobriand-Inseln sind die frühen Jahre der sexuellen Erfahrung von großer Freiheit gekennzeichnet.[45] Weil es im Hause kaum Privatsphäre gibt, erfahren die Kinder viel über die sexuellen Aktivitäten der Älteren. Die eigenen sexuellen Aktivitäten der Kinder »in der Natur« sind nicht reguliert. Sobald sie jedoch heranwachsen, ist es üblich, persönliche Vorlieben zu entwickeln, die auf Leidenschaft oder »Verwandtschaft der Charaktere«[46] beruhen. Allmählich verstärkt und stabilisiert sich die gegenseitige Bindung und führt schließlich zur Ehe. Der Ehe geht eine Periode des aktiven Sexuallebens voraus, während der zwei Personen offiziell anerkannt zusammenleben können, ohne rechtliche Verpflichtungen zu haben. Aus ökonomischen und sozialen Gründen münden diese Beziehungen normalerweise in die Ehe. Malinowski beobachtet, dass die Partner die leidenschaftliche Phase des Sex in der Ehe hinter sich lassen und sehr viel strengere Erwartungen an den Anstand zur Geltung kommen. Die Privatsphäre geht verloren, wenn das Paar in das Haus der Eltern des Mannes zieht; und in der Öffentlichkeit wird keine Intimität gezeigt (die Ehepartner sollen sich nicht an den Händen halten oder auch nur Seite an Seite gehen).

Interessant ist, dass uneheliche Kinder trotz der intensiven sexuellen Aktivität unter den Jungen und noch Unverheirateten selten sind und als verwerflich gelten. Im Interesse der Familie werden sie verborgen und schließlich von einem männlichen Verwandten adoptiert. Ein »sozialer Vater« ist vonnöten, denn wie oben angemerkt fehlt das Wissen um die leibliche Vaterschaft.

Malinowski berichtet von sexuellem Verhalten, das sich sehr von der ihm vertrauten Vorstellung unterscheidet. Zum Beispiel gelten nicht Küsse, sondern das Reiben von Nasen, Wangen und Lippen, das Beißen und Kratzen als Zeichen der Liebe und Zuneigung.[47] Was allerdings bestimmte sexuelle Regeln betrifft, werden diese von Malinowski als zumindest analog zu europäischen Normen interpretiert.[48] Das Inzesttabu gilt absolut, nicht nur zwischen Eltern und Kindern, sondern insbesondere zwischen Brüdern und Schwestern (notwendig in der matrilinearen Struktur der Gesellschaft, in der Bruder-Schwester-Beziehungen streng geregelt werden müssen). Die Ehe ist monogam (außer für Stammeshäuptlinge, denen das Privileg gewährt wird, mehr als eine Frau zu haben). Ehebruch ist verboten. Wenn eine Ehe nicht funktioniert, kann sie leicht aufgelöst werden (manchmal einfach durch das Weggehen einer Partei). Scheidungen sind häufig, und wenn sie geschehen, folgen die Kinder der Mutter, nicht dem Vater. Sex und Ehe sind unter den Angehörigen desselben Klans verboten. Es gibt Grenzen (wie oben schon für Ehepaare vermerkt) für das, was in der Öffentlichkeit an Berührungen und Zärtlichkeitsbeweisen akzeptabel ist. Bei der Kleidung ist Zurückhaltung notwendig.

Sodomie, Exhibitionismus, oraler und analer Sex sind verboten, auch wenn das nicht heißt, dass nichts davon praktiziert wird. Bei Männern gilt Masturbation als unwürdig, obwohl man sie eher belustigend als abstoßend findet. Homosexualität wird verachtet, wie Malinowski berichtet, außer in Form der nicht sexuellen Freundschaft.[49]

Malinowski sucht nach einer fremden neuen Welt, und er findet auch eine – nur dass sie am Ende doch nicht ganz so fremd ist. Die Bewohner der Trobriand-Inseln haben genauso viele Regeln, wie sie Freiheiten genießen. Ihre Gesellschaft wird sowohl durch Normen des Anstands und der Schicklichkeit als auch durch strenge Restriktionen stabilisiert. Sexueller Genuss hat seinen Platz, aber dieser Platz ist fest umrissen. Malinowskis Ergebnisse scheinen klar und seine Berichte solide. Und doch wurden seine Forschungen und Publikationen viel kritisiert, was sowohl die Vorsicht rechtfertigt, mit der wir angefangen haben, als auch bekräftigt, wie viel engagierte Arbeit notwendig ist, um fremde Traditionen zu verstehen.

Malinowskis Forschung ist in vielerlei Hinsicht infrage gestellt worden. Zum Beispiel bezüglich der melanesischen Haltung gegenüber der Homosexualität. Gilbert Herdt kritisiert Malinowski (und andere Forscher) für seine Interpretation von männlichen gleichgeschlechtlichen Beziehungen in Inselkulturen, weil er sie für voreingenommen hält.[50] Er argumentiert, dass ihre Wahrnehmung der Homosexualität in diesen Kulturen als Perversion (sie wird verachtet, wie Malinowski berichtet) in erster Linie auf ihre eigenen Vorurteile zurückzuführen ist. Herdts eigene Untersuchung unterscheidet ritualisierte Homosexualität von homosexueller »Identität« und stellt fest, dass Erstere in Inselkulturen weit verbreitet ist. Mit »ritualisiert« meint Herdt, dass sie in männliche Initiationsriten eingegliedert ist, sodass sie Sex zwischen männlichen Personen unterschiedlichen Alters beinhaltet. Später hat er sie als »Knabenbesamung« bezeichnet. Das heißt, dass homosexuelles Verhalten nicht (wie Malinowski behauptet) verachtet wird, es gibt nur einfach keine Begriffe für ein inneres Gefühl des Selbst, auf dem sich eine akzeptierte homosexuelle Identität errichten ließe.

Auf Herdt antwortend neigt Bruce Knauft dazu, Malinowski zu unterstützen, obwohl er die postmoderne Skepsis bezüglich der Möglichkeit einer wirklich objektiven ethnografischen Forschung teilt.[51] Knauft kritisiert, dass Herdt selbst voreingenommen ist, und beharrt darauf, dass es »höchst fraglich« sei, ob ritualisierte Homosexualität in West-Neuguinea oder im Tiefland des Südens von Neuguinea tatsächlich gebräuchlich war, obwohl sie entlang der Südküste dokumentiert ist.[52] Knauft argumentiert, dass die Suche nach akkuraten Daten von dem Vertrauen auf eine teilweise mögliche Objektivität angetrieben wird oder sein kann. Die ethnografische Forschung muss deshalb nicht unbedingt eine Projektion der eigenen kulturellen Vorurteile der Forscher hervorbringen.

Was Malinowskis Darstellung des Geschlechterverhältnisses betrifft, haben spätere Forscher darüber gestritten, ob die von ihm beschriebenen matrilinearen Gesellschaften eine Art Gleichstellung der Geschlechter hervorgebracht haben. Die männliche Dominanz scheint zu überwiegen, gleichgültig, wie wichtig die weibliche Rolle bei der Vererbung ist. Als Antwort auf diesen Disput führt Marilyn Strathern aus, dass westliche Forscher, die versuchen, eine nicht westliche Kultur zu interpretieren, Fragen der Gleichheit einfach nicht beurteilen können. Ihre modernen Kategorien von Macht ermöglichen ihnen kein Verständnis von den ganz anderen Kategorien und Erfahrungen von Machtverhältnissen zwischen den Geschlechtern in anderen Kulturen. Strathern behauptet, dass vormodernen indigenen Kulturen schlicht die konzeptuellen Werkzeuge fehlen, um Vorstellungen von allgemeinem Menschentum oder individueller Handlungsmöglichkeit verstehen zu können.[53] Unterschiede zwischen aktiven und passiven Rollen wurden nicht erkannt. Die Beziehungen waren so komplex, dass es für uns fast unmöglich ist, herauszufinden, was in Kontexten, die von unseren eigenen so weit entfernt sind, verschiedene deskriptive Begriffe wie »Komplementarität«, »Dominanz«, »Trennung« wirklich bedeuteten. Westliche Ideen von Gleichheit haben rechtliche und politische wie auch philosophische Wurzeln. Trotzdem bemerkt Strathern, dass in vielen Fällen Männer die wichtigsten öffentlichen »Mittler von Werten« sind und Frauen die »Vermittelten«.[54] Überall haben Männer die autoritative Verantwortung für öffentliches und kulturelles Handeln, während Frauen mit dem Bereich der Reproduktion assoziiert bleiben.

Über die Zweifel an der Gültigkeit von Malinowskis Entdeckungen zu gleichgeschlechtlichen Beziehungen und der Parität der Geschlechter hinaus wird seine Arbeit und die anderer Forscher zum sexuellen Verhalten indigener junger Menschen kritisiert. Der direkteste Angriff auf diese Art von Forschung gilt aber gar nicht Malinowski selbst, sondern einer anderen Ethnologin, Margaret Mead. Die dabei aufgeworfenen Fragen betreffen allerdings auch Malinowskis Forschung.

Wie Malinowski trägt Mead zu der Sicht des indigenen Individuums als »unschuldigem Wilden« bei, der nicht von der Zivilisation und ihren Zwängen unterdrückt wird. Nach dem Abschluss des Grundstudiums beginnt sie in den 1920er-Jahren mit ihrer Forschungsarbeit und widmet sich zuerst der Frage, ob die Erfahrung von Heranwachsenden in nicht westlichen Kulturen genauso schwierig ist wie in westlichen.[55] Wie Malinowski reist sie in die Südsee, genauer nach Samoa, einer Inselgruppe nordöstlich von Fidschi. Ihr Untersuchungsgegenstand sind 68 junge Frauen. Von ihnen hört und berichtet sie, dass junge Leute auf Samoa die Ehe viele Jahre hinauszögern, nicht aber den Sex. Nach erheblicher Erfahrung mit »Gelegenheitssex«, wie man im Westen sagen würde, heiraten sie, ziehen Kinder groß und helfen, die Familie zu unterhalten. Die Gesellschaft erscheint vollkommen stabil, Heranwachsende haben keine Ängste, und alle Mitglieder sind auf eine so geordnete Weise in die samoanische Gesellschaft integriert, dass diese von den vielen frühen sexuellen Begegnungen nicht gefährdet wird.

Leider fiel nach ihrem Tod im Jahre 1978 ein Schatten auf ihre Arbeit. Der Anthropologe Derek Freeman behauptet, dass seine eigene Feldforschung in Samoa 50 Jahre später zutage gefördert habe, dass die befragten jungen Frauen Mead über ihre sexuellen Erfahrungen belogen hätten.[56] Er berichtet, dass eine sehr wichtige Informantin gestanden habe, sie und eine Freundin hätten sich einen Scherz mit Mead erlaubt und ihr etwas erzählt, das absolut unwahr sei. Junge Leute in Samoa seien keineswegs promiskuitiv, im Gegenteil, sie hielten sich an einen sehr strengen Sexualkodex, in dem die Jungfräulichkeit bis zur Ehe vorgeschrieben sei. Die Kontroverse um diese Forschungsarbeit tobte unter Anthropologen mehrere Jahre lang, ohne dass die verstorbene Mead Stellung nehmen konnte. Freeman hatte eine weiter gehende These, die er durchsetzen wollte: dass nämlich nicht nur Meads Forschung unbrauchbar sei, vielmehr seien schon die Annahmen über die polynesische Sexualität falsch, von denen sie ausgegangen war, ebenso wie ihre Schlüsse über die soziale Konstruktion von Sexualität. Den Kern der Kontroverse bildete also eigentlich die Frage, ob es biologische Universalien für die menschliche sexuelle Aktivität gibt oder ob jede Kultur die eigenen sexuellen Paradigmen selbst gestaltet.

Die Frage hier ist nicht, ob Mead oder Freeman recht hatte (heute halten es viele Anthropologen für unmöglich, dies zweifelsfrei zu klären), sondern ob interkulturelle sozialwissenschaftliche Forschungen bei der Entwicklung einer Sexualethik helfen können. Zum einen bleibt keine Kultur im Laufe der Zeit unverändert, und Kulturen, die früher für »primitiv« gehalten wurden, sind es in der Regel nicht geblieben. Meads Forschungsobjekte sind jetzt Urgroßmütter in einer Kultur, die fortdauert, sich aber gewandelt hat. Wie Mead selbst in einer späteren Ausgabe ihrer Arbeit sagt: »In Universitäten überall in den Vereinigten Staaten finden viele junge Samoaner den Bericht, wie ihre Vorfahrinnen lebten, genauso peinlich, wie wir die Kleider finden, die unsere Mütter trugen, als wir jung waren.«[57] Und doch fahren viele westliche Denker damit fort, »primitive« Kulturen zu verdinglichen und zeitlose Bilder zu beschwören, um sie mit »progressiveren« Kulturen zu vergleichen.

Afrika

Die westliche Perspektive auf die Völker der Südseeinseln ähnelt in gewissem Maße dem Blick auf Afrika. Doch hat der afrikanische Kontinent eine viel kompliziertere historische Beziehung zum Westen. Afrika ist ein schwieriges Thema – ob nun für Kolonisatoren oder frühere Kolonisatoren, für Missionare, Besucher oder Forscher. Vermutlich ist es tollkühn, über die Sexualität Afrikas zu sprechen. Zum einen ist Afrika ein Kontinent mit Hunderten von unterschiedlichen Völkern in jedem Land, jedes mit einer eigenen Geschichte, mit eigenen Verwandtschaftssystemen, Ritualen und Moralkodizes. Die Schwierigkeit, von einem afrikanischen Volk auf das andere zu schließen, wird noch größer, weil heute immer mehr Individuen und Familien aus ländlichen in städtische Umfelder ziehen und Arbeiter und politische Flüchtlinge zur Migration gezwungen sind.

Zudem gibt es überall in Afrika mindestens drei Schichten der historischen Erfahrung, die immer noch die sexuellen Sitten prägen. Es sind dies erstens die traditionelle indigene Erfahrung, zweitens die Erfahrung des Kolonialismus und drittens die globalisierte Moderne. Diese historischen Perioden folgen nicht einfach aufeinander, sie bleiben als Elemente von Glauben und Praxis im heutigen Afrika erhalten. Die traditionellen Systeme, früher ein vollständiges Ganzes, sind vielleicht zusammengebrochen, dennoch leben sie in Teilen fort. Selbst die Rechtssysteme in den meisten Teilen Afrikas sind eine Mischung aus Brauchtums-, Kolonial- und Postkolonialrecht.[58] Dazu kommt, dass diese Erfahrungsschichten jeweils von verschiedenen religiösen Traditionen durchdrungen und geformt werden – von traditionellen afrikanischen Religionen, den Religionen der Kolonisatoren und Eroberer (vorwiegend christlich und muslimisch) und den Mischungen dieser Traditionen. Der Brauch, das Gesetz, der Glaube, sie alle haben große Auswirkung auf die Bedeutung und Praxis von Sexualität.

Eine weitere Komplikation besteht darin, dass wir bei der Annäherung an die afrikanische Sexualität (und der sie prägenden historischen und religiösen Vielfalt) auf Schritt und Tritt der Kritik begegnen. Es gibt die feministische postkoloniale Kritik, die christlich-theologische ethische Kritik und die existenziellen kritischen Fragen, die durch die entsetzliche Ausbreitung von HIV und AIDS über große Teile des Kontinents aufgeworfen werden. Kritik kann Aufschluss über Traditionen geben, aber sie richtet sich auf das Problematische und neigt dazu, die Stärke und den Reichtum der kritisierten Traditionen zu unterschätzen. Interne Kritik ist oft hilfreich; westliche Betrachter, die außerhalb der Traditionen stehen, kann ein allzu kritischer Blick allerdings in die Irre führen. Trotz dieser Schwierigkeiten ist es wichtig, sich mit afrikanischen Erfahrungen von Kultur, Religion und Sexualität zu befassen. Wie vielfältig Afrika auch ist, es gibt einige Verallgemeinerungen, mit denen wir beginnen können, solange wir sie vorsorglich als solche benennen. Ohne die Probleme leugnen zu wollen, die von innen, von den Anhängern einer Tradition geäußert werden, ist es vielleicht doch möglich, einen Blick auf das Gefüge des Lebens zu werfen, das den Menschen gute Dienste geleistet hat, zumindest bis jetzt.

Sexualität und Gemeinschaft

Wenn es ein gemeinsames zentrales Element im afrikanischen Verständnis von Sex gibt, dann ist es, dass die Sexualität in erster Linie der Gemeinschaft dient. Diese grundlegende Überzeugung formt viele sexuelle Normen auf eine Art, die Personen aus dem Westen nur schwer verstehen können. Die Ehe zum Beispiel wird allgemein von jedem erwartet. Und trotz einiger Hundert Jahre kolonialer und missionarischer Bemühung, das Prinzip der individuellen Wahl zu fördern oder sogar zu erzwingen, bleibt das Arrangieren von Ehen oder zumindest die Zustimmung zu ihnen weitgehend in der Hand der Familien. Deutlich wird der gemeinschaftliche Charakter der Ehe in der Tendenz zur traditionellen Heirat (die weder der zivilen noch der kirchlichen Eheschließung gleicht), da sie in mehreren Etappen stattfindet, in denen die Vereinbarungen zwischen Familien einen großen Platz einnehmen.[59] Dieses Charakteristikum erklärt auch andere Aspekte der Sexualethik wie die Bedeutung der Blutlinie (gegenüber dem relativ unwichtigen Status der Kernfamilie); die Beurteilung von sexuellen Arrangements durch die männlichen Ältesten, die ihre Macht selbst im Tod (als verehrte Vorfahren) behalten; Praktiken wie das »Brautgeld« (oder der Brautpreis), die signalisieren, dass eine Frau nicht nur mit ihrem Mann verheiratet ist, sondern auch mit seiner Familie; die strenge Differenzierung der Geschlechterrollen; das weitverbreitete Aufziehen von Kindern durch Verwandte; Inzesttabus, die viel ausgeprägter sind als die westlichen (in Afrika umfassen sie alle Verwandtschaftsgrade in einem Stammbaum).

Vor allem die Unterordnung der Sexualität unter das Wohlergehen und den Fortbestand von Familie und Gemeinschaft erklärt den Kern der traditionellen afrikanischen Sexualethik: Fruchtbarkeit ist wichtiger als Sex. Der schlimmste Tod ist für die meisten Afrikaner, kinderlos zu sterben. Und doch zielt die Sexualität aus afrikanischer Perspektive auf mehr als bloße Fortpflanzung, wie in einigen Teilen Afrikas durch die zeremonielle Ausübung des Geschlechtsakts bei Ereignissen wie der Hochzeit von Sohn oder Tochter, dem Erscheinen des ersten Zahns eines Kindes oder Initiations- und Begräbnisriten bezeugt wird. Ob sie nun der Vergrößerung oder der Erhaltung von Familie und Stamm dient, Sexualität ist zum Nutzen des Ganzen da.

Gender, Ehe und Familie

Obwohl es in Afrika auch matrilineare Familien gibt, ist die große Mehrheit patrilinear. In matrilinearen Gesellschaften sind weder die Frau noch die Kinder Mitglieder der Familie des Ehemannes, obwohl Ehemänner ihre Kinder beherbergen und ernähren sollen (im Gegenzug helfen sie dem Vater bei der Arbeit). In patrilinearen Gesellschaften bilden die männlichen Nachkommen eines Patriarchen (Brüder und ihre Nachkommen) eine Familie; weibliche Nachkommen (Schwestern) sind auch Mitglieder der patrilinearen Familie, nicht aber ihre Kinder (diese erhalten ihre Familienzugehörigkeit durch die Linie ihres Vaters).[60] Erbrechte von Frauen und Mädchen sind genauso wie ihre familiäre Autorität im Allgemeinen geringer als die von Männern und Jungen. Weibliche Rechte werden von einer Vielfalt von Faktoren bestimmt (zum Beispiel ob in der Unterkunft einer Familie eine Geschlechtertrennung vorgenommen wird, wie viel Frauen und Mädchen zu den Familienressourcen beitragen, wie ökonomisch unabhängig die Ehefrauen sind oder wie koloniale Erlasse das Gewohnheitsrecht unterstützt oder untergraben haben).

Sex wird als wohltuend, nicht als entkräftend angesehen, und anders als in westlichen Kulturen begegnet man der sexuellen Aktivität nicht mit Misstrauen. Doch unterscheiden sich die sexuellen Regeln für die Geschlechter. Die meisten traditionellen Verhaltensregeln dulden außerehelichen Sex bei Männern, nicht aber bei Frauen, obwohl in einigen Teilen Afrikas auch Frauen außerehelicher Sex zugebilligt wird, solange sie diskret sind.[61] Allgemein wurde und wird jedoch vorausgesetzt, dass Männer Sex mehr brauchen als Frauen und dass sie deshalb mehr als eine Sexualpartnerin benötigen (eine Voraussetzung, die in 100 Jahren christlicher Missionsarbeit nicht wirksam verändert wurde). Trotzdem werden Männer in traditionellen afrikanischen Gesellschaften in der Regel nicht als »Machos« betrachtet.[62]

Normalerweise erhalten Mädchen und Jungen nach Geschlechtern getrennte Sexualerziehung. Das Gegenseitigkeitsprinzip ist für das Verhältnis sehr wichtig, und beide erlangen ihre Identität, indem sie sich eine traditionelle Rolle aneignen. Isabel Apawo Phiri: »Mädchen lernen von ihren Müttern, dass sie geschaffen sind, um ihren Brüdern zu dienen. Auch Jungen wachsen in dem Glauben auf, dass es ihre Bestimmung ist, von Mädchen und Frauen bedient zu werden.«[63] Die Geschlechterrollen werden durch Pubertätsriten und die vorangehende traditionelle und religiöse Erziehung verstärkt. Die Initiation schließt eine Einführung in die Geheimnisse der Sexualität ein und bereitet auf die Verantwortung, die Rechte und Erwartungen des Frauseins und der Männlichkeit vor. Jungen und junge Männer lernen, dass sie den Geschlechtsverkehr mit Mädchen und Frauen brauchen und auch ein Recht darauf haben. Die sexuelle Erfahrung beginnt für sie in der Regel nach der Initiation und vor der Heirat. Mädchen und junge Frauen lernen, dass sie die sexuellen Bedürfnisse ihrer Männer befriedigen sollen. Traditionell beginnt für die meisten von ihnen die sexuelle Erfahrung mit der Ehe. In Vorbereitung auf die Ehe müssen junge Frauen auch die strengen und präzisen Vorschriften lernen, die nicht nur die Beziehung zu ihrem Ehemann, sondern zur gesamten Familie des Mannes regeln.

Ehemänner haben ein sexuelles Exklusivrecht über ihre Frauen, Frauen dagegen können das in Bezug auf ihren Mann normalerweise nicht erwarten.[64] Angesichts der Betonung der Fruchtbarkeit wird die Kinderlosigkeit einer Ehe oft durch eine zusätzliche Ehefrau oder Geliebte behoben. Diese beiden Faktoren – der Glaube an die sexuellen Bedürfnisse des Mannes und der dringende Wunsch nach Kindern – erklären weitgehend die Institution der Polygynie.[65] Folglich ist die traditionelle Begründung für die Polygynie, dass sie die Gemeinschaft zusammenhält, indem sie der Sexualität und Ehe förderlich ist. Polygynie sichert Nachkommen, hilft beim Erwerben von Vermögen, schränkt die weitverbreitete Prostitution und den Ehebruch ein, stabilisiert das Zuhause, weil die erste Frau Hilfe erhält, und erlaubt dem Ehemann die sexuelle Aktivität in den langen Perioden, in denen ihm der Umgang mit einer seiner Ehefrauen verboten ist (Tabus verbieten den Geschlechtsverkehr während der Menstruation, der Schwangerschaft und einem festgelegten längeren Zeitraum nach der Geburt eines Kindes).[66]

Die Scheidung ist in den meisten afrikanischen Gemeinschaften nicht oder erst seit jüngster Zeit üblich. Die Ehe soll lebenslang halten, obwohl sie nicht unauflöslich ist.[67] Traditionelle Strukturen wie die Ehe sollen der Stabilität dienen und in schwierigen Zeiten das Überleben sichern. Die größeren sozialen Einheiten – die Sippe oder der Stamm – stellen deshalb auch Verfahren zur Versöhnung zur Verfügung.

Möglicherweise gab es eine Zeit, in der die traditionelle Ordnung noch nicht durch Migration, Wirtschaftskrise und Fremdherrschaft gefährdet war. Es steht jedoch zu vermuten, dass diese traditionelle Ordnung nicht besonders dazu geeignet ist, die Probleme der Gegenwart zu lösen.

Nachhaltige Sexualität

Von christlichen afrikanischen Ethikern wie Bénézet Bujo ist an einigen Elementen afrikanischer Sexualität wichtige und konstruktive Kritik geübt worden.[68] Obwohl er den Wert bejaht, den die Gemeinschaft in Afrika darstellt, warnt er dennoch vor einer allzu »romantischen« Idealisierung der traditionellen Kultur und einer Überbewertung der Gemeinschaft.[69] Bujo argumentiert, dass die Polygynie nicht »automatisch ungerecht« sei, da sie früher dazu diente, Frauen zu beschützen und die Stabilität von Ehen zu gewährleisten, in denen Kinderlosigkeit zum Ehebruch hätte führen können, dass sie diese Funktionen heute allerdings nicht mehr erfüllt. Vielmehr werden seiner Ansicht nach zweite und dritte Ehen unter hohlen Vorwänden und zum Nachteil der ersten Frauen geschlossen. Diese werden getäuscht (wenn ihre Männer heimlich eine zweite Ehe an einem anderen Ort führen) oder ignoriert (indem sie sexuell abgeschoben werden und der Mann seine Gefühle einer jüngeren Zweitfrau zuwendet).

Auch Ethnologen und Historiker beleuchten das afrikanische Sexualverhalten inzwischen kritisch. Bemerkenswert in dieser Hinsicht sind Studien zur Homosexualität in afrikanischen Gesellschaften.[70] Die Forscher stellen den Mythos infrage, dass gleichgeschlechtliche Beziehungen dort überhaupt nicht oder nur am Rande vorkommen, und dokumentieren Formen homosexueller Beziehungen in allen Regionen des Kontinents. Ihre Ergebnisse sind interessant und wichtig, auch wenn ihre Bedeutung nach wie vor umstritten ist.[71]

Die lautesten neuen Stimmen gehören jedoch einer schnell wachsenden Anzahl afrikanischer feministischer Autorinnen, darunter auch Theologinnen.[72] Während sie wie Bujo dem kommunitären Charakter von Sex, Ehe und Familie in Afrika affirmativ gegenüberstehen, glauben sie, dass er nur aufrechterhalten werden kann, wenn die Würde von Frauen nicht gefährdet oder ihr Bedürfnis nach einem gewissen Maß an ökonomischer und sozialer Kontrolle über das eigene Leben nicht ignoriert wird. Das Wohlergehen der Kinder erfordere genauso wie das von Frauen und Männern gewisse Veränderungen in den traditionellen Formen der Ehe und Zugeständnisse an die Frauen und Mädchen. Andernfalls wird es den afrikanischen Gesellschaften kaum gelingen, den gegenwärtigen sozialen, wirtschaftlichen und politischen Herausforderungen erfolgreich zu begegnen, und Afrika wird als Ganzes von der HIV-

und AIDS-Pandemie des 20. und 21. Jahrhunderts verwüstet werden.

Um zu verstehen, welche Veränderungen notwendig sind, mussten die afrikanischen Feministinnen zunächst die Probleme der afrikanischen Sexualordnungen identifizieren. Als Erstes konzentrierten sie sich auf das Problem der Ungleichheit der Geschlechter, das offenbar in den traditionellen afrikanischen Gesellschaften weit verbreitet ist. Die afrikanische Sexualität beruht auf genderspezifischen Beziehungsmustern, die Frauen einem Risiko aussetzen (aber auch Männern und Kindern schaden). Wenn kulturelle Praktiken das Wohlergehen von Frauen gefährden, sind sie fast immer Teil einer Sexualordnung, welche die Frauen den Männern unterordnet und ihnen eine freie Entscheidung über ihre eigene Sexualität verwehrt. Vielleicht waren traditionelle Beziehungsmuster, die den Frauen in der Vergangenheit Sicherheit und Würde gaben, schon immer anfällig für den Missbrauch. Denn obwohl Frauen (wie in den westlichen Gesellschaften) als Mütter, Königinnen und Göttinnen verehrt wurden, konnten sie auch als böse (Huren, Hexen, Unreine) oder schlicht als unterlegen dargestellt werden.[73] Vor der Kolonisierung waren in einigen Teilen Afrikas (zum Beispiel bei den Igbo im heutigen Nigeria) die Auffassungen von Gender flexibel und die Rollen weniger festgelegt.[74] In einigen Fällen haben also möglicherweise die Kolonisierung und der Einfluss westlicher Religionen den Ausschlag dafür gegeben, dass die Rollen von Frauen strenger begrenzt und überwacht wurden. Jedenfalls scheint das Patriarchat (ob in patrilinearen oder matrilinearen Systemen) in großen Teilen des traditionellen kolonialen und postkolonialen Afrikas fest verwurzelt zu sein.

Mit einer allgemeinen Kritik an geschlechtsspezifischen Rollen und Identitäten geht eine Identifizierung von bestimmten Praktiken einher, die besonders schädlich sind. Während etwa durch die Familien arrangierte Ehen für Gemeinschaften und Gesellschaften nützlich waren, haben sie doch auch zu extremen Formen der Nötigung von Mädchen und jungen Frauen geführt. Die »Kinderehe« gehört dazu. Um die Fortführung der Familie zu gewährleisten, wenn nur ein Sohn da ist, kann der Vater eines kleinen Jungen der Familie eines Mädchens (für seinen Sohn) einen Heiratsantrag machen. Wenn der Antrag angenommen wird, wird das Mädchen einem Verwandten des Jungen zum Zwecke »ehelicher« sexueller Beziehungen übergeben, bis der Junge alt genug ist und das Mädchen zu ihm ziehen muss.[75] Es kommt auch recht häufig vor, dass junge Mädchen als Zweit- oder Drittfrau mit älteren Männern verheiratet werden.[76] Darüber hinaus werden immer noch manchmal Mädchen aus der Schule zum Zweck der Heirat »entführt« (thwala). Obwohl sie selber ahnungslos sind, geschieht das mit dem Wissen und der Zustimmung ihrer Familie.[77]

Traditionelle Usancen (manchmal von christlichen und muslimischen Lehren verstärkt) propagieren weiterhin den Glauben, dass einer Frau ihr Körper und ihre Sexualität nicht gehören. Einmal verheiratet, gehört der Körper der Frau ihrem Ehemann. Man erwartet von Frauen, den Bedürfnissen und Wünschen ihrer Männer zu entsprechen, oft ohne Rücksicht auf ihre eigenen. Aber gleichzeitig kommt es vor, dass sie den Körper ihres Mannes mit anderen Frauen teilen müssen.[78] Bei einigen afrikanischen Stämmen führt diese Sitte nicht nur zur Polygynie, sondern auch zum »Ausleihen« von Frauen, wobei es eine Form der Gastfreundschaft ist, dem Gast die eigene Frau zum Sex anzubieten. Es gibt auch Gemeinschaften in Afrika, in denen die Sexualität einer Frau noch nach dem Tod ihres Mannes seiner Familie gehört (eine Folge der Praxis des Brautgelds).[79] Folglich kann man von ihr verlangen, sich einer »rituellen sexuellen Reinigung« zu unterziehen (durch den Geschlechtsakt mit einem Mann, der damit beauftragt wird oder sich zur Verfügung stellt) und den Brauch der »Witwenvererbung« (oder »Leviratsehe«) zu befolgen, wodurch sie die eheliche Beziehung mit ihrem Mann fortführt, indem sie einen Verwandten heiratet.[80]

Es verwundert nicht, dass Feministinnen an der Polygynie Anstoß nehmen. Ihre Bedeutung im traditionellen und modernen Afrika haben wir bereits betrachtet (wie auch Bujos Kritik an ihr, die nicht durch die unter Christen übliche Bevorzugung der Monogamie motiviert ist, sondern durch die Tatsache, dass sie ihren ursprünglichen Zweck nicht mehr erfüllt). Die Polygynie ist immer noch außerordentlich wichtig und macht circa 40 Prozent der Ehen in Westafrika und 20 bis 30 Prozent in Ost- und Südafrika aus.[81] Sie wird nicht nur akzeptiert, sondern aus den bereits erwähnten Gründen von Frauen und Männern propagiert. In dem Versuch, der anhaltenden christlichen Opposition gegen polygyne Ehen zu begegnen, haben viele westliche Wissenschaftler ihren Wert für die afrikanische Gesellschaft beredsam gepriesen. Eugene Hillman argumentiert zum Beispiel, sie sei der Kontext, aus dem die afrikanischen Tugenden der Einheit, Harmonie, Solidarität und Gastfreundschaft erwachsen.[82]

Für ihre afrikanischen Kritikerinnen ist die Polygynie jedoch zunehmend zu einer umstrittenen Form der Ehe geworden, obwohl viele Frauen sie weiterhin akzeptieren und unterstützen. Die Feministinnen scheinen sie einmütig infrage zu stellen und oft direkt zu bekämpfen. Anne Nasimiyu-Wasike zum Beispiel führt an, dass selbst die traditionellen Begründungen für die Polygynie beweisen, dass sie ein Arrangement zum Vorteil der Männer und zulasten der Frauen sei.[83] Polygynie repräsentiere das männliche Streben nach Nachkommen und Unsterblichkeit, betrachte Frauen als abhängig von Männern, bestimmt für den sexuellen und ökonomischen Dienst am Mann, identifiziere den Wert von Frauen mit dem Kindergebären, bringe keine Harmonie, sondern stifte Unfrieden zwischen den Ehefrauen und ordne einige Frauen anderen Frauen unter. Frauen werden kulturell konditioniert, ihr Missfallen an der Polygynie nicht auf die Institution selbst, sondern auf die anderen Ehefrauen zu projizieren. »Nebenfrauen haben eine böse Zunge.«[84] Sie kommt zu dem Schluss, dass polygyne Beziehungen sowohl Männer als auch Frauen beschädigt haben und dass diese häusliche Institution ein Zeichen der menschlichen Depravation ist.[85]

Die von afrikanischen Feministinnen aufgezeigten Probleme in afrikanischen Sexualordnungen werden im Kontext von HIV und AIDS noch gravierender, da der Virus (südlich der Sahara) hauptsächlich durch heterosexuellen Sex übertragen wird. Die meisten der oben beschriebenen Verhaltensmuster und Praktiken – die Machtlosigkeit der Frauen über ihre eigene Sexualität, wechselnde Sexualpartner in polygynen Ehen, das »Ausleihen« von Frauen als Teil der Gastfreundschaft und die Behandlung von Witwen als Eigentum der Familie – setzen Frauen einem höheren HIV-Risiko aus. Selbst wenn all diese Muster und Praktiken in ihrem ursprünglichen Kontext positiv waren, werden sie extrem problematisch, wenn Menschen daran sterben.

Zwei weitere Probleme werden von afrikanischen Feministinnen häufig genannt, wenn es um Sexualität und die Ausbreitung von HIV und AIDS geht. Eines ist das Problem von geschlechtsspezifischer Gewalt. Wie in anderen Teilen der Welt sind Vergewaltigung, häusliche Gewalt und der Missbrauch von Frauen in Kriegs- und Bürgerkriegsszenarien an der Tagesordnung.[86] Die feministische Analyse verweist zudem auf einen Zusammenhang zwischen HIV und ungleichen Machtbeziehungen von Frauen und Männern sowie der Tolerierung häuslicher Gewalt.[87]

Das zweite Problem betrifft die Beschneidung von Frauen in Teilen von Afrika. Die Häufigkeit variiert von Land zu Land, wobei einige Länder ganz davon ausgenommen sind und in anderen fast 80 Prozent der weiblichen Bevölkerung betroffen sind. Es ist eine Praxis, die in den letzten Jahren sehr viel Aufmerksamkeit erhalten hat. Ob nun »weibliche Genitalbeschneidung« oder »Genitalverstümmelung« genannt, es hat sich erwiesen, dass es sich nicht um eine einfache kulturelle oder ethische Frage handelt. Von außen betrachtet, sieht es so aus, als würde sie Mädchen und Frauen furchtbaren Schaden zufügen. Die Beschneidung kann verschiedene Formen annehmen: Die am wenigsten umfangreiche Form beinhaltet die Entfernung der Klitorisvorhaut und die teilweise (manchmal auch die vollständige) Entfernung der Klitoris; die gebräuchlichste Form umfasst die vollständige oder teilweise Entfernung der kleinen Schamlippen (zusätzlich zur Klitoris und Klitorisvorhaut); die radikalste Form (»Infibulation« genannt) besteht in der Entfernung aller äußeren Genitalien und einem Teil der großen Schamlippen (welche dann zusammengenäht werden, wobei nur eine kleine Öffnung für das Ausscheiden von Urin und Menstruationsblut gelassen wird). Es gibt weitere Varianten, aber dies sind die gebräuchlichsten.[88] In allen ihren Formen trägt die weibliche Genitalbeschneidung jedoch zum Risiko von HIV bei, weil sie oft unter unzureichenden hygienischen Vorkehrungen ausgeführt wird (der Gebrauch ein- und desselben Messers für die Beschneidung einer ganzen Gruppe mag die Betroffenen durch das Blut symbolisch miteinander verbinden, überträgt aber auch Infektionen). In den drastischeren Formen macht die Beschneidung den Geschlechtsverkehr und das Gebären von Kindern so schwierig, dass offene Verletzungen entstehen und Infektionen drohen.

Die an der Praxis Beteiligten führen nicht die üblichen erklärenden Konzepte wie Patriarchat, Tradition, Religion an.[89] Offensichtlich ist die Genitalbeschneidung für Frauen, die sie befürworten, eine Quelle der persönlichen und sozialen Identität; sie ermöglicht ihnen die Eheschließung, die ihren Eintritt in die wichtigsten Geschlechterrollen von Ehefrau und Mutter markiert. Als Teil eines Initiationsritus beinhaltet sie auch eine Prüfung der Fähigkeit eines Mädchens, Leiden auszuhalten; sie ist ein Zeichen, dass sie für das Erwachsenenleben bereit ist. Afrikanische Kritikerinnen bemerken

(und prangern häufig an), dass diese symbolische Bedeutung eingebettet ist in die Tradition der weiblichen Unterwürfigkeit, der Angst
vor weiblichem sexuellem Begehren oder weiblicher Lust und das
Anliegen, Frauen von vorehelichem Sex und später von Ehebruch
abzuhalten. Noch fehlt eine Erklärung dafür, warum einige afrikanische Gruppierungen »erst in neuerer Zeit die weibliche Genitalbeschneidung übernommen haben«[90], als heranwachsende Mädchen
sie aus eigenem Antrieb und gegen die Opposition ihrer Eltern und
traditioneller Anführer verlangt haben.

Einigen afrikanischen Feministinnen widerstrebt es, die weibliche Genitalbeschneidung zu kritisieren, besonders wenn sie nicht in
ihrem eigenen Umfeld praktiziert wird. Doch wenn sie mit ihr konfrontiert werden, fällt es ihnen schwer, die Praxis zu rechtfertigen.[91]
Ein offensichtliches Problem ist, dass westliche Wissenschaftler und
andere (westliche Feministinnen eingeschlossen) sich des Themas
der weiblichen Genitalbeschneidung auf eine Weise angenommen
haben, die in den Augen der Afrikanerinnen Respektlosigkeit und
sogar Verachtung für Afrika zeigt. All das ist vielleicht der Grund,
warum diese sehr heikle Frage in der komparativen Ethik oder auch
nur interreligiös so wenig diskutiert wird. Einige Feministinnen in
Afrika und andernorts setzen sich nur dann gegen die weibliche Genitalbeschneidung ein, wenn deutlich wird, dass Frauen aus den
Regionen, wo sie praktiziert wird, den Kampf gegen sie aufnehmen.
In diesem Fall üben sie keine Kritik von außen, sondern Solidarität
mit jenen Frauen, die darunter zu leiden haben.

Zu den wichtigsten Anliegen afrikanischer Feministinnen gehört
auch, das Schweigen über kulturelle Praktiken zu brechen, die Frau-
en verletzen. Ihnen zuzuhören trägt nicht in erster Linie dazu bei,
eine weitere Perspektive (unter vielen möglichen) auf die afrikanische Sexualität zu bekommen – obwohl auch das wichtig ist. Es geht
vielmehr darum, dass das Leid der Frauen und der daraus resultie-
rende Blickwinkel ihre eigene hermeneutische Funktion haben. Die

Beschäftigung mit ihnen hilft uns, die afrikanische Sexualität tatsächlich besser zu verstehen.

Das Kamasutra

Der Hinduismus ist keine einzelne einheitliche Religion, sondern ein Oberbegriff, der eine Vielzahl von religiösen Lehren, philosophischen Perspektiven und Praktiken abdeckt. Er hat keinen einzelnen Begründer oder hervorstechenden Lehrer, keine zentrale Institution und keinen Sprecher. Er wird gestützt von einer langen Reihe mündlicher und schriftlicher heiliger Quellen, zu denen Hymnen und Mantras, Handbücher für Rituale und Gebete, Instruktionen für religiöse Eremiten, philosophische und mystische Abhandlungen gehören. Unter seinen traditionellen Schriften gibt es auch Texte (oder genauer: Lehrbücher) über die erotische Liebe und Techniken für die lustvolle sexuelle Vereinigung. Der älteste und bekannteste erotische Text ist das *Kamasutra*.

Wie man sich vorstellen kann, ist das *Kamasutra* sowohl im Osten als auch im Westen sehr verschieden rezipiert worden. Es wurde im 3. Jahrhundert n. Chr. von Vatsyayana Mallanaga geschrieben, einem Gelehrten aus Nordindien, und enthält Texte von früheren Schriftstellern, deren Werke nicht überliefert sind. Von den Verfassern zahlreicher erotischer Lehrbücher, die ihm folgten, wird es als grundlegender Text zitiert. Heute ist man davon überzeugt, dass »kein anderes einzelnes Werk die Behandlung des Themas Liebe in indischen Skulpturen, Gemälden und literarischen Texten stärker beeinflusst hat«.[92] Und das trotz der Tatsache, dass das *Kamasutra* von Hindus kaum gelesen wurde, bis im späten 19. Jahrhundert eine englische Übersetzung durch Richard Francis Burton und Forster Fitzgerald Arbuthnot das Buch bei Indienreisenden populär machte.[93]

Kamasutra heißt »Abhandlung über die Lust« und kommt von *sutra* (Abhandlung) und *kama* (erotisches Begehren und sexuelle Lust). In erster Linie betrachtete man es als Anleitung für verschiedene Stellungen beim Geschlechtsverkehr, sogar für eine Form von Pornografie, aber Intention und Gehalt – und damit die historische Bedeutsamkeit – reichen weit darüber hinaus. Das *Kamasutra* ist in sieben Bücher mit jeweils mehreren Kapiteln eingeteilt und umfasst allgemeine Bemerkungen zum menschlichen Leben (Buch I), eine Typologie von Formen der Liebe und detailliert beschriebene und kategorisierte Liebesakte (Buch II), eine Anleitung für Männer, die um Jungfrauen werben wollen (Buch III), Beschreibungen der Rolle von Ehefrauen, Nebenfrauen und Haremsfrauen (Buch IV), die Analyse von Methoden, die Ehefrauen anderer Männer zu verführen (Buch V), eine Diskussion über Kurtisanen, ihre Ziele und Strategien (Buch VI) und »erotische Esoterika«, zum Beispiel darüber, wie man »in der Liebe glücklich wird« (Buch VII). Es ist Buch II – nur eines von sieben Büchern –, das in Verruf geriet und Gegenstand des lüsternen Interesses und der Satire wurde; tatsächlich wird das *Kamasutra* häufig mit dem Inhalt dieses einen Buches gleichgesetzt. Es ist das Buch, in dem wir Beschreibungen des heterosexuellen Vorspiels und des Geschlechtsakts finden, aber auch einige Überlegungen zur männlichen Homosexualität und zu lesbischen Beziehungen (die als etwas betrachtet werden, das nur passiert, wenn Männer nicht zur Verfügung stehen).

Die Forschung zum *Kamasutra* ist 2002 durch eine zeitgemäße englische Übersetzung neu belebt worden. Sie stammt von Wendy Doniger (einer amerikanischen Religionswissenschaftlerin und Sanskrit-Expertin) und Sudhar Kakar (einem indischen Psychoanalytiker und Indologen).[94] Die Präsentation, Übersetzung und Interpretation von Doniger und Kakar legen neue Deutungen der Intention und vorherrschenden Themen des Textes nahe. Wie andere moderne Forscher beurteilen sie die englische Übersetzung durch Burton/

Arbuthnot von 1883 außerordentlich kritisch und stellen fest, dass sie zahllose Übersetzungsfehler enthält und durch die Angst der Übersetzer vor der viktorianischen Zensur verzerrt wird.[95] Burton und Arbuthnot waren in zweifacher Hinsicht voreingenommen. Das heißt, sie waren nur allzu glücklich, einen Text zu übersetzen und herauszugeben, den sie als nützliches Gegenmittel für die europäisch-christliche Unterordnung der sexuellen Lust unter das Ziel der Fortpflanzung und die sexuelle Prüderie des 19. Jahrhunderts betrachteten. Gleichzeitig jedoch wollten sie keinen Skandal heraufbeschwören, um die Verbreitung des Textes nicht zu unterminieren und ihre eigene Karriere zu gefährden. Um dieser Angst zu begegnen, übersetzten sie die schlüpfrigsten Passagen besonders »orientalisch« – mehr als Kuriosität und nicht als etwas, das auch für die westliche Erfahrung Relevanz beansprucht. Für Wörter, von denen sie glaubten, dass sie für die westliche Leserschaft anstößig seien, benutzten sie Ausdrücke aus dem Hindu, und sie verfälschten Textstellen, um einige drastische Anweisungen des *Kamasutra* abzumildern.

Auch Doniger und Kakar hatten bestimmte Ziele bei der Anfertigung ihrer neuen Übersetzung. Natürlich stand nicht mehr zu befürchten, die potenziellen Leser des *Kamasutra* zu schockieren. Selbst das zweite Buch ruft im 21. Jahrhundert kaum Erregung hervor. Woran die zeitgenössischen Leser Anstoß nehmen könnten, ist der offensichtliche Gender-Bias des Textes. Es wird zum Beispiel recht deutlich, dass Vatsyayana Mallanaga für Männer geschrieben hat, besonders für Lebemänner, für urbane Playboys, könnte man sagen. Und doch weisen Doniger und Kakar darauf hin, dass weibliche Stimmen im Text präsent und Frauen nicht völlig passiv sind (sei es nun beim Sex oder in sozialen Beziehungen).[96] Doniger und Kakar wollten (anders als Burton und Arbuthnot) das *Kamasutra* Lesern auf der ganzen Welt nahebringen, indem sie die ganze Breite des Texts deutlicher herausbringen. Eine genauere Übersetzung (sowohl des Textes als auch einiger Kommentare) soll zeigen, wie dieses alte Lehrbuch in der hinduistischen Kultur verankert ist, und dazu beitragen, Parallelen und Analogien zu anderen Kulturen und Weltreligionen aufzudecken.

In dieser neuen Übersetzung werden die sexuellen Beschreibungen deshalb nicht entschärft, sondern einfach besser in die weiter gesteckten Ziele der Abhandlung integriert. Der Text als Ganzes wird durch die Präzision und Leichtigkeit der Übersetzung sowie die Kommentare besser zugänglich. Zudem verweisen die Übersetzer in ihrer Einführung und erklärenden Fußnoten auf die Struktur des Textes und die Passagen, in denen die Ziele und Vorbehalte des Verfassers besonders deutlich werden. Im ersten Buch bereitet Vatsyayana Mallanaga den Weg, indem er ankündigt, dass es drei Themen im Text gebe: Religion, Macht und Lust. Diese entsprechen den drei hinduistischen Lebenszielen: *dharma* (Religion, Moral, Gesetz, Pflicht, Gerechtigkeit), *artha* (Reichtum, politische Macht, Erfolg) und *kama* (sinnliches und sexuelles Begehren und Lust).[97] Sie sind letztlich nicht zu trennen, sagt Vatsyayana, da das Erlangen von Macht auf Religion beruht und das Erreichen von Lust auf einer Art von Macht.

> Beginne jedes Unternehmen, das alle drei Lebensziele,
> oder zwei, oder auch nur eines, erlangen kann,
> aber keines, das nur eines erlangt,
> auf Kosten der anderen beiden.[98]

Doniger und Kakar zeigen, dass das *Kamasutra* von der Kunst des Lebens handelt, nicht nur vom Sex.[99] Aber natürlich ist es auch ein Buch über Sex und die damit verbundenen zwischenmenschlichen und physiologischen Abläufe. »Weil Mann und Frau beim Sex aufeinander angewiesen sind, ist eine Methode nötig, und diese Methode erlernt man durch das *Kamasutra*.«[100]

Manche Wissenschaftler sprechen von einem Paradox im komplexen Glauben und in den Praktiken des Hinduismus[101], das besonders durch das *Kamasutra* verkörpert wird. Auf der einen Seite umfasst die hinduistische Kultur die erstaunlichste Darstellung der Erotik in Literatur, Bildhauerei und sogar in der Religion (zum Beispiel der heilbringende Gebrauch des Geschlechtsakts in religiösen Ritualen des Tantrismus und des Vaishnava-Sahajiya-Kults[102]). Auf der anderen Seite gibt es im Hinduismus den mächtigen Hang zur Askese in der Tradition der Yogis und Mahatma Gandhis und in einigen der hinduistischen Epen. Einerseits findet also eine gemeinsame Suche nach jeder Art von Lust statt, andererseits wird sexuelle Abstinenz als Weg zur Spiritualität gedeutet. Das *Kamasutra* scheint eindeutig auf der Seite der Erotik und der Suche nach Lust zu sein, dennoch gibt es im Text Hinweise auf die Traditionen des Verzichts; zumindest gibt es kurze und paradoxe Mahnungen, die Askese nicht zu vergessen.

Sowohl die Religion als auch die Lust verlangen Beherrschung und Techniken der Körperkontrolle. Das *Kamasutra* ist an der Lust interessiert, aber es weist auf die Notwendigkeit der Selbstbeherrschung hin. Vatsyayana betont, dass es in einem »wissenschaftlichen« Text wie dem *Kamasutra* notwendig sei, alles zu beschreiben, aber es müsse nicht alles empfohlen werden. So werden auch einige Praktiken dargestellt, vor denen der Leser letztendlich gewarnt wird. Jede Art der körperlichen Liebe wird beschrieben, aber einige Arten werden als »ehrlos« bezeichnet.[103] »Die Lüste sind, wie Essen, ein Mittel, den Körper zu erhalten, und der Lohn von Religion und Macht. Aber man muss sich der Nachteile der Lüste bewusst sein, da diese Nachteile wie Krankheiten sind.«[104] Wer die Bedeutung des Kamasutra erkennt,

der sieht Religion, Macht und Lust,
seine eignen Überzeugungen und den Gang der Welt

für das an, was sie sind, und lässt sich nicht von der Leidenschaft
treiben.
Die ungewöhnlichen Techniken zur Steigerung der Leidenschaft,
die den Erfordernissen dieses besonderen Lehrbuchs gemäß
beschrieben wurden,
werden hier, in dem unmittelbar folgenden Vers, stark eingeschränkt.
Denn die Aussage »Es steht im Lehrbuch«
rechtfertigt eine Ausübung nicht. Man sollte sich stets bewusst sein,
dass der Inhalt der Lehrbücher zwar allgemein anzuwenden, jede
tatsächliche Ausübung sich aber auf eine bestimmte Region
beschränkt.
… Er [Vatsyayana] fertigte dieses Werk in Keuschheit und höchster
Versenkung um des weltlichen Lebens willen an;
er verfasste es nicht
um der Leidenschaft willen.[105]

Was nützt uns nun dieser Text bei unserer Suche nach Weisheit in
Bezug auf eine Sexualethik? Zum einen lehrt uns die Geschichte
seiner Übersetzungen, dass Klassiker mit Augen und Köpfen gelesen werden, die von einer speziellen kulturellen Erfahrung geprägt
sind. Teilweise lernen wir von ihnen das, was wir suchen. Teilweise
lernen wir etwas Neues, das uns hilft, unsere eigene Erfahrung besser zu verstehen, und manchmal lehren sie uns, was wir suchen sollten. Wenn wir die Brücke zwischen den Kulturen und Zeiten auch
nur teilweise überqueren, können unser Blick für das Heute und
das Gestern geschärft und unsere Gedanken auf neue Wege geführt
werden.

Die Welt des Islam

Im frühen 21. Jahrhundert ist es allzu leicht, das islamische Verständnis von Sexualität auf dramatische Stereotype zu reduzieren, die nach dem Bild rechter Randgruppen wie den Taliban in Afghanistan modelliert sind. Wenn wir so etwas tun, tragen wir zu dem »Zusammenstoß der Ignoranz« bei, wie Edward Said die Bemühungen nennt, »den Westen« und »den Islam« gegeneinander auszuspielen, ohne »die innere Dynamik und Pluralität jeder Zivilisation« in Betracht zu ziehen.[106] Der Islam erlebte seine Anfänge vor fast 1500 Jahren, und er hat eine lange Geschichte der spirituellen Hingabe, des politischen Kampfes, des Errichtens von Gemeinschaften und Imperien, des intellektuellen Strebens, der Ästhetik und des profunden Humanismus vorzuweisen, welche die Grundlage für die tiefe Hingabe seiner inzwischen mehr als einer Milliarde Anhänger auf der ganzen Welt liefert. Wie die anderen Weltreligionen stellt der Islam eine Tradition von großer Komplexität dar. Sein Reichtum umfasst zahlreiche heilige Texte, vielfältige Kulturen in vielen Nationen und ganz unterschiedliche große Denkschulen.

Mohammed ibn 'Abd Allah (560–632), der Prophet und Begründer des Islam, glaubte, er bringe den Arabern denselben Glauben, den Abraham den Juden und Jesus den Christen gegeben hatte. Die Offenbarung für sein Volk stammte von Allah und rief es zu Reue und Unterwerfung (»islam«) unter den einen wahren Gott auf (an den durch den Kaaba-Kult viele schon glaubten).[107] Die Ethik des Islam gründet sich letztlich auf den Koran, das Buch der Offenbarung, in dem Mohammed aufschrieb, was ihm direkt von Gott und dem Erzengel Gabriel über einen Zeitraum von 20 Jahren übermittelt worden ist. Nach Mohammeds Tod wurden weitere Texte (als Antwort auf Probleme und Krisen) benötigt, weil die Gemeinschaft nun keine neuen Offenbarungen mehr erhielt. Daher verzeichneten jene, die Mohammed gut gekannt hatten – Mitglieder seiner Familie und enge Gefährten – die Aussprüche und Taten Mohammeds in den jetzt sogenannten *Ahadith* (*Hadith* in der Einzahl). Diese Berichte über Worte und Taten des Propheten werden von den Schriftgelehrten als zweite bindende Quelle für die islamische Ethik und das islamische Gesetz angesehen. Authentische Gesetze mussten natürlich auf den heiligen Quellen basieren, letztendlich also auf dem Koran. Die Gesamtheit der so postulierten und geprüften Gesetze ist die Scharia.

Gesetze und ethische Normen konnten allerdings nicht einfach aus dem Koran oder den *Ahadith* herausgelesen werden. Ihre Bedeutung musste interpretiert, an die Praxis angepasst und authentifiziert werden. So gibt es zum Beispiel im Koran selbst und in den *Ahadith* Widersprüche – und genau genommen enthält der Koran selbst sehr wenige genuin moralische Gesetze, mit der Ausnahme von Vorschriften bezüglich des Familienrechts, sexueller Beziehungen und Frauen. Da islamische Gesetze jedoch sehr detailliert sein können und Arten des Gebets, des Essens, Waschens, Schlafens oder des Gebrauchs der rechten oder linken Hand regeln, dürfte kaum überraschen, dass auch die Vorschriften für die Beziehungen zwischen den Geschlechtern sehr genau geregelt sind. Neue Situationen und Herausforderungen benötigten zudem stets neue Vorschriften. Das religiöse Verstehen von Gesetzen musste deshalb durch einen Prozess, *Fiqh* genannt, erlangt werden, in dem Gelehrte und Mystiker über die Bedeutung der heiligen Texte stritten, manchmal gegensätzliche Schulen der Gelehrsamkeit und Lehre bildeten, wann immer möglich, den Konsens suchten, um eine Art von »gesundem Menschenverstand« zu Fragen des gemeinschaftlichen Lebens walten zu lassen.

Die erste Pflicht eines jeden Muslims ist, der Gemeinschaft zu dienen. In gewissem Sinne haben alle Gesetze im Kern mit der Solidarität in Gemeinschaften zu tun. Die gesamte arabische nomadische Geschichte ist von der Erfahrung geprägt, dass man nicht allein in der Wüste überleben kann. Alles hängt von der Sippe oder dem Stamm ab. Wenn ein Individuum etwas tut, das den Interessen der Gruppe zuwiderläuft, kann das nicht geduldet werden. Als Folge des wirtschaftlichen Erfolgs, der Sesshaftigkeit (wie in Mekka) und der sich auftuenden Kluft zwischen Reich und Arm verlangte die traditionelle Stammesethik eine gerechte Güterteilung. Mohammed legte viel Wert auf das moralische Gebot, für seinen Nachbarn (innerhalb des Stamms) zu sorgen und Verantwortung zu zeigen. Soziale Gerechtigkeit und Mitgefühl unter den Gläubigen stellten von Anfang an das Herzstück muslimischer Moralität dar.[108]

Uns geht es hier natürlich primär um die islamische Sexualethik – mit dieser kleinen Skizze wollte ich lediglich einen Einblick in die Komplexität und Historizität islamischer Moral geben, denn wie in jeder anderen religiösen und kulturellen Tradition ist es schwer, wenn nicht unmöglich, die Sexualordnung der Muslime zu verstehen, ohne zu versuchen, sie im Kontext ihres spirituellen und ethischen Gerüsts zu betrachten.[109] Trotz bestehender Kontroversen über die Gebräuche in verschiedenen Teilen der muslimischen Welt lassen sich in der Gesamtheit der islamischen Anschauungen und Usancen im sexuellen Bereich Gemeinsamkeiten finden.[110]

Im Vergleich mit dem Christentum fällt sofort das grundsätzlich positive Verhältnis zur Sexualität auf, das auf den Dualismus von Geist und Körper verzichtet und dem Erlangen der mystischen Einheit mit Gott durch die sexuelle Leidenschaft (und nicht trotz dieser) einen Platz einräumt. Das sexuelle Begehren ist nicht durch die Sünde befleckt; genau genommen gibt es keinen »Sündenfall« und keine Lehre von der Erbsünde in der islamischen Literatur.[111] Die körperlichen Freuden der Sexualität sind nicht nur in dieser Welt, sondern auch im Paradies erfahrbar. Der Sexualtrieb ist nicht böse, sondern Teil der Natur und kann in die muslimische Spiritualität und das Leben eingegliedert werden. Mohammed selbst bietet ein

Vorbild für sexuelle Potenz und ein Beispiel für die Wichtigkeit der Ehe.

Die »natürliche Sexualität« dient nicht ausschließlich der Fortpflanzung, aber sie ist immer heterosexuell. So werden zumindest im dominanten islamischen Sexualdiskurs Masturbation, Homosexualität und Sodomie als unnatürlich verdammt. (Männliche Homosexualität ist im Koran verboten, obwohl Sex zwischen muslimischen Männern und ihren Sklaven in einigen historischen Fällen ebenso akzeptiert wurde wie erotische Beziehungen unter Eunuchen.) Die Voraussetzung eines natürlichen Verlangens und Bedürfnisses nach heterosexuellem Sex bedeutet auch eine allgemeine Zurückweisung der Enthaltsamkeit, obwohl islamische mystische Traditionen (wie der Sufismus) sie zu schätzen wissen, da sie den Geist befreit und seinen Aufstieg zu Gott vorbereitet. Mohammed soll gesagt haben: »Ich faste und esse, schlafe und bete und komme meinen ehelichen Aufgaben nach. Das sind meine Traditionen. Wer meinen Traditionen nicht folgt, ist ungehorsam.«[112]

Im Islam wird die Sexualität wie in anderen Traditionen als gut und natürlich wahrgenommen, benötigt aber Grenzen und Kontrollen. Trotz ihrer Bedeutung für das menschliche Gedeihen hat die Sexualität auch ein destruktives Potenzial. Relevant ist in dieser Hinsicht der muslimische Glaube, dass die weibliche Sexualität von Natur aus größer und mächtiger sei als die männliche, selbst wenn sie passiver ist. Wie Ayesha Imam sich ausdrückt, »glaubt man, dass Frauen ein neunmal größeres Vermögen für sexuelles Begehren und Lust haben« als Männer; es ist jedoch das »weibliche passive Verströmen von Sexualität«[113], was Männer verletzlich macht und eine Bedrohung für die Ordnung der Gemeinschaft darstellt. Aus dieser Sicht kann das destruktive Potenzial der Sexualität nur beherrscht werden, wenn man die Frauen einer scharfen Kontrolle unterwirft.

Ähnlich wie bei einigen Strömungen des Christentums bietet im Islam hauptsächlich die Ehe Abhilfe für das destruktive Potenzial der Sexualität; ohne die Ehe führt die Unbezähmbarkeit des sexuellen Begehrens zu Unfrieden und Verderben. Aber die Abwehr des ungebärdigen sexuellen Verlangens ist nicht das einzige oder erste Ziel der Ehe. Abu Hamid al-Ghazali, eine verehrte religiöse Autorität am Ende des 11. und Beginn des 12. Jahrhunderts, nennt fünf Vorteile der Ehe: Fortpflanzung, Befriedigung des sexuellen Begehrens, Führen des Haushalts durch die Frau, Gesellschaft und »die mit der Sorge um die Familie verbundene Selbstüberwindung«.[114] Die Fortpflanzung, fährt er fort, sei der erste Vorteil und Hauptgrund für die Institution der Ehe. Aber die anderen Vorteile sind ebenfalls außerordentlich wichtig. Das »von der Frömmigkeit gezügelte« sexuelle Begehren wird zum Vorboten der Freuden des Paradieses. Der Sex zwischen Ehemann und Ehefrau sei eine Form des Almosen-Gebens, einer gibt dem anderen, und beide, Mann und Frau, haben das Recht darauf, sexuell befriedigt zu werden. An Männer gerichtet, bemerkt al-Ghazali: »… Erholung bietet aber der weibliche Umgang, der den Unmut verscheucht und den Geist ausruhen lässt.«[115] Außerdem befreit eine tugendhafte Frau ihren Mann von häuslichen Aufgaben und unterstützt ihn auf diese Weise bei seinen religiösen Pflichten.[116] Und am Ende führen die familiären Pflichten und Belastungen zu Selbstdisziplin und moralischer Verbesserung.

Trotz dieser schönen Worte führte die Ehe in traditionellen islamischen Gesellschaften normalerweise nicht zu einer nennenswerten Partnerschaft zwischen Mann und Frau (wir müssen allerdings zugeben, wenig darüber zu wissen, was wirklich zwischen Ehemännern und Ehefrauen vor sich ging). Die Ehe diente ganz fraglos der sexuellen Befriedigung und der Fortpflanzung. Darüber hinaus war eine Art Apartheid zwischen den Geschlechtern üblich. Die Architektur der Häuser war dergestalt, dass Frauen und Männer in unterschiedlichen Zimmern oder Räumlichkeiten lebten. Ehen wurden von den Familien ausgehandelt und arrangiert. (Die meisten von

Mohammeds Ehen zum Beispiel wurden zum Zweck der Allianz-bildung mit wichtigen Familien eingegangen.)

Traditionell ist den Männern mehr als eine Ehefrau erlaubt, aber nur so viele, wie sie unterhalten und gleich und gerecht behandeln können (normalerweise ist die Zahl auf vier begrenzt, obwohl man von Mohammed als großem Anführer auch einen großen Harem erwartete). Der Koran selbst gestattet die Polygynie, aber zu den Gründen dafür gehörte häufig der Schutz von Frauen, deren Män-ner im Krieg getötet wurden. Es hat immer einige muslimische Richtlinien für den Sex in der Ehe gegeben – so die Voraussetzung der Privatsphäre, die Priorität des vaginalen (nicht oralen) Verkehrs, das Verbot des Analverkehrs und das Meiden des Geschlechtsver-kehrs (nicht aber anderer Formen der sexuellen Verbindung) mit einer Frau während ihrer Menstruation.[117]

Heute ist zwar die medizinisch unterstützte Fortpflanzung für muslimische Paare akzeptiert, nicht aber die Einbeziehung von Sa-men- oder Eizellspenden Dritter.[118] Inzest ist verboten; Ehebruch ist verboten und unterliegt sowohl für Männer als auch für Frauen der Bestrafung. (Strenge Strafen wie das Steinigen wurden in der Anfangszeit der Tradition nicht auferlegt, sind jedoch auf beängs-tigende Weise in Ländern in Erscheinung getreten, wo inzwischen rechte islamische Kräfte herrschen.) Zeitweise war die Eheschei-dung für Männer relativ einfach, aber auch für Frauen verfügbar; heutzutage haben Einschränkungen für Frauen eine Scheidung ten-denziell erschwert.

Wie Ziba Mir-Hosseini bemerkt, »standen Frauenfragen und das Geschlechterverhältnis in den religiösen und politischen Diskursen der muslimischen Welt seit dem Beginn des 20. Jahrhunderts an zen-traler Stelle«.[119] Wie sie ebenfalls bemerkt, gibt es inzwischen eine »gewaltige Menge Literatur« über Frauen und Gender im Islam.[120] Seit fast einem Jahrhundert gibt es im Islam modernistische und feministische Bewegungen zur Förderung der Ausbildung von

Frauen und ihrer größeren Beteiligung am öffentlichen Leben. Die Frage der Frauenrechte scheint im Mittelpunkt der heutigen Kämpfe um die islamische kulturelle Identität zu stehen. Aber es war nicht immer so. Armstrong führt an, dass der Prophet Mohammed die Emanzipation der Frauen befürwortete.[121] Der Koran gab Frauen das Recht zu erben und das Recht auf Ehescheidung (lange bevor Frauen in den meisten westlichen Gesellschaften diese Rechte gewährt wurden). Er schreibt ein »gewisses Maß« der Trennung und der Verschleierung für die Frauen des Propheten vor (vor allem als Schutz vor Übergriffen), aber der Koran erfordert das nicht von allen Frauen.[122] In den Anfangsjahren der islamischen Bewegung nahmen Frauen intensiv am öffentlichen Leben der Gemeinschaft teil; einige kämpften sogar als Kriegerinnen mit den muslimischen Männern. Der Islam hat Männer und Frauen in der Gesellschaft niemals als gleich betrachtet, und doch gibt es im Koran Texte, in denen sie als absolut gleiche Geschöpfe vor Gott stehen. Im Laufe der Zeit hat das den Islam nicht davon abgehalten, das Patriarchat der ihn umgebenden Gesellschaften in seine sozialen und politischen Strukturen zu integrieren. Bestimmte Koranverse und *Ahadith*-Literatur, die Frauen dazu auffordern, Männern zu gehorchen und sich der männlichen Kontrolle ihres Lebens zu fügen, haben diese Tendenz verstärkt.

Während Mohammed die weiblichen Aktivitäten, die Freiheit der Bekleidung und Teilnahme am öffentlichen Leben eingeschränkt haben mag, um die Frauen zu schützen, gelangte die Tradition dahin, solche Einschränkungen zu fordern, um die Männer und die Gesellschaft vor der Verlockung der weiblichen Sexualität zu bewahren. Muslimische Frauen leben an vielen Orten abgeschlossen im Haus, dürfen ohne Erlaubnis und Begleitung von Männern nicht in die Öffentlichkeit gehen und dürfen nur verschleiert das Haus verlassen. Die weibliche Schönheit darf nur von ihren Ehemännern (und Söhnen und manchmal anderen engen Verwandten) gesehen werden; in Bezug auf alle anderen Männer müssen Frauen unsichtbar sein. Es gibt einen *Hadith*, der sagt: »Wenn ein Weib kommt, so ist es, als ob ein Teufel käme.«[123]

Heutzutage ist viel von erzwungenen Ehen zwischen jungen Mädchen und alten Männern zu lesen; von Frauen, die wirtschaftlich nicht überleben können, weil sie das Haus nicht verlassen dürfen, um zu arbeiten; von Frauen, die des Ehebruchs beschuldigt und zur Steinigung verurteilt werden; von Frauen, die angegriffen werden, weil sie nicht den erforderlichen Schleier und die angemessene Bekleidung tragen; von Frauen und Mädchen, die gezwungen werden, eine Praktik wie die weibliche Genitalbeschneidung zu akzeptieren (obwohl sie gar nicht islamischen Ursprungs ist); von Frauen ohne jegliches Mitspracherecht bei politischen Entscheidungen, die ihr tägliches Leben betreffen. All dies geht auf einen Islam zurück, der sich in den Händen von konservativen Führern befindet, die den Kampf gegen die als bedrohlich empfundenen nichtislamischen Sitten auf dem Rücken der Frauen austragen. Man hört jedoch auch von Frauen, die sich weigern, ihre Identität von einem Schleier bestimmen zu lassen, ihn aber trotzdem gerne tragen, weil er ihnen einen sicheren Platz in der Öffentlichkeit gewährt; oder sie tragen ein Kopftuch, weil es ihre Identität auf eine angemessene Weise würdigt; oder sie weigern sich, bestimmte Interpretationen des Koran, der *Ahadith* und gebräuchlicher Praktiken zu akzeptieren, und fordern stattdessen die Tradition mit der Aufforderung heraus, sich selbst treu zu bleiben und die Fähigkeiten und Rechte muslimischer Frauen anzuerkennen.

Kämpfe um die Sexualethik und Geschlechtergerechtigkeit gibt es nicht nur im Islam. Selbst die Rolle, die Extremisten innerhalb des Islams spielen (oder »Fundamentalisten« – ein Begriff, der zuerst voller Stolz von Protestanten in den Vereinigten Staaten geprägt wurde und der für die Situation des modernen Islam nicht völlig passt), zeigt Parallelen zu konservativen Bewegungen in anderen religiösen und weltlichen Traditionen. Trotzdem führt der Islam seinen eigenen Kampf. Die sexuelle Ordnung im Islam ist nicht nur durch die ursprüngliche Vision des Propheten und die anerkannte Pflicht, der Gemeinschaft zu dienen, geprägt worden, sondern auch durch die Kulturen, in die der Islam eingebettet war, und die Ära der Kolonisierung. Bei dem gegenwärtigen Kampf geht es darum, eine Möglichkeit zu schaffen, in einer modernen und postmodernen Welt die Autonomie und die Identität zu wahren. Angesichts des modernen Individualismus auf der einen Seite und des ernst zu nehmenden Bestrebens andererseits, die Rolle von Frauen und von Männern in einer gerechten und mitfühlenden Sexualordnung angemessen zu bestimmen, ist dies keine leichte Aufgabe.

Unbegrenzte Vielfalt?

Aber wie geht es jetzt weiter? Von welchem Nutzen ist das Material, das ich oben präsentiert habe, für die Entwicklung von Leitlinien für eine zeitgemäße humane und christliche Sexualethik? Vielleicht sollten wir an dieser Stelle in zahllose andere Kulturen und Traditionen eintauchen, in denen die Sexualität in ganz unterschiedlichen Lebensweisen und Glaubenssystemen ihre Bedeutung erlangt. Oder wir müssen die Traditionen genauer erforschen, die ich bereits kurz skizziert habe. Wenn wir uns zum Beispiel traditionellen afrikanischen Kulturen sorgfältiger annähern, könnten wir uns auf die Feinheiten von Ehestrukturen konzentrieren, in denen die Polygynie jahrhundertelang verschiedenen sozialen, ökonomischen und religiösen Zielen gedient hat. Wir könnten etwa dem Zusammenhang zwischen sexueller Askese und extravaganten und kreativen Sexualpraktiken in Indien nachspüren. Oder über das komplizierte Bild der hinduistischen Göttin Kali meditieren und dabei die Kombination von Wohlwollen und Bosheit oder sexueller Kreativität und Zerstörung schätzen lernen. Wir könnten versuchen zu verstehen, wie es in Japan zum Nebeneinander von äußerster sexueller Reserviertheit in der Ehe und der Tolerierung von außerehelichem Sex (und damit zu einer riesigen Sexindustrie) kommt. Wir könnten in Strömungen des Buddhismus eintauchen, in denen die Sterblichkeit nicht das Ende der Geschichte ist und sowohl sexuelle Askese als auch ein häusliches Leben dem Anliegen der Transzendenz dienen können. In China könnten wir erfahren, wie ein sexuell relativ freizügiger Taoismus von einem rationalen, restriktiveren Konfuzianismus gedämpft wird. Oder darüber, was passiert, wenn die tief sitzende sexuelle Strenge, die für ebendiese konfuzianische Tradition typisch ist, mit westlichen Ideen der freien Liebe konfrontiert wird.

Vielleicht werden wir am Ende nicht nur Vielfalt, sondern auch Ähnlichkeit unter den vielen Kulturen und religiösen Traditionen entdecken. Schließlich gibt es überall den Versuch, die Sexualität zu verstehen – als eine positive, aber potenziell auch zerstörerische Kraft. Alle Kulturen kümmern sich moralisch und politisch um die Fortpflanzung und das Großziehen von Kindern. Alle versuchen, für Stabilität in den familiären und gemeinschaftlichen Beziehungen zu sorgen. Inzesttabus gibt es überall, wenn auch mit unterschiedlichen Vorstellungen davon, welche Beziehungen als Inzest gelten. Alle Traditionen halten es für notwendig, sexuelle Wünsche, die nicht auf die Fortpflanzung gerichtet sind, zu verstehen, zu beschränken oder zu regeln. Jede Tradition hat zumindest bis zu einem gewissen Grad geschlechtsspezifische Strukturen, Identitäten und Rollen für Männer und Frauen. Es gibt überall immer wiederkehrende Themen, die Spannungen verursachen: zwischen Askese und sexueller Lust, zwischen gemeinschaftlichen Anliegen und individuellen Vorlieben, zwischen Traditionen und einer neuen Realität.

Je näher wir diesen Kontexten kommen, desto stärker zeichnet sich ab, dass das eigentlich Interessante vielleicht gar nicht die Unterschiede oder Ähnlichkeiten sind, sondern die Formbarkeit der menschlichen Sexualität, ihre Empfänglichkeit für verschiedene Bedeutungen und Ausdrucksformen. Nicht dass sie unendlich formbar ist oder dass sie trotz gewisser Ähnlichkeiten einfach von Kultur zu Kultur variiert, ohne dass es sich lohnen würde, nach dem Wie oder Warum zu fragen. Neben der Vielfalt ist vielmehr auffällig, dass sich das Verständnis von Sexualität und Gender innerhalb einer einzelnen Tradition hätte unterschiedlich entwickeln können, wenn sich in bestimmten Momenten alternative Sichtweisen durchgesetzt hätten. Vielleicht ist eine solche Bemerkung nur in einem kritischen Zeitalter wie dem unseren möglich, in dem in fast allen wichtigen Traditionen Reformer erscheinen – Reformer, die ihre Traditionen nicht ablehnen, sondern sich auf verlorene (zum Schweigen gebrachte oder abgelehnte) Elemente der Tradition selbst berufen.

Genau wie Judith Plaskow für eine neue Sicht der Sexualität innerhalb des Judentums argumentiert und Christine Gudorf für eine neue christliche Sexualethik, vertritt Lina Gupta die These, dass es in den hinduistischen Bildern von Kali Sinnressourcen gibt, die der Befreiung von Frauen förderlich sind, und Ziba Mir-Hosseini versucht, an eine islamische Tradition zu erinnern, die in der Lage ist, den Anforderungen der Gegenwart gerecht zu werden.[124]

Afrikanische Romanautorinnen wie Tsitsi Dangarembga und Mariama Bâ erzählen Geschichten von gequälten Individuen und uneinigen Stämmen, die in ihren afrikanischen Heimatländern danach streben, die Sexualordnungen zu verändern, ohne die Verbindung zur Tradition zu durchschneiden.[125]

Auch wenn wir nur einen flüchtigen Blick auf die vielen Richtungen der interkulturellen und interreligiösen Erfahrungen und Werte geworfen haben, können wir sie hier nicht weiter verfolgen. Aber wir sollten sie auch nicht vergessen. Sie gehören zu jener umfassenden Landkarte, auf der die Bedeutung der menschlichen Sexualität verzeichnet ist. Um die Erinnerung zu unterstützen, können wir feststellen, was wir erfahren haben und was uns auf den nächsten Etappen unserer Erkundung helfen könnte. Drei Fragen sollen unseren kurzen und vorläufigen Schlussfolgerungen die Richtung vorgeben: 1. Wie viel wissen wir an diesem Punkt wirklich? 2. Haben wir in methodischer oder verfahrenstechnischer Hinsicht etwas gelernt, um eine Sexualethik entwickeln zu können? 3. Welche wesentlichen Einsichten könnten uns bei unserer laufenden Erkundung helfen?

1. Die erste Frage kann damit beantwortet werden, dass ein Überblick, wie wir ihn oben angestellt haben, Informationen über verschiedene Traditionen liefert. Trotzdem wissen wir immer noch zu wenig, was den Gebrauch dieser Informationen anfällig für grobe Vereinfachungen und Verzerrungen macht. Wir wissen so wenig, weil es eine Sache ist, außerhalb einer Tradition zu stehen und einen Blick auf ihre sexuellen Sitten und Normen zu werfen, aber eine ganz andere, zu erfahren, was wirklich vor sich geht und wie die menschlichen Beziehungen davon betroffen sind. Letzteres hängt von echter Lebenserfahrung ab. Diese Art von Forschung erfordert Freundschaft und langes Zuhören. Sie erfordert Aufmerksamkeit und einen Zugang zu den Herzen und Stimmen im Inneren einer Tradition sowie die Betrachtung von Texten jeder verfügbaren Gattung, seien es nun literarische, mystische, heilige oder einfach Gebrauchstexte.[126]

Nachdem das gesagt ist, können wir unsere Befürchtungen, dass wir niemals in der Lage sein werden, eine andere Tradition zu verstehen, besonders die Strategien und die Intimitäten des sexuellen Lebens, relativieren. Denn wir können feststellen, dass sie auch häufig von Personen innerhalb einer Tradition nicht gut verstanden werden. Wir müssen uns nur selbst als Beispiel wählen. Die sexuelle Erfahrung eines Individuums oder einer Gruppe wird selten gründlich reflektiert – am wenigsten von diesen selbst. Anhänger einer Tradition kennen die Wurzeln ihrer Praktiken oft gar nicht. Nur wenn diese problematisch werden, entsteht die Notwendigkeit, sie zu verstehen und zu beurteilen. Da Sexualethiker solche Aufgaben erledigen, können die Fragen, die wir stellen, Einsichten sowohl für Personen innerhalb als auch außerhalb einer Tradition schaffen. Aber das führt direkt zu der zweiten Frage, die ich oben gestellt habe.

2. Welche methodischen Hinweise haben wir uns in diesem Kapitel erarbeitet? Ich denke, es sind vier Hinweise. Erstens: *Es ist unmöglich, Glauben und Praxis von einer Tradition in die andere zu verpflanzen*, und wir sollten das auch gar nicht anstreben. »Multikulturalismus« wird von vielen nordamerikanischen Denkern begrüßt und bedeutet eine Kritik an der Überlegenheit irgendeiner Tradition in Relation zu den Praktiken und Werten jeder anderen.[127] Die Doktrin des Multikulturalismus entstand im späten 20. Jahrhundert als Reaktion auf die westlich-liberale Hegemonie über andere Kulturen, wie sie zum Beispiel in der Kolonisierung und Evangelisierung nicht westlicher Sexualitäten zutage trat. Die Bemühungen, traditionelle Sexualordnungen mit unseren in Einklang zu bringen, sind nicht geglückt; in Wirklichkeit haben sie allzu oft Verwirrung und Verletzung genauso wie Wut zurückgelassen. Und der Versuch, sexuelle Sitten aus anderen Kulturen einfach in unsere eigene zu importieren, wird genauso wenig gelingen.

Multikulturalismus heißt nicht nur, den Versuch zu unterlassen, unsere eigenen sexuellen Anschauungen und Usancen Menschen aus anderen Kulturen aufzudrängen, sondern auch, dass *wir nicht über andere Kulturen zu Gericht sitzen sollten*. A priori ist nicht offensichtlich, dass unsere sexuellen Sitten das Wohlergehen und Glück der Menschen besser fördern als andere.

Aber ein dritter Hinweis schränkt den ersten und den zweiten gleich wieder ein. Wenn »Multikulturalismus« als ethische und politische Position bedeutet, dass keine Bewertungen von Kultur zu Kultur erfolgen können, haben wir ein Problem. *Wir können nicht jede kulturelle Praktik bedingungslos respektieren, sei es nun eine eigene oder eine fremde.*[128] Wenn zum Beispiel der Respekt für die geschlechtsspezifischen Übereinkünfte anderer Kulturen heißt, dass wir nicht mehr im Sinne der Menschenrechte (Frauenrechte eingeschlossen) intervenieren dürfen, dann ist das inakzeptabel. Wenn es heißt, dass wir bezüglich einer Praxis wie der weiblichen Genitalbeschneidung nicht werten dürfen, dann ist das Ergebnis nicht Pluralismus, sondern moralischer Relativismus. Täuschung, Nötigung, Versklavung, Manipulation, Unterdrückung: Wir müssen nicht alles und jedes moralisch respektieren. Daher muss jede Kultur andere Kulturen auch beurteilen können, wenn dabei beachtet wird, wie groß die Versuchung ist, etwas nur deshalb zu verurteilen, weil es anders ist. Wenn Urteile auf dem elementaren Respekt für andere Kulturen gründen, dann werden sie auf eine Weise gefällt, die diese Kulturen oder ihre Anhänger nicht verletzt.

Der vierte Hinweis ist, dass wir etwas lernen können von den sexuellen Ordnungen in Kulturen, die nicht unsere eigenen sind – etwas, das uns helfen könnte, *unsere eigenen kulturellen Traditionen zu kritisieren.* Wenn man sieht, wie anfällig alle Kulturen für Extreme sind, für das Vergessen von Traditionen, die eventuell heilsamer sind als die gegenwärtige Praxis, verstehen wir vielleicht die Probleme in jeder Tradition besser, auch in unserer eigenen.

3. Als Antwort auf meine dritte und letzte Frage möchte ich sagen, dass wir – nach dieser kurzen Betrachtung interkultureller Studien von Sexualordnungen – sicherlich noch nicht genug wissen, um Strategien für interkulturelle Interaktionen vorzuschlagen. Aber wir haben Einsichten in die Mängel unterschiedlicher Sexualordnungen gewonnen, unsere eigene nicht ausgeschlossen. Bei der Entwicklung von Leitlinien für eine zeitgemäße christliche Sexualethik werden uns diese Einsichten zugutekommen. Wir haben sicherlich auch etwas über die wirklichen Spannungen zwischen dem Wohl des Einzelnen und dem der Gemeinschaft gelernt. Und wir haben

gelernt, dass Transformationen von Sexualordnungen von respektvollem Dialog, dem erweiterten Lernen zwischen den Traditionen, profitieren können.

Wenden wir uns also wieder den allgemeinen Fragen zur Sexualität zu, wobei wir natürlich von unseren eigenen kulturellen Festlegungen und Perspektiven eingeschränkt werden. Aber wir tun dies jetzt mit einem Seitenblick auf Glauben und Praxis von Kulturen und Zeiten, die nicht unsere eigenen sind. Gehen wir also jene »großen Fragen« an, die den normativen Überlegungen einer Sexualethik vorausgehen.

Kapitel 4

Sexualität und ihre Bedeutungen

In den vorangegangen Kapiteln habe ich gesagt, dass die ethischen Fragen zur menschlichen Sexualität »große Fragen« einschließen – Fragen, die in mancher Hinsicht grundlegender sind als solche zu spezifischen Moralregeln. Natürlich sind die grundlegendsten Fragen jene, die jeder ethischen Beurteilung zugrunde liegen: Wesen und Ziele der Menschheit, die Beziehung von menschlichen Personen zu Gott und zum Rest der Schöpfung, die Quellen und Methoden der ethischen Beurteilung, die Bedeutung von Gut und Böse –Fragen eben, welche die Philosophen, Theologen, Naturwissenschaftler und Dichter seit Generationen auf Trab halten.

Von den »großen Fragen« zur Sexualität sind mindestens drei zentral für das Verständnis sexualethischer Normen. Die erste hat mit dem moralischen Status des menschlichen Körpers zu tun: mit seiner Bedeutung und seinem Wert angesichts der Ganzheit einer Person, seines Gegebenseins und seiner Kontingenz. Die zweite ist die zunehmend komplexe Frage von Gender – wir fragen nach der sozialen Konstruktion (oder Nicht-Konstruktion) des Geschlechts, nach seiner Rolle bei der persönlichen Identität und in menschlichen Beziehungen jeder Art. Eine dritte Frage richtet sich auf den Ursprung und die Ziele des sexuellen Begehrens – dies ist vielleicht die Kernfrage, wenn wir die Bedeutung der Sexualität im menschlichen Leben enträtseln wollen. Obwohl diese drei Fragen deutlich unterschieden werden können, hängen sie untrennbar zusammen und erfordern aufeinander abgestimmte Antworten.

Welche Bedeutung wir der Sexualität auch immer zuschreiben, sie wird Antworten auf jene drei Fragen enthalten. Und die Komplexität der Fragen und die Vielfalt von Antworten, die heute auf sie gegeben werden, verweist auf die Tatsache, dass es sicherlich mehr als eine Bedeutung von Sexualität gibt. Das führt zu der Frage, wie wir vielfache Bedeutungen erkennen und bewerten und wie diese Bedeutungen in eine Weltanschauung zu integrieren sind. Für Christen stellt sich etwa die Frage, ob und wie diese Bedeutungen der Sexualität in ein christliches Bezugssystem passen und ob sie mit Menschen mit anderen Bezugssystemen geteilt werden können oder nicht.

In diesem Kapitel erkunde ich also Fragen zum menschlichen Körper, zur Gender-Differenzierung und zum Begehren. Im Zentrum steht das westliche und christliche Denken, obwohl ich interkulturelle und interreligiöse Ansätze nicht gänzlich außen vor lasse. Wenn man Fragen zur Verkörperung, zu Sex und Gender stellt, scheint es logisch, mit dem Körper zu beginnen, weil unser Verständnis von ihm allem anderen vorausgeht. Dabei setzen wir uns freilich den Risiken aus, die Genderfrage zu verzerren, indem wir Bestimmungen treffen, deren Voraussetzungen selbst infrage stehen, oder uns in widersprüchlichen metaphysischen Analysen der menschlichen Verkörperung verzetteln. Mein Ziel ist jedoch nicht, die Bedeutung der menschlichen Verkörperung ein für alle Mal festzulegen (ein solcher Versuch müsste zweifellos enttäuschend enden), sondern sie auf eine Art und Weise zu diskutieren, die vielleicht Licht auf die weiteren Fragen von Sexualität und Gender werfen kann.

Warum der Körper wichtig ist

Man braucht keine besonders scharfe Beobachtungsgabe, um zu bemerken, wie intensiv sich die gegenwärtige westliche Kultur mit dem »Körper« beschäftigt (auch wenn wir uns oft als »körperentfremdet« bezeichnen). Wir sind von Gesundheit und Schönheit besessen oder sorgen uns über die Kontrolle, die einige über die Körper von anderen ausüben. Für Theoretiker, die nach der Rolle des sozialen und biologischen Geschlechts in der Gesellschaft fragen oder danach, was es heißt, dass sich unser Geist »verkörpert«, ist die Frage nach dem menschlichen Körper zentral. Für die Sexualethik steht dabei zur Diskussion, ob oder inwieweit unser Körper Hinweise zur Festlegung sexualethischer Normen liefert.

Theorien des Körpers

Es gibt zwei Themenkataloge, um die sich die Mehrzahl der kontroversen Fragen zur Bedeutung des menschlichen Körpers gruppiert. Der erste ist der jahrhundertealte, aber immer noch aktuelle Themenkatalog zur Beziehung zwischen Seele (oder Geist[1]) und Körper. Es sind dies die Fragen des Dualismus (wir setzen uns aus zwei unterschiedlichen Substanzen zusammen) und des Monismus (es gibt faktisch nur eine geistige oder materielle Substanz). Für die moralische Einschätzung des Körpers und das moralische Verständnis der Sexualität sind sie von großer Bedeutung.

Der zweite Themenkatalog ist viel neuer und beinhaltet normalerweise die Zurückweisung des ersten als irregeleitet oder irrelevant. Er umfasst die Fragen des sozialen Konstruktivismus, das heißt, ob und wie die Bedeutung des Körpers kulturell und sozial geformt, beeinflusst oder konstruiert wird. Obgleich ich nicht im

Sumpf der anscheinend endlosen Debatten über diese beiden Themenkataloge stecken bleiben will, ist es nicht möglich, die menschliche Verkörperung zu betrachten, ohne sie zu berücksichtigen. Beide tragen zum Verständnis des menschlichen Selbst und den Fragen, was Gender für die Identität bedeutet, was Sexualität für das Mensch-Sein bedeutet und was die Gesellschaft mit den Konzepten und Bildern von unseren Körpern zu tun hat, maßgeblich bei.

Körper und Geist: Eins, zwei oder zwei-in-einem?

Einige wichtige philosophische Traditionen neigen dazu, den menschlichen Körper von der Seele (oder dem Geist) zu unterscheiden und einen Gegensatz zwischen beiden zu postulieren. Die Grenze zwischen Körper und Seele spaltet in dieser Perspektive das menschliche Individuum und verhindert die vollständige Vereinigung zweier Menschen. In der Nachfolge Platons vertreten einige Theoretiker die Ansicht, dass Körper und Seele zwei verschiedenen Seinsordnungen angehören, die vorübergehend in der menschlichen Person zusammenkommen.[2] In dieser binären Trennung gilt die Seele häufig als das wahre »Menschliche«, während der Körper als eine bedauerliche und vorübergehende Begrenzung der Seele betrachtet wird (metaphorisch etwa als Gefängnis und Gefangener).

Für andere Theoretiker (zum Beispiel Augustinus[3]) sind Geist und Körper zwar unterschiedliche Substanzen, die jedoch als Teile der menschlichen Natur untrennbar miteinander verbunden sind. Beide sind Teile des menschlichen Wesens, die durch eine zerbrechliche »politische« Einheit zusammengehalten werden. Die Seele braucht den Körper zum Wissen (bzw. die Sinneswahrnehmung), soll den Körper jedoch regieren, seine Gefühle und Begierden ordnen und für seine Bedürfnisse sorgen. Seele und Körper sind daher verwandt; sie sind voneinander abhängig und bestimmen sich gegenseitig. Jahrhunderte später teilt auch René Descartes den Menschen in Geist und Körper ein, schwächt aber ihre Beziehung zueinander. Den Geist betrachtet er als das Zentrum des Selbst, wohingegen der Körper – obwohl dem Geist nahe und mit ihm interagierend – nur eine komplizierte Maschine ist.[4] Aristoteles und Thomas von Aquin glauben auf der anderen Seite, dass Seele und Körper nicht zwei Entitäten, sondern zwei metaphysische Prinzipien seien:»Form« und »Materie« machen zusammen das Wesen des Menschen aus.[5] Die Seele macht den Körper zu einem menschlichen Körper, während der Körper die Seele individuiert, sodass ein bestimmtes, einzigartiges Individuum daraus wird. Obwohl die Seele »immateriell« ist und daher (zumindest nach Thomas von Aquin) unabhängig von ihrem Körper existieren kann (was die Unsterblichkeit denkbar macht), könnte sie zunächst nicht existieren, ohne durch ein materielles Prinzip individuiert zu werden; und sie kann nach dem Tod nicht ohne eine weitergehende Beziehung zur Materie existieren (was die Wiederauferstehung des Körpers denkbar macht).

Für wieder andere Theoretiker sind Körper und Geist nicht geschieden. Sie lassen sich vielmehr aufeinander zurückführen. Entweder ist der Körper rückführbar auf den Geist (wie in extremen Formen des philosophischen Idealismus oder einigen Spielarten des sprachlichen Konstruktivismus) oder der Geist auf den Körper (die Mehrheitsansicht unter zeitgenössischen Denkern). Aus dieser Perspektive ist der Geist lediglich die Funktion eines hoch entwickelten Organismus – eine Ansicht, die häufig in der Verhaltenspsychologie, Soziobiologie und Neurowissenschaft vertreten wird und von dort die Philosophie erobert.

Auch religiöse Traditionen haben sich über diese Themen Gedanken gemacht.[6] Themen der Verkörperung sind zwangsläufig verflochten mit Anschauungen zur Schöpfung, zu Gut und Böse, der Ordnung des Kosmos, individueller menschlicher Unsterblichkeit und so weiter. Einige Religionen haben den Unterschied zwischen

Körper und Seele betont, andere die Einheit; zum Teil haben sie sich die oben genannten philosophischen Argumentationen zu eigen gemacht. Zudem haben ganz praktische religiöse Anliegen zur moralischen Bewertung des Körpers und der körperlichen Praktiken geführt – jeweils in Relation zur menschlichen Ganzheit und zum Göttlichen.

Theorien und Anschauungen, die den Unterschied zwischen Seele und Körper betonen, haben mit dem Problem der Hierarchisierung zu kämpfen. So wurde in der westlichen Geistesgeschichte stets die Seele dem Körper übergeordnet, der Intellekt den Emotionen, der Wille den Bedürfnissen und Begierden. Es ist leicht, zu erkennen, wie ein solcher Dualismus die moralische Bewertung von Sex beeinflusst hat. Auf der anderen Seite sind Theorien, die jeden Unterschied zwischen Seele und Körper leugnen, insofern problematisch, als sie das Drama der menschlichen Freiheit, die Erfahrung von persönlicher Gespaltenheit, Herabwürdigung und Tod leicht unterschätzen oder gar ignorieren können.

Der konstruierte Körper

Zeitgenössische feministische Theorien haben sich auf eindrückliche Weise dieser Probleme angenommen und unser Denken über den menschlichen Körper maßgeblich verändert.[7] Feministische philosophische Diskussionen drehen sich inzwischen allerdings nicht primär um die Frage, ob wir als Menschen durch unseren Körper oder unsere Seele bestimmt sind, und auch nicht darum, wie sich Körper und Seele zueinander verhalten (obwohl diese Fragen in den meisten Ausführungen eine Rolle spielen).[8] Das Ziel der feministischen Theorie ist vielmehr, die Mängel der vergangenen – für Frauen oft nachteiligen – Theoriebildung zu beheben.

Einige Feministinnen spielen das soziale Geschlecht auch herunter und konzentrieren sich stattdessen auf ein universelles Verständnis vom menschlichen Körper.[9] Andere setzen gerade auf die spezifisch weibliche Körpererfahrung, um neue Einsichten in die Varianten der menschlichen Verkörperung zu gewinnen.[10] Wieder andere versuchen zu zeigen, dass unser gesamtes Verständnis des menschlichen Körpers einerseits das Resultat von mächtigen sozialen Kräften ist, die unsere Erfahrungen und die Wahrnehmungen unseres Körpers formen, andererseits das Resultat unserer eigenen Aktivitäten und Praktiken.[11] Auch die historischen Anschauungen und Praktiken werden beständig neu interpretiert – zahlreiche Forscherinnen stellen voreingenommene Lesarten infrage und fördern neue Quellen zutage.[12] Das Ziel all dieser feministischen Ansätze, wie verschieden auch immer sie sind, ist nicht nur, unser Wissen vom menschlichen Körper zu vergrößern, sondern auch vergangene Theorien zu korrigieren, nach denen einige Körper wichtiger sind als andere.

Ich kann hier nicht all diese Theorien und Perspektiven (feministisch oder nicht) diskutieren. Die kaum mehr als summarische Aufzählung sollte jedoch deutlich gemacht haben, wie die Theorien der Vergangenheit Dualismen gezeitigt haben, die uns bis heute begleiten. Wir haben gesehen, dass die Vorstellungen von der menschlichen Person als eine in einem Körper gefangene oder als vorübergehend von einem Körper abhängige Seele immer noch wirksam sind und dass es weder augustinischen Theorien einer politischen Beziehung zwischen Seele und Körper noch den aristotelisch-thomistischen Theorien einer ontologischen Beziehung zwischen Seele und Körper gelungen ist, das geschlechtlich begründete Privileg einiger Körper gegenüber anderen zu verhindern. Wir wissen auch, dass alle Bemühungen, die cartesianische Trennung des Geistes vom Körper zu überwinden, vergeblich waren und dass die neueren wissenschaftlichen Mängeltheorien, die den Menschen als reinen Körper betrachten, nicht dazu angetan sind, die Instrumentalisierung des menschlichen Körpers (zum Beispiel durch die Folter) zu verhindern – im Gegenteil: In gewisser Hinsicht haben sie diese Tendenzen möglicherweise noch verstärkt.

Trotzdem steckt in vielen dieser Theorien mehr als ein Körnchen Wahrheit. Wir sind vielleicht an einem Punkt unserer intellektuellen Entwicklung, an dem wir uns nicht für Entweder-oder-Interpretationen des menschlichen Körpers entscheiden müssen. (*Entweder:* Wir transzendieren unsere Körper vollständig. *Oder:* Wenn unser Gehirn geschädigt ist, verkümmert auch unsere Seele. *Entweder:* Es gibt eine solide materielle Wirklichkeit, die uns vertraut ist. *Oder:* Menschliche Konstruktionen präsentieren uns eine unsichere, sedimentäre, aber stets veränderliche und trügerische Wirklichkeit.)[13] Ich pflichte also jenen bei, die eine übertriebene Haarspalterei ablehnen, weil sie dazu führen könnte, die Bedürfnisse wirklicher Frauen und Männer zu vergessen. Wir müssen alle immer noch essen und schlafen und mit Schmerz und Lust umgehen – was nicht ausschließt, dass unsere Körpererfahrungen zu einem Gutteil kulturell und sozial konstruiert sind.

Wenn es in diesem Kapitel auch nicht in erster Linie darum geht, mit historischen und zeitgenössischen Theorien zu ringen, so doch darum, das Konzept der Verkörperung neu zu denken. Den Schwerpunkt lege ich dabei auf unsere Erfahrungswirklichkeit (obwohl ich natürlich weiß, dass es so etwas wie eine »ursprüngliche« oder »reine« Erfahrung nicht gibt). Ich möchte fragen, wie es kommt, dass Menschen komplexe Wesen sind, die sich als Körper erfahren (aber nicht nur als Körper) und als Seele (aber nicht nur als Seele). Meine Perspektive auf das Problem der Verkörperung ist christlich geprägt – die Fragen, die ich versuche zu beantworten, sind jedoch universell.

Transzendente Verkörperung

Versuchen wir zu verstehen, was gemeint ist, wenn wir von »verkörpertem Geist« und »vergeistigtem Körper« sprechen.[14] (Für mich sind diese Begriffe austauschbar, obwohl ich weiß, dass andere durch sie entweder den Körper oder den Geist betonen.) Die Tatsache, dass Menschen verkörperter Geist, vergeistigter Körper sind, ist der Glanz unserer Gattung und die Grundlage ihrer Verletzlichkeit. Wir leben in einer Welt, in der sich das Heilige offenbart. In der gesamten Schöpfung, in der wir Nahrung und Freude finden können, vernehmen wir in Körper und Geist Gottes Wort. Wir verkörpern uns in innigen Beziehungen miteinander und in weniger innigen, wenn auch immer noch körperlichen Beziehungen mit vielen anderen in Gesellschaften, wo wir lernen, nicht nur im Körper, sondern auch im Geist zu dürsten. Wir sind es, die sich als Verkörperte selbst befragen und die Gott begegnen können, welche Suche wir auch unternehmen, welche Antworten wir auch finden.

Und doch macht unsere beseelte Verkörperung uns verletzlich der Welt, uns selbst und sogar Gott gegenüber. Wir sind Außenseiter unter den anderen Geschöpfen, weil wir uns und unser Tun selbst hinterfragen. Unsere Konflikte entstehen (anders als bei den Tieren), weil wir uns als *verkörperter Geist, vergeistigter Körper* gegenseitig Schaden zufügen. Und wir fordern sogar Gott heraus, indem wir unsere eigene Verkörperung infrage stellen oder den Rest der Schöpfung missachten.

Ich werde am Ende eine Sicht unserer selbst als menschliche Personen vorschlagen, in der Körper und Geist eins sind – unterschiedliche Aspekte unserer Personalität, aber auf eine Weise vereint, dass sie weder lediglich Teile eines Ganzen sind noch das eine auf das andere zurückführbar ist. Ich werde auch vorschlagen, dass die für Christen zentrale Vorstellung der Selbst-Transzendenz nicht nur zu uns als Geist, sondern auch zu uns als Körper gehört. Mein Ziel ist, so die Grundlage für einen ganzheitlichen Ansatz zur menschlichen Selbstentfaltung zu legen, der für ein Verständnis der menschlichen Sexualität notwendig ist – wenn auch nicht ausreichend. Wir müssen verstehen, dass wir einander nicht nur körperliche oder seelische Schmerzen zufügen, sondern dass wir auch als verkörperter Geist, vergeistigter Körper untereinander zu leiden haben.

Obwohl es vielleicht sinnvoll wäre, mit der Untersuchung unserer offensichtlichsten Erfahrungen der körperlich-geistigen Einheit zu beginnen, werde ich das Gegenteil tun. Die interessantere Herausforderung ist, Hinweise auf diese Einheit gerade in unseren Erfahrungen der Zerrissenheit zu finden. Zunächst werde ich versuchen, das Problem zu beschreiben, um mich dann im Folgenden den verstörenden Erfahrungen des Mangels an innerer Einheit von Körper und Geist zuzuwenden.

Das Problem

Das Problem erwächst aus unseren unterschiedlichen Erfahrungen von Körper und Geist. Einerseits erfahren wir unseren Körper als Last, Grenze – etwa wenn er uns daran hindert, zu arbeiten oder zu lieben. Andererseits erfahren wir zumindest eine partielle Einheit von Körper und Geist, wenn wir zum Beispiel über unsere Körpererinnerungen – Schmerz, Freude, Streben – als etwas nachdenken, das uns zu dem gemacht hat, was wir sind. Manchmal erfahren wir sogar eine Art vollkommener Einheit von Körper und Geist – wenn wir tanzen und das Eintauchen in die Musik unser ganzes Sein in einem wunderbaren Tun zusammenbringt oder wenn die körperliche Vereinigung mit einer anderen Person zur ekstatischen Selbstüberschreitung führt.

Trotz unserer Erfahrungen sowohl der Zerrissenheit als auch der Einheit von Körper und Geist neigen wir dazu, »natürliche Dualisten«[15] zu sein, wie einige Theoretiker angemerkt haben. Gleichgültig, welcher Theorie wir anhängen, es liegt nahe, zu denken, wir seien aus zwei Teilen gemacht, die wir bei verschiedenen Gelegenheiten und aus unterschiedlichen Traditionen heraus jeweils anders bewerten. Wir sind uns oft unseres Körpers gar nicht bewusst, bis wir Schmerz oder Lust empfinden, und diese Erfahrungen werden schnell auf dualistische Weise interpretiert. Zum Beispiel können wir konzentriert ein Buch lesen. Körper und Geist sind dabei eins – bis unsere Augen zu schmerzen beginnen.[16] Oder wir gehen an einem schönen Frühlingsmorgen unbekümmert spazieren und verschwenden keinen Gedanken auf unsere Füße – bis sie zu schmerzen beginnen und die Aufmerksamkeit darauf lenken, dass unseren Plänen und Entdeckungen Grenzen gesetzt sind. Unser Körper kann zu unserem »Projekt« werden, wenn wir an seiner Fitness arbeiten oder ihn durch chemische Stoffe oder Gentechnologie verbessern wollen. Er kann eine Art Maschine für uns sein, die wir nachrüsten müssen, indem wir Teile ersetzen oder den richtigen Schmierstoff für unsere versagenden Systeme finden. Wir erfahren unseren Körper als etwas, das wir haben, für das wir sorgen müssen, etwas, dessen Gewebe und Organe wir an andere verschenken können. Wir fragen nach dem »Eigentümer« unseres Körpers und seiner Teile: Gehören sie Gott, uns selbst oder der Gesellschaft?[17]

Manchmal sehen wir im Gegenüber nicht die Seele, sondern nur einen Körper, den man mögen oder nicht mögen, manipulieren, versklaven, ignorieren und verlassen kann. Manchmal sehen wir in ihm nur die Seele, ohne einen Gedanken daran zu verschwenden, dass auch der Körper Bedürfnisse anmeldet.

Kein Wunder, dass es uns schwerfällt, zu verstehen, wer wir sind und wer die andere Person ist. Kein Wunder, dass es uns schwerfällt, diese beiden Aspekte unserer Erfahrung zu erfassen. Gerade wenn wir glauben, uns einem angemessenen Verständnis angenähert zu haben, machen wir eine neue Erfahrung oder sehen uns gezwungen, frühere Interpretationen zu überdenken. Es ist also keineswegs überflüssig, nochmals die Einheit von Seele und Körper und ihre wechselseitige Transzendenz zu erkunden – ob wir dabei nun etwas Neues entdecken oder etwas Altes rekonstruieren.

Körper und Geist revisited

Ich beginne meine Suche nach der grundlegenden Einheit von Körper und Geist an einigen eher unwahrscheinlichen Schauplätzen, nämlich unseren Erfahrungen der *Zerrissenheit* – jenen Erfahrungen also, welche die Möglichkeit echter Geist-Verkörperung ernsthaft infrage stellen. Ich betrachte vier solcher Erfahrungen: 1. tiefes Leiden, 2. Vergegenständlichung, 3. Altern und Tod, 4. »das geteilte Selbst«. Obwohl diese Erkundung ein Umweg zu sein scheint, hoffe ich auf Einsichten, die unserem Hauptanliegen – Sexualität im Spannungsfeld von Körper und Geist zu verstehen – dienlich sein werden.

1. Es gibt paradigmatische Erfahrungen des menschlichen *Leidens*, in denen Geist und Körper auseinandergerissen zu sein scheinen – in denen die Dimension des Geistes fast zu einer Abstraktion wird, sodass sie aus unserer bewussten Wahrnehmung schwindet. Wenn andererseits der Geist der Schauplatz unserer Qualen ist, verlieren wir unseren Körper aus dem Blick und vernachlässigen ihn. Was wir als eins betrachteten, erscheint auseinandergerissen oder bricht ausschließlich im Körper oder ausschließlich im Geist in sich zusammen. Es sind die Arten von Leiden voller Schrecken oder Qualen,[18] in denen der Körper zerstört, der Geist verwüstet und die Seele gebrochen wird.[19] Es sind die Leiden, die in der menschlichen Geschichte in jeder Generation weitergehen – »Ein Geschrei ist in Rama zu hören« (Jeremia 31:15). Menschen, die von anderen Menschen unterjocht, Frauen, die im Kern ihrer Person geschändet, Familien, die auseinandergerissen werden. Geschichten von Preisgabe,

Verhungern und Tod. Das ist die Art von Schmerz, die Simone Weil »Unglück« genannt hat, um es vom »Leiden« im normalen Sinn zu unterscheiden.²⁰ Aber im Kern ist das Unglück immer sowohl physisch als auch psychisch, wie Weil sagt. Es befällt nie nur den Körper (wie Zahnweh, das bald vorbei ist), und es befällt nie nur die Seele. Bei dieser Art von Leiden leidet die Person *als einheitliches Ganzes*; es gibt keine Konkurrenz zwischen den Nöten des Körpers und den Nöten der Seele. Wenn das Unglück von der Seele kommt, befällt es auch den Körper und verwundet ihn; und wenn es körperlich ist und lange genug andauert, befällt es auch die Seele. Es ist die Art von Leiden, die das Potenzial hat, das Selbst anzugreifen, einen Zustand zu schaffen, mit dem Personen 20, 30, 50 Jahre, ein Leben lang leben können, sodass Seele und Körper zu Komplizen des Unglücks werden und Trägheit und Verzweiflung überhandnehmen. Aber *nur der vergeistigte Körper, der verkörperte Geist* kann ein solches Leiden erfahren. In der Bedrohung der Gesamtheit des Selbst, kurz vor dem endgültigen Riss, scheint ein flüchtiger Blick auf die Einheit von Körper und Geist auf.

2. Für gewöhnlich betrachten wir die *Vergegenständlichung* einer Person als Versäumnis, die Person in ihrer Ganzheit zu begreifen und zu respektieren. Das kann etwa passieren, wenn man jemanden nur wegen seiner mentalen oder körperlichen Fähigkeiten schätzt. Oder wenn man in den Augen des Betrachters auf die körperliche Schönheit, eine Behinderung oder eine Rasse reduziert wird. Es kann passieren, wenn ein Individuum nur als Quelle der Lust angesehen wird. Frauen zum Beispiel werden vergegenständlicht, wenn man sie in eine bestimmte Rolle oder zu bestimmten Handlungen zwingt oder sie auf eine Weise unterwirft, die darüber hinaus keine Identität erlaubt. Im Kern der Erfahrung von Vergegenständlichung steckt die Erfahrung, beurteilt, bewertet und in eine Schublade einsortiert zu werden, ohne etwas dagegen tun zu können. Damit wird die Einheit des Selbst ausgelöscht.

Die dramatischste Darstellung der Vergegenständlichung ist Jean-Paul Sartres Beschreibung des Konflikts, der menschlichen Beziehungen innewohnt. Sein aufschlussreiches Beispiel ist der inzwischen klassische »Schlüssellochgucker«.[21] Ich stehe vor einer Tür, lausche und spähe durch ein Schlüsselloch. Ich höre Schritte hinter mir. Ich fühle den Blick eines anderen auf mir. Wie auch immer ich meine Handlung vorher verstanden habe (für wie gerechtfertigt ich die Gründe für mein Tun auch hielt), wird der andere, der sich nähert, meinem Tun (und mir) eine neue Bedeutung geben. Ich fühle mich zunehmend bedroht, denn durch den misstrauischen Blick des anderen, der hinter mir erscheint, wird mir meine Rechtfertigung genommen. Ich kann nicht mehr selbst die Bedeutung meines Handelns festlegen; das Urteil des anderen hält mich in einer Kategorie der Bedeutung (»Schlüssellochgucker«) fest, die nicht meine ist. Ich werde zu dem gemacht, in dem eingefroren, was mein Körper zu sein scheint. Das ist der nach Sartre grundlegende Konflikt zwischen menschlichen Personen – Urteil, Misstrauen, Kategorisierung, Scham – und die höchste Bedrohung für den Frieden und die Einheit im Inneren. So potenziell vernichtend ist die Blockade meiner Freiheit, meines Geistes durch jeden misstrauischen Blick, dass ich mich gezwungen fühle zu reagieren. Die Drohung der Vergegenständlichung ist unerträglich. Ich habe zwei Möglichkeiten, sagt Sartre. Ich kann entweder den Blick des anderen bezwingen (»ihm die Augen ausschlagen« – wörtlich oder im übertragenen Sinne), oder ich kann mich dem Blick so gänzlich unterwerfen, das Urteil des anderen so vollkommen übernehmen, dass ich ihn nicht mehr fühle oder sehe: Ich verliere meine eigene Wahrnehmung auf mich selbst und werde zu dem, wofür der andere mich hält. Im ersten Fall obsiegt meine Freiheit, aber nur indem ich dem anderen seine Freiheit und sein Urteil über mich nehme. Ich reduziere den anderen auf seinen Körper. Im zweiten Fall reduziere ich mich selbst auf meinen Körper. Ich benutze meine Freiheit zur Unterwerfung und lasse meine Bedeutung durch den anderen festlegen. Die Macht des Blicks und der Freiheit des anderen obsiegt.

In Sartres Theorie spielt sich all das am deutlichsten im sexuellen Bereich ab. Die Sexualität repräsentiert bei Sartre den elementarsten Versuch, die Subjektivität, die Freiheit, das Urteil des anderen zu überwältigen oder sich ihnen zu unterwerfen. Die extremen Reaktionen sind Sadismus oder Masochismus. Ich kann versuchen, durch Verführung den Blick des anderen zu manipulieren, ihn so zu formen, dass ich damit leben kann. Oder ich kann mich gegen den Blick richten, den anderen zu meinem Objekt machen, ihn durch physische oder emotionale Gewalt unterwerfen. Das sind die sadistischen Reaktionen. Ersatzweise kann ich mich so in meinem Wunsch verlieren, von dem anderen geschätzt zu werden, dass ich mir selbst verloren gehe, von dem Blick des anderen masochistisch aufgesogen werde und mich seinem Blick so völlig unterwerfe, dass ich ihn nicht mehr erkenne oder fühle.

Wir müssen nicht – wie Sartre – davon ausgehen, dass alle menschlichen oder alle sexuellen Beziehungen so dramatisch konfliktgeladen sind. Und doch erkennen wir hier die genaue Beschreibung der Erfahrung, die in manchen menschlichen Beziehungen oder zumindest in einigen Momenten menschlicher Beziehung vorherrschend ist. Es sind Erfahrungen der Zerrissenheit oder des vollkommensten Zusammenbruchs des Geistes in den Körper. Und doch steckt im Kern solcher Erfahrungen ein Hinweis auf die Einheit von Körper und Geist. Denn den Körper eines anderen auf diese Weise zu erobern oder auf diese Weise erobert zu werden, bedeutet nichts anderes, als den Geist des anderen zu erobern oder den eigenen Geist erobern zu lassen. Wenn wir kein verkörperter Geist oder vergeistigter Körper wären, wenn wir entweder den Körper oder den Geist erfolgreich in den Hintergrund drängten, könnten wir solche Erfahrungen gar nicht machen. Die Vergegenständlichung des einen durch den anderen ist schlussendlich nicht die Reduktion des anderen auf Körper oder Geist, sondern der Versuch, einen *verkörperten Geist* zu dominieren.

Elaine Scarry kommt in ihrer Arbeit über die Folter zu einem ähnlichen Ergebnis.[22] Man würde denken, dass die Folter lediglich dem Zweck der Informationsbeschaffung oder anderen konkreten Zielen dient. In Scarrys Analyse hat die Folter jedoch das Ziel, Personen zu zerstören – es geht um die Zerstörung von Personen *als Personen*. Folter zielt darauf ab, den Menschen »verschwinden« zu lassen, sein Menschsein zu dekonstruieren. Es ist nicht dasselbe wie die Folter von Tieren durch Menschen, die auf eine bizarre Lust zurückzuführen ist, einem anderen Lebewesen Schmerz zuzufügen. Die Absicht bei der Folter von Menschen ist vielmehr, die Stimme des anderen verstummen zu lassen, indem sein Körper zerstört wird; sie geschieht, damit der Gefolterte die Worte des Folterers statt seiner eigenen spricht. Folglich ist Folter nur dann erfolgreich, wenn sie nicht nur über den Körper, sondern auch über den Geist des anderen Kontrolle erhält. Ein solches Ziel wäre unsinnig, wenn es keine Wesen gäbe, die *verkörperter Geist, vergeistigter Körper* sind. Wieder finden wir in der Erfahrung der Trennung eine Bestätigung der Einheit von Geist und Körper.[23]

3. Wenden wir uns den alltäglicheren Erfahrungen von *Altern und Sterben* zu. Wenn irgendwo, gibt es hier Erfahrungen des Körpers als Grenze und Last und einer Seele, die sich von ihrer Verkörperung trennt, genauso wie der Körper sich in einem Prozess der Trennung von der Seele befindet. Alle Bedeutungen des menschlichen Körpers werden an diesem Punkt infrage gestellt. Verkörperung ist keine Chance mehr, sondern der Verlust von Möglichkeiten im Leben der Person. Insbesondere die Erfahrung des Alterns beweist deutlich, dass wir mehr sind als unsere Körper, es sei denn, wir reduzieren das Verlöschen des Selbst auf körperliche Verfallsprozesse. Aber Altern ist viel komplizierter.

Die Wirklichkeit des Alterns umfasst Angst, Schmerz, Einsamkeit, sie kann aber auch Mut, Güte, Geduld und Vertrauen beinhalten. Es gibt Verlust und Unsicherheit, ein Teil des Körpers nach dem anderen fällt aus, und die Verletzungsgefahr steigt. Es besteht die Notwendigkeit, Freiheiten aufzugeben – sicher die Bewegungsfreiheit, aber auf zahllose Arten auch die Freiheit der Selbstbestimmung. Beständige Anpassungen sind notwendig, während die Identität bedroht ist und Beziehungen sich ändern. Unbeugsame Geister wüten vielleicht gegen das Unvermeidliche, aber es kann sich auch eine allmähliche und sanfte Zustimmung einstellen.

Zwei wichtige Bemerkungen können über die Erfahrung des Alterns gemacht werden. Zum einen kann man sagen, dass Körper und Geist zwar getrennte Wege zu gehen scheinen, aber dennoch eins in diesem Prozess sind. Nicht jeder erfährt einen Abbau der geistigen Fähigkeiten, wenn die körperlichen Fähigkeiten nachlassen. Trotzdem sind sowohl Körper als auch Geist vom Altern stark betroffen, denn Altern manifestiert sich biologisch und geistig – ob es nun einen Zerfallsprozess oder die Zunahme an Weisheit und Würde mit sich bringt.

Zum Zweiten muss angemerkt werden, dass die Erfahrung des Alterns in erheblichem Maß sozial konstruiert ist. Sie kann geformt und transformiert werden – von unterschiedlichen Kulturen oder religiösen Traditionen und innerhalb wichtiger zwischenmenschlicher Beziehungen. Mit anderen Worten: Unsere tatsächliche Erfahrung hängt davon ab, was wir über das Altern *denken*. Nehmen wir zum Beispiel eine christliche Perspektive auf das Altern wie die von Karl Rahner. »Alter ist eine Gnade (als Aufgabe und Gefahr), die nicht jedem gegeben wird, so wie es auch sonst Möglichkeiten und Situationen gibt, die, christlich verstanden, als Gnade gewertet werden müssen und dem einen gegeben, dem anderen verweigert werden.«[24] Mit anderen Worten: Nicht jeder wird alt, aber die, die es werden, sind von Gott dazu berufen. Das Alter ist nicht einfach etwas Äußerliches, sagt Rahner, »wie das Kostüm, in dem man seine einem selbst äußerliche Rolle im Lebenstheater spielt, die man dann im Tod einfach ablegt«[25]. Im Gegenteil, die Lebensperiode des Alters kann wie jede andere Periode auch maßgeblich für die Bedeutung eines Lebens sein. Andere religiöse und kulturelle Traditionen haben vergleichbare Interpretationen der Erfahrung des Alterns und seiner Bedeutung für das Individuum und die Gemeinschaft anzubieten. Wichtig ist, dass das Altern und der biologische Verfall zwar Erfahrungen der Trennung von Geist und Körper liefern, im Ganzen aber dennoch ihre Einheit bezeugen.

Mit dem Tod verhält es sich anders. Er gehört nicht zu uns, wie manche sagen – zumindest nicht auf die gleiche Weise wie das Leben selbst. Er steht jedoch während unseres Lebens am Horizont, und er kommt mit der Zeit näher. In der heutigen westlichen Kultur neigen wir dazu, den Tod lediglich als Teil des Lebens zu verstehen. Der Tod ist natürlich, sagen wir, obwohl wir mit Dylan Thomas bitten: »Geh nicht als Gentleman in jene gute Nacht, die Alten müssen glühn am Tagesende, toben und rasen, rasen gegen das Krepiern von Licht.«[26] So eifrig wir den Tod auch »naturalisieren«, er bleibt ein Problem für uns – auf eine Weise, wie er es für andere Lebewesen nicht ist. Wir sehen ihn vorher, machen uns Sorgen, kämpfen gegen ihn, versuchen, ihn zu verstehen. In diesem Sinne transzendieren wir den Tod. Wir denken über ihn nach, fürchten ihn und versuchen, unseren Frieden mit ihm zu machen. Doch egal, ob wir gegen ihn rebellieren oder ihn akzeptieren, und gleichgültig, was wir tun – wir sterben.

Wir könnten daraus schließen, dass sich im Tod die natürlichen Ressourcen des biologischen Lebens eines Individuums einfach erschöpfen. Der Tod steht deshalb für eine unvermeidliche Einschränkung unserer Möglichkeiten in diesem Leben, die endgültige »Gegebenheit«, an der sich unsere Freiheit die Zähne ausbeißen wird. Wir können den Tod als notwendige Grenze ansehen, die uns erlaubt, unser Leben zu ordnen und unsere Entscheidungen für Gott, die anderen Menschen und unser eigenes Selbst abzuschließen. Aber sowohl als biologische Grenze wie auch als psychologischer Horizont oder existenzieller Moment der Integration des Selbst widersteht der Tod seiner Interpretation als lediglich natürlicher Prozess. In Wirklichkeit scheint es uns unnatürlich, dass unser Selbst schwindet und stirbt, dass unsere Beziehungen zerschnitten werden, dass der Riss im Kern unseres Wesens möglich ist, obwohl wir gegen ihn kämpfen. Nicht nur der Geist wütet gegen den Tod, auch der Körper. Wir tun unser Bestes, ihn unter allen Umständen zu domestizieren, und wenn wir das nicht können, fließen Tränen. Warum? Der Körper kämpft genauso wie der Geist um sein Leben. Die Kräfte im Körper und im Geist richten sich aus jeder Perspektive, in jeder Dimension sowohl auf als auch gegen den Tod. Es ist nicht richtig, zu glauben, dass nur unser Körper stirbt. Der Tod ist für uns ein Ereignis, das uns als geistige Person, nicht nur als biologische, betrifft. Wir sterben als verkorperter Geist, vergeistigter Körper. In einem christlichen Kontext ist unser Verständnis von Tod und Leben durch das Versprechen geprägt, das uns Gott in Jesus Christus gegeben hat. Es verwandelt die Bedeutung des Todes und kündigt uns für die Zukunft eine neue Einheit von Geist und Körper an – trotzdem zeugt die Erfahrung des Sterbens von einer grundlegenden Einheit von Körper und Geist.

4. Ein letzter Hinweis auf diese Einheit liegt in den Erfahrungen des *geteilten Selbst*. Philosophische und religiöse Traditionen haben schon immer versucht, solche Erfahrungen zu verstehen. Die gewöhnliche Interpretation ist, dass die Seele vom Körper getrennt ist, dass die Wünsche und Bedürfnisse des Körpers mit den Wünschen und Bedürfnissen des Geistes hadern. Man geht von einer feindlichen Beziehung von Geist und Körper aus. Das moralische Leben wird als Kampf der Seele gegen den Körper und des Körpers gegen die Seele gedeutet. Was immer Gott ursprünglich mit seiner Schöp-

fung beabsichtigt hat, eine Art allgemeiner moralischer »Sündenfall« des Menschen, ein schreckliches moralisches Versagen, hat
Körper und Seele in Unordnung gebracht und das Gleichgewicht
zwischen dem Intellekt und den Gefühlen, zwischen dem Willen
und der Dynamik des Körpers gestört.[27] Es ist Aufgabe der Seele,
sich darum zu kümmern, wieder eine vernünftige Ordnung zu etablieren und die Herrschaft über einen disziplinierten Körper auszuüben.

Aber stimmt das? Entspricht die Redensart »Der Geist ist willig,
aber das Fleisch ist schwach« unserer Erfahrung? Das ist zumindest
zweifelhaft. Die theologischen, philosophischen, psychologischen,
naturwissenschaftlichen Untersuchungen über die Notwendigkeit
einer Kontrolle des Körpers durch den Geist sind nicht unwider-
sprochen geblieben. Im Kern der Kontroverse steckt die Frage, wo
die Quelle des Konflikts liegt und wo folglich Abhilfe geschaffen
werden kann. Die christlichen Philosophen, Augustinus eingeschlossen, haben stets behauptet, dass die wirkliche Trennung im Geist
und nicht zwischen Geist und Körper verläuft.

Aber es gibt noch mehr zu sagen. Wir erfahren uns selbst in der
Tat als gespalten. Unsere Erfahrung sagt uns jedoch, dass die Spal-
tung viel weniger »Körper« und »Geist« voneinander trennt, sondern dass der Körper mit sich selbst uneins ist – manchmal begehrt
er dies, manchmal jenes – genauso wie der Geist. Diese Trennungen
innerhalb des Körpers, *innerhalb* des Geistes können ausgeprägter
sein als etwas, das man als Trennung *zwischen* Körper und Geist
beschreiben würde. Und diese Trennungen stecken tief innen im
Selbst, dem Selbst, das ein verkörperter Geist, ein vergeistigter Körper ist. Das »geteilte Selbst« deutet ebenfalls auf die grundlegende
Einheit von Geist und Körper hin und widerspricht ihr nicht. Es
verweist auf eine zugrunde liegende Einheit, die eher nach Integration verlangt als nach Kontrolle.

Am Ende findet sich also in den dramatischsten Erfahrungen

von Zerrissenheit etwas, das trotz allem für die Einheit der Person spricht. Es sind nämlich allesamt Erfahrungen, die nur im vergeistigten Körper, verkörperten Geist möglich sind. Unsere Sprache ist mit der Beschreibung dieser Selbstkonstitution nicht selten überfordert – denn *wir* sind es, die verkörpert, vergeistigt sind. Wenn du meinen Arm berührst, berührst du *mich*. Wenn du für meinen kranken Körper sorgst, sorgst du für *mich*. Wenn unsere Körper in Zärtlichkeit und Liebe zusammenkommen, sind *wir* es, die zusammenkommen. Die Körper, die wir »haben«, sind auch die Körper, die wir »sind«. Trotz unserer Unvollkommenheit, unserer Begrenztheit, unserer Erfahrung von Zerrissenheit und von mangelnder Ganzheit sind wir in einem wichtigen Sinn ganz in uns selbst.[28]

Einheit und Transzendenz

Zu Beginn dieses Abschnitts habe ich gesagt, dass menschliche Verkörperung eine »transzendente« Verkorperung ist, in der die personale Einheit und die Bestimmung des Menschen eine Verbindung eingehen müssen. Es reicht nicht, festzustellen, dass Geist und Körper in einem personalen Ganzen vereint sind, denn die Transzendenz, die den verkörperten Geist charakterisiert, ist Selbst-Transzendenz. Damit etwas selbst-transzendent ist, muss es zumindest potenziell mehr sein, als es zu jedem gegebenen Zeitpunkt ist. Vermutlich ist in einem dynamischen Universum alles, zumindest jedes Lebewesen, in einem gewissen Sinn transzendent: Es wächst und wird gemäß seinem Potenzial verwandelt. Menschliche Personen jedoch sind über bloßes Wachstum und einfachen Wandel hinaus selbst-transzendent. Und zwar in zweierlei Hinsicht: erstens durch die Wahlfreiheit und zweitens durch aktive und vergeistigte Beziehungen zu anderen.[29]

Freiheit ist eine Fähigkeit, sich selbst auf eine Weise zu bestimmen, die nicht gänzlich aus dem Vergangenen zu erklären ist. Die

Fähigkeit der Wahlfreiheit bedeutet, dass man dem, was man ist, etwas Neues hinzufügen kann – eine Liebe neu bewerten, eine Haltung weiterentwickeln, ein besonderes Talent entfalten, Besitztümer erringen oder sie loslassen, dem Ruf eines anderen Menschen folgen oder sich für die Einsamkeit entscheiden. Freiheit erscheint uns als eine Fähigkeit des Geistes und Wahlfreiheit als eine Handlung des Geistes, wobei der Körper einfach das Objekt oder Instrument unserer Wahl ist. Sie auszuüben beinhaltet eine Handlung, die immer (selbst wenn sie manchmal gänzlich innerlich zu sein scheint – etwa wenn wir uns entscheiden, eine Situation hinzunehmen, an der wir nichts ändern können) von uns als verkörpertem Geist, vergeistigtem Körper ausgeht. Wie ich gezeigt habe, ist unser Körper nicht rein passiv, kein Anhängsel, kein bloßes Instrument, er ist konstitutiv für unser Selbst, für uns als Subjekt; wir »leben« unseren Körper, wenn wir ihn benutzen.[30] Unsere Motivation für eine Entscheidung, die Handlung des Sich-Entscheidens und die Entscheidung selbst sind verkörpert und vergeistigt. Daher sind wir als verkörperter Geist, vergeistigter Körper durch unsere Freiheit selbst-transzendent.

Darüber hinaus transzendieren wir uns, wenn wir uns für neue Beziehungen öffnen. In eine Beziehung zu jemandem zu treten bedeutet, das Zentrum seines Selbst zu verlassen. Wir öffnen uns, sei es minimal oder maximal, um den anderen kennen und lieben zu lernen und um selbst gekannt und geliebt zu werden. Unser Zentrum ist jetzt sowohl außerhalb unserer selbst als auch innerhalb.[31] Auch hier gehen wir nicht nur als Geist, sondern als verkörperter Geist, vergeistigter Körper Beziehungen ein – ob nun unsere Beziehungen »körperlich« im landläufigen Sinn des Wortes sind oder nicht. *Wir* sind es, die kennen und lieben und gekannt und geliebt werden. Unsere Subjektivität ist verkörpertes Bewusstsein, bewusste Verkörperung – und deshalb transzendieren wir uns selbst als Körper in der Beziehung zu anderen.[32]

Was immer dem Geist an Transzendenz zugeschrieben wird, muss also auch dem Körper zugeschrieben werden, denn beide sind auf innige Weise eins. Es gibt Grenzen der Transzendenz; es *gibt* Gegebenheiten, die wir nicht überschreiten können – ob sie nun biologisch, ontologisch oder sozial konstruiert sind – und wir bleiben durch und durch Mensch. Aber trotzdem sehnen wir uns nicht nur danach, zu werden, was wir glauben sein zu können, wir entscheiden uns, das zu werden, was wir sein wollen. Unsere Erinnerungen und Hoffnungen, unser Überlebenswille und unsere Zukunftserwartungen, unsere Lebenspläne sind die Hoffnungen, Entscheidungen und Bestrebungen von Wesen, die verkörpert und vergeistigt sind. Der menschliche Körper erhält seine Bedeutung nur im Kontext dessen, was wir sind.

Diese Ausführungen wären unvollständig, wenn wir nicht erwähnen würden, dass religiöse Traditionen sehr viel über die menschliche Verkörperung in Bezug zur menschlichen Selbst-Transzendenz zu sagen haben.[33] Angesichts des christlichen Rahmens, in dem ich mich bewege, muss ich eine christliche Perspektive auf das letzte *telos*, das Ziel oder den Zweck, des Körpers einfügen. In der christlichen Tradition ist der Körper, seine Vergangenheit und seine Zukunft, sehr verschieden interpretiert worden. Wäre dies ein Buch über eine Theologie des Körpers, müssten wir zahlreiche Denker und Traditionen untersuchen und prüfen, wie sie sich zur Bibel und unseren eigenen Erfahrungen verhalten. Ich möchte an dieser Stelle jedoch lediglich ein wichtiges Muster christlichen Theologisierens über den Körper aufrufen, weil es mir besonders aufschlussreich zu sein scheint.

Trotz der vielen historischen und zeitgenössischen Verschiebungen in der Theologie der menschlichen Person steckt im Kern des christlichen Glaubens die Bekräftigung, dass der menschliche Körper wesentlich für das Menschsein ist. Geschaffen von Gott, im Sein erhalten von Gott, durch Gottes Versprechen in Jesus Christus mit einer unbegrenzten Zukunft beschenkt, hat jede menschliche Person – verkörpert und vergeistigt – die Möglichkeit, als verkörperter Geist, vergeistigter Körper die Erfahrung der Ganzheit zu machen. Die Einbeziehung des Körpers in diese Bestimmung ist keinesfalls der nachträgliche Einfall eines Gottes, der verkörpert wurde und dessen eigener Körper jetzt noch in dieser Welt und im Reich Gottes lebt.

Es gibt zwei wichtige Bezugssysteme, innerhalb derer christliche Theologen über den menschlichen Körper nachgedacht haben: zum einen Schöpfung, Sündenfall und Erlösung und zum anderen Schöpfung und Vollendung. Augustinus schloss an das erste an, Thomas von Aquin an das zweite. David Kelsey untersucht in seiner sorgfältigen vergleichenden Studie über Thomas von Aquin und Karl Barth das zweite Bezugssystem.[34] Die Schöpfung und Vollendung des Körpers gehen auf den Glauben zurück, dass alle Dinge von Gott kommen und dazu bestimmt sind, zu Gott zurückzukehren. Während Thomas diesen Glauben unter metaphysischen und kosmologischen Vorzeichen diskutiert, ist Barth mehr an der sozialen Seite interessiert. Für beide ist in der menschlichen Person jedoch der Körper eins mit der Seele, und der *Körper* ist genau wie die Seele an Gottes Gnade gebunden.

Thomas sieht die menschliche Person im Sinne von »rational befähigtem körperlichem Leben«[35], das konkret mit Gott als Schöpfer und Vollender verbunden ist. Gott bestimmt die menschliche Person zur letzten und vollkommenen Einheit mit Gott und mit anderen menschlichen Personen in Gott. Gottes Tat in dieser Hinsicht, seine Gnade, bindet uns genau in unserer Körperlichkeit als endliches Individuum – ein Zweck in sich mit der Verantwortung der Freiheit –, für das Körperlichkeit zwingend notwendig ist.[36] Barth folgt einer Denkbewegung, die der von Thomas gleicht: Der Mensch kommt von Gott und kehrt zu ihm zurück. Der Mensch ist »leibhafte Seele, ebenso wie er beseelter Leib ist«.[37] Gottes eigentliche

Absicht bei der Erschaffung des Menschen ist, einen Bund mit ihm einzugehen – in und durch die *Inkarnation* und die Erlösung durch Gott in Jesus Christus. Es gibt wichtige Unterschiede in den Theologien von Thomas von Aquin und Karl Barth – etwa in der Systematik der Einheit von Körper und Seele oder der letztendlich sakramentalen Sicht des Körpers bei Thomas und dem Beziehungsdenken bei Barth. Trotz dieser Unterschiede begreifen beide den Weg des menschlichen Körpers von der Schöpfung zur Vollendung als selbst-transzendent.

Aus christlicher Perspektive ist die menschliche Person vereint und transzendent. Paulus schreibt, dass die gesamte Schöpfung seufzt und auf die versprochene Zukunft wartet, aber auch wir warten auf die »Erlösung unseres Leibes« (Römer 8:23). Was den Menschen in und durch Jesus Christus versprochen ist, ist eine letzte körperliche, vergeistige »Auferstehung«, bei der, wie Barth sagt, »auch kein Härlein auf unserm Haupte unerlöst zurückbleiben kann«.[38] Sowohl *in via*, auf dem Weg, als auch am Ende ist dies der Rahmen, innerhalb dessen die menschliche Sexualität verstanden werden muss.

Ist Gender wichtig?

Es gibt eine Geschichte darüber, was viele Menschen für die elementarste Eigenschaft des vergeistigten *Körpers* halten. Sie kann als romantische, als wunderbare und inspirierende und in vielen Kapiteln auch als tragische Geschichte erzählt werden. Es ist die Geschichte unseres sozialen Geschlechts. Sie beginnt mit der Überzeugung, dass das Geschlecht, männlich oder weiblich, jedes menschliche Wesen charakterisiert und für die Identität besonders wichtig ist, weil es nicht nur den Körper, sondern auch den in ihm verkörperten

Geist bestimmt. Das Geschlecht dient deshalb dazu, die menschliche Gattung auf grundlegende Weise zu unterteilen. Ausgehend vom Geschlecht wachsen alle Menschen in eine Gender-Identität hinein, sie sind nicht nur männlich oder weiblich, sondern werden Junge oder Mädchen, Mann oder Frau. Gender wird von kulturellen und sozialen Faktoren beeinflusst, ist aber trotzdem eine kulturübergreifende Tatsache. Es erzeugt Bilder von Frauen als Repräsentantinnen des »ewig Weiblichen« und manchmal auch Bilder von Männern als Repräsentanten des »ewig Männlichen«.

In dieser Geschichte besitzen die Kategorien »männlich« und »weiblich« eine beinahe kosmische Gültigkeit. Überall werden Gesellschaften nach Gender geordnet; bestimmte Rollen und Aufgaben werden entweder Frauen oder Männern übertragen, aber nicht beiden. Bekanntlich wurden traditionelle Verwandtschaftsstrukturen, religiöse Vereinigungen und soziale Regelungen jeder Art in allen Jahrhunderten nach Gender-Gesichtspunkten organisiert. In unserer Geschichte werden auch wissenschaftliche Beweise für die große Bedeutung und die Unvermeidlichkeit dieser Aufteilung präsentiert. Philosophische und theologische Anthropologien nehmen die Gender-Dualität als gegeben an, und dramatische Darstellungen der Geschichte von Gender können nicht nur in der Vergangenheit gefunden werden, sondern auch in der Gegenwart. »Es gibt im menschlichen Leben in seiner ganzen Ausdehnung«, schreibt Karl Barth, »kein abstrakt menschliches, sondern überall nur das konkret männliche *oder* weibliche Sein, Empfinden, Wollen, Denken, Reden, Sichverhalten und Handeln und das konkret männliche *und* weibliche Zusammensein und Zusammenwirken in dem allem.«[39] Hans Urs von Balthasar kann dem nur zustimmen und sieht die Polarität von Mann und Frau als Paradigma des gemeinschaftlichen Charakters der Menschheit.[40] Und auch Papst Johannes Paul II. wiederholte es ständig: »In der ›Einheit der zwei‹ sind Mann und Frau von Anfang an gerufen, nicht nur ›nebeneinander‹ oder ›miteinander‹ zu existieren, sondern sie sind auch dazu berufen, *gegenseitig ›füreinander‹* da zu sein.«[41]

Diese Geschichte wird heute infrage stellt – nicht weil sie historisch falsch ist, sondern weil ihre Botschaft problematisch ist. Keiner bezweifelt, dass Menschen durch ihr Geschlecht geprägt sind, aber was das bedeutet und ob oder warum es wichtig ist, sind strittige Fragen. Ebenso wird die Annahme bestritten, dass es nur zwei Geschlechter gibt, und die Frage, ob und warum das Geschlecht soziale Rollen innerhalb menschlicher Gemeinschaften bestimmen sollte. In den 1960er- und 1970er-Jahren unterschieden Sexualwissenschaftler und feministische Autorinnen »Sex« und »Gender« – das biologische vom sozialen Geschlecht. Besonders Letzteres stellten sie als sozial konstruierte Kategorie infrage. Die Unterscheidung ist seither verwischt worden, schon weil auch unser Verständnis vom biologischen Geschlecht zunehmend in Zweifel gezogen worden ist. Sowohl »Sex« als auch »Gender« sind zu instabilen, umstrittenen Kategorien geworden.

Die Erkenntnis, dass die Rollendifferenzierung Frauen benachteiligt, führte dazu, die Bedeutung von Gender zu hinterfragen. Denn der Dualismus männlich/weiblich verführt genau wie die Opposition von Geist und Körper zu einer Hierarchie. So wurde, wie Feministinnen angemerkt haben[42], in der gesamten westlichen Geschichte das Männliche höher bewertet als das Weibliche. Männer wurden als geeigneter für Führungsrollen angesehen; Männer wurden mit Geist identifiziert und Frauen mit dem Körper; Frauen wurden für intellektuell unterlegen gehalten und für passiv, Männer dagegen für aktiv und so weiter und so fort. Darüber hinaus erkannten Frauen einen tief greifenden Unterschied zwischen ihrer Selbstwahrnehmung und der Art und Weise, wie ihre Gender-Identität gedeutet wurde. Als Reaktion auf offensichtlich falsche Interpretationen von weiblicher Identität und Rollenbefähigung zogen daher viele Frauen den Schluss, dass Gender tatsächlich ein konstruiertes

Konzept sei, und stellten die Frage, wie den Ungerechtigkeiten beizukommen ist, die durch falsche Anschauungen erzeugt werden.

Feministische Theoretikerinnen haben auf unterschiedliche Weise (und nicht selten widersprüchlich) reagiert. Die einen streiten für die Gleichheit aller Menschen, wobei Gender lediglich ein zweitrangiges Attribut ist, die anderen für die Neubewertung der weiblichen Verkörperung (womit das Geschlecht zur zentralen Kategorie wird). Wieder andere sind für eine allgemeine Abschaffung aller Vorstellungen von Gender und praktizieren einen sozialen Konstruktivismus, der nicht nur das Geschlecht, sondern das binäre System im Ganzen destabilisiert. Keine dieser Theorien scheint bis dato alle Fragen gelöst oder die Welt so verwandelt zu haben, dass es keine Ungerechtigkeit mehr gibt. Und doch hat jede dieser Theorien dazu beigetragen, Fragen aufzuwerfen, hilfreiche Einsichten zu gewinnen und Wege zu mehr Gerechtigkeit aufzuzeigen. Trotzdem scheinen liberale Theorien der Gleichheit »Gender« oft zu schnell zu vereinnahmen, wenn sie die Bedeutung des Unterschieds unterschätzen und die Narben der Differenzierung einfach überdecken, ohne eine Heilung anzustreben.[43] Die Neubewertung von weiblichen (und männlichen) Körpern tendiert andererseits dazu, die traditionellen Stereotypen von Gender zu bestärken, wie sehr das auch dem eigentlichen Ziel widerspricht.[44] Der postmoderne kulturelle und soziale Konstruktivismus sondiert diese Fragen vielleicht gründlicher als alle seine Vorläufer, aber er bietet wenig Hebelwirkung für ein politisches Engagement, das in den meisten Strömungen des Feminismus nach wie vor für wichtig gehalten wird.[45]

Diese Fragen sind so akut und weitreichend geworden, dass Susan Parsons sich fragt, ob deswegen nicht sogar die Ethik selbst an ein Ende gekommen ist.[46] Postmodernistische Formen des Denkens haben die Vorstellungen vom menschlichen Körper und Geschlecht so untergraben und destabilisiert, dass es keinen Platz mehr für ein moralisches »Gesetz« gibt. Mit anderen Worten: Unser Verständnis des »Guten« wird infrage gestellt, wenn wir entdecken, wie weit-gehend es von Unterstellungen und Vorurteilen abhängt. Ob die Situation wirklich so schrecklich ist, wie Parsons nahelegt, oder nicht, wir sollten das Unrecht im Blick behalten, das im Namen von Gender begangen wurde: Es wird denen angetan, welche die Last der genderspezifischen Rollendifferenzierung tragen, aber auch de-nen, die angeblich nicht auf akzeptable Weise an ihr Geschlecht an-gepasst sind. Wir wollen unsere Überlegungen zu Geschlecht und Gender also nicht mit einer neutralen Betrachtung »interessanter« Aspekte beginnen, sondern mit der Bemühung, frühere Fehlwahr-nehmungen zu korrigieren und das auf Gender basierende Macht-ungleichgewicht infrage zu stellen. Es lohnt sich, zu untersuchen, was politisch auf dem Spiel steht, »wenn die Identitätskategorien als *Ursprung* und *Ursache* bezeichnet werden, obgleich sie in Wirklich-keit die *Effekte* von Institutionen, Verfahrensweisen und Diskursen mit vielfältigen und diffusen Ursprungsorten sind«.[47] Die daraus resultierenden persönlichen und politischen Herausforderungen können die Bedeutung von Gender für die menschliche Gemein-schaft sowohl vergrößern als auch vermindern.

Gender: Theorie und Praxis

Ich habe einmal die kenianische feministische Theologin Musimbi Kanyoro eine Gruppe von Frauen aus dem Südosten Afrikas fragen hören: »Wer melkt die Kühe in eurem Stamm? Frauen oder Män-ner?« Die Hände gingen in die Höhe, und es waren ungefähr gleich viel für jede der beiden Möglichkeiten. Dr. Kanyoro hatte ihre Behauptung überzeugend belegt – dass nämlich genderspezifische Rollen recht willkürlich zugewiesen werden – zumindest wenn man es kultur- oder (in Afrika) stammesübergreifend betrachtet. Trotz-dem wird diese Zuordnung von Aufgaben sehr ernst genommen.

Wenn eine Frau aus einem Stamm, in dem die Frauen die Kühe melken, die Kühe ihres Mannes melkt, der wiederum zu einem Stamm gehört, in dem diese Aufgabe Männern übertragen wird, ist es möglich, dass sie verflucht, gemieden oder verbannt wird. Es handelt sich dabei keineswegs um ein isoliertes Beispiel aus dem traditionellen afrikanischen Leben. In westlichen Kulturen begegnet man auf Schritt und Tritt ähnlichen Mechanismen: Ehefrauen von Männern mit öffentlichen Ämtern werden heftig angefeindet, wenn sie ihrerseits eine führende Rolle im öffentlichen Leben beanspruchen oder auch nur ihre Meinung öffentlich kundtun. Witwen in Teilen Indiens geraten in Existenznot, wenn ihre Kaste ihnen vorschreibt, dass sie nicht außerhalb des Hauses arbeiten dürfen – selbst wenn ihr Überleben davon abhängt.[48] Man könnte zahllose weitere Beispiele aus den unterschiedlichsten Kontexten anführen: von der unterschiedlichen Bezahlung bei Männern und Frauen bis hin zum beschränkten Zugang zu Ämtern in vielen zeitgenössischen religiösen Traditionen.

Solange niemand geschlechtsspezifische Regelungen problematisiert, wird angenommen, dass sie in der Natur begründet sind – in den Gegebenheiten der Anatomie, Physiologie und der Orientierung des sexuellen Begehrens.[49] Solange niemand die genderspezifische Aufteilung von Arbeit infrage stellt, scheinen sie einfach der Effizienz in Familie und Gesellschaft zu dienen und im Großen und Ganzen einen positiven Effekt zu zeitigen (jeder hat seine ihm zugeschriebene Rolle, und keine Rolle ist besser als die andere). Erst physische und psychische Schmerzen bringen die Notwendigkeit mit sich, geschlechtsspezifische Regelungen und Geschlechterrollen infrage zu stellen. Erst dann fangen wir an, über die Begründungen für sie nachzudenken und über die Mühe, die es kostet, sie aufrechtzuerhalten. In den letzten Jahren sind zahlreiche historische, philosophische und theologische Arbeiten erschienen, die sich mit der Wahrnehmung von Geschlechterrollen beschäftigt haben, und ebenso viele soziologische, anthropologische und psychologische Studien, die sich den unterschiedlichen, auf diese Wahrnehmungen gegründeten Praktiken gewidmet haben. Ob sie sich in politischer Hinsicht als nützlich erweisen, wird sich noch herausstellen müssen. Es besteht jedoch kein Zweifel, dass sich die Geschichte und die Wahrnehmung der Geschlechterrollen verändert haben. Um diese Veränderung zu verstehen, müssen (und können) wir uns nicht mit sämtlichen wichtigen Studien und Analysen beschäftigen, es wird allerdings sinnvoll sein, einige von ihnen näher zu betrachten.

Christliche Theologien

Im letzten halben Jahrhundert haben sich in der christlichen Theologie die historischen Untersuchungen von Gender-Identität und -Rollen vervielfacht.[50] Die christliche Misogynie ist inzwischen in den Texten kirchenväterlicher und mittelalterlicher Schriftsteller wie Justin dem Märtyrer, Tertullian, Origenes, Augustinus, Thomas von Aquin, Bonaventura und auch bei Reformern des 16. Jahrhunderts wie Martin Luther und John Knox überzeugend herausgearbeitet worden.[51] Vorstellungen von »Frau« wurden von Beginn an in raffinierten Theologien der Erbsünde und in Lehren über die höhere und niedere Natur theoretisch verankert. Frauen werden (wie Eva) als Quelle der Versuchung für Männer betrachtet und folglich symbolisch mit dem Bösen und der Unordnung identifiziert. Sie müssen kontrolliert und in geordnete Bereiche (Ehe und Familie oder Kloster) abgedrängt werden. Erlöst wird der weibliche Körper entweder durch das Gebären von Kindern oder durch die anhaltende Jungfräulichkeit – also einer Form der körperlichen Entfremdung.

Paradoxerweise neigen christliche Theologien dazu, die Frau und ihre Rolle zu preisen, obwohl sie an Körper und Geist für unterlegen gehalten wird. Sie ist gleichzeitig Symbol der Sünde *und*

Symbol aller Tugenden. Letzteres bestärkt unglücklicherweise das Erste. Wenn man eine Frau auf eine Säule stellt, hat sie vermeintlich keinen Grund zur Beschwerde und braucht sich nicht für einen höheren gesellschaftlichen Status oder eine realistischere Bildungspolitik einzusetzen. Außerdem wird etwas, das als heilig angesehen wird, auch allzu leicht als entweiht betrachtet. Wie bereits angemerkt, behaupten die griechischen Kirchenväter, das *imago dei*, das Ebenbild Gottes, finde sich nicht im Körper, sondern in der nicht sexuellen Seele sowohl von Männern als auch von Frauen – vollständiger allerdings in der Seele von Männern, da Männer in ihrer Führungsrolle Gott ähnlicher seien. Augustinus und die anderen lateinischen Kirchenväter zeigen das Ebenbild Gottes auch im Körper auf, aber sie glauben, dass nur der männliche Körper mit seinen Eigenschaften von Aktivität und Kraft das Ebenbild Gottes sei. Für Thomas von Aquin haben sowohl Männer als auch Frauen (in Körper und Seele) Anteil am Ebenbild Gottes, aber in unterschiedlichem Ausmaß. In Übereinstimmung mit Aristoteles hält Thomas Frauen für prinzipiell unzulänglich, und folglich ist auch ihr Status als Ebenbild Gottes niedriger.

Obwohl es im Laufe der Jahrhunderte andere Strömungen gab – wie zum Beispiel die Frauen im Mittelalter, deren Gender-Identität, Führungsrollen und Beziehungen zu Gott sich grundlegend von dem unterschieden, was die Kirchenväter und Kirchenlehrer Frauen zugetraut hatten –, waren sie für die zentralen Traditionen der Kirche nicht von Bedeutung. Die beharrliche und einschneidende Kritik (von Feministinnen und anderen) an den etablierten traditionellen Vorstellungen von der Geschlechtsidentität und dem Status von Frauen hat auch in neuerer Zeit alternative Theologien entstehen lassen. Diese üben nicht nur Kritik, sondern reinterpretieren auch zentrale christliche Lehren zu Gott, zum Menschen und dem *imago dei*, die zur Unterdrückung von Menschen aufgrund ihres Geschlechts beigetragen haben. Ein wichtiges Beispiel für eine solche Theologie sind Elizabeth Johnsons *She Who Is* und *Friends of God and Prophets*, wo grundlegende christliche Glaubensinhalte wie der dreieinige Gott, die erlösende Inkarnation und die Eschatologie ernst genommen, aber neu bewertet werden.[52] Auch Serene Jones transformiert in ihrer *Feminist Theory and Christian Theology* wichtige christliche Glaubensinhalte.[53]

Biblische Herausforderung

Die Mehrheit zeitgenössischer Theologien meidet die Gender-Hierarchien der Vergangenheit. Wenn überhaupt, argumentieren heute nur sehr wenige Theologen, Frauen seien Männern intellektuell unterlegen. Eine binäre Aufteilung von Charakteristika (Männer sind stark, Frauen schwach; Männer sind aktiv, Frauen passiv; Männern geht es um Gerechtigkeit, Frauen um Mitgefühl; Männer bevorzugen Prinzipien, Frauen konzentrieren sich auf Beziehungen) findet in dieser Absolutheit keine Anwendung mehr. Die theologischen Ansprüche auf eine Hierarchie der Geschlechter sind einigermaßen beseitigt oder gemäßigt worden, die anfechtbarsten Zuschreibungen von Gender-Charakteristika verblassen. Es fehlen jedoch ernsthafte oder umfassende Bemühungen, die binäre Konstruktion von Gender an sich zu beseitigen. Und doch gibt es im Christentum einige Ausgangspunkte, um genau dies zu tun.

Die Schrift selbst vermerkt: »Es gibt nicht mehr Juden und Griechen, nicht Sklaven und Freie, nicht Mann und Frau; denn ihr alle seid ›einer‹ in Jesus Christus.« (Galater 3:28) Wenn wir Paulus' Aussage »Es gibt nicht mehr ... Mann und Frau« den hohen theologischen Ansprüchen über die zentrale Bedeutung des Geschlechts gegenüberstellen, wie wir sie in den Ausführungen von Karl Barth und Johannes Paul II. gelesen haben, was sollen wir dann denken? (Die gleiche Frage stellt sich übrigens bei den feministischen Theologien von Johnson und Jones.)

Barth meint, Paulus wolle damit nicht sagen, dass die Unterscheidung männlich/weiblich aufgegeben werden soll, vielmehr mahnt er Gleichheit und Gegenseitigkeit an.[54] Gleichheit schließt für Barth jedoch nicht Über- und Unterordnung aus, weil beide in Jesus Christus sind (der über allen Menschen steht, sich aber auch selbst Gott und den Menschen untergeordnet hat). Kulturell geprägte spezifisch männliche und weibliche Eigenschaften waren also nicht gemeint, wohl aber eine Ordnung zwischen den Geschlechtern, in der Männer »A« sind und Frauen »B«, in der Frauen ihren Kopf bedecken müssen (oder etwas Entsprechendes), aber Männer nicht (1. Korinther 11:1–16).[55] Paulus' »Es gibt nicht mehr ... Mann und Frau«, bedeutet für Barth: »... so ist auch der Mann im Herrn *nur* darin, aber *gerade* darin Mann, daß er mit der Frau, die Frau *nur* darin, aber *gerade* darin Frau, daß sie mit dem Manne ist. Im Herrn sind sie Einer, das hält sie zusammen.«[56] Beide sind »je an ihrem Ort«.[57] Die Unterscheidung der Geschlechter bleibt sakrosankt, und obwohl Barth das leugnet, wirft die Hierarchie ihren Schatten auf sie.[58]

Auch Johannes Paul II. hat sicherlich nicht geglaubt, dass Paulus den Unterschied zwischen den Geschlechtern aufheben wollte. In einer Theologie des Leibes, die auf den Berichten der Schöpfung im Buch Genesis basiert, versteht Johannes Paul die Wesenheit des Menschen, das *imago dei*, so, dass die Transformation von Adams Einsamkeit in die personale Gemeinschaft nur durch den Geschlechterunterschied möglich wird.[59] Das erinnert an Platons *Symposion*, in dem Aristophanes die mythische Geschichte von den Menschen erzählt, die nur die Hälften eines Ganzen sind, das sie einmal waren, und sich stets liebend nach ihrer anderen Hälfte sehnen. Auch Johannes Paul stellt Mann und Frau als unvollständig dar, bis sie sich vereinen.[60] Der Unterschied zwischen Mann und Frau gehört also zum menschlichen Leben. Warum Frauen und Männer einander suchen, erklärt Johannes Paul mit ihrer Komplementarität. Sie brauchen ihre »andere Hälfte«, die sich von ihnen unterscheidet, sie aber vervollständigt. Binäre Charakteristika bleiben bestehen und mit ihnen die Bedeutung des Geschlechts.

Bibelforscher haben jedoch angemerkt, dass die kurze Formel »nicht Mann und Frau« erhebliche Probleme für die Interpretation birgt. In einer vorpaulinischen Tradition bezüglich der Taufe und des dazugehörigen Glaubens an eine »neue Schöpfung« für die Getauften liefern die Worte »nicht Mann und Frau« eine Interpretation – vielleicht eine Aufhebung – von Genesis 1:27: »Gott schuf also den Menschen [*Adam*] als sein Abbild; als Abbild Gottes schuf er ihn, als Mann und Frau schuf er sie.« Für Paulus und die Galater könnte die »neue Schöpfung« einige Dinge der ersten Schöpfung transformiert oder hinter sich gelassen haben.[61]

Es ist jedoch nicht unmittelbar klar, welche der vielen Bedeutungen, die mit »Mann und Frau« in Genesis 1:27 verbunden sind, durch die Tauformel in Galater 3:28 aufgehoben werden könnten. Mary Rose D'Angelo identifiziert vier Funktionen des Ausdrucks, die alle in Texten des 1. bis 3. Jahrhunderts n. Chr. gefunden oder zumindest durch ähnliche Verwendung gestützt werden können:[62]
1. »Mann und Frau« ist hier eine rhetorische Figur (die in der Antike häufig gebraucht wird), die eine Gesamtwirklichkeit benennt, indem sie die entgegengesetzten Pole bezeichnet. Daher bedeutet »Mann und Frau« in Genesis 1:27 (genauso wie in der negativen Form »nicht Mann und Frau« in Galater) »alle Menschen«. In der Genesis trifft die Aufteilung in Gender auf alle zu, in Galater werden alle, unabhängig vom Gender, durch die Taufe eingeschlossen in Christus. 2. »Mann und Frau« in der Genesis bezieht sich auf eine »Beziehung der Benachteiligung«. »Nicht Mann und Frau« in Galater würde dann eine Aufhebung der Benachteiligung in der Beziehung von Mann und Frau bedeuten. 3. Das »Mann und Frau« der Genesis kann »Sex und Ehe« bedeuten, sodass »Nicht mehr … Mann und Frau« in Galater heißt: keinen Sex und keine Ehe mehr.

Das korrespondiert mit 1. Korinther 7:1 und 7:17–24 und mit dem Glauben der frühen Christen, dass alles »Fleischliche« dieser Welt bald vergehen würde. 4. Schließlich bezieht sich »Mann und Frau« in Genesis 1:27 auf den ursprünglichen Adam, das Abbild Gottes, und der ist androgyn. Das heißt, Adam ist männlich und weiblich, bis Eva geschaffen wird, was einige Traditionen so interpretieren, dass Adam (wie bei Aristophanes) in zwei Teile geschnitten wird, sodass erst jetzt das menschliche Geschlecht ins Spiel kommt. In diesem Fall könnte »nicht mehr … Mann und Frau« in Galater eine Rückkehr zum Androgynen bedeuten – für alle Getauften.[63] Damit würde diese neue Schöpfung die Aufteilung in Geschlecht und Gender transzendieren.

D'Angelo denkt, dass von den vier Interpretationen von »Mann und Frau« in Genesis 1:27 die zweite (Benachteiligung für einen Pol der Beziehung) am wahrscheinlichsten in Galater verneint wird. Diese Verneinung passt zu den anderen Paaren im Text; sie stimmt mit der Vision der Gleichheit in der frühen Kirche überein; und sie wird sichtbar in der frühkirchlichen Praxis der sowohl männlichen als auch weiblichen Führung. Die dritte Bedeutung (Sex und Ehe) ist nach D'Angelo am einfachsten aus der Tradition der Interpretation im 1. Jahrhundert nachzuweisen. Die vierte (das androgyne Abbild) ist die Folge einer Vielzahl von Texten, die sich auf irgendeine Weise auf Zweigeschlechtlichkeit beziehen. In die Vorstellung vom Androgynen sind ganz verschiedene mythische Bilder eingegangen, und jedes könnte jede der anderen drei Funktionen von Galater 3:28 erklärt oder bestärkt haben[64].

Deutlich ist, dass besonders die zweite und die vierte Interpretationsmöglichkeit eine radikale Infragestellung späterer theologischer Traditionen darstellen, in denen die Unterscheidung von Gender für das Verständnis des Menschen zentral ist (wie bei Barth, von Balthasar und Johannes Paul II.). Diese Möglichkeiten bedeuten natürlich nicht, dass die biologischen Geschlechtsunterschiede aufgehoben wären, wohl aber die sozialen. Sie stellen die Theologien infrage, in denen die Hierarchie weder beseitigt noch in eine »neue Schöpfung« transformiert wird. Feministinnen haben sich auf Galater 3:28 in erster Linie als Argument für die Gleichheit von Mann und Frau berufen – in der Kirche, in der Familie und sogar in der Gesellschaft. Es gibt jedoch noch mehr über die zeitgenössische Relevanz von Galater 3:28 zu sagen – ich werde weiter unten darauf zurückkommen.

Biologie und Kultur

Es ist sehr verführerisch, zu denken, dass wir vielleicht alle unsere Fragen durch die moderne Naturwissenschaft lösen können. Wir wissen, dass unzureichende wissenschaftliche Methoden ihren Teil zu den Problemen beigetragen haben, die wir in der Vergangenheit beim Verständnis von Gender- und Geschlechtsunterschieden hatten. Ist es möglich, dass die Biologie und die Verhaltensforschung inzwischen der Aufgabe »gewachsen« sind, die Unterschiede und Ähnlichkeiten zwischen den Geschlechtern zu bestimmen? Die Frage ist nicht nur an die Naturwissenschaften gerichtet, sondern auch an andere Disziplinen. Philosophen und Theologen haben zum Beispiel viele ihrer Theorien über die Geschlechter auf den biologischen und medizinischen Informationsstand ihrer Zeit gegründet, oder – öfter noch – sie haben diese Information genutzt, um ihre eigenen kulturell geprägten Annahmen zu stützen.

Wenn wir alle unsere Antworten von der Naturwissenschaft erwarten, haben wir das Problem, dass die harten »Fakten« der Naturwissenschaft durch die Brille von Kontext und Kultur gesucht und gesehen werden.[65] Der Historiker Thomas Laqueur schloss in seiner umfangreichen Studie zur Bedeutung des Geschlechts von den Griechen bis Freud: »Schicksal ist Anatomie« – und nicht um-

gekehrt, wie Freud meinte.[66] Diese Erkenntnis hat viel dazu beigetragen, den Gender- und Geschlechtsunterschied als kulturelle
Konstruktion zu deuten und das angebliche »Gegebensein« des Geschlechts zurückweisen.

Das bemerkenswerteste Beispiel für Laqueurs These sind die
Modelle menschlicher Körper. In dem von ihm sogenannten Ein-
Geschlecht-Modell, das von den Griechen bis ins 18. Jahrhundert
vorherrschte, gibt es einen quasi einheitlichen menschlichen Körper.
Das männliche und das weibliche Geschlecht unterscheiden sich
nur darin, dass das weibliche unvollständig ist. Der Mensch wurde
dabei nach dem Mann modelliert – die Vagina ist etwa ein nach innen gestülpter Penis und der weibliche Körper als solcher ist eine
geringere, unzureichende Version des männlichen. Erst im 18. Jahrhundert etablierte sich der Geschlechtergegensatz, sodass das Zwei-
Geschlechter-Modell entstand. Jetzt ging man von zwei unvereinbar
unterschiedlichen Körpern aus, der eine männlich, der andere weiblich. Der weibliche stellte jedoch immer noch die Abweichung dar,
es war der Körper, der erklärt werden musste und letztlich benachteiligt war. Es galt zu entschlüsseln, welches der Grund für *ihren*
Unterschied, *ihr* Anderssein in Beziehung zum Mann war. Die Bedeutungen, die dem Geschlecht bereits gegeben worden waren,
mussten biologisch abgesichert werden – in der Natur der Knochen,
Nerven und, am wichtigsten, der Geschlechtsorgane.[67] Zum Beispiel wollte man im weiblichen Körper eine Erklärung für den vermeintlichen Mangel an Leidenschaft finden (oder für die im Vergleich zum Mann ausgeprägtere Fähigkeit der Frau, ihre Leidenschaft
zu beherrschen).

Natürlich hat es seit dem 18. Jahrhundert einen entschiedenen
Zuwachs an Wissen über die geschlechtliche Verkörperung gegeben.
Laqueur zufolge war es jedoch nicht dieses neue Wissen, das die Art
und Weise verändert hat, wie wir Frauen und Männer betrachten.
Im Gegenteil, es waren Verschiebungen in der kulturellen Bedeu-

tung des Geschlechts, die zu neuen wissenschaftlichen Fragestellungen und damit auch zu neuen Forschungsergebnissen geführt haben. Es ist durchaus nicht ausgemacht, dass diese Dynamik heute nicht mehr existiert. Wenn zum Beispiel an der Gleichstellung von Frauen und Männern gezweifelt wird, stehen wir vor einer Flut von wissenschaftlichen Studien, die behaupten, erklären zu können, warum Jungen in manchen Dingen besser sind (sagen wir mal Mathematik) und Mädchen auf anderen Gebieten brillieren (etwa der Literatur). Es fällt schwer, solche Studien ohne Skepsis zu betrachten, besonders wenn andere Studien zeigen, dass zum Beispiel in Island Mädchen die größeren mathematischen Fähigkeiten an den Tag legen.

Was wissen wir heute also wirklich? Wir wissen, dass Frauen und Männer biologisch gesehen einen unterschiedlichen Chromosomenaufbau haben, unterschiedliche Hormone (oder, um genau zu sein, unterschiedliche Mengen derselben Sexualhormone) sowie eine unterschiedliche Anatomie (insbesondere der Fortpflanzungsorgane). Wir wissen auch, dass schwere Krankheiten wie Lungenkrebs, Osteoporose und Herzkrankheiten unterschiedliche Therapien für Frauen und Männer erfordern.[68] Wir wissen, dass bildgebende Verfahren im Gehirn von Frauen und Männern Unterschiede in der Reaktion auf verschiedenartige äußere Stimulationen zeigen – was allerdings nicht auf ein unterschiedliches Verhalten hinweist.[69]

Was wir von der Wissenschaft über Geschlechtsunterschiede hören, ist jedoch häufig verwirrend. Die Gehirnforschung sagt uns heute, dass männliche Gehirne im Durchschnitt 9 bis 10 Prozent größer sind als weibliche, aber wir wissen auch, dass die geschlechtsspezifische Gehirngröße keine Vorhersage über die intellektuelle Leistungsfähigkeit zulässt (Männer und Frauen haben vergleichbare Ergebnisse in IQ-Tests). Wir wissen, dass sich die auf die Intelligenz bezogenen *Teile* des Gehirns bei Frauen und Männern unterscheiden, und doch fällt die Nettobilanz im Durchschnitt gleich aus. Wir wissen, dass die Verbindung zwischen den beiden Gehirnhälften bei

Frauen ausgeprägter ist als bei Männern und dass das den Schaden bei bestimmten Schlaganfallarten verringert. Die Spekulation, dass hier die Quelle der »weiblichen Intuition« liegt, scheint jedoch schon zweifelhafter zu sein. Wir wissen, dass die Gehirngröße bei Mädchen mit elfeinhalb Jahren den Höchststand erreicht und bei Jungen drei Jahre später. Wir wissen auch, dass einige Hirnareale bei Jungen schneller reifen und andere bei Mädchen, dass diese Fähigkeiten sich aber beim Älterwerden ausgleichen. Wir wissen allerdings nicht, ob die Unterschiede in der Entwicklung vielleicht weniger auf das Gehirn selbst zurückzuführen sind als auf die besonderen sensorischen Fähigkeiten oder die Art und Weise, wie Jungen und Mädchen von Geburt an unterschiedlich gefördert werden.

Bildgebende Verfahren ermöglichen es zwar, Unterschiede in den Reaktionen auf äußere Einflüsse bei Frauen und Männern zu erkennen, aber das heißt nicht, dass es zwangsläufig korrelierende geschlechtsspezifische Verhaltensweisen gibt. Das Gehirn verändert sich beständig – es reagiert auf Hormone, persönlichen Zuspruch, neue Gewohnheiten, Nahrung oder Medikamente. Wir wissen nicht genau, ob das Gehirn auf Geschlechtsunterschiede »programmiert« ist oder ob ihm von Geburt an durch soziale und kulturelle Einflüsse »Software« zuwächst. Und wir wissen nicht, ob das Gehirn (auf dem Bildschirm bei der Untersuchung) aufleuchtet, weil es eine Handlung veranlasst, ein Gefühl steuert – oder ob die Versuchsperson auf eine Weise handelt, steuert, reagiert, bei der das Gehirn nur nachgeschaltet ist. Auch ohne zur Geist/Körper-Problematik zurückzukehren, sind die meisten von uns perplex, wenn sie versuchen zu verstehen, was ein geschlechtsspezifisches Gehirn eigentlich tut, wenn *wir* etwas tun. Wenn die Ansprüche der Biologie oder der Biologen zu groß (und damit fragwürdig) werden, können wir nur darauf hoffen, dass Warnleuchten in unserem Gehirn anspringen. Wir brauchen biologische Untersuchungen, wir sollten nur nicht mehr von ihnen erwarten, als sie liefern können.[70]

Wenn schon die Biologie kulturell voreingenommen ist, so gilt das umso stärker für die Ethnologie, Soziologie und Psychologie. Wie wir in Kapitel 3 gesehen haben, sind ethnologische und soziologische Studien wichtig für interkulturelle Perspektiven (auch auf uns selbst). Und wie wir unten sehen werden, geben uns Psychologen weiterhin vielfältige, oft widersprüchliche Erklärungen für unser Verhalten, aber selbst die Interpretationen von deskriptiven Untersuchungen müssen aufgrund ihrer kulturellen Voreingenommenheit einer Prüfung unterzogen werden.[71] Forscherinnen wie Carol Gilligan und Lyn Mikel Brown beschreiben die Unsicherheit, der besonders pubertierende Mädchen ausgesetzt sind. Und doch stellen sich die Fragen nach den Ursachen und der Bedeutung solcher genderbedingten Unterschiede.[72]

Sowohl die naturwissenschaftliche als auch die kulturelle Ordnung der Geschlechter muss also hinterfragt werden. Aber es gibt Fragen, die noch darüber hinausgehen: Etwa wenn man das Augenmerk auf die Tatsache richtet, dass es mehr als zwei Geschlechter gibt, oder in Zweifel zieht, dass die Zuschreibung bei der Geburt die elementare Frage nach der Geschlechtszugehörigkeit ein für alle Mal klärt.

Intersexualität und Transgender

Die biologischen Geschlechter, so meinen wir zu wissen, unterscheiden sich durch Chromosomen, Hormone und Anatomie grundlegend voneinander. Gender mag aus einer Myriade von Einflüssen konstruiert sein, aber es muss sich irgendwie auf den biologischen Unterschied beziehen. Aber selbst hier gerät unsere Sicherheit ins Wanken. Denn auch diese klar definierten männlichen oder weiblichen Konfigurationen sind nicht allgemeingültig. So gibt es menschliche Körper, die weder vollkommen weiblich noch vollkommen männlich sind und sich nicht ohne Weiteres in eine binäre geschlechtliche Aufteilung einordnen lassen. Einige Personen werden mit einer chromosomalen Variation geboren – das heißt, abweichend vom statistischen Standard XX für weiblich und XY für männlich. Zudem haben einige Personen eine Mischung aus männlichen und weiblichen Fortpflanzungsorganen und wieder andere haben sekundäre Geschlechtsmerkmale, die mit ihrer chromosomalen Geschlechtsidentität nicht im Einklang stehen. Daher gibt es in der menschlichen Gemeinschaft nicht nur eindeutig zu klassifizierende Männer und Frauen, sondern auch Intersexuelle.[73] Früher einmal Hermaphroditen und in einigen Kreisen immer noch so genannt, sind sie nichts Neues für die menschliche Gemeinschaft.[74] Aristoteles hielt sie für eine Art Zwilling; Galen glaubte, sie stellten ein Zwischengeschlecht dar. Ärzte im Mittelalter siedelten sie in der Mitte eines geschlechtlichen Kontinuums an. Im 19. Jahrhundert übernahmen Naturwissenschaft und Medizin das Ruder und bestimmten, dass Intersexualität pathologisch sei und der medizinischen Behandlung bedürfe – durch chirurgische Eingriffe, Hormonbehandlungen und soziale Programmierung. Mit dieser Therapie verschwanden Intersexuelle weitgehend aus dem Blickfeld der Öffentlichkeit, denn sie wurden medizinisch und chirurgisch in das übliche binäre Geschlechtermodell eingepasst.

Heute jedoch werden die bislang verborgenen Geschichten von intersexuellen Personen erzählt. Es sind Geschichten von Menschen, deren Geschlecht bei der Geburt für »zweideutig« gehalten wurde (weder »rein« männlich noch weiblich). In westlichen Kulturen wird ein gemischtgeschlechtliches Kind für so anormal gehalten, dass Ärzte und Eltern meinen, sie seien mit einem »medizinischen Notfall« konfrontiert. Der Geschlechtsunterschied erscheint uns so wichtig, dass einem Baby das eine oder das andere Geschlecht zugeordnet werden muss, und zwar sofort. Es gibt Kriterien für eine männliche oder weibliche Zuordnung, und die übliche medizinische Praxis hat dabei bis vor Kurzem nicht den Chromosomen den Vorzug gegeben, sondern die Möglichkeit eines Penis von annehmbarer Länge für Jungen und innerer Fortpflanzungsorgane für Mädchen berücksichtigt. Die Anwendung dieser Kriterien basiert auf der medizinischen Meinung, dass die Geschlechtsidentität bis zum Alter von ungefähr 18 Monaten veränderbar ist und danach gänzlich von der Art und Weise bestimmt werden kann, wie ein Kind aufgezogen wird. Zu dieser Ansicht gehört normalerweise auch, dass eine gesunde psychosexuelle Anpassung mit den »richtigen« Genitalien einhergeht.[75] Die Erfahrungen von Personen, deren Intersexualität nach diesen Kriterien aufgelöst wurde, sind jedoch häufig von Verwirrung und Angst bestimmt.[76] Deshalb tobt eine Debatte unter solchen Ärzten, die an der medizinischen Praxis einer Geschlechtszuordnung festhalten, und denen, die das als falsch und schädlich kritisieren.[77] Eine Organisation von Betroffenen, deren Intersexualität auf diese Weise behandelt wurde, bildete sich 1993 und bekämpft die ärztliche Theorie und Praxis, wobei sie andere Kriterien für die Behandlung und auch einen Aufschub jeglicher Behandlung fordert, bis ein intersexuelles Kind alt genug ist, um die Zuordnung zu einem Geschlecht zu wählen oder sich dafür zu entscheiden, eine gemischtgeschlechtliche Person zu sein.

Die Frage ist nicht nur, wie man einen Zustand behandeln sollte, der für pathologisch gehalten wird, sondern ob der Zustand überhaupt pathologisch ist oder nicht. Anders gesagt: Wäre unsere Kultur weniger auf die geschlechtliche Einteilung fixiert, würde dann der medizinische Imperativ in Bezug auf intersexuelle Personen derselbe bleiben? Oder grundlegender: Ist die Zuordnung »rein« männlich oder weiblich, Mann oder Frau, wesentlich für die menschliche Selbstentfaltung?

Es gibt eine andere Form der gesellschaftlichen Zuordnung von Gender, die für diese Fragen relevant ist. Nicht ganz unumstritten sind jene interkulturellen Studien, die von der Existenz eines »dritten Geschlechts«[78] ausgehen. Dieses unterscheidet sich zumindest in einigen Fällen insofern von Intersexualität, als es sich nicht unbedingt auf einen geschlechtlich geformten Körper, sondern spezifischer auf eine soziale Rolle bezieht. Das dritte Geschlecht ist weder Mann noch Frau, aber auch nicht beides gleichermaßen, sondern eher keins von beiden. Die Rede ist von *Hijras* in Indien[79], *Berdaches*[80] bei den nordamerikanischen Indianern und den *Guevedoces* in der Dominikanischen Republik[81]. Ein *Hijra* ist nach Chromosomenausstattung und Anatomie ein Mann, jedoch impotent, und man glaubt, er habe einen Ruf von einer Schutzgöttin erhalten, sich wie eine Frau zu kleiden und zu benehmen und sich einer Entfernung der männlichen Genitalien zu unterziehen. Einige *Hijras* können auch chromosomal und anatomisch Frauen sein, die nicht menstruieren. In jedem Fall hält man *Hijras* für Träger göttlicher Kraft, die als solche in der Gemeinschaft leben und handeln.[82]

Berdaches, männliche und weibliche, sind nicht nur anerkannte Mitglieder ihrer Gemeinschaften, sie genießen auch besonderen Respekt. Die ehrenvolle soziale Rolle, die sie übernehmen, wird nicht auf übliche Weise an Geschlechterrollen gemessen. In traditionellen indianischen Gemeinschaften sind weibliche und männliche *Berdaches* oft auf Hausarbeiten und Kunsthandwerk spezialisiert, obwohl weibliche *Berdaches* auch Jäger und Krieger sein können. Sie sind berühmt für ihre spirituellen Kräfte – ob als Seher oder weise spirituelle Führer in der Gemeinschaft. Es gibt eine große Zahl von Gender-Variationen im Verhalten von einzelnen *Berdaches*. Aber zumindest Crossdressing ist üblich, wenn auch nicht durchgehend; sexuelle Partnerschaften sind normalerweise·gleichgeschlechtlich, können aber auch bisexuell und heterosexuell sein. Das Prestige der *Berdaches* gründet sich jedoch eher auf die religiöse Dimension ihrer Rolle und auf ihren ökonomischen Erfolg als auf ihre angenommenen Gender-Identitäten.[83] Diese werden jedoch als Teil ihrer Stellung in der Gemeinschaft akzeptiert.

Guevedoce sind Kinder, deren geschlechtliche Ambiguität bei der Geburt dazu führt, dass sie für Mädchen gehalten und als solche aufgezogen werden, dann aber in der Pubertät eindeutig männliche Geschlechtsorgane und sekundäre Geschlechtsmerkmale entwickeln. Wie Wissenschaftler in den 1970er-Jahren herausfanden, haben diese Kinder ein seltenes Defizit im Testosteron-Stoffwechsel, das als Steroid-5-alpha-Reduktase-Mangel bezeichnet wird. Sie sind genetisch XY, aber bei der Geburt uneindeutig. Wenn in der Pubertät offenbar wird, dass sie »in Wirklichkeit« Jungen sind, scheinen sie ihre Geschlechtsidentität ohne große Schwierigkeiten wechseln zu können, was die heftig diskutierte Position stützt, dass die Biologie zählt, nicht die Erziehung.[84] Gilbert Herdt argumentiert, dass der Wechsel diesen Heranwachsenden deshalb leichtfällt, weil sie in einer Kultur leben, die trotz ihrer starken Betonung des binären Modells das Konzept eines »dritten Geschlechts« entwickelt hat.[85] Daher können die *Guevedoce* aus einer stigmatisierten Identität, die uneindeutig weiblich ist, zu der bevorzugten männlichen übergehen, wobei sie etwas anderes bleiben, nämlich eine Alternative zu den beiden Geschlechtern. Dabei könnte es sich wirklich um ein »drittes Gender« handeln, es könnte aber auch bedeuten, dass wir es hier mit Individuen zu tun haben, deren Gender einfach nicht wichtig ist.

Es gibt auch Personen, die im Sinne von Chromosomen, Hormonen und Anatomie eindeutig männlich oder weiblich sind, die aber davon überzeugt sind, dass ihre Gender-Identität nicht mit ihrem biologischen Geschlecht und ihrem Körper übereinstimmt. Man bezeichnet sie als Transsexuelle oder – mit dem umfassenderen Begriff, der auch Crossdressing und andere Formen des Wechsels der Gender-Identität einschließen kann – Transgender.[86] Das Ziel von Transsexuellen ist ein Wechsel von dem geschlechtlichen Körper ihrer Geburt, sei er männlich oder weiblich, zu dem geschlechtlichen Körper, den ihre Psyche verlangt. Wir haben es also mit Personen zu tun, deren Erfahrung ihnen sagt, dass die Gender-Identität unveränderlich festliegt und so wichtig ist, dass die Anatomie geändert werden muss, wenn sie nicht übereinstimmt.[87] Transsexualität stellt folglich nicht zwangsläufig die Binarität männlich/weiblich infrage, sondern kann sie faktisch bestärken, auch wenn die Aufmerksamkeit für Transsexuelle, Transvestiten und andere Transgender eine größere Flexibilität der Gender-Kategorien mit sich gebracht hat.

Möglicherweise hat es Transsexuelle schon sehr lange gegeben, aber die Möglichkeit, einen Körper tatsächlich von einem biologischen Geschlecht zum anderen zu transformieren, hängt von den Entwicklungen der modernen Medizin ab. Während intersexuelle Personen sich der Chirurgie als vermeintliches Heilmittel häufig widersetzen, fordern Transsexuelle immer nachdrücklicher die chirurgischen Eingriffe, die sie für wichtig erachten. Die ersten Operationen zur Neuzuordnung eines Geschlechts wurden in den 1950er-Jahren in den Vereinigten Staaten durchgeführt, und der Gedanke, Gewebe oder Organe zu entfernen, die vollkommen gesund sind, stieß bei der Ärzteschaft auf Widerstand.[88] Die Verfügbarkeit solcher Operationen stieg in den 1960er-Jahren jedoch an und erhöhte sich danach noch einmal deutlich.[89] Gleichzeitig schließt die umfassendere Kategorie des Transgender nicht nur Transsexuelle ein – von denen einige Operationen wünschen, andere nicht –, sondern auch Menschen, die keinen Wechsel von einem zum anderen Geschlecht anstreben. Sie wollen etwas ganz anderes und weisen de facto das Entweder/Oder der westlichen Geschlechtsordnung zurück. Wieder einmal sind die Lebensgeschichten dieser Personen zu komplex, als dass man sie mit einem Etikett versehen könnte.[90] Auch wenn Transsexuelle ihre Körperidentität wechseln wollen, chirurgisch oder auf andere Weise, bleiben sie ihrer persönlichen Identität treu; schließlich verstehen sie sich als Suchende, die nach größerer Einheit mit sich selbst streben. Das erinnert mich an die ergreifende Szene in dem Fernsehfilm *Eine Frage der Liebe*, in der ein Ehemann (der sich im Prozess der Geschlechtsumwandlung zur Frau befindet) zu seiner Frau sagt: »Ich bin es. Ich bin noch da«, und sie liebt ihn noch, denn »er ist mein Herz, er ist mein Herz, er ist mein Herz«, wie sie einem verständnislosen Geistlichen sagt.[91] Niemand sollte über die geschlechtliche Identität eines anderen Menschen urteilen. Führt man sich die zahllosen Möglichkeiten vor Augen, wird das Geschlecht gleichzeitig wichtiger und weniger wichtig. Wichtiger wird es für jene, die kämpfen müssen, um ihre Gender-Identität zu entdecken und sich in ihr zu Hause zu fühlen. Weniger wichtig wird es als Instrument, bestimmte Identitäten aus dem Kreis unseres gemeinsamen Mensch-Seins auszuschließen. Dasselbe kann über die vermeintlichen Unterschiede zwischen Frauen und Männern gesagt werden: Das Geschlecht bleibt wichtig, aber es verliert an Bedeutung – jedenfalls für unsere sozialen Rollen.

Wie wichtig ist Gender?

Ich kehre zu der Frage zurück, mit der ich begonnen habe: ob Gender wichtig sein sollte, und wenn ja, wie sehr. Ich hoffe, dass ich meine eigene Position deutlich gemacht habe: Ja, das Geschlecht ist wichtig; und doch ist es auch nicht wichtig. Ich will versuchen zu erklären, was genau ich mit dieser scheinbar paradoxen (aber nicht widersprüchlichen) Aussage meine. Ich beginne mit der Verneinung.

Ich möchte drei Argumente dafür vorbringen, dass Gender nicht wichtig ist oder jedenfalls nicht besonders wichtig sein sollte. 1. Gender sollte uns nicht voneinander trennen. Wenn wir die Schöpfung betrachten und über die unglückliche Trennung der Geschlechter hinwegsehen, sind die Ähnlichkeiten letztendlich größer als die Unterschiede. Der Krieg der Geschlechter könnte aufhören, wenn wir sähen, dass wir keine »gegensätzlichen« Geschlechter sind, sondern Personen mit etwas unterschiedlichen (aber in Wirklichkeit sehr ähnlichen) Körpern. Wir alle sind Mitglieder der menschlichen Gemeinschaft. Außerdem gibt uns Gender keine Veranlassung, andere verkörperte Menschen als »verworfene Körper« zu verurteilen (um Judith Butlers Begriff zu benutzen[92]); es liefert keine Rechtfertigung für die Dominanz eines Geschlechts, für das Ausgrenzen und Bloßstellen anderer menschlicher Körper oder die Anwendung von Gewalt. Welches immer die Kräfte und Mächte von Kultur und Gesellschaft sind, sie müssen entwaffnet werden, wenn sie uns daran hindern, zu sehen, was uns verbindet.

2. Die Auflösung der Geschlechtertrennung besteht jedoch nicht in einer unkritischen Vorstellung von gegenseitiger »Ergänzung«. Keiner von uns ist als Person »ganz« und vielleicht nicht einmal als geschlechtliche Person. Wenn sich herausstellt, dass die Definitionen von männlichen und weiblichen »Eigenschaften« nicht allgemeingültig sind, wenn sich die Vorstellung einer der Norm entsprechenden Frau und eines ebensolchen Mannes als zutiefst kulturell konstruiert erweist, wenn Frauen sich nicht in dem Bild wiederfinden, das man sich von ihnen macht, dann müssen wir diese Zuordnungen als das sehen, was sie sind: soziale und kulturelle Stereotype, die hierarchische Beziehungen propagieren und es am Ende nicht schaffen werden, uns miteinander zu versöhnen. Zu sagen, dass wir unvollständig sind, bedeutet nicht, dass wir die »Hälfte« einer Person sind, die nur »ganz« sein wird, wenn sie ihre geschlechtliche Ergänzung findet. Gender an sich hat niemals eine Garantie dafür gegeben, dass wir finden, was wir suchen. Eher müssen wir uns, wie der Dichter Rainer Maria Rilke schreibt, auf die Zukunft zubewegen: »... eines Tages wird das Mädchen da sein und die Frau, deren Name nicht mehr nur einen Gegensatz zum Männlichen bedeuten wird, sondern etwas für sich, etwas, wobei man keine Ergänzung und Grenze denkt, nur an Leben und Dasein.«[93]

3. Gender könnte wichtig sein, aber nicht hinsichtlich der sozialen Rollen. Das ist ein Argument, das im 21. Jahrhundert plausibler

ist als im 20. Jahrhundert. Es gibt jedoch noch viele, die es nicht verstehen und ihm nicht folgen wollen. Die Opposition befindet sich im Allgemeinen dort, wo man immer noch von der gegenseitigen Ergänzung der Geschlechter überzeugt ist: Was auf Personen zutrifft, so glaubt man, trifft auch auf ihre sozialen Rollen zu. Zur Erwiderung muss gesagt werden, dass es in der Tat Unterschiede zwischen uns gibt – die aber nicht auf das Geschlecht reduziert werden können. Oder anders: Die Unterschiede, die zwischen Frauen und Männern bestehen, rechtfertigen keine geschlechtsspezifischen Abweichungen: beim Recht auf Ausbildung und Arbeit, bei der Teilnahme am politischen Leben oder dem Anteil an der Verantwortung in Familie, Gesellschaft und Kirche. Zur Diskussion steht also die Struktur von Institutionen – von der Familie bis zum Staat, von Unternehmen bis zu Universitäten und Kirchen. Die Beseitigung von Rollenbeschränkungen, die allein auf Gender basieren, erfordert eine politische und moralische Revolution, die in gewissem Maß bereits stattfindet.

Es gibt ebenfalls drei Punkte, bei denen Gender sicherlich wichtig ist. 1. Für Individuen und Institutionen gibt es offenkundig eine Genderproblematik. Aus diesem Grund ist die »Gender-Analyse« für alle unsere sozialen Strukturen, Situationen und Beziehungsmuster notwendig. Wir können die Wunden und die noch bestehende Verwundbarkeit nicht einfach überdecken oder ignorieren – ob es dabei um Konflikte zwischen Männern und Frauen geht oder einen Mangel an Verständnis für Transgender. Vielmehr müssen wir ein gesellschaftliches Leben anstreben, in dem sowohl die Kultur als auch die Biologie zu ihrem Recht kommt, ohne dass die Gender-Frage entweder einem biologischen oder einem kulturellen Determinismus untergeordnet wird.

2. Gender ist in menschlichen Beziehungen wichtig, besonders in der körperlichen Liebe. Ich beziehe mich hier nicht nur auf Geschlecht und Genitalien, sondern auf die Gesamtheit des Körpers.

Wenn weibliche Personen und männliche Personen oder Personen vom gleichen Geschlecht oder Personen von nicht näher bezeichnetem Geschlecht voller Respekt in Liebe, Leidenschaft oder Zärtlichkeit zusammenkommen, ist es für jeden von ihnen wichtig, wer der andere ist – in Bezug auf das Geschlecht und in jeder anderen Hinsicht. Eine bestimmte Geschlechtsidentität kann bei solchen Gelegenheiten regelrecht zelebriert werden.[94] Gender ist auch in nicht sexuellen menschlichen Beziehungen und Projekten wichtig, schon weil Frauen und Männer immer noch sehr unterschiedlich sozialisiert werden. So bringen sie manchmal verschiedene Erfahrungen in Beziehungen und Aktivitäten ein, die bereichernd sein oder als Korrektiv dienen können.

3. Letztendlich wissen wir nicht genau, was es bedeutet, dass es in dieser Welt und der nächsten »nicht mehr … Mann und Frau« gibt. Mit anderen Worten: Wir wissen nicht, was *danach* kommt. Das Geschlecht ist in dieser Welt wichtig, also können wir davon ausgehen, dass es auch in der nächsten wichtig sein wird. Wenn dem so ist, wird es nicht mit den Stereotypen dieser Welt beladen sein und auch nicht mit unseren Urteilen und Fehlurteilen. In einer neuen Welt werden wir begrenzte Möglichkeiten nicht mit unbegrenzten verwechseln; wir werden unterschiedlich sein, aber das wird uns nicht zu Fremden machen; wir werden nicht zu viel oder zu wenig von unserer Identität als Frau oder Mann erwarten. Hier und jetzt können unsere Augen nicht so weit blicken und unsere Ohren können noch nicht hören, was uns dort erwartet. Aber hier und jetzt wird von uns Gerechtigkeit und Sorge füreinander gefordert, in einer Welt, die besser geordnet werden kann.

Die Bedeutungen der Sexualität

Wenn unsere historischen und interkulturellen Überlegungen zur Sexualethik in den vorherigen Kapiteln und unsere Erkundung von Verkörperung und Gender in diesem Kapitel uns gute Dienste geleistet haben, fangen wir nicht bei null an, wenn wir über die Bedeutungen von Sexualität nachdenken. Der Begriff ist relativ neu (in englischen Wörterbüchern erscheint er erst im frühen 19. Jahrhundert). Seine abstrakte Bedeutung bleibt trotz der Wörterbücher schwierig zu bestimmen. Ich verstehe ihn hier so, dass er alles einschließt, was das Sexuelle betrifft – im Sinne von Begehren und Liebe, von Empfindungen, Gefühlsbewegungen, Aktivitäten, Beziehungen. Als solche kann Sexualität eine physische, psychologische, emotionale, intellektuelle, spirituelle, persönliche und soziale Dimension haben. Wenn wir über ihre Bedeutungen sprechen, können wir uns auf das Individuum und seine Beziehungen, die Gattung und den Kosmos, das Private und das Öffentliche, Biologie und Kultur beziehen. Sex kann auf genitalen oder nicht genitalen Sex verweisen, auf Sex mit oder ohne Begehren oder Lust. Die Zwecke und Ziele von Sex und Sexualität sind vor allem eins: komplex. Sie lassen sich nicht ohne Weiteres auf einen wie auch immer gearteten wesenhaften Kern reduzieren oder was wir dafür halten.

Erinnern wir uns an die zentralen Fragen Foucaults: Wie kam die gegenwärtige westliche Kultur zu der Überzeugung, dass die Sexualität der Schlüssel zur individuellen Identität ist? Wie kam es dazu, dass Sex wichtiger wurde als Liebe und beinahe noch wichtiger als das Leben? In Anbetracht der Sexualisierung unserer Gesellschaften findet das Verlangen nach Sex eine Entsprechung in dem Wunsch, ihn zu verstehen, die Wahrheit über ihn herauszufinden oder zu produzieren. »Die modernen Gesellschaften zeichnen sich

... dadurch aus ... dass sie unablässig von ihm sprechen und ihn als *das* Geheimnis geltend machen.«[95]

Man würde meinen, dass wir nach Foucaults Erforschung der Geschichte des sexuellen Begehrens und der gewaltigen Literatur, die als Reaktion darauf entstand, die Sexualität jetzt endlich verstanden und ihre Geheimnisse entschlüsselt hätten. Und doch ist kein Ende in Sicht: Die historische und naturwissenschaftliche Forschung wendet sich dem Sex häufiger denn je zu.[96] Philosophien und Theologien der Sexualität sind so zahlreich wie jene des Körpers oder des Geschlechts.[97] Die Tatsache, dass wir das »Sexuelle« immer noch nicht verstehen, passt gut zu unserer zeitgenössischen Erkenntnis, dass ein Großteil der Bedeutung von Körper, Gender, Sex und Sexualität sozial und historisch konstruiert ist. Daher variieren die Erfahrungen von Sexualität nicht nur von Individuum zu Individuum, sondern in starkem Maße auch von Kultur zu Kultur und über die Zeiten hinweg.[98] Das ist auch der Grund, warum ich mich hier nicht an einer Definition der menschlichen Sexualität versuche. Aber die Beschreibungen vielfältiger Erfahrungen haben genug gemeinsam, um (zumindest heutzutage) im Großen und Ganzen als »sexuell« erkannt zu werden. Sehen wir uns also die zahlreichen Elemente an, die Teil der sexuellen Erfahrung sind.

Elemente der sexuellen Erfahrung

Wenn Sexualität überhaupt etwas einschließt, so die *Verkörperung*; selbst beim Telefonsex, sofern er wirklich sexuell erfahren wird, ist der Körper im Spiel. Allerdings ist die Sexualität auf vielfältige Weise verkörpert. Manchmal sind nur Genitalien und erogene Zonen einbezogen – die je nach Kultur variieren[99] –, manchmal der Körper als Ganzes, mit oder ohne besondere Beachtung der Genitalien oder anderer erogener Körperzonen. Manchmal spielt der Körper auch eine ganz andere Rolle – etwa bei den mütterlichen Gefühlen einiger Frauen, wenn sie ihre Kinder stillen. Manchmal sind Beziehungen – sowohl private als auch nicht private – sexuell aufgeladen, einfach weil ein besonders charismatischer Mensch die gesamte Bandbreite der Empfindungen anspricht.

Auch *Gefühle* scheinen zur Sexualität zu gehören, seien es nun Liebe, der Wunsch nach Lust oder der Vereinigung mit einer anderen Person. Und doch können Liebe und Begehren in sexuellen Erfahrungen sehr unterschiedlich sein – egoistisch oder selbstlos, wütend oder eifersüchtig, romantisch oder nüchtern, leidenschaftlich oder beständig, reif oder unreif, verantwortlich oder bindungslos. Erfahrungen der Freiheit stehen hier jenen der Verwundbarkeit gegenüber. Sie können auch stärker mit den vermeintlichen Konsequenzen der sexuellen Aktivität als mit der Aktivität selbst verbunden sein (zum Beispiel der Wunsch nach einer Erweiterung der eigenen Persönlichkeit oder nach einer zukünftigen Bindung an den Sexualpartner, die Angst vor ungewollter Schwangerschaft oder Krankheit). Mit dem Sex sind vielfältige Empfindungen und Emotionen verbunden, darunter Lust und Schmerz, Freude und Traurigkeit, Gelassenheit und Wut, ein Wohlgefühl und das Gefühl der Scham. Erfahrungen mit einem völlig gleichgültigen Partner oder Prostituierten oder Opfern von sexueller Gewalt können weitgehend emotionslos sein oder von Emotionen gekennzeichnet, die sich grundlegend von jenen unterscheiden, die normalerweise mit Sex assoziiert werden.[100]

Trotz all dieser Vielfalt ist Sex auf die eine oder andere Weise verkörpert, und es gibt eine Reihe typischer Gefühle. *Lust* ist etwa in den meisten sexuellen Erfahrungen (wenn auch nicht in allen) eine zentrale Komponente. Das ist ein Grund, aus dem die sexuelle Aktivität um ihrer selbst willen angestrebt werden kann: Die Lust ist ein Gut an sich (obwohl nicht alle Traditionen hier zustimmen würden und wir noch überlegen müssen, ob die sexuelle Lust wirklich unter allen Umständen ein allgemeines oder moralisches Gut ist). Anschließend an die Untersuchungen von Masters und Johnson verbreitete sich (verstärkt von den Medien) der allgemeine Glaube, dass »erfolgreicher« Sex und sexuelle Lust an Orgasmen gemessen werden können.[101] Tatsächlich gehört die leidenschaftliche sexuelle Aktivität, die zum Orgasmus führt, zu den größten und schönsten Erfahrungen – aber damit ist weder die Gesamtheit der lustvollen Möglichkeiten von Sexualität umrissen, noch steht diese Erfahrung zwangsläufig an der Spitze. Sex und das Sexuelle können vielfache Formen und Dimensionen der Lust einschließen – oder in einem weiteren Sinn der Freude. Physiologische Lust (und die Lebensfreude, die daraus herrühren kann), psychologische Lust, spirituelle Lust, die Lust an der Gegenseitigkeit, der Bindung, der Transzendenz: All diese Lüste können Teil der sexuellen Erfahrung sein – als wesentlicher Bestandteil oder als Begleiterscheinung.

Sex ist auch als Form von *Sprache und sozialer Kommunikation* angesehen worden.[102] Lust und Kommunikation schließen einander nicht aus, das eine muss kein Hindernis für das andere sein. Denn was Sex kommuniziert, kann die Lust an sich sein, genauso wie er leidenschaftliche Liebe, Begehren, Vertrauen, Mitgefühl, schmerzliche Süße, Dankbarkeit, Freude, Hoffnung und ein Versprechen auf zukünftige Beziehung mitteilen kann. (Sex kann auch Konflikt ausdrücken und kommunizieren, wie Sartre dachte, oder Wut, Verlegenheit, Besitzanspruch, Unterwerfung.) Die Sprache des Sex kann viele Dinge artikulieren, auch einen Wunsch nach Dauerhaftigkeit in gemeinsamer Liebe.

In der Vergangenheit betonte man die Bedeutung der *Fortpflanzung* im Verein mit dem Ziel der *Verbundenheit* zweier Personen. Heutzutage hat die Fortpflanzung oft nur noch äußerlich mit Sex und Liebe zu tun. Die Sexualität hat über die Absicht und Möglichkeit der Fortpflanzung hinaus vielfache andere Möglichkeiten, und selbst wenn sie der Fortpflanzung dient, rücken in der unmittelbaren Erfahrung der sexuellen Aktivität, wie Lisa Sowle Cahill sagt, »viel wahrscheinlicher das eigene sexuelle Erleben und das des Partners und die physische und affektive Beziehung des Paares in den Blickpunkt als die Wahrscheinlichkeit der Empfängnis«.[103] Trotzdem müssen wir, so Cahill weiter, seine Befähigung zur Fortpflanzung einbeziehen, wenn wir alle Bedeutungen von Sex berücksichtigen wollen. Das ist ganz offensichtlich, wenn wir seine Bedeutung für die menschliche Gattung und für Menschen mit Kinderwunsch bedenken. Obgleich die Fortpflanzung wie andere Aspekte der Sexualität nicht Teil jeder sexuellen Erfahrung sein muss und kann (abhängig von der Fruchtbarkeit), so ist sie doch nicht selten ein äußerst wichtiger Teil. Und in diesen Erfahrungen ist es möglich, dass verschiedene Bedeutungen von Sexualität zusammenkommen – in Leidenschaft, Zärtlichkeit und einer so erfüllten Liebe, dass die Sexualität zu einem neuen Lebewesen führt.

Wie ich bereits angedeutet habe, sind die *Motivationen und Ziele* von Sex so zahlreich wie seine Formen der Verkörperung und der Lust. Für bestimmte Menschen und bei bestimmten Gelegenheiten können sie auch den Wunsch beinhalten, das Selbstwertgefühl zu erhöhen, Depression und Verzweiflung zu vertreiben, Liebe und Treue auszudrücken, eine Beziehung oder Ehe ohne gegenseitige Liebe zu erhalten, Gefälligkeiten zu vergelten, sich in Vergnügen und Spiel zu flüchten, das eigene innere Selbst zu enthüllen und Zugang zum inneren Selbst eines anderen zu erhalten, den Lebensunterhalt zu verdienen und so weiter und so fort. Wir werden diese Ziele beurteilen müssen, aber an dieser Stelle ist unsere Absicht deskriptiv, nicht normativ.

Auch *Macht* wird oft mit Sexualität assoziiert. Sex bietet Individuen die Möglichkeit, Macht über andere auszuüben, und Gesellschaften, ihre Kräfte für oder gegen bestimmte Individuen und Gruppen zu mobilisieren. Die Art von Macht *über* die Sexualität, die Foucault und andere beschreiben, ist jedoch die Macht, Sex gemäß sozialen und kulturellen Interessen und Werten zu »normalisieren«. Wie wir gesehen haben, besitzen soziale und kulturelle Kräfte die Macht, das Begehren zu wecken und zu steuern. »In gewissem Sinn wirkt Macht stärker auf die Sexualität ein, als wir wissen können, nicht nur als äußerer Zwang oder Unterdrückung, sondern als formgebendes Prinzip für sein Verständnis.«[104] Diese Art von Macht (oder Mächten) bestimmt die Bedeutung von Sexualität in unserem Leben, verankert sie in der Mitte unserer Identität oder verbannt sie in die Peripherie. Sozial konstruierte Bedeutungen sind nicht unwichtig, nur weil sie konstruiert und nicht »wesenhaft« sind.

Einfach nur verschiedene sexuelle Bedeutungen und ihre wahrscheinlichen Quellen und Grundlagen zu benennen, das wird uns bei der Entwicklung einer Sexualethik nicht weiterhelfen. Daher müssen wir als ersten Schritt zu normativen Überlegungen eines der zentralen Elemente von Sexualität und sexueller Erfahrung überprüfen. Wir müssen die Bedeutungen des sexuellen Begehrens und der Liebe genauer in den Blick nehmen.

Liebe, Begehren und Sexualität

Fast jeder glaubt heutzutage, dass Sex etwas mit Liebe zu tun hat – irgendwie, irgendwas –, oder hält das zumindest für möglich. Aber Sex und sexuelles Begehren können natürlich nicht mit Liebe gleichgesetzt oder darauf reduziert werden. Außerdem ist es immer riskant, die Liebe in Verbindung mit der Sexualität zu thematisieren, da das tendenziell das Reden über Liebe in einer Weise eskalieren lässt, die unterstellt, dass es beim Sex immer auch um Liebe geht – und um bestimmte Formen der Liebe.

Trotz dieser Vorbehalte ist es wichtig, an einem bestimmten Punkt auch den Zusammenhang von Sexualität und Liebe zu betrachten. Umso mehr, als das Gebot der Liebe wohl im Kern jeder christlichen Ethik steckt. Ich tue das zunächst nicht, indem ich psychologische, theologische, philosophische oder biblische Untersuchungen der Liebe betrachte, sondern ich möchte einfach an die Erfahrungswirklichkeit von zwischenmenschlicher Liebe anknüpfen – sexueller und nicht sexueller. Wir sollten hier an eine ganze Reihe solcher Erfahrungen denken: zärtliche Liebe, wenn ein langjähriger Freund unseren Arm berührt, um wohlwollendes Verständnis auszudrücken; unvergessliche Liebe, wenn Eltern auf einer Autofahrt mit ihren Kindern die Liebeslieder ihrer Jugend singen; gewinnende Liebe, wenn ein kleines Mädchen seiner Großmutter eine wilde Blume schenkt; Liebe als gemeinsam erlebte Spannung und Begeisterung, wenn sich Kollegen, die zusammen an einem wichtigen Projekt arbeiten, müde und erleichtert in die Arme fallen. Wir sollten uns auch an (eigene oder nachempfundene) Erfahrungen der stürmischen Liebe erinnern, in denen sich eine Trennung anfühlt, als würde einem ein Arm abgerissen, oder an »die erste große Liebe«, bei der die ganze Welt die Farbe der Liebe annimmt. Wir müssen an schwierige Liebe denken, wenn sich widersprüchliche Gefühle einstellen, oder an die Momente, in denen aus Liebe Krieg wird oder Unsicherheit die Zukunft der Liebe zu zerstören droht. Wir müssen auch an die Liebe denken, die zwischen Personen aus sehr unterschiedlichen Kulturen aufkeimt und im gegenseitigen respektvollen Kennenlernen wächst. Wir denken an mutige Liebe, wenn Eltern sich gegen Personen wehren, die ungerecht zu ihrem Kind sind, oder wenn Gläubige eine verfälschte Ausübung ihres Glaubens infrage stellen. Wir erinnern uns an Liebeserfahrungen voller Frieden und Aufruhr, Sanftmut und Leidenschaft, Weisheit und Verwirrung, Bitterkeit und Respekt, Gemeinschaft und Tod, Geduld und transzendenter Hoffnung.

Diese Erfahrungen bilden das Gefüge unseres Lebens. Nicht das ganze Leben ist Liebe, aber die Bedeutung des Lebens hängt sicher davon ab, was oder wen wir lieben. Wie die Liebe im Allgemeinen kann die sexuelle Liebe viele Formen annehmen. Betrachten wir einmal zwei Gedichte von amerikanischen Autoren des 20. Jahrhunderts. Das erste ist ein Auszug aus Delmore Schwartz' *Kilroy's Carnival* mit dem Titel »Arie«. Es stand auf einer Doppelseite mit der Fotografie einer großartigen Glasskulptur: Eine Frau und ein Mann umarmen sich, schön wie griechische Götter, wunderbar glänzend in nackter Stärke. Die Worte dieses Gedichts werden keinem bestimmten Geschlecht zugeordnet, und es ist auch unerheblich, welche der beiden Figuren gerade spricht:

– Küss mich, wo der Stolz auffunkelt.
Küss mich, wo ich runde, reife Frucht bin.
Küss mich, wo immer ich nackt bin, biegsam und flackernd.
(Lass die Glocke läuten, solange ich jung bin:
Sie soll läuten und fliegen wie ein Flügel aus Erz!)
Bis ich von Kopf bis Fuß erschüttert bin.

– Ich küss dich, wo du dich armselig findest,
wo immer du zitterst und dich versteckst,
du dich für blutlos, mager und beschädigt hältst:
Bis endlich
dein Blick zur Ruhe kommt –
bis du nie mehr beschämt werden kannst!
Ich küss dich, bis dein Leib und deine Seele,
bis Geist und Körper gesättigt sind –
und ablassen von Schrecken und Bürgerkrieg![105]

Das Gedicht spricht von verkörperter und beseelter Liebe und drückt tiefe Verletzlichkeit und Akzeptanz aus, die es dem/der Geliebten erlaubt, ganz er/sie selbst zu sein. Zusammen mit der Skulptur, die es inspiriert hat, demonstriert das Gedicht überzeugend einen bestimmten Aspekt der sexuellen Liebe.

Das zweite Gedicht von Sybil P. Estess trägt den Titel »Die Frau, die ihren Schwager heiratete«. Es erzählt eine Geschichte, die wie »Arie« von sexueller Liebe handelt – obwohl das lyrische Ich genau das leugnet.

Ich lebte glücklich in Boston, er rief mich an:
»Kommst du, auf dem Rücken einer Krähe, nach Houston geflogen?«

»Ich liebe dich nicht – auf diese Art«, sagte ich.
»Ich bin nicht schön und ich kann nicht gut reden.«

»Macht nichts«, sagte er. »Das kommt noch.«
Ich fuhr, denn das Liebeswerben war schön, und dann

kam die Hochzeit. Wenn die Leute mich fragen: »Liebst
du ihn?«, bin ich ehrlich. »Nein, aber er ist

der beste aller Männer, ich kann nicht klagen.«
Und meinen ersten Mann habe ich vierzig Jahre lang

auch nicht geliebt. Es ist wohl die Herkunft;
die Herkunft, die mich zurückhaltend macht.

Hat meine Mutter uns Kinder je geherzt und geküsst?
Ich erinnere mich nicht daran.

Sie war irgendwie ... viktorianisch. Aber meine Schwester
und ich, wir standen uns nahe. Als ich ihren Mann

geheiratet habe, zog ich in ihr Haus und trage ihre
Kleider, die er nie weggegeben hat.

Letzte Woche hatte sie Geburtstag. Ich sah mich
begraben mit ihr, fühlte sie in meinen Knochen. Aber

ich kenne mich mit Gefühlen nicht aus, bin zufrieden.
Es spielt kaum eine Rolle.[106]

Die Frau in diesem Gedicht weist nicht zurück, dass sie ihren zweiten Ehemann liebt, nur eben nicht romantisch. Und doch sprechen ihre Zustimmung zu ihm und vielleicht ihr Sex mit ihm von einer Zuneigung, Anerkennung und Dankbarkeit, die über ihre Worte hinausweisen. Wir könnten ihr mehr wünschen, aber sie selbst beklagt sich nicht, und sie ist nicht unglücklich, sie ist, wie sie sagt, zufrieden.

Es wäre gut, hier noch weitere Geschichten oder Gedichte über die sexuelle Liebe hinzuzufügen – leidenschaftlichere vielleicht, neuere und jüngere vielleicht oder weniger glückliche. Aber ich möchte lediglich zeigen, dass es eine Vielfalt von sexueller Liebe gibt. Zweifellos sind einige Arten dieser Liebe romantisch, andere nicht. Zweifellos ist jede romantische Liebe auch sexuell, obwohl sich dies nicht in einem sexuellen Akt ausdrücken muss. Andererseits muss nicht jede sexuelle Liebe romantisch im landläufigen Sinn des Wortes sein, wie es sich im Gedicht oben oder im Leben von Menschen zeigt, die sich ineinander verlieben und ihre Beziehung zueinander festigen. Mit diesen Komplexitäten vor Augen können wir Liebe, romantische Liebe, sexuelle Liebe und die damit zusammenhängenden Formen des Begehrens genauer in den Blick nehmen.

Liebe, wie ich sie verstehe, ist gleichzeitig eine affektive Reaktion auf etwas, eine affektive Form der Einheit mit diesem Objekt und eine affektive Bestätigung desselben.[107] Dies trifft auf die Liebe zu vielen verschiedenen Arten von Objekten zu – seien es Personen oder nicht. Es trifft auf die Liebe zur Natur zu, zu Essen und Trinken, zu weichen Materialien, zu großer Schauspielkunst oder fröhlichen Melodien. Es trifft auf die Nächstenliebe zu (und die Fernstenliebe) sowie auf unsere Liebe zu Gott. Und es ist sicher nicht die einzige Möglichkeit, Liebe zu definieren oder auch nur zu beschreiben. Für andere ist die »echte« Liebe eine Pflicht und gründet auf einer Liebestat oder einer Macht, die nicht die unsere ist, sondern von Gott kommt und durch uns hindurchfließt zu den Empfängern dieser Liebe. Obgleich ich denke, dass Liebe als affektive Reaktion, Einheit und Bestätigung gut bestimmt ist, brauche ich hier nicht auf dieser Definition bestehen. Ich werde jedoch voraussetzen, dass diese Beschreibung gut zu der Art von Liebe passt, auf die ich hier mein Augenmerk richte – das heißt auf Liebe, die in irgendeiner Weise sexuelle Liebe ist.

Sexuelle und romantische Liebe umfassen in der Tat eine affektive (oder »emotionale«)[108] Reaktion, weil die Liebe von einem geliebten Objekt geweckt wird. Das Geliebte reicht, bildlich gesprochen, wissentlich oder unwissentlich in uns hinein und berührt unsere Fähigkeit, zu lieben. Mit anderen Worten: Die positiven affektiven Kräfte oder Fähigkeiten, die wir in uns haben, werden konkretisiert und aktiviert, wenn wir etwas Liebenswertes erblicken. Es ergibt wenig Sinn, anzunehmen, dass sich romantische oder sexuelle Liebe auf etwas richtet, das wir als gänzlich »unliebenswürdig« wahrnehmen.[109]

Es steckt natürlich ein Geheimnis darin, warum wir einige Personen romantisch lieben und andere nicht – auch wenn wir sie auf irgendeine Art als liebenswürdig wahrnehmen. Man kann Personen lieben, sogar sehr lieben, ohne dass man sie romantisch oder sexuell liebt oder dazu überhaupt fähig wäre. Aber wenn wir auf eine dieser Arten lieben, tun wir es, weil der andere in uns eine Reaktion weckt. Die Liebe ist deshalb zuallererst empfänglich – für die Liebenswürdigkeit des anderen.

Zweitens ist die Liebe selbst eine Form der Einheit mit dem Objekt der Liebe. Auch wenn das *Begehren* der Einheit stärker gefühlt wird – der Wunsch, mit dem Objekt der Liebe zusammen zu sein, es besser kennenzulernen, ihm näher zu sein und mehr mit ihm gemeinsam zu haben. Und doch geht die Liebe dem Wunsch nach der Vereinigung voraus. Zu lieben bedeutet schon, auf irgendeine Weise im geliebten Objekt zu sein und das Geliebte im Herzen zu tragen. Auch wenn ich eng mit jemandem zusammenarbeite oder im überfüllten Bus an jemanden gedrückt werde, sind mein Geist und mein Herz zur selben Zeit vereint mit der geliebten Person – und mag sie noch so weit entfernt sein. Einsamkeit kann die Form eines Wunsches nach einer Vereinigung mit jemandem sein, den wir lieben – aber wir fühlen uns nicht einsam, wenn wir nicht lieben. Diese Art von Einsamkeit entspringt der Liebe, die bereits Einheit ist, und sie offenbart uns die Einheit, die Liebe an sich ist.[110]

Schließlich ist die Liebe eine innere Handlung, die gleichzeitig Reaktion auf und Einheit mit dem geliebten Objekt ist, aber auch seine affektive Bestätigung. Es ist dieser Aspekt der Liebe, der sie von anderen affektiven Reaktionen wie zum Beispiel dem Hass unterscheidet. Hass ist in der Tat auch eine affektive Reaktion – natürlich nicht auf Liebenswürdigkeit und Schönheit, sondern auf das, was wir in anderen als feindlich ansehen. Auch der Hass kann den Wunsch nach Nähe entstehen lassen – um den, den wir hassen, umso besser verletzen oder zerstören zu können. Aber durch die Liebe bestätigen wir den anderen affektiv und verneinen ihn nicht. Genauso wie wir jemanden kognitiv bestätigen (»du bist«, »du bist dieses oder jenes«), bestätigen wir jemanden in der Liebe zu ihm. *Affektive* Bestätigung geht jedoch über kognitive Bestätigung hinaus, denn die Affektivität, zumindest in der Form von Liebe, bezieht mehr von uns selbst ein als das Wissen allein. Durch die Liebe sammeln wir unser Selbst sozusagen auf und legen es ab in der Bestätigung dessen, was wir lieben, obgleich es offensichtlich Abstufungen des Liebens gibt (genauso wie es Taten der Liebe gibt, mit denen wir sie zu beweisen suchen). Mit der Liebe und durch sie sage ich nicht einfach: »Du bist«, sondern: »Ich will, dass du bist und dass du fest und ganz im Sein bist.«

Die Art von Liebe, die uns hier am meisten beschäftigt, finden wir in erster Line in der romantischen Liebe oder in der Freundschaft, die entstehen kann, wenn die romantische Liebe reift. Trotz der Einschränkungen, die ich vorher gemacht habe, und der Einfachheit halber werde ich den Begriff »sexuelle Liebe« benutzen, denn er umfasst das oben Beschriebene, sofern es eine sexuelle Dimension hat – ob nur gefühlt oder ausgelebt. Es handelt sich um Arten der Liebe, die auf die eine oder andere Weise unser gesamtes affektives Selbst einbeziehen, die uns stark in Anspruch nehmen und oft äußerst intensiv, manchmal leidenschaftlich sind. Wie schon gesagt, gibt es diese Liebe auch, wenn sie als vorrangigen Bestandteil nicht die sexuelle Attraktion oder eine Orientierung auf die physische sexuelle Vereinigung hat. Aber sie beinhaltet doch eine körperliche Dimension und unsere Freude am anderen oder unser Begehren nach körperlicher Verbindung mit dem, was wir lieben. Ob eine solche Liebe versucht, den anderen zu berühren, oder nicht, ob sie ihr Begehren ausspricht oder nicht, ob dieses Begehren vorrangig in der Erfahrung der Liebe besteht oder nicht – die sexuelle Liebe (besonders wenn sie romantisch ist, aber sogar, wenn sie es nicht ist) beinhaltet die Sehnsucht, zu berühren und berührt zu werden. Berührung muss nicht genitale Berührung oder einen Kuss auf die Lippen bedeuten, es kann auch nur das Berühren der Hand des anderen oder der Wunsch danach sein. Trotzdem gibt es in der Beziehung eine körperliche Dimension (in der Vorstellung, wenn auch nicht unbedingt als physische Tatsache).

Die sexuelle Liebe ist Grundlage des Begehrens und lässt den Wunsch nach einer größeren Einheit und einer größeren Bestätigung dessen, was geliebt wird, entstehen. Weder die Sexualität als Ganzes noch das sexuelle Begehren kann ausschließlich als unbezähmbarer biologischer und psychologischer Trieb erklärt werden, für den die Liebe und das Objekt der Liebe im Grunde keine Bedeutung haben. Trotz der Plausibilität dieses Konzeptes (die auf eine lange Ideengeschichte in der westlichen Kultur verweist) und der Tatsache, dass die Sexualität häufig immer noch auf diese Weise erklärt wird (vielleicht weil sie im menschlichen Leben so zerstörerisch wirken kann oder weil es der Sexindustrie zupasskommt), ist das sexuelle Begehren mehr als das oder kann es jedenfalls sein. Selbst Freud, dem so oft die Schuld an modernen mechanistischen Interpretationen der Sexualität gegeben wird, hat inzwischen Anhänger, die glauben, dass er in seinen späteren Schriften weit über diese Ansichten hinausgegangen ist.[111] In diesen späteren Schriften ist die Sexualität formbarer in Bezug auf Objekt und Ziel. Sie wird durch Erfahrung, Kultur und durch die menschlichen Beziehungen selbst geprägt. Welches auch immer die biologischen Ziele der Sexualität sind, sie können umgelenkt, transformiert oder auch sublimiert werden, sodass echte Liebe zu einer anderen Person möglich wird.

Das sexuelle Begehren, das aus Liebe entsteht, kann von »Lust« im üblichen Gebrauch dieses Begriffs unterschieden werden. Die Lust ist eine Gier nach sexuellem Vergnügen ohne wirkliche affektive Reaktion, Einheit oder Bestätigung. Wenn überhaupt Liebe im Spiel ist, so gilt sie der eigenen Person, um derentwillen nach etwas oder jemandem »gegiert« wird. Die Objekte der Lust sind in diesem Sinne austauschbar, sie sind lediglich etwas, das die sexuelle Leidenschaft entfacht. Deshalb ist die sexuelle Lust auch mit der Machtgier vergleichbar – auch sie strebt danach, durch möglichst viele »Objekte« und Situationen befriedigt zu werden.[112]

Begehren und Liebe, sexuell und romantisch, gleichen meines Erachtens eher Platons *Eros* als dem freudschen Trieb, auch wenn neuere Interpretationen von Freud beide Konzepte führen. Die erotische Liebe, die der Inhalt von Diotimas Rede in Platons *Symposion* ist, wird als eine Kombination aus Armut und Überfluss beschrieben. Der Begegnung mit der Schönheit geht ein Mangel voran – was folgt, ist eine Mischung aus Schmerz und Freude, denn die Liebenden sind noch nicht »angefüllt mit Schönheit«, obwohl sie durch den Anblick von Schönheit an ihr partizipieren. Sie können eine Reise zum Glück und zur Ganzheit beginnen, indem sie lernen, ein schönes körperliches Wesen zu lieben, was sie zu einer Liebe für alle körperliche Schönheit führen kann und weiter zu einer Liebe für eine immaterielle Form von Schönheit und zu einer Liebe aller immateriellen Schönheit. Auf jeder Stufe führt die Liebe zur »Erzeugung und Geburt im Schönen«, sodass die Schönheit unsterblich bleibt, obwohl die Liebe weitergeht. Wenn der Liebende diesen Stufenweg der Liebe bis hinauf zur Spitze gehen kann – die Sexualität und das Physische und sogar das begrenzte immaterielle Individuelle hinter sich lassend –, wird er oder sie in Diotimas Sicht schließlich zum absoluten Schönen gelangen.[113]

Sexuell-romantische Liebe und sexuell-romantisches Begehren, wie ich sie beschrieben habe, haben mit dem von Diotima beschriebenen *Eros* viel gemeinsam. Die Liebe lässt das Begehren entstehen, und vielleicht kann das Begehren auch in Liebe transformiert werden. Sowohl Liebe als auch Begehren sind eine Kombination aus Mangel und Fülle, Armut und Überfluss. Beide werden geformt durch das Erkennen dessen, was geliebt wird. Beide beginnen zumindest in verkörperter, sinnlicher Form. Beide können sich selbst transzendieren, die Stufen der Liebe hinaufsteigen (oder, um die Metapher abzuwandeln, in eine stets größere Tiefe der Liebe gelangen), bis sie etwas erreichen, das für immer dahinterliegt.

Und doch können sexuell-romantische Liebe und das Begehren für Liebende auch ganz anders sein als in Diotimas Vision. Sie brauchen nicht lediglich Trittsteine oder Stufen zu etwas anderem zu sein – was trotz der »Geburt in Schönheit« aus dem geliebten Wesen ein Mittel zum Zweck macht. Sexuelle Liebe und sexuelles Verlangen müssen nicht in erster Linie zur Erfüllung der Liebenden da sein, denn sie können auch eine Form annehmen, die den Mittelpunkt im anderen sieht. Sie können Teil der gegenseitigen Liebe und des gegenseitigen Begehrens werden und über die Liebe und das Begehren einer einzelnen Person hinaus fruchtbar werden. Und anders als bei Diotimas Darstellung eines Stufenwegs der Liebe, wo der Körper zurückgelassen wird, brauchen eine solche Liebe und ein solches Begehren den Sex oder die Sexualität nicht auf dem Weg abzuwerfen, auch wenn sie letztlich in einer großen Liebe inkorporiert sind, die mehr als nur die sexuelle Vereinigung anstrebt.

Wenn wir nun zu den Fragen zurückkehren, die Foucault beschäftigt haben, beginnen wir zu verstehen, warum die Sexualität ein Schlüssel zur Identität ist (wenn auch sicher nicht der einzige). Wir sehen allerdings auch, dass die Sexualität für sich genommen nicht wichtiger als die Liebe ist. Die Bedeutungen von Sexualität sind sozial konstruiert, aber wir können Kritik an ihnen üben, selbst und gerade in unserem eigenen kulturellen Kontext. Auf jeden Fall jedoch sind die Bedeutungen mannigfaltig – einige kreativ, andere destruktiv, einige mit Liebe verbunden, andere mit dem Gegenteil. Obwohl ich bislang noch keine ethisch normative Sicht auf irgendeine dieser Arten des Liebens und Begehrens ins Spiel gebracht habe, liegt die Vermutung nahe, dass nur eine von Liebe geprägte Sexualität die Möglichkeit hat, in die Gesamtheit der menschlichen Persönlichkeit integriert zu werden. Auf ihrer intensivsten und aufregendsten Stufe verbindet die Erfahrung von Sex verkörperte Liebe und verkörpertes Begehren, Gespräch und Kommunikation, Offenheit für den anderen in der Vertrautheit eines zweifach verkörperten Selbst, den Übergang zu einem erfüllteren Selbst und sogar eine Begegnung mit Gott. All diese Möglichkeiten müssen nicht von kulturell konstruierten Grenzen des Geschlechts eingeschränkt werden; vielmehr transzendieren sie unseren Körper und suchen Wege der Liebe, die stärker sind als der Tod.

Kapitel 5

Gerechte Liebe und gerechter Sex – Vorbereitende Überlegungen

In diesem Buch geht es um die Bedeutung der menschlichen Sexualität und um die Frage, wie sie in die menschliche und besonders christliche Moral integriert werden kann. Wir haben uns mit unserer eigenen Geschichte befasst und mit fremden Traditionen und Kulturen. Die daraus gewonnenen Erkenntnisse sind wichtig und notwendig für die Formulierung einer zeitgemäßen Sexualethik – sie reichen allerdings nicht aus. Wir haben uns deshalb dem modernen Verständnis von Verkörperung, Gender und Sexualität zugewandt, weitere Fragen identifiziert und auch weitere Einsichten gewonnen.

Nun kommen wir zu den grundlegenden normativen ethischen Fragen. Ich habe in den vorangegangenen Kapiteln natürlich schon auf einige normative Schlussfolgerungen verwiesen, methodische Hinweise für interkulturelle Annäherungen gegeben sowie einige vorläufige Vorschläge in Bezug auf Körper, Gender und Sexualität gemacht. Dieses Kapitel wird sich den Leitlinien für eine christliche Sexualethik weiter annähern, die tatsächliche Ausarbeitung bleibt dem folgenden Kapitel überlassen.

Es gibt vier wichtige vorbereitende Überlegungen: Zunächst müssen wir eine Verbindung von *Sexualität und Gerechtigkeit* herstellen. Zweitens ist es nützlich, kurz auf *alternative ethische Systeme* zu blicken – insbesondere jüdische und christliche Ethiken, die sich von meinem Ansatz unterscheiden. Drittens müssen wir uns mit den klassischen *Quellen* für die christliche Ethik – und damit auch der Sexualethik – befassen. Viertens ist es unerlässlich, über die Beziehung zwischen *Gerechtigkeit und Liebe* nachzudenken.

Sexualität und Gerechtigkeit

Als ich mit diesem Projekt begann, war ich sehr beeindruckt von etwas, das Paul Ricoeur in seinem frühen Werk *Symbolik des Bösen* beschreibt. Ricoeur erkennt drei Momente oder Phasen in der Art und Weise, wie die westliche Zivilisation die Erfahrung des moralisch Bösen symbolisiert hat.[1] Er nennt die Phasen und ihre Symbole: 1. Makel, 2. Sünde und 3. Schuld. Ricoeurs Erkundung dieser Momente konzentriert sich weitgehend auf religiöse Zusammenhänge, die aber weltliche Entsprechungen haben. Nach Ricoeur bezieht sich »Makel« auf eine Erfahrung des Bösen, die vorethisch, irrational, gleichsam materiell ist – ein Makel ist etwas, das einen symbolischen Flecken hinterlässt. Man fühlt sich »beschmutzt«. Der Makel entzieht sich der Reflexion, weil er das Ergebnis eines Tabubruchs ist. Tabus als solche brauchen keine gedanklichen Begründungen (sie lassen sie nicht einmal zu); bei ihnen geht es schlicht darum, dass sie – unter Androhung von Strafe – nicht gebrochen werden dürfen. Wenn man ein Tabu verletzt, wird man symbolisch infiziert, was ein Ritual der Reinigung erfordert.[2]

»Sünde« dagegen bedeutet bei Ricoeur nicht mehr die Erfahrung des Bösen in der Übertretung einer abstrakten Regel, sondern in dem Bruch einer Beziehung, der Nichteinhaltung eines persönlichen Bundes. Religiös gesprochen bedeutet Sünde, den Bund mit Gott zu brechen. Sie besteht in der Übertretung von Gesetzen, die ihre Bedeutung als Teil eines Bundes erhalten. Weil der Bund Beziehungen zum Nächsten einschließt, kann die Sünde ebenso ein Bruch der Beziehung zu unseren Mitmenschen sein wie zu Gott. Die Abhilfe für Sünde ist Reue seitens des Sünders und Vergebung durch den, gegen den gesündigt wurde; nur so wird eine Beziehung geheilt.[3] »Schuld« ist bei Ricoeur die subjektive Seite der Sünde. Ich erkenne, mir wird bewusst, dass meine Freiheit zu einem Bruch in der Beziehung geführt hat. Schuld umfasst, was Ricoeur eine »doppelte Bewegung« nennt[4]; sie geht von den anderen zwei Phasen aus und schließt diese ein, geht aber über sie hinaus zu einem neuen Verständnis der eigenen Verantwortung. »Darum ist das Schuldbewusstsein als eine wahre Revolution der Erfahrung des Bösen anzusehen: Was nun das Erste ist, ist nicht mehr die Wirklichkeit der Befleckung … sondern der schlechte Gebrauch der Freiheit …«[5] Schuld ist das subjektive Bewusstsein, dass das Böse in meinem Herzen ist. Die Ursache des Bösen liegt nicht außerhalb meiner Person, ich bin nicht gefangen in einem kosmischen Netz von Tabus. Schuld unterscheidet sich deshalb von Makel oder Sünde, obwohl sie deren Symbolik erbt. In der Erfahrung und Symbolik von Schuld erkennen wir (zu Recht oder zu Unrecht) Sündhaftigkeit, und mit diesem Erkennen kann auch eine Erfahrung des Makels einhergehen, der aber jetzt das Resultat meiner missbrauchten Freiheit ist, nicht meiner rituellen Unreinheit. Eine Umkehr des Herzens ist notwendig, um die Sünde zu heilen – diese Umkehr ist möglich und erfordert eine bewusste Entscheidung. Doch nur Gottes Zustimmung und seine Vergebung (und/oder die des Menschen, dem Schaden angetan wurde) kann mich »rechtfertigen« oder heilen.[6]

Nun, was hat das alles mit Sexualität zu tun? Ricoeurs Bemerkungen zu dieser Frage sind äußerst knapp, aber aufschlussreich: Insbesondere unser Verständnis der Sexualität steckt immer noch in der Ökonomie der Befleckung. Man ist erstaunt, schreibt er, über die »Tragweite und Schwere, die in der Ökonomie der Befleckung den Übertretungen des im Sexualbereich Verbotenen beigemessen wird«.[7] Sexuelle Verbote von Inzest, Sodomie, sexuellen Akten zu verbotenen Zeiten oder an verbotenen Orten und mit verbotenen Handlungen sind so fundamental, dass »das Aufbauschen des Sexuellen geradezu das Merkmal des Befleckungssystems ist, sodass es aussieht, als habe sich einst in undenklicher Zeit eine unlösbare Schuldgemeinschaft zwischen Sexualität und Befleckung geknüpft«.[8]

Allerdings ist der Glaube an den Makel der Sexualität faktisch vorethisch und hat nichts mit dem entwickelten Sinn für das Böse zu tun, das mit Ricoeurs Begriffen von Sünde und Schuld symbolisiert wird. Aber das Gefühl von sexueller Befleckung ist unglücklicherweise nicht leicht zu überwinden. Die schwer artikulierbare, aber hartnäckige Verbindung zwischen der Sexualität und dem Bösen verbirgt sich immer noch in unserem Bewusstsein und in der Symbolstruktur der westlichen Kultur. Der Widerstand gegen eine Korrektur der Konzepte von sexueller Befleckung ist so groß, dass wir, wie Ricoeur anmerkt, in unserem Nachdenken über die Sexualität und eine angemessene Sexualethik gehemmt sind. Trotz der heutigen Freizügigkeit schleppen wir zu viel Gepäck mit uns herum, um über unsere Sexualmoral sinnvoll urteilen zu können. Unser Verständnis von Gerechtigkeit wird deshalb auch nicht im sexuellen Bereich, sondern in anderen Bereichen der menschlichen Existenz geprägt – der Arbeit, Politik, Wirtschaft: »… dort erst kann sich eine Ethik der mitmenschlichen Beziehungen bilden, eine Ethik der Gerechtigkeit und Liebe, die imstande ist, sich zur Sexualität umzuwenden, ihren Wert wieder zur Geltung zu bringen und auch: ihn zu transzendieren.«[9]

Die fortgeschrittenen Vorstellungen von Gerechtigkeit in anderen Beziehungsgeflechten sind noch nicht gänzlich auf die sexuelle Dimension übertragen worden. Daher muss ein notwendiger Schritt für die Formulierung einer zeitgemäßen Sexualethik darin bestehen, die Sexualität vollständiger aus dem Bereich des Vorethischen (dem Bereich der Tabus) in den ethischen zu verschieben. Das dumpfe Gefühl des Makels, das dem Sex und der Sexualität noch immer anhaftet, muss einer strengen Kritik unterworfen und verantwortungsvoll zurückgewiesen werden. Einer der Wege, dies zu tun, ist die Verfeinerung einer Gerechtigkeitsethik für die Sexualität. Ricoeur hat diesen Schritt nicht gemacht, und ich werde ihn hier auch nicht tun (zumindest nicht, insofern dafür lange Untersuchungen anderer Bereiche des menschlichen Lebens oder auch eine Diskussion der verschiedenen Gerechtigkeitstheorien notwendig ist). Trotzdem werde ich versuchen, eine Ethik für sexuelle Aktivitäten und Beziehungen zu entwickeln, die auf einem allgemeinen Verständnis von Gerechtigkeit beruht. Dass Sex tatsächlich ein Potenzial für das Böse hat und Schaden in unserem Leben anrichten kann, lässt sich dabei natürlich nicht ignorieren.

Bevor wir uns den Überlegungen zu »gerechtem Sex« zuwenden, ist es jedoch sinnvoll, sexualethische Vorstellungen zu betrachten, die sich von meinen unterscheiden.

Alternative Entwürfe

Die alternativen Leitlinien zur Sexualethik, an die ich denke, stehen nicht völlig im Widerspruch zu meinen eigenen. Vielmehr machen sie durch ihre Schwerpunktsetzung auf Momente aufmerksam, die nicht vernachlässigt werden sollten. Ich könnte sogar versuchen, sie in meine Vorgehensweise einzugliedern oder aufzuzeigen, dass sie dort bereits vorhanden sind, nur eben aus einem anderen Blickwinkel betrachtet oder anders formuliert. Die Position der anderen zu respektieren heißt freilich auch, sie als unabhängige Entwürfe gelten zu lassen. Vermutlich wird keine Vorgehensweise allein der Aufgabe einer zeitgemäßen Sexualethik gerecht, aber ein beständiger Dialog und eine gemeinsame Suche nach den geeignetsten Methoden helfen uns allen.

Ich denke hier zum Beispiel an die Betonung des Erotischen in vielen feministischen und weitgehend christlichen Ansätzen zu Sexualität und Moral im 20. und 21. Jahrhundert. Von Audre Lorde über Carter Heyward zu Marvin Ellison ist der Weg für eine Ethik geebnet worden, die nicht nur den Wert des *Eros* bestätigt, sondern nach seiner Befreiung ruft.[10] Ich denke aber auch an das nachdenkliche Buch von Barbara Blodgett, die als kritische Reaktion auf diese Ansätze ein wenig mehr Realismus und Grenzen gefordert und sich für eine Sexualethik eingesetzt hat, die in erster Linie auf Vertrauen basiert.[11] Beverly Wildung Harrison betont die »richtige Beziehung« und die Notwendigkeit neuer Denkansätze für sexuelle Grenzen, die Eros, Gerechtigkeit und Macht angemessen berücksichtigen.[12] Ich denke auch an die Arbeiten von Lisa Sowle Cahill mit ihrer ausdrücklichen und inspirierenden Betonung der Gemeinschaft als Grundlage für eine Sexualethik, an Christine Gudorfs Hervorhebung der Elemente der Lust, Gegenseitigkeit, Verkörperung und Spiritualität, an Karen Lebacqz, die den Gedanken der Verletzlichkeit ins Zentrum ihrer Überlegungen rückt, und an Barbara Andolsens Widerstand gegen gewaltsamen oder erzwungenen Sex und ihr Eintreten für sexuelle Freude und Intimität.[13] Mit dieser Aufzählung ist der Beitrag des christlichen Feminismus zur Sexualethik natürlich nur unzureichend gewürdigt, sie macht aber deutlich, dass sich auf der Grundlage feministischer Anliegen eine Vielzahl von Herangehensweisen entwickeln lassen.[14]

Es gibt auch wichtige Vorschläge von anderen katholischen, protestantischen und jüdischen Ethikern, deren Prinzipien und Leitlinien sich trotz der unterschiedlichen Perspektiven auf vielfältige Weise ergänzen. Ich denke hier an den jüdischen Ethiker Eugene Borowitz, der eine Ethik der Verpflichtung entwirft, die von Safer

Sex über Methoden der *Empfängnisverhütung* (wenn das Ziel lediglich der »gesunde Orgasmus« ist) über die *beiderseitige Zustimmung* zum sexuellen Akt und die *Liebe* bis zur *Ehe* führt, welche die drei anderen Ebenen beinhaltet und in einem Pakt und dauerhafter Verpflichtung festhält.[15] Borowitz bietet eine nicht wertende, aber außerordentlich überzeugende Argumentation für ethische Normen an, die auf die verschiedensten Arten von Beziehungen anzuwenden sind. Ebenfalls wichtig sind die Bemühungen der Zentralkonferenz amerikanischer Rabbiner, Werte zu formulieren, die in jede Sexualethik einbezogen werden sollten. Diese Werte umfassen: die Gottesebenbildlichkeit aller Menschen, Wahrheit und Gnade, Gesundheit, Gerechtigkeit, Familienfreundlichkeit, Bescheidenheit, Verbindlichkeit, Freude und Liebe.[16]

James Gustafson, ein protestantischer Ethiker, hat 1981 drei zentrale Grundlagen für eine christliche Sexualethik vorgeschlagen: die menschliche Natur als biologisch *und* geistig, ein Bekenntnis zur Realität der Sünde in Form von Selbstsucht und den Bund als Ausdruck der menschlichen Sozialität und als Rahmen für Gegenseitigkeit und Verantwortlichkeit.[17] Stanley Hauerwas hat sich dafür ausgesprochen, dass in der Sexualethik ein besonderer Schwerpunkt auf den Auftrag der Kirche und die Aufgaben der christlichen Gemeinschaft gelegt wird – mit anderen Worten, dass es in der Sexualethik weniger um das Wohl des Individuums als um das der Kirche geht.[18] Und dann gibt es die vielfältigen Verlautbarungen verschiedener protestantischer Konfessionsgemeinschaften, die sich auf bestimmte Fragen konzentrieren – oft die Frage der Homosexualität –, dabei aber allgemeinere Richtlinien für den Umgang mit der Sexualität entwerfen.[19]

In der römisch-katholischen Theologie werden die traditionellen Leitlinien für eine Sexualethik stetig hinterfragt, besonders intensiv seit Erscheinen des Buches *Human Sexuality: New Directions in American Catholic Thought* im Jahre 1977.[20] Dort werden Leitlinien vorgeschlagen, die auf bestimmten, mit der menschlichen Sexualität assoziierten Werten basieren: Selbstbefreiung, die Bereicherung des Gegenübers, Ehrlichkeit, Treue, Dienst am Leben, soziale Verantwortung und Freude. Kritisiert wird in der Regel die prokreative Norm, nach der die Fortpflanzung als notwendige Rechtfertigung für jede sexuelle Aktivität herzuhalten hat, und die Bewertung jedes ethischen Verstoßes im sexuellen Bereich als schwere Sünde. Bemühungen, neue Leitlinien zu entwickeln, sind in den Veröffentlichungen vieler zeitgenössischer katholischer Ethiker sichtbar; dazu gehören Charles Curran, Richard McCormick, Andre Guindon und James Keenan sowie Gudorf, Cahill und Andolsen, die ich oben angeführt habe.[21]

Mein eigener Beitrag zur Diskussion ähnelt vielen dieser Denkansätze, unterscheidet sich jedoch in einigen wichtigen Punkten auch von ihnen. Ob dies auch für die Schlussfolgerungen zu bestimmten sexualethischen Fragen gilt, sei dahingestellt. Die Leitlinien, die ich oben ganz kurz skizziert habe – besonders die feministischen –, erkennen in gewissem Maße an, wie wichtig Gerechtigkeit in Bezug auf Sexualität ist. So wird insbesondere auf die ungleiche Verteilung von Macht in der Beziehung der Geschlechter hingewiesen oder auf die soziale Gerechtigkeit ganz allgemein, da sie die sexuelle Identität und Aktivität prägt. Dies sind ganz fraglos grundlegende Probleme, deren systematische Aufarbeitung im Rahmen einer Sexualethik allerdings noch aussteht.

Für alle hier aufgeführten Ansätze spielen die maßgeblichen Quellen der theologischen Ethik eine große Rolle, als da sind: die *Schrift*, die *Tradition*, die *Wissenschaft* und die *zeitgenössische Erfahrung*.[22] Um die Wege der christlichen Sexualethik zu verstehen, wird es hilfreich sein, diese zentralen Quellen zu diskutieren.

Die Quellen christlicher Sexualethik

In der Vergangenheit gab es Tendenzen, jeweils eine Quelle zu verabsolutieren: *sola scriptura* zum Beispiel oder die kirchliche Autorität. Heute jedoch wird von christlichen Ethikern allgemein anerkannt, dass in Fragen der Moral alle vier Quellen konsultiert werden sollten. Außerdem braucht es bestimmte Methoden, um sie zueinander in Bezug zu setzen und offensichtliche Widersprüche zwischen ihnen aufzulösen. Dies ist nicht zuletzt eine Erkenntnis der Bibelforschung, der historischen Studien und der neuen Interpretationsmodelle für die Bibel und die kirchliche Tradition. Zudem konnten die Erfahrungen der menschlichen Sexualität wissenschaftlich immer differenzierter beschrieben werden.

Die breitere Quellenbasis für die christliche Ethik im Allgemeinen und die Sexualethik im Besonderen ist aber auch auf die Erkenntnis zurückzuführen, dass jede dieser Quellen für sich genommen argen Begrenzungen ausgesetzt ist und dass sie aneinander relativiert und miteinander verschmolzen werden müssen. Katholische Ethiker etwa, die sich der Schwächen der naturrechtlichen Argumentation bewusst wurden, haben sich wieder der Bibel und der zeitgenössischen Erfahrungswirklichkeit zugewandt, um sexualethische Fragestellungen in eine neue Perspektive zu rücken. Und obwohl protestantische Ethiker die Schrift als Primärquelle nicht aufgegeben haben, berücksichtigen sie auch kritische Untersuchungen zu ihrer eigenen Tradition, die Naturwissenschaften und die Erfahrungen der Gläubigen. Jede dieser Quellen bringt freilich auch ihre eigenen Probleme mit sich.

Die heilige Schrift

Die Bibel ist grundlegend für alle moralischen Fragen. Sie ist eine Autorität für alle, für die sie als heilige Schrift gilt. Obwohl Gott nicht alles offenbart zu haben scheint, was wir wissen wollen, weder in der Schrift noch auf anderen Wegen, gehen wir davon aus, dass uns alles offenbart wurde, was wir zum Leben brauchen. Wenn wir uns an die Bibel wenden, um Hilfe für unser Sexualleben zu erhalten, ist die Botschaft allerdings häufig verwirrend.

In den Kulturen des Alten Testaments spielt sich die Sexualität im politischen und familiären Kontext ab und ist vorrangig auf die Fruchtbarkeit gerichtet. David Biale bemerkt: »Vom Hohen Lied abgesehen, zeigt die Bibel wenig Interesse am erotischen Begehren als solchem«[23], sondern nur an seiner Rolle für die Gemeinschaft. Im Mittelpunkt der Lehren zur Sexualität stehen zwei Elemente, die für die Ehegesetze und fast alle anderen sexuellen Regelungen verantwortlich sind. Das erste ist das Gebot der Fortpflanzung. Das zweite ist die Voraussetzung eines patriarchalen Modells für alle sexuellen Beziehungen. Daneben finden sich jedoch zahlreiche Geschichten, die für unseren Versuch, Sexualität zu verstehen, außerordentlich wichtig sind und bleiben. Allerdings werden häufig widersprüchliche Schlüsse aus der Bibel gezogen, immer in der Annahme, »dass der biblische Text und die biblische Kultur dauerhaft und monolithisch« sind.[24] Das biblische Erbe muss jedoch als Ganzes angenommen werden, mitsamt der patriarchalen Kultur und den manchmal strengen Urteilen, aber auch mit den »subversiven Texten«, die diese Urteile konterkarieren – so wie die Geschichte von Ruth und Naomi und das Hohe Lied.[25] Wir sind also immer auf Exegese und Interpretation angewiesen.

Beim Neuen Testament ist die Aufgabe keineswegs kleiner. Wir finden hier keinen systematischen Kodex der Sexualethik, sondern nur gelegentliche Antworten auf bestimmte Fragen in bestimmten Situationen. Allerdings können aus dem allgemeinen Gebot, Gott und den Nächsten zu lieben, moralische Richtlinien für jeden Bereich des menschlichen Lebens, auch den sexuellen, erschlossen werden. Die radikale Neuorientierung zu Gott und die daraus folgende Transformation aller menschlichen Beziehungen bringen auch moralische Implikationen mit sich. Die Darstellung des menschlichen Lebens in diesem Testament ist bedeutsam für jede christliche Sexualethik, aber auch hier bleibt uns die Aufgabe der Exegese, Interpretation und der ethischen Beurteilung nicht erspart.[26]

An dieser Stelle möchte ich mich auf die Frage konzentrieren, wie es im Alten und Neuen Testament um den Zusammenhang von Sexualität und Gerechtigkeit bestellt ist. Gerechtigkeit (oder Rechtschaffenheit) ist ein zentrales Konzept in der gesamten Bibel. Gott allein ist vollkommen gerecht und rechtschaffen, und Gott handelt rechtschaffen und gerecht in Bezug auf die Schöpfung. Gottes Gerechtigkeit – die alles menschliche Verständnis übersteigt – zeigt sich sowohl in der Strafe als auch in der Vergebung, die sein Volk immer wieder von einer Generation zur nächsten erfährt. Gottes Geschenk und Gottes Gebot fordern die Menschen auf, rechtschaffen zu leben. Es wird von ihnen erwartet, an Gott zu glauben und auf ihn zu hoffen, der ihnen ein Versprechen gibt und dessen Gnade ewig währt. Sie werden zu einer inneren Ganzheit der Liebe gerufen, die sowohl ihre Beziehung zu Gott ausdrückt als sich auch in Handlungen gegenüber ihren Mitmenschen niederschlägt. »Selbstgerechtigkeit« ist in der Bibel keine moralische Option.

Wenn es spezifischer um Gerechtigkeit in Verbindung mit der menschlichen Sexualität geht, ist das biblische Zeugnis jedoch verschwommen – zumindest in der Welt von heute. Im Alten Testament gibt es bei den Regeln für Gerechtigkeit in menschlichen sexuellen Beziehungen immer wieder Ausnahmen, die Gott manchmal gutheißt, manchmal bestraft. Darüber hinaus scheinen sowohl die Regeln als auch die Ausnahmen kulturell bedingt zu sein, sodass es schwierig ist, zu erkennen, wie man sie heute verstehen soll. Das Unrecht an Susanna wird korrigiert (Daniel 13:1–64), aber das Unrecht gegenüber der Tochter Jiftachs gilt – sogar für sie selbst – als »Recht« innerhalb eines größeren Systems, das auf uns eher ungerecht als gerecht wirkt (Richter 11:29–40). Echte Sünde und Schuld werden als ansteckender »Makel« erfahren, so wenn ein ganzer Haushalt die Folgen von Davids Ehebruch zu tragen hat (2. Samuel 11:11–15). Der Gott der Rechtschaffenheit und Gnade wird in Beziehung zu Israel, der untreuen und ehebrecherischen Frau, allzu oft als der treue und versöhnliche Ehemann geschildert – Metaphern, die einer patriarchalischen Missbilligung von Frauen das Wort reden.

Gleichwohl bleibt die Bibel eine zentrale Quelle für unsere Sexualmoral. Zumindest rückt sie die Sexualität in die richtige Perspektive: Sie ist nicht wichtiger als die Liebe, nicht wichtiger als das Leben. Die moralischen Fragen im Umfeld unserer sexuellen Handlungen sind und bleiben für uns alle schwierig, sodass in jeder Hinsicht – auch im Umgang mit der Offenbarung – Vorsicht geboten ist. Selbstgerechtigkeit kommt nicht infrage, aber Klarsichtigkeit ist das Ziel. Jenen, die »gerechte Bestrafung« für eine Frau verlangen, die beim Ehebruch ertappt wurde, antwortet Jesus mit Schweigen. Als er spricht, trägt er nur ein Argument vor: Wir sind alle Sünder, die Steine auf eigene Gefahr werfen. Zu der Frau sagt er: »Hat dich keiner verurteilt? … Auch ich verurteile dich nicht« (Johannes 8:10–11). Es muss stets das gesamte biblische Zeugnis geprüft werden.

Die Tradition

Die Tradition ergänzt das Wissen und die Weisheit, derer wir durch die Schrift teilhaftig geworden sind.[27] Sie umfasst sämtliche Elemente der Geschichte einer Glaubensgemeinschaft und damit nicht nur

Kirchenlehren, Gesetze und Rituale, sondern auch die Theologien und den »Glaubenssinn aller Gläubigen«, wie er sich über die Jahre und Jahrhunderte geformt und manifestiert hat. Wie wir in den Kapiteln 2 und 4 gesehen haben, ist die Tradition des Christentums oft ebenso schwer zu interpretieren wie die Heilige Schrift selbst. Eine nicht unerhebliche Schwierigkeit dabei ist, dass es innerhalb der gesamten Tradition des Christentums viele Stränge und Stränge innerhalb dieser Stränge gibt. Wollen wir sie für eine zeitgemäße Ethik nutzen, sind daher eine sorgfältige historische Analyse und Interpretation und ein vorsichtiges Urteilen über ihren Nutzen angebracht.

Tradition im Sinne einer »lebendigen« Tradition bedeutet gewiss nicht nur, was »schon immer« gedacht, gelehrt oder praktiziert wurde. Wie Joseph Ratzinger (später Papst Benedikt XVI.) einmal schrieb: »Nicht alles, was in der Kirche existiert, muss deshalb auch schon legitime Tradition sein, bzw. nicht jede Tradition, die sich in der Kirche bildet, ist wirklich Vollzug und Gegenwärtighaltung des Christusgeheimnisses, sondern neben der legitimen gibt es auch die entstellende Tradition.« Die »Tradition muss folglich nicht nur affirmativ, sondern auch kritisch betrachtet werden«.[28] Wenn Tradition tatsächlich nur das bedeutete, was immer oder für lange Zeit gelehrt oder praktiziert wurde, dann müsste die Ungleichheit zwischen Männern und Frauen Teil der Tradition sein und bleiben. Wenn aber die *Begründungen* für das Althergebrachte im Kontext der gesamten Tradition nicht mehr überzeugend sind, dann müssen auch die damit einhergehenden Anschauungen und Verfahrensweisen hinterfragt und eventuell geändert werden.[29]

In einer lebendigen Tradition können Überzeugungen und die Theologien, die sie interpretieren, durch neue Erfahrungen, kulturelle Umbrüche und neue Sichtweisen auf die Vergangenheit infrage gestellt werden. Wenn das geschieht, müssen neue und bessere Begründungen gefunden werden, um die bestehenden Anschauungen zu untermauern, oder die Anschauungen selbst müssen in ihrer Bedeutung erneuert und manchmal sogar ersetzt werden. Was als echter Teil der Tradition nicht mehr »ernsthaft vorstellbar« ist, weicht dem, was mit den tiefsten Wahrheiten der Gemeinschaft im Einklang steht.[30] Dass es möglich ist, christliche Überzeugungen und Moralkodizes zur Sexualität weiterzuentwickeln, wird heute von Theologen und Ethikern allgemein eingeräumt. Und auch, dass einige Lehren und moralische Überzeugungen grundlegender sind als andere.[31] Alle Glaubensinhalte und Überzeugungen, vielleicht besonders jene, die für die zentralsten gehalten werden, können unterschiedlich verstanden werden, neue Einsichten zulassen und auf mehr als eine Weise formuliert werden. Damit sind Theologie und Ethik gefordert. Wie man historische Schichten der Bedeutung freilegt, verlorene Schätze findet, historische und kulturelle Kontexte für das kirchliche Leben berücksichtigt, Glanzstücke von Offenbarungserlebnissen und gemeinsamem Glauben bewahrt – dies sind Fragen für alle, die auf die Tradition als Quelle für zeitgenössische moralische und theologische Einsichten zurückgreifen. Dies steckt auch hinter der oft gestellten Frage der Feministinnen: Auf welche Vergangenheit wollen wir uns eigentlich beziehen? Und, könnte man hinzufügen, wie sollen wir sie finden?

Was immer die Aufgaben beim Rückgriff auf die Tradition sind, es gibt keinen Zweifel, dass sie eine wichtige Quelle für Theologie und Ethik ist. Vorausgesetzt ist dabei, dass der Glauben und die moralischen Einsichten der Vergangenheit nicht nur den Menschen gehören, sondern dass sich auch Gottes Gegenwart und Handeln im Leben der Gemeinschaft offenbaren. Die Tatsache, dass sich moralische Erkenntnisse und sogar offizielle Kirchenlehren in einigen Fragen geändert haben – etwa im Fall von Sklaverei, Wucher, Ehe, Glaubensfreiheit[32] –, macht die Tradition nicht unwichtiger für die Klärung aktueller Probleme, sie bedeutet aber, dass wir nicht einfach Antworten aus der Geschichte »ablesen« können, als wären sie ganz offensichtlich oder als gäbe es nur eine »wörtliche« oder

»fundamentalistische« Bedeutung der Tradition. Was wir an Lehren und Verfahrensweisen geerbt haben, bedarf der Erforschung – wir können es uns zu eigen machen oder modifizieren oder etwas Neues finden, das sich in der Tradition bislang nur angedeutet hat. Sich auf der Suche nach einer gerechten Sexualität an die Tradition zu wenden heißt also, den traditionellen Lehren und Verfahrensweisen neue Fragen zu stellen. Die ehelichen Verpflichtungen bezüglich der Sorge und Liebe füreinander, der sexuellen Intimität wie auch der Verantwortung für die Familie sind nicht nur in Theologien gefasst, sondern auch in kanonischen Vorschriften.[33] Was sie für eine zeitgenössische Sexualethik bedeuten können, muss stets neu bestimmt werden.

Die Wissenschaften

Manche sprechen von der dritten Quelle als »Vernunft«. Das führt jedoch in die Irre. Vernunft ist schließlich beim Zugriff auf alle Quellen vorhanden. Gemeint ist natürlich das, was wir aus dem »Licht menschlicher Vernunft« im Unterschied zu besonderer Offenbarung (wie in der Bibel) erfahren können. Es ist jedoch klarer und sinnvoller, von den »säkularen Wissenschaften« zu sprechen, also jenen Disziplinen, die nicht auf Offenbarung gegründet sind und die es uns ermöglichen, Einsichten in bestimmte Aspekte der Schöpfung zu gewinnen. In der Sexualethik gehören zu den relevanten Disziplinen nicht nur Philosophie, sondern auch Biologie, Medizin, Psychologie, Soziologie, Ethnologie und sogar Geschichte, Literatur und Kunst. Die Leistungen dieser Disziplinen sind natürlich nicht immer von Dauer, denn sie machen Fehler, übersehen wichtige Aspekte, und ihre Schlussfolgerungen wandeln sich. Zum Beispiel (ich habe es schon einmal angeführt) hat das biologische Verständnis der menschlichen Sexualität deutliche Fortschritte gemacht – von der Überzeugung, dass alles, was einen neuen Menschen ausmacht, in einem Samen enthalten ist, zu der Erkenntnis, dass sowohl Eizelle als auch Samen ihren Beitrag leisten. Psychologische und soziologische Untersuchungen der sexuellen Reaktion, der Konsequenzen von Selbstbefriedigung, der Einflüsse auf die sexuelle Orientierung und so weiter haben vergangene Fehler korrigiert, neue, für die Sexualethik wichtige Erkenntnisse hervorgebracht oder Ansichten infrage gestellt, die lange als gegeben betrachtet wurden.

Allerdings müssen auch die säkularen Quellen für eine Sexualethik interpretiert und auf ihre Nützlichkeit hin beurteilt werden – ein Prozess, der nicht unähnlich der Bibel-Exegese und der Neuevaluation der Tradition ist. Aber weil diese Disziplinen uns etwas zu sagen haben – zur Welt und zum Universum, zum Menschen und zu den Bedeutungen von Sexualität, zu tragischen oder positiven Folgen von Handlungen –, sind sie notwendig für unser Bemühen um eine Sexualethik. Auch wenn sie uns keinen unverstellten Zugang zur »Wirklichkeit«[34] ermöglichen, sondern nur eine pragmatische Methode darstellen, mit der Welt und uns selbst umzugehen, bleiben sie wichtig für unser moralisches Erkennen. Wir werden sehen, wie sie uns dabei helfen, zu bestimmen, was im Bereich der Sexualität gerecht ist.

Die Erfahrung

Auch die Bezeichnung »Erfahrung« für eine weitere Quelle der christlichen Erkenntnis kann in die Irre führen, denn sie ist nicht einfach eine Quelle unter vielen.[35] Sie liegt gewissermaßen quer zu den drei anderen Erkenntnismöglichkeiten. In der Bibel zum Beispiel zeichnen einige Personen ihre Erfahrungen von Gott auf; Tradition ist die gelebte Erfahrung einer Glaubensgemeinschaft über die Zeit, und auch die weltlichen Disziplinen werden von der Erfahrung geprägt. Als eigenständige Quelle meint »Erfahrung« jedoch das gegenwärtige Erleben von Ereignissen und Beziehungen, zusammen mit den Empfindungen, Gefühlen, Emotionen, Einsichten und Verständnissen, die Teil unserer gelebten Wirklichkeit sind.

In diesem Sinne ist Erfahrung eine Gegebenheit und liefert Daten, die interpretiert werden müssen – aber sie ist auch etwas bereits Interpretiertes, dessen Gehalt durch vielfältige Einflüsse geprägt wurde. Weil die Erfahrung stets angefochten wird – besonders jene, die für eine Sexualethik relevant ist –, müssen wir uns ihr besonders intensiv widmen.

Wie Foucault aufzeigt, ist Sex vermutlich die am meisten beachtete und untersuchte menschliche Erfahrung, sowohl im öffentlichen Diskurs als auch in der minutiösen Selbstbeobachtung, die dieser öffentliche Diskurs im Privaten in Gang setzt. Erfahrungen im sexuellen Bereich werden vielleicht stärker als andere Aspekte des menschlichen Lebens von sozialen Normen religiöser und kultureller Art geprägt. Das heißt, dass öffentlich bereitgestellte Normen, ob nun religiös oder weltlich, die Erfahrungen so geprägt haben, dass Sex zum Beispiel manchmal als böse *erfahren* wird, weil er sozial als böse interpretiert wurde; Sex wird manchmal als abartig *erfahren*, weil er als abartig bezeichnet und behandelt wurde; Sex wird nicht als Verbundenheit mit Gott *erfahren*, weil festgelegt wurde, dass diese Möglichkeit nicht besteht. Mit anderen Worten: Unsere Erfahrung wird innerhalb der Grenzen und Möglichkeiten der uns zur Verfügung stehenden Sprachen, der sozialen und kulturellen Einflüsse, denen wir ausgesetzt sind, und der Weltsicht, die wir verinnerlicht haben, interpretiert. So etwas wie eine »reine« Erfahrung gibt es nicht.

Erfahrung kann sowohl zum Selbst gehören als auch zum Selbst in der Gemeinschaft mit anderen; das heißt, sie kann sowohl persönlich als auch gemeinschaftlich sein. Sie ist privat, einzigartig für den, der sie macht; sie wird aber auch in Gemeinschaften, Kulturen und Gesellschaften kommuniziert und geformt. Erfahrungen sind vielfältig – was allerdings nicht zu Vereinzelung und Abgrenzung führen muss, denn auch perspektivische Einzelerfahrungen können anderen zumindest teilweise verständlich gemacht werden.

So ist jemandem, der noch kein Elternteil durch den Tod verloren hat, dieses Ereignis fremd. Trotzdem kann ein Mensch, dessen Eltern noch leben, an der Erfahrung eines anderen teilhaben, der diesen Verlust erlitten hat, und vielleicht zum Teil verstehen, was sie bedeutet. Später, wenn die eigene Mutter oder der Vater stirbt, wird dieser Mensch zwar immer noch etwas Neues erleben; er wird aber auch erkennen, was er in der Erfahrung eines anderen mit diesem geteilt hat. Dies trifft auch auf den sexuellen Bereich zu. Eine Frau muss keine Prostituierte oder im Netz der Ausbeutung gefangen sein, das die Sexindustrie in vielen Teilen der Welt darstellt, und trotzdem kann sie diese Erfahrungen zu einem gewissen Grad nachvollziehen. Man braucht keine Lesbierin oder ein schwuler Mann zu sein, um eine Ahnung von ihrer Liebe und ihrer Hoffnung zu bekommen. Und auch wenn man kein Kind geboren hat, kann man die Schreie der Frauen, denen Gewalt bei der Empfängnis und in der Schwangerschaft zugefügt worden ist, über Jahrhunderte hinweg hören oder die Belastung und die Freude von Eltern miterleben, die ihre Kinder willkommen heißen und aufziehen. Obwohl sich unsere indirekten Erfahrungen und die Erkenntnisse, die wir daraus ziehen, sehr stark von den direkten Erfahrungen anderer unterscheiden, können wir uns in erheblichem Maß in den anderen einfühlen.

Es überrascht jedoch nicht, dass der Verweis auf die persönliche Erfahrung hoch problematisch ist: Welche Beweiskraft haben Erfahrungen tatsächlich? Inwiefern lassen sie sich verallgemeinern? Wie ist ihre Autorität mit der Autorität der Bibel, der Tradition und der Wissenschaft in Einklang zu bringen?

Die erste dieser Fragen ist eng verbunden mit dem, was Theologen und Philosophen den »hermeneutischen Zirkel« nennen, den Zirkel der Interpretation. Postmoderne Theorien, in denen Sprache, soziale Verortung und Macht eng miteinander verbunden sind, haben zu einer massiven Entwertung der Erfahrung geführt. Was können die Erfahrungen von Frauen noch bedeuten, wenn sie gänzlich und unvermeidlich von den normativen Erwartungen einer Kultur geformt sind? Was sollen wir von einer Ethik der weiblichen Fürsorge halten, wenn wir den Verdacht haben, dass sie auf den sozialen Druck zurückzuführen ist, Männer und Kinder zu umsorgen? Catharine MacKinnon rät zur Vorsicht: »Frauen wird nachgesagt, fürsorglich zu sein. Vielleicht sind Frauen deshalb fürsorglich, weil Männer dies schätzen. Frauen wird nachgesagt, dass sie im Sinne von Beziehungen denken. Vielleicht denken Frauen im Sinne von Beziehungen, weil ihre soziale Existenz durch die Beziehung zu Männern definiert wird.«[36] Die vermeintlich felsenfesten empirischen Belege verschwinden in den endlosen Kreisbewegungen der sozialen Konstruktion. Trotzdem und vielleicht ironischerweise ist es die Erfahrung selbst, die uns gelehrt hat, dass die Weltsichten, die Erfahrung formen, problematisiert und in mancher Hinsicht modifiziert und sogar zum Einsturz gebracht werden können. Der hermeneutische Zirkel ist nicht so fest geschlossen, dass es keine Bresche oder Lücke für die Kritik gibt.

Die zweite Frage (ob sich Erfahrung zur Verallgemeinerung eignet) habe ich teilweise schon angesprochen. Es liegt auf der Hand, dass Erfahrung genau deshalb speziell ist, weil sie konkret ist. Aber gibt es genügend Überschneidungen im Inhalt von Erfahrungen einer Person mit denen einer anderen, sodass Verallgemeinerungen gerechtfertigt sein können? Frauen zum Beispiel haben gelernt, vorsichtig zu sein, wenn sie aus ihrer eigenen begrenzten Erfahrung und aus ihrem Selbstverständnis heraus etwas über alle Frauen aussagen. Genau wie Frauen argumentiert haben, dass die Erfahrung von Männern nicht generalisierbar ist, mussten sie feststellen, dass auch die Erfahrung von Frauen – in der Regel weißer, westlicher, heterosexueller Frauen aus der Mittelschicht – nicht ohne Weiteres zu verallgemeinern ist. Und doch sind gewisse Verallgemeinerungen notwendig, schon um zu gemeinsamen Aktionen und Praxisformen zusammenzufinden. Wie ich an anderer Stelle argumentiert habe, ist es trotz der immensen individuellen Unterschiede möglich, gemeinsam empfundene Tragödien zu beweinen, über gemeinsam wahrgenommene Missverhältnisse zu lachen und gemeinsam Hoffnungen zu hegen. Menschen können und sollten moralische Ansprüche in Beziehung zueinander erfahren, und einige dieser Ansprüche können und sollten die empirisch erfahrbaren Grenzen von Kultur und Geschichte überschreiten (wenn auch nicht ignorieren oder geringschätzen).[37]

Die dritte Frage betrifft das Verhältnis der Quellen unserer moralischen Erkenntnis zueinander. Wessen Erfahrung zählt, wenn sich hier Widersprüche auftun? Wie verlässlich ist die – schwer fassbare, sozial konstruierte, vielfältige – Erfahrung im Prozess des moralischen Erkennens und Entscheidens? Sollte die Interpretation und Gültigkeit von Erfahrung nicht der Bibel und den Glaubenstraditionen untergeordnet werden? Wir können einige grundsätzliche Kriterien ausmachen, die uns helfen, zu bestimmen, wann der Rückgriff auf die Erfahrung sinnvoll ist. So sollten die aus Erfahrung gewonnenen Erkenntnisse mit den allgemeinen moralischen Normen kompatibel sein und in Hinblick auf fundamentale Überzeugungen einleuchten. Sie sollten mit den anderen Quellen der moralischen Einsicht korrespondieren, keine schädlichen Folgen zeitigen, von integren Urhebern stammen und von einer kompetenten Gemeinschaft bestätigt werden. Alle diese Punkte sind Prüfsteine für die Gültigkeit und Nützlichkeit von Erfahrungen im Prozess des moralischen Erkennens. Natürlich könnte die Erfahrung ihre Autorität geltend machen und die sie ordnenden vorrangigen Normen hinterfragen. Was allerdings nicht unproblematisch ist.

Denn wie die anderen Quellen ist die Erfahrung eine notwendige, aber nicht ausreichende Quelle für eine Sexualethik. Auch bei ihr handelt es sich nicht um einen unanfechtbaren, grundlegenden, unmittelbaren Zugang zur Wirklichkeit. Erfahrung erklärt nicht alles andere, ohne selbst erklärt werden zu müssen. Aus ihr kann man weder ethische Universalien ableiten, noch wird aus konkurrierenden Erfahrungen immer gleich viel gelernt werden. Ihre Interpretation kann – genau wie einige Interpretationen der Bibel und der Tradition – trügerisch und falsch sein. Zumindest in einer christlichen Ethik müssen Interpretationen der sexuellen Erfahrung auch in einem schlüssigen Zusammenhang mit den Interpretationen der Gesamtheit des menschlichen und christlichen Lebens stehen.

Dies betrifft, wie ich schon sagte, auf eine gewisse Weise alle unsere Quellen. Wie kann man also eine von ihnen als verbindlich ansehen, wenn sie ohnehin alle zusammenhängen? Wenn wir keine fundamentalistischen Empiriker sein dürfen, können wir dann der Bibel, der Tradition oder der Wissenschaft den absoluten Vorrang einräumen? All diesen Überlegungen liegt ein bestimmtes Verständnis von Autorität zugrunde. Es ist allerdings unmöglich, die Frage nach der Autorität von der Frage nach dem konkreten Inhalt oder der Bedeutung dessen abzukoppeln, was man als verbindlich erklärt. Auch wenn man die Autorität einer Quelle rückhaltlos anerkennt (zum Beispiel das Wort Gottes oder die Stimme der Glaubensgemeinschaft), muss diese Anerkennung einen »Sinn ergeben«. Die moralische Autorität einer jeden Quelle ist letztendlich abhängig davon, dass sie jemand als wahr und sinnvoll empfindet. Keine Quelle hat echte und lebendige Autorität in Bezug auf unsere moralischen Einstellungen und Entscheidungen, wenn sie keine Reaktion der Anerkennung in uns auslösen kann.[38] Wenn christliche Ethiker die heilige Schrift, die Tradition, die Wissenschaft und die zeitgenössische Erfahrung als verbindliche Quellen betrachten, so tun sie es eben deshalb, weil sie in diesen Quellen Zugang zu moralischer Einsicht und Motivation finden. (Was nicht heißt, dass sich ihre Gewichtung und Wahrnehmung niemals wandelt oder die Quellen niemals kritisiert oder uminterpretiert werden.)

Insbesondere das biblische Zeugnis erhebt den Anspruch, Wahrheiten zu vermitteln, die uns heilen und ganz machen, die uns befreien und vor Forderungen schützen, die unseren Wahrheits- und Gerechtigkeitssinn verletzen. Ihr Appell an uns ist mit den Worten des Philosophen Paul Ricoeur ein »gewaltloser Appell«.[39] Als Offenbarung der Wahrheit fordert dieser Appell weniger eine Unterwerfung des Willens als eine Öffnung der Einbildungskraft – der Gesamtheit von Geist und Herz. Wir glauben nichts, was uns nicht tief im Inneren berührt und deshalb glaubhaft klingt.

Aber ist die Bibel – oder die Tradition – in irgendeiner Weise den Forderungen der Vernunft und den Herzenswünschen der Menschen verpflichtet? Es hängt natürlich davon ab, was mit den »Forderungen der Vernunft« und den »Wünschen des Herzens« gemeint ist. Aber sicher ist, dass eine jede religiöse Tradition nur insofern Macht hat, als sie der Gesamtheit des menschlichen Lebens einen Sinn, der menschlichen Tragödie eine Bedeutung und der menschlichen Hoffnung einen Horizont gibt. »Harte Worte« können befreiende Wahrheiten sein, und die Vernunft braucht nicht im Gegensatz zur Gegenwart Gottes und zum Mysterium zu stehen – genau wie empirische Erkenntnis einer großherzigen Liebe nicht im Wege stehen muss.

Also ist der Grund, aus dem die Erfahrung andere Quellen und ihre Interpretationen infrage stellt, dass moralische Wahrheiten »Sinn ergeben« müssen. Wenn eine tiefe, in unserer Erfahrung gründende Überzeugung wie die von der Gleichberechtigung von Frauen und Männern offenbar im Widerspruch zu anderen Quellen steht, muss sie an ihnen gemessen werden. Wenn sie uns dann immer noch überzeugt, weiter »wahr« bleibt, sodass es unseren Sinn für Moral, unsere Fähigkeit zu fühlen und sogar unsere Erkenntnisfähigkeit in Mitleidenschaft zieht, dann müssen wir die anderen Quellen in Zweifel ziehen. Erfahrung ist also gegeben, aber nicht ursprünglich, unmittelbar; nicht unbeleckt von Interpretation; nicht außerhalb der sozialen Matrix. In diesem Sinne spielt sie eine wichtige Rolle und muss beim moralischen Urteilen berücksichtigt werden. Wie die Schrift und die Tradition muss sie analysiert, interpretiert und auf ihre Nützlichkeit hin befragt werden, bevor wir unsere Einstellungen und unser Verhalten von ihr abhängig machen. Mit anderen Worten: Wie die anderen Quellen auch erklärt sich die Erfahrung nicht von allein. Wir haben alle Erfahrungen gemacht, die wir heute anders interpretieren als vor zehn oder zwanzig Jahren.

Gerechte Liebe

Eine letzte vorbereitende Überlegung bleibt noch. Um ein Verständnis von »gerechtem Sex« im Rahmen allgemeinmenschlicher und christlicher Moral zu entwickeln, ist es zunächst notwendig, den Gedanken einer »gerechten Liebe« einzuführen. Ein kurzer, aber genauer Blick wird uns bestätigen, dass Liebe nicht die ausreichende Antwort auf alle unsere sexualethischen Fragen ist. Es reicht eben nicht aus, wie manche wünschen, alles ethische Urteilen einfach damit enden zu lassen, dass sexuelle Beziehungen und Aktivitäten gut sind, wenn sie nur Liebe ausdrücken. Liebe ist vielmehr das ethische Problem, nicht die Lösung. Wie ich im vorangegangen Kapitel ausgeführt habe, kann Liebe vielfache Formen annehmen. Manche reservieren die Bezeichnung »Liebe« zwar für eine Liebe, die einen normativen Gehalt hat – das heißt für das, was sie für die gute Liebe halten. Doch wir wissen, dass nicht jede Liebe gut ist. Es gibt weise Liebe und törichte, gute Liebe und schlechte, wahre Liebe und falsche. Die Frage ist letztlich: Was *ist* eine richtige Liebe, eine gute, gerechte und angemessene Liebe?[40]

Es besteht die Gefahr, dass die folgende recht abstrakte Analyse des Begriffs der Liebe uns ein wenig vom Weg abbringt, indem wir das Objekt der Liebe – wen und was wir lieben – aus dem Blick verlieren. Das ist nicht meine Absicht. Die Analyse ist jedoch notwendig, damit wir die Kriterien für eine gerechte Liebe ermitteln können. Am Ende werden wir dann, so hoffe ich zumindest, bei einer stärkeren, nicht schwächeren, Fokussierung auf das Objekt der Liebe ankommen. Es besteht auch die Gefahr, dass alles, was wir bislang über die soziale Konstruktion von Verkörperung, Gender und Sexualität erkannt haben, auf der Suche nach der Bedeutung von »gerechter Liebe« in den Hintergrund zu treten droht. Auch das ist nicht meine Absicht. Ich werde also unterwegs immer wieder versuchen aufzuzeigen, wann unser Verständnis bestimmter Zusammenhänge sozial konstruiert ist. Und schließlich ist meine Analyse der Liebe (und ihrem Abkömmling, dem Begehren) ein Versuch, unsere Erfahrungen von Liebe auf ethisch normative Weise zu beschreiben. Der Test, ob meine Darstellung akkurat und adäquat ist, wird darin bestehen, ob sie wirklich wiedererkennbare Erfahrungen beschreibt. Mir liegt nichts ferner, als konkrete Erfahrung durch abstrakte Analyse zu ersetzen. Beschreibung und Analyse sollen schließlich dazu dienen, tiefer in die Erfahrungen von Liebe und die Voraussetzungen der Gerechtigkeit einzudringen.

Nicht normativ habe ich die Liebe, besonders die sexuelle romantische Liebe, bereits in Kapitel 4 beschrieben. Dort finden sich allerdings auch erste Hinweise für die Normen (die Kriterien, Standards, Voraussetzungen) des richtigen und guten Liebens. Wenn Liebe eine affektive Reaktion auf etwas, eine affektive Form der Einheit damit und eine affektive Bestätigung des geliebten Objekts ist, wird sie insofern zutreffend und adäquat sein, als sie das geliebte Objekt nicht verfehlt. Das heißt: 1. Wenn die Reaktion nicht durch ein illusorisches, verzerrtes oder verfälschtes Verständnis des Objekts hervorgerufen wird. 2. Wenn es sich wirklich um eine innere Einheit mit dem Objekt handelt (was nicht immer die Gegenseitigkeit der Liebe beinhalten muss). 3. Wenn das Geliebte auf eine Weise bestätigt wird, die seine Gegebenheit und Potenzialität nicht ignoriert.[41] Positiv ausgedrückt: Liebe ist angemessen und gerecht, richtig und gut, wenn sie eine wahre Reaktion auf die Realität des Objekts ist, eine echte Einheit zwischen dem, der liebt, und dem, was geliebt wird, und eine zutreffende und adäquate affektive Bestätigung des Objekts. Vielleicht findet sich das einfachste Beispiel dafür in unserer Erkenntnis, dass *Dinge* nicht geliebt werden sollten, als wären sie *Personen*, und *Personen* nicht geliebt werden sollten, als wären sie *Dinge*. Es ist falsch, eine Person zu lieben wie ein Ding, weil die Person eine *Person* ist und kein *Ding*.

Aber wir können spezifischere Beispiele anführen: Eine romantische Liebe wird weniger zutreffend, angemessen und sogar weniger gerecht sein, wenn sie das Objekt der Liebe nicht als das sieht, was es ist, sondern nur das Prestige im Blick hat, das mit der Beziehung verbunden ist. Eine Einheit wird unter diesen Umständen misslingen und die Beziehung sogar etwas Zerstörerisches aufweisen. Ein anderes Beispiel: Die Liebe zu einem Kind kann falsch und destruktiv sein, wenn sie die Tatsache ignoriert, dass das Kind erst fünf Jahre alt ist und deshalb begrenzte, noch zu entwickelnde Fähigkeiten hat. Auf keinen Fall darf die Entwicklung des Kindes durch falsche Erwartungen gestört werden. Die Liebe zu einem Ehepartner dagegen ist (zumindest in einem zeitgenössischen westlichen Kontext[42]) nicht nur inadäquat, sondern verzerrt und ungerecht, wenn sie den Ehepartner nur als Mittel zum Zweck nutzt: zum Führen des Haushalts oder zum Geldverdienen oder zum Erzeugen eines Kindes. In allen diesen Beispielen haben wir es mit Liebe zu tun, aber in gewissem Sinne ist es »falsche« oder zumindest irrtümliche Liebe. Warum? Werfen wir noch einmal einen Blick auf die

Beispiele, um die Kriterien zu finden, nach denen wir eine Liebe als »angemessen« und gut, gerecht oder sogar weise beurteilen können.

Hinsichtlich des ersten Beispiels: Romantische Liebe kann wunderbar sein, eine Erhöhung des Lebens, ein kostbares Geschenk. Aber es gibt auch viele Arten, auf die sie inadäquat, unzutreffend und schädlich für den Liebenden und das Objekt der Liebe sein kann. Das Mindeste, was wir erwarten können, ist, dass sie eine Reaktion auf das Objekt als Person ist – und nicht nur auf die Hoffnung, das eigene Prestige zu steigern.[43] Im zweiten Beispiel: Es ist grundlegend wichtig, bei der Liebe zu einem Kind die Tatsache zu berücksichtigen, dass es sich um ein Kind handelt; ein Kind ist mehr als eine Projektion unserer eigenen Bedürfnisse und mehr als ein »kleiner Erwachsener«. Es ist einzigartig, verletzlich und braucht Beziehungen, die es bestätigen; es ist dazu bestimmt, selbstständiger zu werden, und verdient Respekt als ein Mensch, der zur Ganzheit heranwächst. Es zu bestätigen, ohne zu berücksichtigen, was es braucht, um von einem Fünfjährigen zu einem Erwachsenen zu werden, kann bedeuten, es nicht zu respektieren und zu schädigen. Bezüglich des dritten und letzten Beispiels: Die Liebe zwischen Eheleuten kann selbstverständlich einschließen, was der eine für den anderen sein und tun kann, aber wenn es nur das ist, verfehlt sie die Realität des Partners/der Partnerin als Person mit allem, was ihn oder sie liebenswert macht, und mit allem, was sich die Partner beim Ehegelöbnis gegenseitig versprochen haben.

Moralische Normen für eine gerechte Liebe

Aus diesen Überlegungen beginnt sich herauszuschälen, dass die Norm oder das Kriterium für eine angemessene und gute Liebe von der Anerkennung der *konkreten Realität des geliebten Objekts* abhängt.[44] Genau wie wir in anderen Zusammenhängen (durch Unwissen, Fehler und Lügen) die Wahrheit verkennen können, so können wir hinsichtlich der Liebe daran scheitern, den anderen richtig zu lieben. Wir können einen Teil für das Ganze halten, ihn oder sie mit einer irrtümlichen Liebe oder mit einer verlogenen Liebe lieben, wenn wir absichtlich Aspekte der Realität des anderen ignorieren oder entstellen. Eine Liebe ist richtig und gut, wenn sie die konkrete Realität des geliebten Objekts wahrheitsgemäß bestätigt. Das ist zum großen Teil, was ich mit einer »gerechten Liebe« meine.[45]

Ich sage »zum Teil«, weil Liebe nicht nur eine Reaktion auf das geliebte Objekt, Einheit mit ihm und die Bestätigung in seiner konkreten Wirklichkeit sein muss, sondern auch »angemessen« gegenüber *dem Liebenden* und der *Natur der Beziehung*. Eine Liebe kann nicht angemessen oder gerecht sein, wenn die Bestätigung des Objekts eine Zerstörung des Liebenden nach sich zieht. Damit meine ich nicht, dass jemand sein Leben für das geliebte Objekt geben würde (was gerechtfertigt sein kann), sondern vielmehr, dass sich jemand durch die Art und Weise, in der ein anderer geliebt wird, als Person zerstören lässt. Dies wird deutlich, wenn wir uns daran erinnern, dass Liebe eine »affektive« Bestätigung ist – was bedeutet, dass ich das geliebte Objekt *mit meinem Sein* bestätige. Wie ich schon aufgezeigt habe: Wenn ich dich liebe und kenne, sage ich nicht einfach: »Du bist«, sondern: »Ich will, dass du bist und dass du fest und ganz im Sein bist.« Ich sage es mit meinem eigenen Sein. Lieben umfasst deshalb, die eigene *affirmative Selbstbestätigung in die affirmative Bestätigung des geliebten Objekts* einzubeziehen. Mit anderen Worten: Die Liebe zu mir selbst wird zu der liebenden Bestätigung des von mir Geliebten.[46]

Ebenso falsch oder irrtümlich ist Liebe, wenn sie nicht mit der Natur der *Beziehung* zwischen dem Liebenden und dem geliebten Objekt im Einklang steht. Unsere Beziehungen sind Teil unserer Realität. Sie sind Teil dessen, was wir sind, aber gerade weil sie »Beziehungen« sind, wohnen sie nicht getrennt in dem einen und dem anderen; sie sind »zwischen« uns; sie sind in uns und über uns hinaus, in uns, aber transzendent von einem zum anderen; denn wir sind transzendente verkörperte Wesen. Die Liebe *macht* Beziehungen natürlich, und Liebe kann Beziehungen verändern. Doch sie kann Beziehungen nicht vollkommen nach unserem Wunsch formen, und sie sollte es auch nicht versuchen. So erfordert zum Beispiel eine Eltern-Kind-Beziehung, dass in ihrer Liebe zueinander die Rollen von Elternteil und Kind jeweils deutlich werden, obwohl das letzte Ziel dieser Beziehung eine echte Gleichstellung ist und mit der Zeit oder unter bestimmten Umständen ein Rollentausch notwendig sein könnte. Wenn ich jemanden, der mit einem anderen verheiratet ist, wie meinen Ehepartner liebe, bedeutet das, dass ich die Verpflichtungen des anderen nicht berücksichtige, obwohl sie Teil seiner oder ihrer konkreten Realität sind; daher verfälsche ich die Natur der Beziehung zwischen uns. Diese Beispiele sind recht wahllos, aber sie spiegeln trotzdem wider, was ich meine, wenn ich sage, dass Liebe der Natur der Beziehung zwischen Liebendem und Geliebtem angemessen sein muss.[47]

Ich argumentiere, dass es die konkrete Realität der geliebten Person ist, die wahrgenommen werden muss, wenn die Liebe gerecht sein soll. Stichwortartig zusammengefasst soll jedoch für meine Schlussfolgerung hier stehen, dass Liebe angemessen und gerecht im Sinne von »zutreffend« ist, wenn sie 1. die Realität der geliebten Person (als Mensch und als einzigartiges Individuum) weder verfälscht noch verfehlt, 2. die Realität desjenigen, der liebt, weder verfälscht noch verfehlt und 3. die Natur der Beziehung zwischen beiden weder verletzt, entstellt noch ignoriert. Wenn ich von gerechter Liebe spreche, meine ich stets alle drei Ebenen (zuvorderst allerdings die Akzeptanz der konkreten Realität der geliebten Person). Auch eine korrelierende Schlussfolgerung gehört dazu: Liebe ist mehr oder weniger »adäquat«, wenn sie zur Beziehung passt und die ganze komplexe Realität der liebenden und der geliebten Person erfasst. Es gibt nicht nur Komplexitäten in den Objekten der Liebe, sondern auch Grade des Liebens und des gerechten Liebens.

Alles, was ich über »gerechte Liebe« ausgeführt habe, sagt uns, dass Liebe als Emotion – als eine affektive, reaktive innere Handlung – nicht blind ist (obwohl sie irren kann oder das, was sie nicht sehen will oder zu sehen vermag, ignorieren oder davon abstrahieren kann). In allen meinen Publikationen habe ich argumentiert und daran festgehalten, dass Emotionen nicht nur ein affektives, sondern auch ein kognitives Element enthalten. Begehren, Wut, Mitgefühl und Angst sind abhängig davon, was wir von ihren Objekten zu wissen glauben, und genauso verhält es sich mit der Liebe. Wie Martha Nussbaum es ausdrückt, können wir uns täuschen über das, was in der Liebe gegeben ist, »über das Wer und das Wie und das Wann und das Ob«.[48] Aber die Möglichkeit des Irrtums, der Illusion oder Täuschung schließt nicht aus, dass wir etwas Richtiges und Wirkliches wahrnehmen können und darauf reagieren. »Wir entdecken auch unsere Selbsttäuschungen und korrigieren sie.«[49] Jedenfalls manchmal.

Obwohl das Wissen in der Liebe eine große Rolle spielt, braucht unser Lieben nicht durch das Verständnis seiner Objekte begrenzt zu werden. Wie Thomas von Aquin bemerkt, ist die Liebe unmittelbarer zu ihrem Objekt als das Wissen.[50] Wir können jemanden unabhängig von dem lieben, was wir von ihm oder ihr wissen. Das trifft sogar auf unsere Liebe zu Gott zu. Denn die Einheit in der Liebe kann unser Wissen von dem geliebten Objekt übertreffen, obwohl Richtung und Form der Liebe an unser Wissen gebunden sind. Wir können zum Beispiel jemanden so intensiv lieben, dass jede neue Information (auch wenn sie »enttäuschend« ist) die Liebe nicht schmälert. Genau das bedeutet es, »bedingungslos« zu lieben.

Zusammengefasst also ist die Emotion der Liebe nicht einfach ein »Gefühl«, das – ob es uns gefällt oder nicht – in Form von physiologischen Störungen und Empfindungen kommt und geht und unsere Emotionen begleiten kann (aber nicht muss).[51] Liebe ist ein spontan rezeptives, aber kein passives Reagieren; sie ist aktiv in der Reaktion, auf die Einheit gerichtet, geformt von Wahrnehmung und Verständnis – und sie beansprucht mich selbst in der Bestätigung dessen, was ich liebe. Sie ist angemessen und gerecht, sofern sie mit der konkreten Realität des geliebten Objektes, desjenigen, der liebt, und der Natur der Beziehung im Einklang steht. Das bedeutet nicht, dass wir alles von der jeweiligen Realität wissen müssen, und schließt den Gedanken des sozialen Konstruktivismus nicht aus. Sofern die Wahrnehmung und Einschätzung bestimmter Realitäten sozial konstruiert sind, sind vermutlich auch unsere Emotionen sozial konstruiert. Bei ihrer Dekonstruktion, so ist zu hoffen, geht es darum, sich klarer zu werden über die Realitäten, die wir lieben, lieben wollen und erwählen.

Liebe und Freiheit

Es gibt noch mehr über die Liebe zu sagen, wenn wir hoffen, dass die Normen der Liebe – die Kriterien für richtiges und gerechtes Lieben – jemals unsere Handlungen bestimmen können. Vor allem dies: *Liebe kann von einer Entscheidung abhängig sein.* In ihrem ersten Moment, im ersten Erwachen ist Liebe keine Angelegenheit der freien Entscheidung. Sie ist, wie ich bereits gesagt habe, rezeptiv (aber aktiv rezeptiv als spontane Reaktion auf das, was als liebenswert wahrgenommen wird).[52] Und doch können wir selbst unser Lieben am Anfang beeinflussen, indem wir entscheiden, bestimmte Realitäten zu beachten oder nicht, uns selbst die Möglichkeit geben, Liebenswürdigkeit zu entdecken, die Wahl zu treffen, an den Wert von Personen oder eines anderen Teils der Schöpfung zu glauben (selbst wenn wir es noch nicht »sehen«, denn Glauben ist eine Form des Wissens). Soweit Liebe ein Werturteil ist (oder zumindest auf ein Werturteil reagiert und daraus gespeist wird), können wir, wie Robert Solomon sagt, uns selbst »für Verhandlung, Überzeugung und Beweis« öffnen.[53] Noch wichtiger: Sobald eine Liebe geweckt ist, kann sie *sich der Freiheit überantworten*. Sie kann zu dem Bedürfnis und dem Wunsch führen, sich und das Objekt durch freie Entscheidung zu bestätigen. (Ich habe nicht die Absicht, von Liebe zu sprechen, als wäre sie eine »Sache«. *Ich* bin in Liebe erwacht, *ich* kann meine Liebe so erfahren und verstehen, dass sie es wert ist, von mir gebilligt zu werden – oder auch nicht.) In der Mitte unseres Selbst können wir uns mit unserer Liebe identifizieren und sie in Freiheit billigen – in Freiheit. Wählen wir diese Liebe oder jene, diese Form des Liebens oder jene, diese oder jene Handlung, die Liebe ausdrückt? Wir übernehmen Verantwortung für unser Lieben oder können es zumindest tun. Wir können auch die eine oder andere Liebe zurückweisen oder aufschieben, indem wir uns dafür entscheiden, uns mit ihr *nicht zu identifizieren*. Wir haben keine direkte Kontrolle über unser Lieben und können eine Liebe nicht einfach »abstellen«, aber wir können beschließen, unser tiefstes Selbst nicht mit dieser oder jener spontanen Liebe zu identifizieren und sie nicht in Handlung münden zu lassen. Wir können unser Lieben durch unsere Entscheidungen formen. Wir können wählen, an das zu glauben, was wir lieben, und ihm Beachtung zu schenken – selbst wenn die Gefühle, welche die Liebe begleiten, kommen und gehen. Wir können uns für den Versuch entscheiden, unsere Emotionen und Gefühle zu ändern, wenn sie mit unserer gewählten Liebe in Konflikt geraten – indem wir sie ignorieren, neu ausrichten oder sie lediglich in unserer Fantasie »gewähren« lassen. Wir können uns dafür entscheiden, die Taten der Liebe zu tun und unser Leben so einzurichten, dass unsere gewählte, gebilligte Liebe weiter bestehen und wachsen kann.

Begehren

Begehren, wie ich es zuvor beschrieben habe, gründet in einer fundamentaleren affektiven Aktivität; es gründet in Liebe und entsteht aus ihr – letztlich aus Liebe zu mir selbst oder einem anderen oder aus einer Mischung von beidem.[54] *Begehren, das in Selbstliebe gründet*, ist die Form, die Liebe annimmt, wenn es uns nach Selbstbestätigung, Wohlbefinden oder einer Errungenschaft verlangt. *Begehren, das in Liebe zu einem anderen gründet*, ist die Form, die Liebe annimmt, wenn wir nicht völlig mit dem Objekt unserer Liebe vereint sind – ob wir nun nach größerer Einheit streben, Besitz, Gegenseitigkeit oder Gegenwart. Wir können auch wollen, dass unsere Liebe um des Geliebten willen größer, besser, wahrer ist. Begehren ist angemessen und gerecht, wenn die Liebe, aus der es entspringt, angemessen und gerecht ist. Es kann diese Liebe zum Guten oder Schlechten beeinflussen. Das Begehren kann die Liebe übertreffen, sodass sie in erster Linie zu Selbstliebe wird. All das bedeutet, dass auch das Begehren Normen haben kann; Normen, die von der konkreten Wirklichkeit dessen abhängen, was geliebt wird.

Im vorangegangenen Kapitel habe ich von romantischer Liebe, sexueller Liebe und dem entsprechenden romantischen und sexuellen Begehren gesprochen. Wenn wir nach sexualethischen Normen fragen, suchen wir letzten Endes die Normen für sexuelle Liebe und sexuelles Begehren. Aus allem bisher Gesagten ist hoffentlich deutlich geworden, warum Liebe und Begehren, Beziehungen und Aktivitäten von der Gerechtigkeit »normiert« werden sollten. Wie also sieht eine gerechte Sexualität aus?

Kapitel 6

Gerechter Sex –
Leitlinien für eine Sexualethik

Es ist keine Überraschung, dass die ethischen Leitlinien, die ich für
den sexuellen Bereich des menschlichen Lebens vorschlage, mit Gerechtigkeit und mit Liebe zu tun haben. Ich habe mich kontinuier-
lich darauf zubewegt. Es ist auch keine Überraschung, dass ich am
Ende zu Leitlinien komme, die nicht Gerechtigkeit *und* Liebe vorschlagen, sondern Gerechtigkeit *in* der Liebe und in den Handlungen, die der Liebe entspringen. Die schwierigste Frage bei der
Entwicklung einer Sexualethik ist nicht, ob diese oder jene sexuelle
Handlung abstrakt moralisch gut ist, sondern vielmehr, wann sexuelle Ausdrucksformen in einer Beziehung angebracht, moralisch gut
und gerecht sind. Mit welchen Motiven, unter was für Umständen,
in welchen Formen von Beziehungen leben wir unser sexuelles
Selbst auf eine Weise aus, die gut, angemessen, richtig und gerecht
ist?

Es gibt viele, die diese Kopplung von Gerechtigkeit und Liebe
intuitiv ablehnen. In der Tat bieten sich ein paar heftige Einwände
an: Einige werden sagen, dass viele Arten von Liebe, besonders von
romantischer und sexueller Liebe, unterminiert werden, wenn man
Gerechtigkeit zu einer Voraussetzung macht. Die Herrlichkeit der
Liebe würde einer Art »Tyrannei« der Gerechtigkeit unterworfen.
Sex würde gemaßregelt werden, was nicht seinem Wesen entspricht.
Die Gerechtigkeit sei ein zu strenger Zuchtmeister für die Sponta-

neität der Liebe, die Leidenschaft des sexuellen Begehrens und die Intimitäten, die ganz der Freude und der Privatheit überlassen werden sollten. Einige werden sagen: Das hat uns gerade noch gefehlt. Eine weitere Methode, mithilfe von plumpen, sozial konstruierten Normen persönliche Beziehungen zu formen und zu kontrollieren – zum Vorteil einiger, aber zum Nachteil aller anderen.

Doch muss das »Gesetz« der Gerechtigkeit wirklich den Sex und die Liebe gängeln und unterminieren? Nicht unbedingt. Mit W. H. Auden könnten wir sagen: »Gesetz, das ist, was die Gärtner befolgen … Gesetz, das ist die Weisheit der Alten, impotente Großväter, die schimpfen und schelten … Gesetz, sagt der Priester mit einem heiligen Blick … das ist das Wort in meinem heiligen Buch … Gesetz, sagt der Richter, ist DAS GESETZ.« Liebende jedoch schlagen schüchtern vor, das Gesetz sei »Wie die Liebe, sage ich … Wie Liebe, die wir nicht zwingen und fliehen können, wie die Liebe, die uns zum Weinen bringt, Liebe, die wir nur selten behalten.«[1] Das Gesetz der Gerechtigkeit braucht jedoch keine dieser Bedeutungen anzunehmen, wie ich zu zeigen hoffe.

Gerechtigkeit

Gerechtigkeit kann natürlich vieles bedeuten. Ich gebrauche das Wort in der klassischen, formalen Bedeutung: jedem und jeder zu geben, was ihm oder ihr gebührt. Diese Vorstellung ist viel allgemeiner als die Arten von Gerechtigkeit, die wir normalerweise im Blick haben – zum Beispiel die Verteilungsgerechtigkeit, die Gerechtigkeit des Gesetzes, die ausgleichende Gerechtigkeit. Sie steckt im Kern jedoch in allen Formen von Gerechtigkeit – auch und gerade in der sexuellen Gerechtigkeit.

Mit dieser formalen Bestimmung kommt man allerdings nicht

weit, wenn man wissen will, was wirklich gerecht ist. Sie gibt eine Richtung vor, ist aber nicht spezifisch genug, um konkrete Handlungsanweisungen zu geben. Sie sagt uns nicht, *was* genau jemandem »gebührt«. Das ist der Grund, aus dem ganze Rechtssysteme faktisch ungerecht waren. Ohne kritische Präzisierung kann es – im Namen der Gerechtigkeit – Systeme geben, in denen die Sklaverei gebilligt wird, bestimmte Personengruppen diskriminiert und Frauen und Männer ungleich behandelt werden. Gelegentlich wird behauptet, dass es einigen Individuen »gebührt«, als Herren behandelt zu werden, während andere Sklaven zu sein haben. Ebenso hält man es für richtig und gerecht, einigen Personen einen Platz am Rand der Gesellschaft zuzuweisen. Und angeblich gebührt es Frauen, bestimmte Rollen und Positionen in der sozialen Hierarchie einzunehmen, weil das im Einklang mit ihrer Natur steht.

Obwohl mir bewusst ist, dass es viele Möglichkeiten gibt, die Voraussetzungen von Gerechtigkeit zu präzisieren – durch gesellschaftliche Verträge, Gewohnheitsrechte, vernunftgemäße Argumentation –, möchte ich hier mit der Übertragung des formalen Gerechtigkeitsbegriffs – jedem zu geben, was ihm gebührt – in das folgende grundlegende ethische Prinzip beginnen: *Personen und Personengruppen sollten nach Maßgabe ihrer konkreten, aktuellen und potenziellen Realität anerkannt werden.* Abhängig von ihren Lebensumständen und Beziehungen kann die konkrete Realität von Personen etwa einen besonders relevanten Aspekt einschließen – jemand kann zum Beispiel Käufer oder Verleiher, Elternteil oder Kind, Pflegekraft oder Patient, engagiertes Mitglied einer Vereinigung von Freiwilligen sein und so weiter. Aber auch diese Bestimmung ist noch zu formal, um zu erkennen, was wirklich gerecht ist. Deshalb müssen wir weitergehen und Prinzipien bestimmen, die präzisieren, was »gebührend« ist, und unserer formalen Bestimmung einen substanziellen Gehalt geben. Wenn wir gesagt haben, dass Gerechtigkeit in der Liebe meint, im Einklang mit der konkreten Realität von

Personen zu lieben, dann hängen unsere konkreten Gerechtigkeitsprinzipien von der Interpretation genau dieser Realität ab – den Bedürfnissen, Fähigkeiten, Beziehungsansprüchen, Möglichkeiten und Verletzlichkeiten der Menschen.

Die konkrete Realität von Personen

Unser Wissen vom Menschen im Allgemeinen und von individuellen Personen im Besonderen unterscheidet und verändert sich, weil unsere Interpretationen der menschlichen Erfahrung historisch und sozial bedingt sind. Darüber hinaus gibt es Unterschiede (nicht nur die Wahrnehmung von Unterschieden) in den empirischen konkreten Realitäten von Individuen und Gruppen – Unterschiede, die von erheblicher Bedeutung für uns sind oder sein sollten. Wer kann die unzähligen Nuancen von Menschsein übersehen, die auf so viele Arten in den suchenden Augen des Liebenden erscheinen?

> Wie viele liebten deine Schönheit nicht
> Und deine Fröhlichkeit. Ach, einer nur
> Hat deine Pilgerseele und die Spur
> Von Schmerz geliebt in deinem Angesicht …[2]

All diese Schwierigkeiten und Möglichkeiten sollten uns zur Vorsicht mahnen, wenn wir die konkrete Realität von Personen interpretieren wollen – sie dürfen uns aber nicht davon abhalten, diese wichtige Aufgabe anzugehen. Die Liebe selbst kann uns dazu führen, unsere Interpretationen der Realität von Personen zu untersuchen und mit den anderweitig gewonnenen moralischen Einsichten zu vergleichen, gutzuheißen oder zu korrigieren.

Was ich vorschlage, ist im Wesentlichen ein induktiver Ansatz, der mit den folgenden Beobachtungen beginnt: Jede Person besteht aus einer *komplexen Struktur* – sie ist verkörpert, beseelt, hat ein *Bedürfnis* nach Nahrung, Kleidung, Unterkunft und ist zu einer bestimmten Zeit normalerweise fähig zur Fortpflanzung, hat aber auch die *Möglichkeit der freien Entscheidung* und die *Fähigkeit, zu denken und zu fühlen*.[3] Wesentlich für menschliche Personen sind auch ihre *Beziehungen* – sie haben interpersonale und soziale Bedürfnisse und die Fähigkeit, sich für andere, auch Gott, wissend, liebend und begehrend zu öffnen. Sie haben auch all die emotionalen Fähigkeiten, die uns vertraut sind, wie Angst, Wut, Trauer, Hoffnung, Freude. Personen existieren *in der Welt*, sodass ihre Realität ihre spezielle *Geschichte* und ihre *Position* in sozialen, politischen, ökonomischen und kulturellen Kontexten einschließt. Weiterhin sind Personen Teil eines Netzwerks von Institutionen – ohne dass sie sich völlig mit ihnen identifizieren müssen oder auf sie reduziert werden können, und manchmal ist die Beziehung sogar nur durch eine Zurückweisung bestimmt. Die Realität von Personen umfasst nicht nur ihre gegenwärtige *Aktualität*, sondern auch ihre *positive Potenzialität* – ihre Entwicklungsmöglichkeiten, ihre menschliche und individuelle Selbstentfaltung. Aber Personen sind auch *anfällig* für die Verminderung ihrer Fähigkeiten. Schließlich ist jede Person *einzigartig*, hat aber auch allgemein am Menschsein teil. Eine gerechte Liebe zu Personen berücksichtigt all diese Aspekte, obwohl einige wichtiger sein können als andere, was vom Kontext und von der Natur der Beziehung abhängt.

Verpflichtende Merkmale der Personalität

Das zeitgenössische Verständnis der menschlichen Person führt uns dazu, zumindest zwei grundlegende Merkmale der Personalität in den Blickpunkt zu rücken: die *Autonomie* und die *Relationalität*.[4] »Grundlegend« soll hier nicht heißen, dass wir vollständig verstehen können, was die »Essenz« der menschlichen Person ist – im zeitgenössischen westlichen Denken gibt es eine Scheu davor, anzunehmen, wir könnten das Wesen der Dinge erkennen. Mein Entwurf berücksichtigt deshalb, dass unser Wissen bruchstückhaft und historisch veränderbar ist und dass das menschliche Selbstverständnis von Kultur zu Kultur und über die Zeiten hinweg variiert. Trotzdem scheint mir, dass wir vernünftigerweise weder behaupten können, dass wir überhaupt nichts über die menschliche Person als Person wissen, noch, dass es nichts gibt, was wir in dieser Hinsicht miteinander teilen.

Man muss nicht zwingend von der konkreten Realität individueller Personen abstrahieren, um Überlegungen darüber anzustellen, was für die menschliche Persönlichkeit zentral ist. Tatsächlich können solche Überlegungen einige grundlegende Voraussetzungen von Liebe und Sexualität offenlegen. »Verpflichtende Merkmale« von Personen bilden die Grundlage des Anspruchs, Personen zu *respektieren*, wie auch immer wir mit ihnen in Beziehung stehen, sexuell oder auf andere Weise. Autonomie und Relationalität sind deshalb »verpflichtende Merkmale«, weil sie die Verpflichtung begründen, Personen als *Zweck in sich* zu respektieren, und verbieten, sie als bloße Mittel zu benutzen.[5] Diese Behauptung verdient, weiter erkundet zu werden.

Nach meiner Überzeugung sind Personen von unbedingtem Wert und Zweck in sich, weil sie so von Gott geschaffen und so von Gott geliebt werden, der uns den Befehl und die Aufforderung offenbart hat, einander als Ziel zu behandeln und nicht als Mittel zum Zweck. Obwohl diese Auffassung aus meinem Glauben resultiert, bin ich mir sicher, dass diese Darstellung der menschlichen Charakteristika auch für Menschen akzeptabel ist, die einer anderen oder keiner Glaubenstradition angehören. Deshalb möchte ich auf der Basis unserer Erfahrung weiter argumentieren. Erstens: Personen sind Zweck in sich, weil sie autonom sind in dem Sinne, dass sie die

Fähigkeit zur *freien Entscheidung* haben. Warum? Weil die Freiheit der Entscheidung, wie wir sie erfahren, eine Fähigkeit der *Selbstbestimmung* als verkörpertes, beseeltes Wesen ist, und das heißt, dass wir nicht nur unsere eigenen Handlungen, sondern auch unsere Ziele und unsere Liebe wählen können. Diese Fähigkeit bestimmt, innerhalb gewisser Grenzen, unser eigenes Leben und Geschick. Sie gibt uns die Richtung vor – ob zum Guten oder zum Schlechten. Wenn ich eine andere menschliche Person als bloßes Mittel behandle, bedeutet das daher, dass ich sie in ihrer Autonomie verletze – es bedeutet, dass ich versuche, sie in meine Absichten einzubeziehen, ohne ihre eigenen zu respektieren.

Zweitens begründet auch die menschliche Fähigkeit, *Beziehungen* einzugehen (die Relationalität), eine Verpflichtung, Personen als Zweck in sich zu respektieren. Noch einmal: Warum? Es wird allgemein anerkannt, dass Individuen in der Beziehung zu anderen nicht nur einfach überleben oder gedeihen, sie können gar nicht ohne eine grundlegende Form des Bezogenseins auf andere existieren.[6] Das bedeutet im Allgemeinen die Abhängigkeit von anderen, doch ist damit auch die *Fähigkeit* bezeichnet, über uns selbst hinaus zu anderen Menschen zu gelangen. Wir sind nicht nur, wer wir sind, weil wir in gewissem Maß durch unsere Freiheit bestimmen können, so zu sein, sondern weil wir uns durch unsere Fähigkeit, jemanden zu erkennen und zu lieben, selbst transzendieren. Beziehungen sind dem Menschen nicht äußerlich, sondern wesentlich, es ist die radikale Möglichkeit, mit jedem Menschen, den wir kennen und lieben lernen, in Beziehung zu treten und eine Einheit zu bilden – besonders mit anderen Personen, aber auch mit Gott, wo die Einheit die Form der Kommunion annehmen kann. Als solche sind wir nicht begrenzt, nicht ein für alle Mal in uns selbst vollendet. Wir bleiben offen für die Einheit mit anderen; unsere innere Welt ist selbst-transzendent. Die Welt zu respektieren, die wir sind und die wir sein werden, bedeutet ebenfalls, uns selbst und andere Personen als

Zweck und nicht nur als Mittel zu behandeln. Ob vormoderne, moderne oder postmoderne Philosophien nun ein beständiges oder unbeständiges Selbst annehmen, es ist die Achtung vor der Welt des Selbst, die Respekt und sogar Ehrfurcht erzeugen kann, wenn wir sie nur sehen wollen.[7]

Man kann das alles auch so sagen: Als Personen sind wir *Zentrum und Ziel, Zweck in uns selbst, weil wir uns auf eine gewisse Weise selbst transzendieren, aber auch zu uns selbst gehören.* Durch unsere Freiheit transzendieren wir uns, leiten etwas Neues ein, das über unsere Vergangenheit und Gegenwart hinausgeht. Durch unsere Freiheit gehören wir uns auch selbst, unser Selbst und unsere Handlungen sind in gewissem Sinn unsere eigenen. Neben der Freiheit sorgt auch unsere Relationalität dafür, dass wir uns als Menschen transzendieren und uns selbst gehören; wir gehören uns selbst, und doch gehören wir auch anderen, zu denen wir unser Sein durch unsere wissende Liebe und unser liebendes Wissen ausgedehnt haben. Im Erkennen und in der Liebe und im Erkanntwerden und Geliebtwerden haben wir unser Zentrum sowohl innen als auch außen – sowohl in dem, was wir lieben, als auch in uns selbst, denn wir halten das, was wir lieben, in unserem Herzen. Die Fähigkeit, einander und alle Dinge (auch das Göttliche) zu lieben, gebietet den Respekt für Personen. Jede einzelne Person ist uneingeschränkt wertvoll. Jede Person ist eine ganze Welt in sich, und ihre Welt ist in dem, was sie liebt. Das ist die Bedeutung von Innerlichkeit für uns und für unsere Beziehungen miteinander.[8]

Freiheit und Relationalität sind also die verpflichtenden Merkmale, die jede Norm begründen, die wir für eine allgemeinmenschliche oder eine Sexualethik formulieren. Lebewesen mit diesen Merkmalen sollten nicht völlig von den Plänen und Absichten eines anderen vereinnahmt werden. Sie sollten nicht als bloße Mittel, sondern auch als Zweck in sich selbst behandelt werden. Außerdem sind Freiheit und Relationalität als Merkmale von menschlichen

Personen miteinander verbunden: Wir können ohne nährende Beziehungen nicht in Freiheit aufwachsen, und letztlich ist die Freiheit um der Beziehungen willen da, die wir am Ende erwählen, um uns in unserem tiefsten Selbst mit ihnen zu identifizieren. Zusammen liefern Autonomie (oder Freiheit) und Relationalität auch den Gehalt für die meisten grundlegenden Normen einer Sexualethik. Die Normen für eine allgemeine Sexualethik müssen ihnen nicht nur genügen, sondern sie auch in ihrer Bedeutung explizieren.

Trotz allem, was ich oben gesagt habe, ist es vielleicht nicht überflüssig, hier eine allgemeine Schlussfolgerung zu ziehen. In Kapitel 4 habe ich von den vielfältigen Bedeutungen und Zielen oder Motivationen der menschlichen Sexualität gesprochen – einige davon sind verfehlt und destruktiv, andere positiv und kreativ. Nachdem wir die gerechte Liebe und das Begehren betrachtet haben, können wir sagen, dass die Ziele von Sexualität mit der konkreten Realität von menschlichen Personen übereinstimmen oder sie zumindest nicht verletzen sollten. Wenn eine solche Übereinstimmung gegeben ist, sind die Ziele weder destruktiv noch verfehlt. In Kapitel 4 habe ich auch Elemente bestimmt, die zur menschlichen sexuellen Erfahrung gehören und kennzeichnend für sie sein können. Dazu zählen nicht nur Verkörperung und Emotionen, sondern Lust, Begehren und Liebe, Sprache und Kommunikation, Fortpflanzung und Macht. Dies alles sind wichtige menschliche Güter. Wenn Sex der Ausdruck einer gerechten Liebe ist, dann können sie alle Ziel oder Teil des Ziels des sexuellen Begehrens und der sexuellen Aktivität sein.[9] Ob sie es auf eine gerechte Art und Weise sind, wird deutlicher werden, wenn wir die ethischen Normen für sexuelle Aktivitäten genauer bestimmen. Macht kann in zwischenmenschlichen Beziehungen etwa etwas Positives sein, ist es aber nicht zwangsläufig. Ob und wann sie in sexuellen Beziehungen gut ist, muss durch spezifischere Normen bestimmt werden.

Die Normen für gerechten Sex

Einige vorbereitende Klarstellungen. Erstens: Die Normen, die mir vorschweben, sind keine Ideale, sondern Mindesterfordernisse. Zweitens und als Einschränkung des ersten Punkts: Alle diese Normen lassen Gradationen zu. Das heißt, man sollte sie als Notwendigkeiten *und* Ideale begreifen. In diesem doppelten Sinn sind sie alle Teil der Gerechtigkeit und können in verschiedenen Umfeldern als Normen einer »minimalen« oder »maximalen« Gerechtigkeit verstanden werden. Während minimale Gerechtigkeit immer erforderlich ist, kann maximale Gerechtigkeit darüber hinausgehen – zu dem, was »passend« ist – und auf ein Ideal verweisen.[10] Drittens: Die spezifischen Normen schließen sich nicht gegenseitig aus. Obwohl jede von ihnen einen anderen Schwerpunkt setzt, können einige sexuelle Verhaltensweisen und Beziehungen unter mehr als eine Norm fallen. Viertens: Weil Menschen verkörperte Seele, beseelter Körper sind, sind auch die Autonomie und Relationalität *verkörpert*. Die Normen, die ich vorschlage, fordern Respekt für die körperliche und die seelische Realität ein. Ich wende mich jetzt den spezifischen Normen zu, die ich für eine zeitgemäße menschliche und christliche Sexualethik als zentral erachte.

1. Unversehrtheit

Die erste allgemeine ethische Norm, die wir festlegen können, ist die Verpflichtung, Personen nicht ungerechtfertigt zu schaden.[11] Sie wird durch die beiden verpflichtenden Merkmale der Personalität begründet. Weil Personen Personen sind, haben wir Achtung vor ihnen und die Verpflichtung zum Respekt. »Füge keinen Schaden zu« ist ein Echo des biblischen Gebots »Du sollst nicht töten«. Personen zu schaden könnte heißen, sie als Zweck in sich zu verletzen.[12] Doch die Verletzung kann viele Formen annehmen: physische, psychische, spirituelle – und auch die zwischenmenschlichen Beziehungen können Schaden nehmen. Oder sie zeigt sich als unterlassene Hilfeleistung, als Versäumnis, zu unterstützen, sich zu kümmern, zu ehren, wo es notwendig wäre. Ich beziehe alle diese Formen in diese Norm ein.

Im sexuellen Bereich erhält »Füge keinen ungerechtfertigten Schaden zu« besondere Bedeutung, weil die Menschen hier besonders verletzlich sind. Wie Karen Lebacqz sagt: »Sexualität hat mit Verletzlichkeit zu tun. Eros, das Begehren eines anderen, die Leidenschaft, die den Wunsch nach sexuellem Ausdruck begleitet, macht verletzlich ... anfällig dafür, verwundet zu werden.«[13] Wir können auf unzählige Arten verwundet werden. Gerade weil Sexualität von Vertraulichkeit und intimer Nähe geprägt ist, existiert die Verletzlichkeit in unserer Verkörperung und den Tiefen unseres Gemüts. Das Begehren – nach Lust oder Macht – kann in sexuellen Beziehungen zum Schlagstock werden. Als beseelte Körper sind wir anfällig für sexuelle Ausbeutung, Prügel, Vergewaltigung, Versklavung und die Gefahren, die von einem ungeschützten Sexualverkehr ausgehen. Als verkörperter Geist sind wir anfällig für Täuschung, Betrug, ungleiche Erwartungen, schwächende »Fesseln« des Begehrens[14], Verführung, den Schmerz der ausbleibenden Erfüllung. In den vorangegangenen Kapiteln haben wir gesehen, welche Rolle der Sex bei Konflikten spielen kann, wie er mit der Scham verbunden ist, welches Potenzial er für Instrumentalisierung und Vergegenständlichung hat. Wir sind der menschlichen Verletzlichkeit auch im Kontext von ausschließenden Praktiken und Urteilen aufgrund der Geschlechterzugehörigkeit begegnet: »Schreckliche Dinge werden Menschen angetan, die abweichen.«[15]

Zu den Handlungen und sozialen Modalitäten, die traditionellerweise im sexuellen Bereich für schädlich gehalten werden, gehören alle Formen von Gewalt sowie Pornografie, Prostitution, sexuelle Belästigung, Pädophilie und Sadomasochismus. Die meisten von ihnen sind heute umstritten und können nicht ohne Weiteres zurückgewiesen und als ungerecht beurteilt werden. Viele von ihnen fallen jedoch in den Geltungsbereich anderer sexualethischer Normen, die wir noch erkunden müssen. Ich werde deshalb zu gegebener Zeit zu ihnen zurückkehren.

Das Gebot der Unversehrtheit ist schon recht konkret, geht aber noch nicht weit genug. Es ist nötig, noch weitere Prinzipien festzulegen, da unsere Sexualethik darauf abzielt, die komplexe konkrete Realität von Personen zu berücksichtigen. Autonomie und Relationalität – die beiden ursprünglichen Merkmale der menschlichen Person – liefern nicht nur eine Grundlage für die Forderung nach körperlicher und seelischer Unversehrtheit, sondern aus ihnen lassen sich noch sechs weitere spezifische und positive Normen ableiten.[16] Gehen wir deshalb von unserer ersten Norm – Unversehrtheit – zur zweiten Norm für eine Sexualethik über: die Freiheit der Entscheidung.

2. Einvernehmlichkeit

Wir haben die menschliche Freiheit (Autonomie oder die Fähigkeit zur Selbstbestimmung) bereits als Begründung für eine allgemeine Verpflichtung erkannt, Personen als Zweck in sich selbst zu respektieren. Diese Fähigkeit zur Selbstbestimmung untermauert jedoch eine spezifischere Norm. Das in dieser Norm artikulierte Erfordernis ist umso schwerwiegender, als es ganz direkt die Autonomie von Personen – als verkörpert und beseelt, als transzendent und frei – gewährleistet.[17] Ich beziehe mich hier auf die spezifische Verpflichtung, das Recht von menschlichen Personen zu respektieren, ihre Handlungen und ihre Beziehungen im sexuellen Bereich ihres Lebens selbst zu bestimmen.[18] Dieses Recht beziehungsweise diese Verpflichtung, die individuelle Autonomie zu respektieren, legt ein minimales, aber absolutes Erfordernis der Einvernehmlichkeit zwischen Sexualpartnern fest. Das bedeutet natürlich, dass Vergewaltigung, Gewalt oder jeder schädliche Gebrauch von Macht gegenüber Personen, die nicht einverstanden sind, niemals gerechtfertigt sein kann. Ausgeschlossen sind außerdem Verführung und Beeinflussung von Personen, deren Entscheidungsfähigkeit aufgrund von Unreife, besonderer Abhängigkeit oder zeitweiliger Schwäche eingeschränkt ist. Darüber hinaus wendet sich das Erfordernis der freien Zustimmung gegen sexuelle Belästigung, Pädophilie und andere Fälle, in denen das Recht und die Fähigkeit von Personen, frei zu entscheiden, missachtet werden.

Von der Verpflichtung seitens der Sexualpartner, die Regel der freiwilligen Zustimmung einzuhalten, leiten sich weitere ethische Normen ab wie das Erfordernis, die Wahrheit zu sagen, Versprechen zu halten und die Intimsphäre, also die »körperliche Integrität«, zu respektieren. »Nicht anfassen, nicht eindringen, nicht benutzen«, so heißt das Gebot, es sei denn, ein Individuum stimmt freiwillig zu.[19] Der Respekt für verkörperte Freiheit geht dem Respekt für die Intimität des sexuellen Selbst voraus.

Welche Begründungen auch immer für die Prinzipien, *die Wahrheit zu sagen* und *Versprechen zu halten*, noch angeführt werden können, ihre Übertretung beschränkt und behindert die Freiheit der Entscheidung der anderen Person: Täuschung und Betrug sind letztlich Zwangsmaßnahmen. Wenn ich dich belüge oder täusche und du handelst auf der Grundlage dessen, was ich gesagt habe, dann habe ich deine Möglichkeiten eingeschränkt und daher erheblichen Zwang auf dich ausgeübt. Wenn ich dir ein falsches Versprechen gebe und du auf der Grundlage dieses Versprechens Entscheidungen triffst, habe ich ebenfalls getäuscht, Zwang ausgeübt und betrogen.[20] Zusammen mit dem Erfordernis der freiwilligen Zustimmung gehören diese weiteren Verpflichtungen also auch zu einer Sexual-ethik.

Relationalität ist, wie ich argumentiert habe, ebenso ursprünglich wie Autonomie ein wesentliches Merkmal der menschlichen Personalität und begründet zusammen mit der Autonomie die Verpflichtung, Personen als Zweck in sich selbst zu respektieren. Wie die Autonomie bewirkt die Relationalität mehr, als nur die Verpflichtung zu begründen, Personen als Personen zu respektieren: Sie präzisiert den Inhalt dieser Verpflichtung. Personen als Zweck zu behandeln und nicht nur als Mittel beinhaltet, ihre Fähigkeiten und ihr Bedürfnis nach Beziehung zu respektieren. Sexuelle Aktivität und sexuelle Lust sind Instrumente und Formen von Beziehung; sie können Beziehungen verstärken oder behindern, zu ihnen beitragen und sie ausdrücken. Sexuelle Aktivität und Lust sind kein absolutes, zwingendes Gut, das niemals anderen Gütern untergeordnet werden kann oder auf das man nicht um anderer Güter willen verzichten könnte, aber sie sind gewiss ein sehr großes Gut, weil sie Relationalität und das allgemeine Wohlbefinden von Personen ermöglichen.

Wenn eine Person mit einer anderen sexuell aktiv ist, darf Sex daher die Relationalität nicht verletzen, sondern muss ihr dienen – es reicht nicht aus, nur die freie Entscheidung der Sexualpartner zu respektieren. Zusätzlich zum Gebot der Unversehrtheit und der Einvernehmlichkeit erzeugt die Relationalität als Charakteristikum menschlicher Personen fünf weitere spezifische Normen für sexuelle Aktivität und sexuelle Beziehungen: Gegenseitigkeit, Gleichheit, Verbindlichkeit, Fruchtbarkeit und soziale Gerechtigkeit. Für eine adäquate zeitgemäße Sexualethik müssen wir die Bedeutung und die Folgerungen aus allen diesen Normen erkunden.

3. Gegenseitigkeit

Sexuelle Aktivität erfordert Gegenseitigkeit. Heutzutage erscheint dies als selbstverständlich, aber das war nicht immer so. Die traditionellen Vorstellungen von heterosexuellem Sex sind durchdrungen von Bildern der männlichen Aktivität und der weiblichen Passivität, der Frau als Gefäß und des Mannes als Vollbringer, dem weiblichen Nährboden und dem männlichen Samen. Kein anderes Männer- und Frauen-Bild hat so lange einen so tief greifenden Einfluss auf das Selbstverständnis der Geschlechter gehabt. Heute halten wir solche Beschreibungen für drollig oder erschreckend, und haben ein Gespür für die Gefahr entwickelt, die ihnen innewohnt. Denn trotz des offensichtlichen Widerspruchs zwischen dem aktiven/passiven Modell der sexuellen Beziehung und der ebenfalls verbreiteten Annahme einer unersättlichen weiblichen Sexualität hat dieses Modell die Vorstellungskraft und die Handlungen geprägt und ein Rollenverständnis bekräftigt, nach dem der Mann (das aktive Prinzip) wichtiger ist als die Frau, die einfach nur wartet – auf Sex, auf die Schwangerschaft, auf die Geburt. Als ob all dies nicht auch ihrer Kontrolle unterlag.

Heute ist unsere Sicht eine ganz andere. Wir haben gelernt, dass die männlichen und die weiblichen Fortpflanzungsorgane keineswegs Aktivität für den einen und Passivität für den anderen vorschreiben und dass die männlichen und weiblichen Charakterzüge diese Wahrnehmung auch nicht unbedingt nahelegen. Wir haben zu schätzen gelernt, dass männliche Körper auch physisch empfangen, umschließen, umarmen können und weibliche Körper aktiv sind, gebend, eindringend. Und wir haben verstanden, dass es in allen Formen von Beziehungen – ob nun hetero- oder homosexuell, genital oder eine der vielen anderen Arten, unser Begehren und unsere Liebe zu verkörpern – die Möglichkeit der Gegenseitigkeit gibt.

Für uns ist der Schlüssel zum Verständnis nicht mehr die binäre Opposition von Aktivität und Passivität, sondern aktive Empfänglichkeit und empfängliche Aktivität – jeder Partner ist aktiv und jeder Partner ist empfänglich. Aktivität und Empfänglichkeit durchdringen einander, sodass Aktivität eine Reaktion auf etwas sein kann, das empfangen wurde (wie Schönheit), und Empfänglichkeit eine Aktivität sein kann (etwa auf die Art, wie man einen Gast »empfängt«).[21]

Der Norm der Gegenseitigkeit liegt eine Auffassung des sexuellen Begehrens zugrunde, die in ihm nicht nur eine Suche nach Lust und Triebentspannung sieht (obwohl das dazugehören kann). Weil sie grundlegend relational ist, sucht die menschliche Sexualität vielmehr letztlich nach etwas, das moderne Philosophen »ein zweifaches gegenseitiges Zufleischwerdenlassen« oder Gegenseitigkeit des Begehrens und verkörperte Einheit nennen.[22] Niemand kann leugnen, dass Sex viele Funktionen haben und von vielen Arten des Begehrens motiviert sein kann. Trotzdem ist zumindest innerhalb einer interpersonalen Beziehung eine gewisse Gegenseitigkeit zentral für seine Bedeutung, notwendig für seine Erfüllung und in moralischer Hinsicht normativ.

Allerdings sollten wir uns hüten, die Gegenseitigkeit mit allzu hehren Worten zu lobpreisen. Wie das Konzept der aktiven und passiven Sexualität birgt auch das Konzept der Gegenseitigkeit Gefahren. Wenn wir zum Beispiel voraussetzen, dass Gegenseitigkeit völlige Selbstoffenbarung erfordert, könnte sie uns zum Schaden gereichen, es sei denn, dass die sexuelle Beziehung zu gerechtfertigtem und gegenseitigem Vertrauen herangereift ist.[23] Wenn wir denken, das Sex nur dann gerecht und gut ist, wenn die Gegenseitigkeit *vollendet* ist, müssen wir einräumen, dass kleinere oder größere persönliche Unzulänglichkeiten sie untergraben können. Wir wissen, dass Geduld, Vertrauen und vielleicht auch bedingungslose Liebe nötig sind, damit die Gegenseitigkeit zu dem wird, was wir uns erträumen. Was uns an Gegenseitigkeit für einen One-Night-Stand, eine kurze Affäre oder eine lebenslange Liebe abverlangt wird, unterscheidet sich qualitativ und graduell.

Tatsächlich kann die Gegenseitigkeit, die sexuelle Liebe und Aktivität gerecht macht (und für »guten Sex« im landläufigen Sinn sorgt), auf viele Arten ausgedrückt werden. Wie dem auch sei, ein gewisser Grad von Gegenseitigkeit in den Einstellungen und Handlungen beider Partner ist trotzdem erforderlich. Ganz ohne eine Form von Aktivität und Empfänglichkeit, Geben und Empfangen – zwei Seiten einer gemeinsamen Realität bei und in beiden Personen – geht es nicht. In gewissem Maß ist die Gegenseitigkeit von Begehren, Handlung und Reaktion notwendig. Zwei Freiheiten treffen sich, zwei Körper treffen sich, zwei Herzen kommen zusammen – dies sind metaphorische und realistische Beschreibungen der sexuellen Gegenseitigkeit. Teil der ethischen Aufgabe jeder Person oder der gemeinsamen Aufgabe in jeder Beziehung ist es, die Schwelle zu bestimmen, von der ab diese Norm beachtet werden muss und unterhalb deren sie verletzt wird.

4. Gleichheit

Unsere Überlegungen zur Gegenseitigkeit führen zu einer weiteren Norm, die auf der Relationalität beruht. Die freie Entscheidung und die Gegenseitigkeit reichen nicht aus, um den Respekt in sexuellen Beziehungen sicherzustellen. Eine notwendige Bedingung für echte Freiheit und Gegenseitigkeit ist nämlich die Gleichheit – vor allem die Gleichheit an Macht. Größere Unterschiede des sozialen und ökonomischen Status, des Alters und der Reife, der beruflichen Identität oder der Auffassung der Geschlechterrollen können insofern problematisch sein, als sie ein Ungleichgewicht der Macht nach sich ziehen – und daher der Verletzlichkeit, Abhängigkeit und

Handlungsmöglichkeiten. Wie das Konsensprinzip schließt das Erfordernis der Gleichheit aus, dass ein Partner als Eigentum behandelt wird, als Ding oder Ware. Jean-Paul Sartre beschreibt zum Beispiel einen angeblich freien und gegenseitigen Austausch zwischen Personen, der aber von einer uneingestandenen Dominanz und Unterwerfung gekennzeichnet ist: »Der eine gibt lediglich vor, *nicht zu wissen*, daß der andere unter dem Druck der Bedürfnisse gezwungen ist, sich wie ein materieller Gegenstand zu verkaufen.«[24]

Natürlich braucht auch hier die Gleichheit keine vollkommene Gleichheit zu sein, was vielleicht auch selten möglich ist. Trotzdem muss sie ausgewogen genug sein, damit jeder die Einzigartigkeit und Unterschiedlichkeit des anderen würdigen und jeder den anderen als Zweck in sich respektieren kann. Wenn der Machtunterschied zu groß ist, wird die Freiheit durch Abhängigkeit eingeschränkt und die Gegenseitigkeit unmöglich. Die Folgen können sexuelle Belästigung, psychologischer und körperlicher Missbrauch, Prostitution und der Verlust des Selbst in einem Prozess sein, der zu echter Liebe hätte führen können.

5. Verbindlichkeit

Starke Argumente können für eine fünfte Norm angeführt werden, die ebenfalls aus der Relationalität abgeleitet wird. Die Vorstellung, dass eine Form von Verbindlichkeit, eine Form des Bundes oder zumindest des Vertrages Beziehungen mit einer sexuellen Dimension charakterisieren müsse, hat das christliche Verständnis vom Ort der Sexualität im menschlichen Leben immer entscheidend geprägt. In der Vergangenheit wurde diese Verbindlichkeit natürlich weitgehend mit der heterosexuellen Ehe identifiziert. Durch sie wurde die Fortpflanzung geregelt und der ungebärdige Sexualtrieb gezügelt. Sie wurde stärker um der Organisation der Familie als um des Wohls der Individuen willen wertgeschätzt. Die symbolische Bedeutung der Beziehung von Jesus Christus zur Kirche machte die Ehe zum Wert an sich, aber trotzdem führte sie stets Konnotationen der Ungleichheit in den Beziehungen zwischen Männern und Frauen mit sich, die heute nicht mehr gewollt sind. Es ist gleichwohl möglich, dass wir nach der Prüfung aller sexualethischen Verbindlichkeiten immer noch gewichtige Gründe haben, sie als Norm beizubehalten.

Wie wir bereits angemerkt haben, erfährt die Sexualität heutzutage eine größere Wertschätzung als in der Vergangenheit – sie birgt Entwicklungsmöglichkeiten für das Individuum und seine Beziehungen. Allerdings würde wohl niemand behaupten, dass Sex *unweigerlich* zu individueller Weiterentwicklung und einer größeren Nähe in Beziehungen führt. Das sexuelle Begehren scheint aus eigener Kraft nicht einmal fähig zu sein, seine Leidenschaft zu bewahren. In der Vergangenheit befürchtete man, das sexuelle Begehren könne zu groß sein; aber heute führen Impotenz und sexuelle Langeweile eher zu der Angst, dass das sexuelle Begehren zu schwach sei.[25] Es mehren sich die Hinweise, dass Sex weder der unbezähmbare Trieb ist, für den frühe Christen (und andere) ihn hielten, noch der ursprüngliche Impuls, als den die frühe psychoanalytische Theorie ihn sehen wollte. Als sie kulturell unterdrückt wurde, schien die Sexualität von einer unbändigen Macht zu sein, die anderen Motivationen zugrunde lag und die ständig darum kämpfte, sich auf die eine oder andere Art auszudrücken. Jetzt, da sie immer offener zutage tritt, ist es einfacher, andere komplexe Motivationen am Werk zu sehen und zu erkennen, dass sie allein die affektiven Sehnsüchte von Personen nicht befriedigen kann. Die Schlussfolgerung bietet sich an, dass das sexuelle Begehren ohne interpersonale Liebe zu Enttäuschung und einer wachsenden Desillusionierung führt. Die andere Seite dieser Schlussfolgerung ist, dass die Sexualität ein Ausdruck von etwas ist, das über sie hinausgeht. Ihre Kraft ist Kraft der menschlichen Sehnsucht nach Vereinigung, und ihr Begehren ist ein Begehren der Intimität.

Eine der zentralen Einsichten aus dem zeitgenössischen sexualethischen Diskurs besagt, dass sich unser Ziel nicht darauf beschränken kann, der Kraft und der Ausdrucksfähigkeit von menschlicher Sexualität Grenzen zu setzen. Sexualität ist von solcher Wichtigkeit im menschlichen Leben, dass sie nicht nur diszipliniert, kanalisiert und kontrolliert, sondern auch gefördert und erhalten werden muss. Es scheint mindestens zwei Arten zu geben, auf die Menschen die Kraft des sexuellen Begehrens lebendig erhalten. Die eine besteht darin, mit immer neuen Personen sexuelle Beziehungen einzugehen. Der Partnerwechsel verhindert Langeweile, hält das sexuelle Interesse und die Möglichkeit von Lust aufrecht. Eine zweite Möglichkeit ist eine Beziehung, die lange genug andauert, sodass die Eingliederung der Sexualität in ein gemeinsames Leben und eine beständige Liebe möglich wird. Für diesen zweiten Weg ist Verbindlichkeit unerlässlich.

Die ernüchternden Belege für die Unfähigkeit vieler Menschen, ein gemeinsames Leben zu führen, und ein Überdruss an der Phrasendrescherei in Beziehungsfragen haben zu einem Widerwillen geführt, die beiden Arten, das sexuelle Begehren aufrechtzuerhalten, kritisch zu erörtern. Zumindest kann jedoch gesagt werden, dass kurze sexuelle Begegnungen zwar eine Beziehung zwischen zwei Menschen etablieren können, das Beziehungspotenzial – das Kennen und Gekannt-Werden, das Lieben und Geliebt-Werden – aber keinesfalls ausschöpfen. Das Streben nach vielen Beziehungen um der Lust willen birgt zudem das Risiko, die Normen der Einvernehmlichkeit und der Gegenseitigkeit zu verletzen, das Risiko, andere Menschen als Mittel für unsere eigenen Zwecke zu gebrauchen, und das Risiko, die Verbindung zu unserem inneren Selbst und dem anderen zu schwächen. Momente der sexuellen Vereinigung sind nicht wertlos (obwohl sie es sein können und eventuell in Missachtung ausarten), aber sie könnten dazu führen, uns von anderen und von uns selbst zu isolieren.

Auf der anderen Seite gibt es Grund zu der Annahme, dass die Sexualität Gegenstand der Verbindlichkeit werden und das sexuelle Begehren in einen Liebesbund eingeschlossen werden kann, ohne dass etwas verloren geht oder verfälscht wird. Vielmehr kann Verbindlichkeit in sexuellen Fragen als Gewinn und Erweiterung erfahren werden. Auch wenn uns die zeitgenössische Erfahrung zur Vorsicht mahnt, können wir noch immer hoffen, dass unsere Freiheit mächtig genug ist, unserer Liebe eine Zukunft zu geben, indem unser sexuelles Begehren zur Zärtlichkeit erzogen wird – was die Leidenschaft nicht ausschließt. Wir können noch immer glauben, der Liebe oder dem Begehren treu zu bleiben, indem wir von unserer Freiheit Gebrauch machen und eine verbindliche Beziehung eingehen. Allerdings sollten allzu große Worte vermieden werden, denn bestimmte Formen von Verbindlichkeit sind selbst nur Mittel, kein Zweck. Robin Morgan merkt an:»Verbindlichkeit gibt uns den Hebel an die Hand, um Veränderung herbeizuführen – und die Zeit, um sie zu bewirken.«[26]

Eine christliche Sexualethik kann also sehr wohl die Verbindlichkeit als Norm für sexuelle Beziehungen und Aktivitäten festlegen. Selbst wenn Verbindlichkeit darauf beschränkt sein kann, dem Partner keinen Schaden zuzufügen, die freie Entscheidung, die Gegenseitigkeit und die Gleichheit zu respektieren, ist sie vernünftig und notwendig. Streben wir die Ganzheit der menschlichen Person an und eine Lebensweise, die alle wichtigen Aspekte des Lebens integriert und die Erfüllung des sexuellen Begehrens in die höchste Form von Freundschaft überführt, brauchen wir jedoch mehr als das. Im Lichte dieses Anliegens müssen wir uns für eine verbindliche Liebe entscheiden.

6. Fruchtbarkeit

Eine sechste vom verpflichtenden Merkmal der Relationalität abgeleitete Norm ist das, was ich »Fruchtbarkeit« nenne. Obwohl die traditionelle Fortpflanzungsnorm für sexuelle Beziehungen und Aktivitäten sowohl in protestantischen als auch römisch-katholischen Kirchentraditionen kein absolutes Gebot mehr ist, stellt die verantwortungsvolle Reproduktion des menschlichen Lebens ein sehr wichtiges Anliegen dar. Wo Sex stattfindet, muss auch gezeugt werden, lautete die traditionelle Argumentation. Heute argumentiert man eher so: Wenn Sex zur Zeugung führt, muss die verantwortungsvolle Sorge für den Nachwuchs gewährleistet sein. Die Verbindung von Sex und Geburt ist machtvoll, denn sie erlaubt Individuen, sich fortzupflanzen und Familien zu gründen, sie erlaubt ein gemeinsames Leben, das so erfüllt ist, dass es zu neuem Leben führt, und sie erlaubt der menschlichen Art den Fortbestand. Relationalität endet unter diesen Bedingungen nicht mit der Geburt von Kindern, sie erweitert sich vielmehr und umfasst das Großziehen der Kinder, die Initiation neuer Generationen in die eigene Kultur, Zivilisation und Gemeinschaft.

Auf den ersten Blick kommt »Fortpflanzung« nur für einen sehr begrenzten Personenkreis infrage, und selbst dort ist sie keinesfalls zwingend. Wie kann sie also eine Norm für alle sexuellen Beziehungen bilden? Selbst wenn sie als Norm für fruchtbare heterosexuelle Paare anerkannt würde, was würde das für unfruchtbare heterosexuelle Paare bedeuten, für heterosexuelle Paare, die sich gegen Kinder entschieden haben, für Schwule und Lesben, für Singles, für Personen mit nicht eindeutigem Geschlecht? Würde es wie in der Vergangenheit bedeuten, dass diese anderen Individuen und Paare eine minderwertige Form von Sex und von sexuellen Beziehungen hätten? Oder gibt es möglicherweise ein Verständnis von

Fruchtbarkeit, das alle sexuellen Beziehungen charakterisieren kann und sollte? Es ist unbestritten, dass alle Personen am Großziehen neuer Generationen teilhaben können; und selbst einige von denen, die sich auf traditionelle Weise nicht fortpflanzen können, haben biologische Kinder dank neuer reproduktiver Technologien – von der Fruchtbarkeitsbehandlung über die künstliche Befruchtung zur Leihmutterschaft. All das ist nicht einfach so, sondern es ist auch bedeutsam. Ein normativer Anspruch, sich auf eine dieser Arten fortzupflanzen, besteht allerdings nicht.

Hier geht es um mehr. Über die Art von Fruchtbarkeit hinaus, die biologische Kinder erzeugt, gibt es eine Fruchtbarkeit, an der sich alle interpersonale Liebe messen lassen muss. Die Liebe von Personen verletzt die Relationalität, wenn sie sich in sich selbst einschließt und weigert, sich für eine größere Gemeinschaft von Personen zu öffnen. Ohne Fruchtbarkeit – der Offenheit für andere im weitesten Sinn – wird jede wichtige interpersonale Liebe (nicht nur sexuelle Liebe) zu einem *égoisme à deux*. Wenn sie in jeder Hinsicht vollkommen steril ist, bedroht sie die Liebe und die Beziehung selbst. Aber die Liebe bringt neues Leben zu denen, die lieben. Und dieses neue Leben in der Beziehung von Personen kann auf zahllose Arten über sich selbst hinausgehen: Es kann andere Beziehungen nähren, anderen wertvolle Dinge vermitteln, die fruchtbare Arbeit von Partnern inspirieren, beim Großziehen der Kinder anderer Menschen helfen und so weiter und so weiter. All dies und mehr kann die Frucht einer Liebe sein, die von zwei Personen geteilt wird. Eine gerechte Liebe erfordert die Anerkennung dieser Potenzialität von Liebenden, dieser Fruchtbarkeit ihrer Liebe (von der auch die sexuelle Liebe nicht ausgenommen ist).

Die Formulierung dieser Norm bringt uns jedoch zu einem anderen Aspekt in der Entwicklung einer Sexualethik. Denn auch die Gemeinschaft schuldet jenen, die sich in sexuellen Beziehungen engagieren, Gerechtigkeit. Daher ist unsere letzte Norm anders beschaffen als die vorhergehenden.

7. Soziale Gerechtigkeit

Diese Norm geht auf die Relationalität zurück, aber nicht nur auf sie. Sie entsteht auch aus der Verpflichtung, alle Personen als Zweck in sich zu respektieren, ihre Autonomie und Relationalität, und ihnen deshalb keinen Schaden zuzufügen, sondern sie zu unterstützen. Eine Norm der sozialen Gerechtigkeit im Kontext der Sexualethik bezieht sich nicht spezifisch auf die Gerechtigkeit zwischen Sexualpartnern. Sie verweist auf die Gerechtigkeit, die jedes sexuelle Wesen in einer Gemeinschaft oder Gesellschaft erwarten darf. Ob man ledig oder verheiratet ist, hetero- oder homosexuell, bi- oder intersexuell, alt oder jung, nicht behindert oder unfähig, seine Sexualität in den üblichen Formen auszudrücken – alle haben Anspruch auf den Respekt der christlichen Gemeinschaft und der Gesellschaft im Ganzen. Sie haben Anspruch auf Unversehrtheit, Gleichheit vor dem Gesetz, einen gerechten Anteil an den Gütern und Dienstleistungen, die der Gesellschaft zur Verfügung stehen, und auf sexuelle Selbstbestimmung – wobei die Grenze dort verläuft, wo die gerechtfertigten Ansprüche anderer verletzt oder beeinträchtigt werden. Was immer der sexuelle Status von Personen ist, sie haben ein Recht darauf, dass ihre Bedürfnisse nach gesellschaftlicher Teilhabe, psychischer Geborgenheit und elementarem Wohlergehen erfüllt werden. Deshalb nenne ich die letzte Norm »soziale Gerechtigkeit«. Wenn unsere Liebe zueinander gerecht sein soll, verpflichtet diese Norm uns alle.

Sexuelle Beziehungen im engeren Sinn betrifft dies insofern, als die Sexualpartner Sorge dafür tragen müssen, keine »Dritten« zu verletzen. Wie Annette Baier bemerkt, »gibt es immer Dritte in der

Liebe: zukünftige Partner, Kinder, die einer der Partner haben könnte, deren Partner und deren Kinder«.[27] Die Norm der »sozialen Gerechtigkeit« erfordert von den Sexualpartnern zum Mindesten, dass sie die Verantwortung für die Folgen ihrer Liebe und ihrer sexuellen Aktivität übernehmen – ob es nun Schwangerschaft und Kinder sind, die Verletzung der Ansprüche anderer, Fragen der öffentlichen Gesundheit und so weiter. Keine Liebe oder zumindest keine große Liebe besteht nur für »uns beide«[28], sodass sogar das Versäumnis, die Früchte der Liebe auf irgendeine Weise über »uns beide« hinaus zu teilen, ein Verstoß gegen die Gerechtigkeit sein kann.

Der Schwerpunkt dieser Norm liegt jedoch in erster Linie auf der größeren sozialen Welt, in der sexuelle Beziehungen eingegangen und unterhalten werden. Deshalb umschließt sie die Anliegen, die ich oben umrissen habe, aber auch größere Fragen, etwa den Kampf für die Gleichstellung der Geschlechter und die Rechte (besonders) von Frauen in unserer eigenen Gesellschaft und auf der ganzen Welt. Dieser Kampf ist wichtig für die Sexualethik, die ich vorschlage, weil er viel mit dem Respekt für Geschlecht und Sexualität zu tun hat und jeweils konkrete Ungerechtigkeiten adressiert.

Hier könnten wir noch zahlreiche andere Probleme von größter Wichtigkeit anführen. Sexuelle und häusliche Gewalt würde vielleicht ganz oben auf der Liste stehen, in unserem eigenen Land und anderswo.[29] Dazu gehört auch rassisch motivierte Gewalt, die Männern und Frauen angetan wird und die allzu oft mit falschen sexuellen Stereotypen zu tun hat.[30] Auf dieser Liste von Problemen würden Entwicklungspolitik, Globalisierung und Gender-Bias ebenfalls weit oben stehen.[31] Die Mythen und Doktrinen von religiösen und kulturellen Traditionen, die den Gender-Bias und die geschlechtsspezifischen Rollenverteilungen verstärken, werden hier ebenfalls wichtig.[32] Auch die überproportionale Last, die für Frauen aus der weltweiten AIDS-Pandemie resultiert, muss erwähnt werden.[33]

Wir haben oben bereits die Ungerechtigkeit angesprochen, unter der die Personen zu leiden haben, deren Geschlecht und Sexualität nicht in die üblichen Kategorien fallen. Berücksichtigen sollten wir aber auch die rasante Entwicklung von reproduktiven Technologien – viele von ihnen haben sich als großer Gewinn erwiesen, aber einige sind auch fragwürdig – wie die Methoden zur Geschlechtswahl.[34] Auch andere Fragen sollten moralisch geprüft werden, wie die Verfügbarkeit (oder die fehlende Verfügbarkeit) von empfängnisverhütenden Mitteln und die Auswirkungen von Mitteln gegen männliche Impotenz für manche Frauen. Es ist weder möglich noch nötig, all diese Fragen hier detailliert zu betrachten. Ich möchte nur verdeutlichen, dass sie ebenfalls in den Geltungsbereich einer angemessenen Sexualethik gehören. Sie verweisen auf die soziale und gemeinschaftliche Verpflichtung, uns nicht gegenseitig zu schaden, sondern uns, wo notwendig, in unserem elementaren Wohlergehen zu unterstützen. Dies betrifft die Sexualität wie auch alle anderen wichtigen Bereiche des menschlichen Lebens.

Normen für sexuelle Gerechtigkeit

Grundlage	Norm
Respekt für die Autonomie und Relationalität:	1. Unversehrtheit
Respekt für die Autonomie:	2. Einvernehmlichkeit
Respekt für die Relationalität:	3. Gegenseitigkeit
	4. Gleichheit
	5. Verbindlichkeit
	6. Fruchtbarkeit
Respekt für Personen als sexuelle Wesen in der Gesellschaft:	7. Soziale Gerechtigkeit

Zusammengefasst schlage ich hier Leitlinien für eine Sexualethik vor, die auf den Normen der Gerechtigkeit basiert – solchen Normen, denen alle menschlichen Beziehungen unterliegen, und jenen, die für die Intimität sexueller Beziehungen spezifisch sind. Ganz allgemein leiten sich die Normen aus der konkreten Realität von menschlichen Personen her und legen einen Schwerpunkt auf den Respekt für ihre Autonomie und Relationalität. Das bedeutet vor allem, Personen als Zweck in sich zu respektieren und ihnen nicht unnötig zu schaden. Darüber hinausgehend ergibt sich jedoch ein genaueres Verständnis davon, was es bedeutet, Autonomie und Relationalität zu respektieren, und was die Unversehrtheit von Personen bedeutet. Die Autonomie muss in dem Erfordernis der Einvernehmlichkeit der Sexualpartner respektiert werden, wozu auch gehört, die Wahrheit zu sagen, Versprechen zu halten und die Privatsphäre zu respektieren. Die Relationalität mündet in die Erfordernisse der Gegenseitigkeit, der Gleichheit, der Verbindlichkeit, der Fruchtbarkeit und der sozialen Gerechtigkeit.

Noch konkreter heißt das: Sex sollte nicht zu Ausbeutung, Vergegenständlichung oder Dominanz führen; Vergewaltigung, Gewalt und schädliche Anwendung von Macht in sexuellen Beziehungen sind ausgeschlossen; stattdessen werden Werte wie Freiheit, Ganzheit, Intimität, Lust in Beziehungen bejaht, die von Gegenseitigkeit, Gleichheit und einer Form der Verbindlichkeit gekennzeichnet sind; sexuelle Beziehungen können und sollten über die Beziehung hinaus fruchtbar sein; die Empfindungen von Verlangen und Liebe, die sexuelle Beziehungen hervorbringen und erhalten, sollen alles in allem beide, den Liebenden und den Geliebten, in ihrem Sein bestätigen.

Natürlich ist es keine einfache Aufgabe, jede sexuelle Beziehung und jede sexuelle Aktivität in moralischer Hinsicht abzuklopfen. Es werden immer offene Fragen bleiben, und Meinungsverschiedenheiten sind in Anbetracht der konkreten Realität von Personen und der vielen Bedeutungen von Sexualität nicht auszuschließen. Was Norm und was Ausnahme ist – das heißt, was den Normen, die ich festgelegt habe, unterliegt und was als Ausnahme von diesen Normen gelten kann –, ist manchmal sehr schwer zu entscheiden.

Besondere Fragen

Ich hoffe, dass diese Gerechtigkeitsethik bereits etwas über die Praxis aussagt und nicht zu abstrakt ist. Das folgende Kapitel wird sich dieser praktischen Seite widmen und fragen, was die hier entwickelten Leitlinien zu bestimmten Aspekten unseres Lebens zu sagen haben. Es gibt jedoch noch ein paar Fragen, die vorher geklärt werden sollten. Bei einigen handelt es sich um kritische Nachfragen, andere möchte ich mit besonderem Blick auf die christliche Gemeinschaft stellen.

Nur für Erwachsene?

Soweit eine Gerechtigkeitsethik überhaupt sinnvoll ist, kann sie auch eine Bedeutung für Jugendliche haben? Berichte über das Sexualverhalten von Teenagern zeigen, dass sie anscheinend weder von traditionellen noch von neueren ethischen Leitlinien erreicht werden. Ich spreche hier nicht davon, dass Jugendliche von Erwachsenen ausgebeutet werden; hier ist der Schaden groß, und die ethischen Normen, die ich umrissen habe, sind in diesem Punkt eindeutig: Junge Menschen sind davor zu schützen, dass Erwachsene mittels Gewalt und Manipulation die verletzliche Sexualität von Kindern und Heranwachsenden für den eigenen Lustgewinn oder aus finanziellen Gründen ausbeuten. Ich spreche vielmehr von dem

Verhalten der Jugendlichen selbst und den Verhaltensweisen, die zweifellos zeit- und kulturbedingt sind, aber doch immer wieder so oder so ähnlich zu beobachten sind.

Das Phänomen des »Abschleppens« ist das Beispiel einer Praxis unter Jugendlichen, die sich jeder Norm zu entziehen scheint, es sei denn der Anerkennung durch Gleichaltrige.[35] »Abschleppen« ist genau das, was es beschreibt: Sex ohne Beziehung und ohne Bindung. »Freunde mit gewissen Vorzügen« sind insofern etwas anderes, als der sexuellen Aktivität eine Art von Freundschaft vorausgeht, aber immer noch fehlt die Verbindlichkeit. »Dating« gibt es noch, scheint aber einigen Berichten zufolge aus der Mode zu kommen. »Wir könnten uns verabreden … ich weiß nicht. Jungs können so lästig werden, wenn du anfängst, mit ihnen auszugehen.«[36] »Wo es jetzt so einfach ist, Sex ohne Beziehung zu haben, brauchen Jungs keine Beziehung mehr.«[37] Diesen Berichten zufolge suchen viele Teenager alles andere als Verbindlichkeit und auch keine Gegenseitigkeit, die über das Körperliche hinausgeht.

Es gibt vielleicht ein wachsendes Interesse an »Safer Sex« bei Jugendlichen, weil sie sich vor Geschlechtskrankheiten schützen wollen. Ob das die weitverbreitete Praktik des Oralverkehrs verstärkt oder nicht, ist schwer zu sagen. Es ist nur allzu deutlich, dass Heranwachsende über die gesundheitlichen Folgen von Oralsex und anderen Praktiken falsch informiert sind, sodass es schwerfällt, zu glauben, dass die »konkreten Realitäten« von Personen in der Regel berücksichtigt werden. Wenn eine Gerechtigkeitsethik überhaupt eine Bedeutung für die Entscheidungen haben soll, die junge Leute in Bezug auf ihre Sexualität treffen, muss der erste Schritt Aufklärung sein: über Sex und seine Gefahren und auch darüber, wie Sexualität nicht nur harmlos, sondern auch gut sein kann.

Ob die veröffentlichten Berichte über das Sexualleben von Teenagern und auch von noch jüngeren Kindern tatsächlich die Erfahrungen der Mehrheit widerspiegeln oder nicht (ich vermute, dass dem nicht so ist), so stehen sie immerhin für einen Teil der Jugendlichen. Was hat eine Gerechtigkeitsethik ihnen zu sagen? Was hat sie Heranwachsenden zu sagen, für die diese Praktiken noch nicht Teil ihrer Erfahrungswirklichkeit sind? Was hat sie jungen Frauen anzubieten, die sexuellen Aktivitäten positiv gegenüberstehen und sagen, dass sie es tun oder tun wollen, weil ihr Leben langweilig ist? Oder dass sie feste Beziehungen wollen, deren Zustandekommen sie aber gerade durch ihre exzessiv ausgelebte Sexualität verhindern? Und was hat sie den jungen Männern zu sagen, die diese Praktiken mehr zu schätzen scheinen als die Mädchen, da sie eine Möglichkeit darstellen, sich nicht binden zu müssen und trotzdem fast unbegrenzt Sexualpartnerinnen zu haben?[38]

Wie gesagt versuche ich hier nicht, einzuschätzen, wie weit verbreitet sexuelle Praktiken unter Jugendlichen sind. Ich versuche auch nicht, die Praktiken selbst zu beurteilen – zumindest nicht ohne langfristigere empirische Studien der Konsequenzen und ohne sorgfältige Abwägung der Gesamtsituation, in der sich westliche Jugendliche heutzutage befinden. Ich möchte lediglich eine bescheidene, aber drängende Frage stellen: Angenommen, sexuelle Praktiken sind schädlich für junge Menschen. Angenommen, einige schätzen diese Praktiken, aber andere nicht. Angenommen, einige fühlen sich benutzt (und von ihren Partner darin unverstanden). Würde eine Moral der sexuellen Tabus die Situation ändern? Vielleicht, vielleicht auch nicht – aber ihre Wirkung könnte auch darin bestehen, im Bereich der menschlichen Sexualität eher Scham und Schuld hervorzubringen statt Weisheit und Vorsicht.[39]

Die eigentliche Frage könnte hier sein, ob junge Menschen fähig zur Gerechtigkeit sind – ob ihre sozial konstruierten Interessen und Begierden und ihre noch weitgehend verborgenen und von ihnen selbst unerkannten Wünsche und Hoffnungen der Herausforderung der Gerechtigkeit gewachsen sind. Wenn Gerechtigkeit ihnen in ihren anderen Beziehungen wichtig ist (und es gibt sehr viele

Hinweise, dass es so ist), kann sie dann auch in ihren sexuellen Beziehungen wichtig werden? Wenn sie wollen, dass sie wichtig ist, oder wenn es sie interessiert, was Gerechtigkeit an dieser Stelle überhaupt bedeuten soll, dann werden Fragen des Respekts – für sich selbst und für andere – und Fragen der Freiheit, Gegenseitigkeit, Gleichheit, des Nutzens oder Schadens keine langweiligen Fragen sein. Wir kennen die Gefahr und die Nutzlosigkeit des Moralismus und die Nachteile engmaschiger moralischer Systeme und Regeln zur Genüge. Noch wissen wir nicht, ob eine Ethik der gerechten Liebe und des gerechten Sex die Einstellungen oder Handlungen irgendeines jungen Menschen verändern wird. Aber wenn uns unsere Kinder am Herzen liegen, ist es einen Versuch wert.

Sexuelle Beziehungen mit sich selbst

Die meisten der Gerechtigkeitsnormen, die ich in diesem Kapitel dargelegt habe, leiten sich zumindest teilweise von der »Relationalität« her, einem der grundlegenden verpflichtenden Merkmale der menschlichen Person. Diese Normen sind zweifellos relevant für sexuelle Beziehungen zwischen Personen. Weniger klar ist, ob sie auch für sexuelle Beziehungen mit sich selbst Geltung beanspruchen dürfen. Damit will ich nicht abstreiten, dass Fragen zur Selbstbefriedigung oder Masturbation wichtig sind, besonders seit sich die allgemeine Einstellung zu dieser Form des sexuellen Ausdrucks in der zweiten Hälfte des 20. Jahrhunderts radikal gewandelt hat. Die vielleicht wichtigste Erkenntnis ist, dass sie wie andere sexuelle Aktivitäten auch aus dem Bereich der Tabumoral herausgeholt werden sollte.

Jahrhundertelang hielt das westliche Denken die Masturbation nicht nur für eine unmoralische sexuelle Praxis, sondern auch für eine besonders abstoßende. Wie Immanuel Kant meinte: »... hiedurch wirft der Mensch seine Person weg und setzt sich unter das Thier.«[40] Christliche Traditionen betrachteten sie als »einsame Sünde«, »Onanie«, »Selbstbefleckung« und verurteilten sie bis ins 20. Jahrhundert hinein, wenn auch nicht immer gleich streng. Die Mediziner stimmten in die Verurteilung der Masturbation durch die religiösen Autoritäten ein und untermauerten sie. Obwohl es Theologen und kirchliche Traditionen gibt, die Masturbation weiterhin für unmoralisch halten, bewerten viele andere (die meisten, soweit ich das sagen kann, und auch die meisten Mediziner) sie nicht mehr auf diese Weise. Masturbation wird eher für moralisch neutral erklärt, was bedeuten kann, dass es von den Umständen und dem Individuum abhängt, ob sie positive oder negative Auswirkungen hat. Es kann auch bedeuten, dass die Praktik zwar in psychologischer Perspektive problematisch sein kann (wenn sie zwanghaft wird zum Beispiel), aber keine moralischen Fragen aufwirft.

Seit dem ersten Kinsey-Report ist es unmöglich geworden, glaubhaft zu behaupten, dass nur eine Minderheit masturbiere oder dass die physischen und psychologischen Folgen verheerend seien. Vereinzelte Erfahrungsberichte lassen eher vermuten, dass etwaiges Unheil oder Schädigungen das Resultat von Fehlinformationen und unbegründeten Mythen oder Erfahrungen des Makels oder der Schuld sind, die von der vermeintlichen Verletzung eines religiösen oder kulturellen Tabus herrühren. Sicher haben viele Frauen im Zuge der »Mein Körper gehört mir«-Bewegung im letzten Viertel des 20. Jahrhunderts die Selbstbefriedigung zu schätzen gelernt, weil sie ihnen dazu verhalf, ihr eigenes Lustpotenzial zu entdecken – etwas, das vielen in ihren normalen sexuellen Beziehungen mit Ehemännern oder Liebhabern nicht geglückt war. In diesem Sinn könnte man sagen, dass Masturbation Beziehungen eher guttut, als dass sie ihnen schadet.

Die Gerechtigkeitsnormen, wie ich sie aufgezeigt habe, scheinen in diesem Zusammenhang also nur insofern anzuwenden sein, als sich Masturbation positiv oder negativ auf das Wohlergehen und die Freiheit des Geistes auswirken kann.[41] Dies aber ist eine empirische Frage, keine moralische.

Das negative Potenzial von Sex

In diesem und in den vorangegangenen Kapiteln habe ich versucht, die positiven Bedeutungen und Werte der Sexualität zu betonen – allerdings habe ich sein negatives Potenzial nicht verschwiegen. Immer wieder habe ich auf gravierende Beispiele für den schädlichen Gebrauch der Sexualität verwiesen (wie die Vergewaltigung) und auch auf problematische Aspekte, die traditionell eher negativ als positiv gesehen werden (wie Prostitution und Pornografie). Einige Fragen habe ich in der Schwebe gelassen und versprochen, zu ihnen zurückzukehren. Das tue ich hier, allerdings nur mit einigen kursorischen Bemerkungen, die gleichwohl dazu beitragen können, diese Fragen in die richtige Perspektive zu rücken.

Die hier vorgestellten Leitlinien für eine Sexualethik behandeln Sexualität ganz offensichtlich nicht als wesenhaft böse – weder ist sie ein unkontrollierbarer biologischer Trieb, noch ist die Suche nach Lust unweigerlich ichbezogen, noch ist der sexualisierte menschliche Körper eine Last für die Seele. Meine Leitlinien laden dazu ein, über sexualethische Fragen nachzudenken, und eignen sich nicht dazu, kategorische Urteile zu fällen, etwa dass Sex ohne Fortpflanzungsabsicht böse ist, weil er die ungerechtfertigte »geschlechtliche Lust« zum Ziel hat.[42] Man kann aus ihnen auch nicht folgern, dass Sex um des Sex willen die göttliche Vergebung brauche, da er unweigerlich an die Ursünde gemahne.[43] Sie unterstützen auch nicht die Ansicht, dass Sex immer ein Ausdruck menschlicher Konflikte ist und damit unweigerlich gewalttätig.

Und doch sind einige menschliche Beziehungen so beschaffen, dass gerade ihre sexuelle Seite beim verletzlichen Individuum verheerende Folgen haben kann und die menschliche Gemeinschaft zerrüttet. Darüber hinaus scheint der Schaden, der durch sexuelle Gewalt angerichtet wird, potenziell fataler zu sein als der durch nicht sexuelle Gewalt, psychische Misshandlung, Ausbeutung. Der Grund könnten die nachhaltigen kulturellen Konnotationen des Makels sein, von denen Ricoeur spricht. Der Grund könnte auch darin liegen, dass die Sexualität der intimste Bereich von menschlichen Personen als verkörperte Seele, beseelter Körper ist. Aber was auch immer der Grund ist: Wenn wir in unserem körperlichen Selbst so intim verletzt werden, können wir einen besonders großen Schaden erleiden. Deshalb ist zum Beispiel das Trauma des anhaltenden sexuellen Missbrauchs für Kinder noch schädlicher als andere Formen der körperlichen und seelischen Misshandlung. Vielleicht sollten wir an dieser Stelle auf den gravierenden Unterschied zwischen »Sünden aus Schwäche« und »Sünden aus Bosheit« hinweisen, wie man sie genannt hat.

Zwar herrscht bei der Verurteilung von gewaltförmigen oder ausbeuterischen sexuellen Beziehungen eine gewisse Zurückhaltung, und doch gibt es nicht viele, die diese Praktiken in unserem Teil der Welt und anderswo verteidigen würden. Die Zurückhaltung ist weitgehend auf die Scheu zurückzuführen, sexuelle Verhaltensweisen vom Standpunkt der einen Kultur zu kritisieren und sich damit gegen eine andere zu stellen. Solche Praktiken scheinen jedoch über die Kulturen hinweg ausgeübt zu werden, und ein moralischer Abscheu ist sicher gerechtfertigt. Nehmen wir zum Beispiel die Vergewaltigung als akzeptierte Form oder zumindest als akzeptierten Nebeneffekt der modernen Kriegsführung, den weitverbreiteten Handel mit Frauen zum Zweck der Prostitution oder sexueller Sklaverei oder die Millionen von Kindern, die entweder in ihrem eigenen Land zur Prostitution gezwungen oder zu diesem Zweck ins Ausland verkauft werden. Die Beispiele könnten fortgesetzt werden. Einige Praktiken führen zu einer ungerechten Stigmatisierung unschuldiger Opfer – wenn zum Beispiel Ehefrauen, nicht aber Ehemänner, für Ehebruch mit dem Tod bestraft werden, wenn vergewaltigte Frauen und die Kinder aus Vergewaltigungen stigmatisiert werden, wenn Frauen, deren untreue Ehemänner sie mit HIV infiziert haben, stigmatisiert werden. Ich möchte diese Verbrechen oder auch die schrecklichen unbegründeten Stigmata hier nicht detailliert diskutieren und brauche das auch gar nicht, denn es gibt zahlreiche, leicht verfügbare Untersuchungen zu diesen Themen.[44] Nicht zu übersehen ist jedoch, dass diese Taten jede einzelne der sexualethischen Normen brechen, die ich oben festgelegt habe.

Pornografie und traditionelle Formen der Prostitution sind, wie schon angedeutet, in den letzten 25 Jahren stark umstritten gewesen. Feministinnen fanden sich auf beiden Seiten der Debatte wieder, obwohl oft genug gar nicht die Sache selbst erörtert wurde, sondern nur damit zusammenhängende Streitpunkte. Bei der Pornografie geht es um Meinungsfreiheit gegenüber Zensur, aber auch um die Konsequenzen von Pornografie auf die Beziehung der Geschlechter, um Kinderpornografie, die psychologischen Auswirkungen des anhaltenden Konsums von Pornografie und natürlich um die Frage, was Pornografie ist und was nicht.[45] Dies sind ernste Themen, die sorgfältig bedacht werden müssen. Zweifellos ist nicht jeder Gebrauch von Pornografie schädlich, und es ist allzu einfach für Fanatiker, selbst große Literatur und Kunst pauschal der Pornografie zu verdächtigen. Trotzdem habe ich die ergreifende Geschichte eines jungen Mannes nie vergessen, der mir vor Jahren erzählte, dass sein Vater und sein älterer Bruder ihn an einen suchthaften Gebrauch von Pornografie herangeführt hätten und dass er in der Folge unter großen Schwierigkeiten in Beziehungen zu Frauen zu leiden hatte. Gerechtigkeitsnormen sind hier offensichtlich relevant, aber die Hauptaufgabe besteht darin, herauszufinden, was schädlich ist oder nicht, welche Bedingungen Menschen in ihrer Bindungsfähigkeit beeinträchtigen, ob und wie Pornografie sexuelle Gewalt erotisiert und welche Personen, die in der Sexindustrie arbeiten, ausgebeutet oder genötigt werden.

Auch was die Prostitution betrifft, wird die Debatte situationsbezogen geführt. Auf der einen Seite gibt es Sexarbeiterinnen, die argumentieren, dass sie sich aus guten Gründen frei für diese Arbeit entschieden haben. Es gibt aber auch Sexarbeiterinnen, die physisch oder aus ökonomischen Gründen in die Prostitution gezwungen werden. Zu klären wäre auch, ob es ein Recht darauf gibt, sexuelle Dienstleistungen zu kaufen oder zu verkaufen. In einer ausgewogenen moralischen Abwägung hat Karen Peterson-Iyer die bedingte Freiheit zumindest einiger Prostituierter bestätigt. Zwar verlange die Fairness, die Prostituierten selbst zu Wort kommen zu lassen, infrage stehe jedoch auch, ob echte Gegenseitigkeit oder Gleichheit in Kontexten möglich ist, in denen die Unterwerfung des einen Sexualpartners unter den anderen, die Vergegenständlichung beider Beteiligter, die Kommerzialisierung des Sex und die Trennung des Sex von der Identität des Selbst an der Tagesordnung sind.[46] Es bleiben also nicht nur offene Fragen zur Berechtigung von Prostitution als Praxis, sondern unklar ist auch, was wir tun können, um Prostituierten und ihrem Umfeld soziale Gerechtigkeit widerfahren zu lassen.

Charakter, Glauben und sexuelle Gerechtigkeit

Die in diesem Kapitel skizzierten Leitlinien sind für eine christliche Sexualethik bestimmt. Eine solche wird nicht grundlegend andere Normen haben als eine säkulare Gerechtigkeitsethik, aber sie steht in einem anderen Kontext. Wie alle religiösen Traditionen speist sie aus ihrer eigenen Tradition weitere Normen und Ideale ein – der

Treue, der liebevollen Güte, der Vergebung, Geduld und Hoffnung. Ideale und Normen, die für jede Beziehung innerhalb der christlichen Gemeinschaft Bedeutung haben, also auch für sexuelle Beziehungen. Weil jede Sexualethik erfordert, die Person als Ganzes zu berücksichtigen, wird im Zentrum einer christlichen Sexualethik gewiss ein Verständnis der Person vor Gott stehen.

Alle christlichen Traditionen bejahen die Schöpfung, die zentrale Bedeutsamkeit der Inkarnation Gottes in Jesus Christus, die Erlösung der Menschheit und der gesamten Schöpfung in der rettenden Handlung Gottes durch Jesus Christus, die Verpflichtung des Menschen, Gott mit ganzem Herzen, mit ganzer Seele und ganzer Kraft zu lieben und den Nächsten zu lieben wie sich selbst.

Christen bejahen auch die Berufung menschlicher Personen zur Freundschaft und letztendlicher Gemeinschaft mit Gott und allen Personen in Gott. Christen (zumindest viele Christen) glauben an die vermittelnde Rolle des Menschen im fortlaufenden Schöpfungstun Gottes, glauben an die Wichtigkeit nicht nur des Individuums, sondern der Gemeinschaft, an die Verantwortung von menschlichen Personen, die Gesundheit und das Wohlergehen aller zu fördern, an die gemeinsame Aufgabe, für Gerechtigkeit in der Welt und die Heilung der Schöpfung zu arbeiten, an die Gleichheit der Menschen nicht nur vor Gott, sondern auch untereinander. Christen glauben auch an eine Liebe, die wie die Liebe von Jesus Christus stärker als der Tod ist, und an die Möglichkeit, dass die Tragik nicht das letzte Wort des menschlichen Schicksals ist. Für einige Menschen ist die ganze Welt etwas Heiliges – eine Manifestation Gottes –, was die menschliche Sexualität miteinschließt. Eine christliche Sexualethik ist von diesen Überzeugungen durchdrungen und wird von ihnen getragen.

Wenn Christen ihren Nächsten in der Nähe und in der Ferne lieben wie sich selbst, bedeutet es, ihn gerecht zu lieben, ihn zu lieben, wie Gott es durch seine mitfühlende Gerechtigkeit vorgibt.

Die moralische Frage, die wir als Christen behandeln müssen, ist deshalb nicht nur, was wir tun müssen, sondern was wir sein und werden müssen. Eine Gerechtigkeitsethik, zumal eine christliche, muss sich deshalb nicht nur mit Handlungsanweisungen befassen, sondern auch mit der Person, zu der wir berufen sind. Welche mögliche Wirkung auf unser Leben können Normen für gerechte Beziehungen im Bereich der Sexualmoral überhaupt haben, wenn wir uns nicht fragen, welche »Art von Person« wir sein wollen?[47]

Wenn die Ethik die Frage behandelt, was wir sein sollten, geschieht das in dem Bereich, der normalerweise als »Tugendethik« oder »Ethik des Charakters« bezeichnet wird. Schon die Frage setzt voraus, dass wir selbst – neben all den Faktoren, die zusammenkommen, um uns zu dem zu machen, »wer wir sind«, wie genetisches Erbe, Temperament, Umwelt, Sozialisation – einen gewissen Einfluss darauf haben, was wir werden. Für Christen setzt diese Frage voraus, dass wir uns zusätzlich zur göttlichen Gnade – oder besser mit der Kraft der göttlichen Gnade – durch unsere Freiheit in erheblichem Maß selbst formen. Unsere Fähigkeit der freien Entscheidung, wie begrenzt sie auch immer ist, ist schließlich eine Fähigkeit zur »Selbstbestimmung«. In gewissem Maß, in gewisser Hinsicht sind wir nicht nur für unsere Handlungen verantwortlich, sondern auch für die Art von Person, die wir geworden sind. Wir sollten uns deshalb nicht wundern, wenn wir in einer christlichen Sexualethik nicht nur Richtlinien in Form von normativen Vorschriften vorfinden, sondern auch solche, die den Idealen und Forderungen der Bergpredigt verpflichtet sind.

Teil unserer konkreten Realität ist, dass wir unser Leben in der Zeit leben. Unser Leben und Lieben ist prozesshaft. Wir sind, wie wir sagen, »in der Entwicklung« begriffen. Wir entwickeln uns körperlich und geistig, kulturell und sozial, aber auch spirituell und moralisch – werden im Großen und Ganzen freundlich oder unfreundlich, ehrlich oder unehrlich, mitfühlend oder hartherzig. Mit anderen Worten: Wir können uns in jeder Dimension unseres Seins gut oder schlecht entwickeln. Doch selbst wenn wir uns gut entwickeln, heißt das nicht, dass wir unkompliziert und frei von Widersprüchen wären oder dass wir keine Schwächen oder Fehler haben, die uns (und anderen) das Herz zerreißen.

Natürlich kann jede Religion in erster Linie als strenge Mahnung an die Pflicht, als Quelle von Scham und Schuld, als Verursacher von Schüchternheit oder eifrigem Moralismus fungieren, aber sie kann uns auch von jener Furcht befreien, die uns von Gott fernhält und unser Selbst zerbrechen lässt. Wie andere religiöse Traditionen hat das Christentum zum Teil deshalb überdauert, weil es den Menschen hilft, ihrem Leben einen Sinn zu geben. Es bietet Antworten auf die großen menschlichen Fragen nach Sehnsucht und Liebe, Leiden und Tod, Hoffnung und Transzendenz. Das Christentum selbst schenkt Hoffnung auf Vergebung, Befreiung von einer zu engen Sicht der menschlichen Möglichkeiten und das Versprechen einer Beziehung in einem Bund mit Gott, der nicht gebrochen wird. Wir kennen die Voreingenommenheit unseres Liebens und die Unzulänglichkeit unserer Herzen. Wir kennen die Zerbrechlichkeit aller menschlichen Beziehungen. Trotzdem sind wir fähig, zu glauben, dass einige Lieben mit unerschöpflichem Leben gesegnet sind, dass einige Beziehungen halten können, gleichgültig, welche Kräfte des Bösen sie bedrohen, dass die Sexualität Teil der höchsten Formen von Freundschaft werden kann und dass die Aufforderung zur Gerechtigkeit bestehen bleibt.

Unser Bemühen, gerecht in unseren sexuellen Ausdrucksformen und Beziehungen zu werden, kann von Idealen der Tugend motiviert und geformt werden – von Weisheit, Integrität, Freiheit und von großer Liebe. Wir brauchen eine verfeinerte Fähigkeit der Selbsterkenntnis und der Erkenntnis des anderen; eine Fähigkeit des respektvollen Erkennens, was in Beziehungen gerecht ist. Wir dürfen erwarten, dass uns die Entwicklung solcher Fähigkeiten immer weiser macht, obwohl es offensichtlich Grenzen für unsere Weisheit gibt. Im Gegenzug hoffen wir, dass alle Weisheit, die wir empfangen und erlangen, uns aufmerksamer, einfühlsamer und gerechter macht.

Vielleicht beginnen wir mit undiszipliniertem Lieben oder stellen auf unserem Weg fest, dass sich unsere Begierden im Widerstreit befinden. Aber wir wissen auch um unser Bedürfnis nach Ganzheit. Einer Ganzheit, die uns Einheit und Frieden bringt und uns erlaubt, eine ungeteilte Liebe zu entwickeln – zu allem, was wir lieben. Für Christen besteht das Ideal darin, unser Lieben in eine vollkommene Liebe zu Gott zu integrieren. Unsere Begierden streben nach einer Integration, die unsere Begierde nicht zerstört, sondern sie transformiert, die keine Liebe ignoriert, sondern sie gerecht macht, die niemanden verletzt, nicht einmal uns selbst. Das ist die Art von Integrität, die unsere Sexualität nährt und gerecht macht.

Weisheit und Integrität bringen Freiheit. Sie ermöglichen eine Freiheit des Geistes und regen den kreativen Gebrauch der freien Entscheidung an. Tugend im klassischen Sinne hat schließlich damit zu tun, unsere Fähigkeiten so zu verfeinern, dass wir sie beständig, leichter und voller Freude ausüben. Diese Tugend hat nicht das verkniffene Gesicht der Ängstlichen oder Selbstgerechten und hat auch keine Ähnlichkeit mit »Reinheit«, die der Feind der Großzügigkeit, Demut und großherzigen Fürsorglichkeit ist. Es ist aber auch nicht die Art von Freiheit, die sich im grenzenlosen Experimentieren alle Möglichkeiten offen und alle echten Beziehungen vom Leibe hält. Es ist vielmehr die Freiheit der Tapferkeit angesichts eines echten Risikos und echter Angst, der Beharrlichkeit angesichts der Schwäche und Zerstreuung, der Treue angesichts der Furien oder Dämonen, die uns dazu bringen wollen, von der Suche zu lassen, die uns aufgetragen ist, und unsere erwählten und bereits verankerten Lieben aufzugeben. Es ist eine Freiheit, die uns nicht nur vor Ausbeutung und Schaden schützt, sondern auch unser Lieben und unser ganzes Selbst bejaht und erhebt. Es ist die Freiheit, die zu gerechter Liebe, gerechtem Begehren und gerechtem Sex führt.

Am Ende dienen Weisheit, Integrität und Freiheit – wie die traditionellen Kardinaltugenden der Besonnenheit, Mäßigung, Tapferkeit und Gerechtigkeit – der Großen Liebe. (Ich persönlich bevorzuge allerdings die alternativen Bezeichnungen Weisheit, Integrität und Freiheit, denn sie versammeln das Beste aus den traditionellen Theorien, werfen aber kulturbedingte Konnotationen über Bord, die unserem neuen Verständnis der menschlichen Sexualität keine guten Dienste leisten.) Große Liebe ist eine Liebe, die richtig, gerecht, angemessen und gut ist. Sie widerspricht weder der konkreten Realität des Liebenden noch des Geliebten, sie entspricht der Natur der Beziehung zwischen ihnen, sie ist ganz und weise und tapfer und auch demütig, nicht besitzergreifend, sie kann lachen und trauern – in Harmonie mit einer vollkommenen Liebe zu Gott. Und sie bietet Raum für ein vielfaches Lieben.

Zugegeben, diese Tugenden sind Ideale. Aber trotzdem haben sie einen wahren Kern. Ohne ein Maß an Tugend ist guter Sex schwer vorstellbar; und großartiger Sex ist, ohne dass die Tugend an Reife zunimmt, undenkbar. Deshalb gehören Glauben, Charakter und moralisches Wachstum genauso zu einer Ethik der sexuellen Gerechtigkeit wie Normen, die unser Verhalten steuern. Tugenden und Normen erhellen sich gegenseitig und machen einander möglicher.

Kapitel 7

Beziehungsformen – Kontexte der gerechten Liebe

Ich habe schon mehrmals betont, dass es nicht meine Absicht ist, alle drängenden Fragen der Sexualethik anzusprechen, schon gar nicht zu lösen. Vielmehr möchte ich verschiedene Wege aufzeigen, über diese Fragen nachzudenken. In diesem Kapitel wende ich mich nun bestimmten Beziehungsformen im sexuellen Bereich unseres Lebens zu, um sie im Lichte meiner Leitlinien zu betrachten: Ehe und Familie, gleichgeschlechtliche Beziehungen sowie Scheidung und Wiederverheiratung. (Über eheähnliche Lebensgemeinschaften, Bisexualität, den Zölibat, die Single-Existenz oder die Verwandtschaft werde ich nicht sprechen, obgleich sie alle sehr wichtig sind, es sei denn, sie beziehen sich auf irgendeine Weise auf diese Schwerpunktsetzungen.) Obwohl diese drei viel mehr Aufmerksamkeit erfordern, als ich ihnen in diesem einen Kapitel schenken kann, hoffe ich, dass sie sich ähnlich genug sind, um eine gemeinsame Betrachtung zu rechtfertigen und Einsichten hervorzubringen, auf die man nicht stieße, wenn man sie getrennt voneinander untersuchen würde. Sie alle versprechen Glück und menschliches Wohlbefinden, können aber auch zu schmerzvollen Erfahrungen führen; es sind komplexe Beziehungsformen, die sowohl nach Gerechtigkeit als auch nach Gnade verlangen.

Ehe und Familie

Die Studien zu Ehe und Familie haben sich in den letzten Jahren erstaunlich vervielfacht. Zweifellos beruht das zu einem großen Teil auf der Erschütterung althergebrachter Familienstrukturen, die zu Verwirrung und Sorge – ja, in der Wahrnehmung mancher zu einer Krise – geführt hat. Ich werde im Folgenden nicht von einer Krise sprechen, schon weil Stephanie Coontz überzeugend dargelegt hat, dass die Menschen seit Tausenden von Jahren eine Krise der Ehe und Familie verkünden und ihren Blick sehnsüchtig in die Vergangenheit richten.[1] Obwohl es heutzutage neue und schwerwiegende Herausforderungen für die Institutionen Ehe und Familie gibt, muss es sich nicht zwangsläufig um eine Krise handeln. Selbst Historikerinnen wie Stephanie Coontz und Nancy Cott, die den Verlauf der geschichtlichen Entwicklung lange und gründlich studiert haben, neigen jedoch zu der Annahme, dass die gegenwärtige, weltweit zu beobachtende Umgestaltung der Ehe wie auch des Lebens als Single historisch beispiellos ist.[2] In den letzten Jahren ist in den Vereinigten Staaten »ein gewaltiger Umbruch« zu verzeichnen, was die Praxis der Ehe und damit das Familienleben insgesamt betrifft.[3]

Als Reaktion darauf sind nicht nur Historiker, Philosophen und Sozialwissenschaftler, sondern auch Religionshistoriker und Theologen zunehmend mit der Erforschung der Ehe beschäftigt. Letztere haben sich religionsübergreifenden Untersuchungen, aber auch bestimmten religiösen Traditionen gewidmet. Allein die riesigen, von Don Browning an der University of Chicago geleiteten Projekte zu »Religion, Kultur und Familie« und »Religion, Ehe und Familie« haben fast 20 Bücher hervorgebracht oder beeinflusst, und weitere sind im Entstehen.[4] Dazu kommen die Publikationen von Rosemary Radford Ruether, Lisa Sowle Cahill, Christine Gudorf und anderen, die sich mit der christlichen Perspektive auf Ehe und Familie beschäftigt haben.[5] Mein vorrangiges Ziel ist hier nicht, zu wiederholen, was andere bereits gesagt haben, obwohl ich mich selbstverständlich auf ihre Arbeiten beziehe; ich möchte vielmehr aufzeigen, was meine sexualethischen Leitlinien zu dieser neuen Situation zu sagen haben.

Historische und kulturelle Kontexte

Die Institutionen Ehe und Familie waren für die Gesellschaft und religiöse Traditionen immer von Bedeutung. Wie Ruether sagt: »Sowohl die Kirche als auch der Staat haben Interesse an stabilen, verbindlichen Partnerschaften, die einen Rahmen bieten, um Kinder großzuziehen, sich um Verwandte zu kümmern und für Krisen, Krankheit und Alter vorzusorgen.«[6] Und Nancy Cott bemerkt, selbst heute gelte: »Kein moderner Nationalstaat kann darauf verzichten, die Ehe zu regulieren, weil sie eine direkte Auswirkung auf die Fortpflanzung und die Zusammensetzung der Bevölkerung hat.«[7] Im Laufe der Geschichte haben Ehe und Familie, je nach sozialem und kulturellem Kontext, verschiedene Funktionen erfüllt. Lange Zeit diente die Ehe dazu, die Beziehungen zwischen Familien festzulegen und Erbfolgen zu bestimmen, Geschlechterrollen zu bestätigen, sexuelle Aktivität zu begrenzen, sexuelle Rechte und Pflichten zu definieren und für die Legitimität und das Aufziehen der Kinder zu sorgen. Ein vorrangiger Faktor der Ehe war das Bedürfnis, angeheiratete Verwandte zu bekommen, um politische und ökonomische Allianzen in und zwischen Familien zu errichten oder abzusichern.[8] Allerdings waren die Funktionen der Ehe schon immer sehr komplex, sodass Vorsicht bei der Interpretation geboten ist. Coontz zufolge war die Ehe zwischen einem Mann und mehre- *Polygynie* ren Frauen über längere Zeit und über einige Kulturen hinweg die beliebteste Eheform.[9] Im Westen setzte sich die Monogamie durch, aber langsamer, als heutige Christen vermuten würden. Als sich das jüdisch-griechisch-römisch geprägte Christentum über Palästina hinaus ausbreitete, traf es noch auf andere Gesetze und Gepflogenheiten. Bei den Franken, Teutonen und anderen germanischen Volksgruppen dauerte die Polygynie noch bis ins frühe Mittelalter an.[10] Seitdem tendierte die westliche Kultur jedoch dazu, die »Vielweiberei« als primitiv und unzivilisiert zu beurteilen – sowohl in eigenen wie auch in fremden Kulturen.[11] In den Vereinigten Staaten betraf dieses Verdikt die Ureinwohner genauso wie die Mormonen oder Immigranten mit einem entsprechenden kulturellen Hintergrund.

Die Narrative von Ehe und Familie in der westlichen Zivilisation haben sich über die Zeit grundlegend verändert – beispielsweise bei der Motivation für die Ehe. Geändert haben sich aber auch die Auswahl- und Kontrollmechanismen und die geschlechtsspezifischen Rollenmuster. Solche Verschiebungen geschehen jedoch nicht in einem Vakuum, sie werden durch Veränderungen der politischen und ökonomischen Kontexte hervorgebracht.[12] Obwohl ich mich im Folgenden auf die westliche Kultur beschränke, gibt es zahlreiche Belege dafür, dass die anderen Kulturen einen ähnlichen Weg eingeschlagen haben.

Am Anfang hatte die Ehe in erster Linie den Zweck, die ökonomischen, politischen und sozialen Bedürfnisse von Familien und Verwandtschaftsgruppen zu erfüllen. Von der Familie geht die Kontrolle über die Ehe langsam auf die Kirche über, später auf die Staaten und schließlich auf die Individuen; aus der historischen Distanz scheint vor allem die allmähliche Hinwendung zur Liebesheirat bemerkenswert, in der zwei Menschen in der Hoffnung auf persönliches Glück zusammenfinden. Coontz merkt an: »Gewiss verliebten sich Menschen auch früher schon, manchmal sogar in den eigenen Ehepartner.«[13] Allerdings waren die Funktionen der Ehe zu wichtig, um sie der Entscheidung von zwei Individuen zu überlassen, und das auch noch auf der Grundlage von privaten Empfindungen. Wann letztendlich die Praxis der arrangierten Ehe durch die Liebesheirat abgelöst wurde, wird von Historikern unterschiedlich beurteilt, aber die wichtigste Verschiebung scheint im 17. und 18. Jahrhundert stattgefunden zu haben – zu einer Zeit, als die amerikanische Geschichte gerade an Fahrt aufnimmt. Cott richtet ihren dekonstruktiven Fokus auf die Rolle von Nation, Staat und kommunalen Gemeinschaften, die auch in den Vereinigten Staaten weiterhin die Formen und Funktionen der Ehe kontrollieren. Obwohl der Anschein ein anderer ist, war die Ehe keine private, sondern eine öffentliche Institution, ein Instrument, mit dem der Staat – angetrieben von religiösen, politischen und wirtschaftlichen Interessen – die Bevölkerung zu organisieren, zu regieren und zu formen versuchte. Trotz (oder wegen) der staatlichen Lenkung verwandelte sich die Ehe jedoch im Laufe der Jahrhunderte zu einem Gegenstand der privaten Entscheidung und die Familie zu einem der Welt entrückten Zufluchtsort.

Veränderungen in den Beziehungen der Geschlechter führten unausweichlich zu Veränderungen in der Funktion und Bedeutung der Ehe. »Am Anfang« mag es einfach so gewesen sein, dass »eine flexible, geschlechtsspezifische Arbeitsteilung bei Paaren« wichtig für das menschliche Überleben war.[14] Geschlechterrollen und Beziehungen waren daher funktional und durch Notwendigkeiten bestimmt. Die Geschichte der Geschlechterrollen ist komplex, wobei die Unterordnung von Frauen unter Männer sowie die Annahme, weibliche Körper seien das Eigentum der Männer, wohl die Regel waren. Selbst heute noch ist die Partnerschaft von Frauen und Männern innerhalb von Ehe und Familie von Ungleichheit gekennzeichnet.

Cotts ernüchternde Schilderung der Ehe als öffentliche Institution führt zu der überzeugend belegten Behauptung, dass die Ehe als solche das Instrument ist, mit dem der Staat Geschlechterrollen formen konnte und immer noch formt.[15] Sie argumentiert, dass es in der Geschichte der Vereinigten Staaten eine nahtlose Anpassung der christlichen Lehre an das angloamerikanische Recht gegeben habe. Zentral für das christliche Verständnis der Ehe, wie Cott es interpretiert, sind die *beiderseitige Zustimmung* zur Eheschließung (in der allmählichen Entwicklung des christlichen Denkens zwischen dem 7. und 12. Jahrhundert wichtiger als alles andere) und die Vorstellung des »*Ein-Fleisch-Seins*«.[16] Beides passte gut zur großen Bedeutung, die man dem *Vertrag* als Grundlage aller Verbindlichkeiten einräumte, und zur *rechtlichen Einheit* von Ehemann und Ehefrau. Darüber hinaus stand das christliche Verständnis vom Ehemann als »Oberhaupt« seiner Frau und der Familie im Einklang mit dem Konzept des englischen Gewohnheitsrechts der rechtlichen, politischen und ökonomischen Einheit von Ehemann und Ehefrau. Als einzige Vollbürger in frühen amerikanischen Haushalten waren die Ehemänner die politischen und auch die rechtlichen Vertreter ihrer Frauen. Die Arbeit einer Ehefrau im Haus kam ihrem Mann zugute, ihre Vermögenswerte gehörten ihm oder wurden von ihm verwaltet, sodass sie auf diese Weise auch ökonomisch mit ihm verschmolz. Die eheliche Einheit bedeutete eine Vergrößerung der Identität des Ehemannes, aber sie verlangte von der Ehefrau in den meisten Fällen, die eigene Identität aufzugeben.[17]

Cotts Analyse zufolge sollte der Charakter der Beziehung zwischen Ehemann und Ehefrau die Beziehung zwischen dem Staat und dem Volk widerspiegeln. Und als im 18. Jahrhundert das patriarchalische Staatsmodell in die Brüche ging, suchte man nach einer neuen Analogie zwischen dem Gesellschaftsvertrag, der den Staat legitimierte, und dem Ehevertrag, der die Beziehung zwischen Eheleuten begründete. Mittelbar führte das zu einer größeren Gleichstellung von Mann und Frau.[18] Die Autorität des Ehemannes wurde nicht angetastet, aber der Ehevertrag wurde »ökonomisch umgeschrieben«.[19] Die Folge war eine schrittweise Gleichstellung, indem Ehefrauen rechtliche und politische Handlungsfähigkeit erhielten.

Gleichzeitig stärkte sich jedoch auch die Überzeugung, dass Ehemänner die Ernährer und Frauen deshalb ökonomisch von ihnen abhängig seien. Der Vertrag war immer noch konsensuell, seine Bedingungen aber nicht verhandelbar.[20] In Westeuropa war nach Coontz eine ähnliche Entwicklung zu beobachten. Ihrer Meinung nach ist hier der neue ökonomische Ehevertrag eng mit der sich entwickelnden Vorstellung verbunden, dass die Ehe der Liebe dienen solle. Was dabei herauskam, argumentiert sie, war die Kombination der »Liebesheirat« mit der »Versorgerehe«.[21] Zum ersten Mal war die Ehe hauptsächlich Teil der Privatsphäre, in welcher der Ehemann der Alleinverdiener war und die Frau nicht nur verantwortlich für die häuslichen Aufgaben und das Aufziehen der Kinder, sondern auch für das Bewahren des emotionalen Kerns der Ehe und der affektiven Bindungen innerhalb der Familie. Die Beziehungen zwischen den Geschlechtern gründeten jetzt nicht mehr auf einer vermeintlichen männlichen Überlegenheit, sondern auf der (wieder vermeintlichen) natürlichen männlich-weiblichen Komplementarität. Die eheliche Liebe, so wurde angenommen, würde durch die Betonung der Unterschiede zwischen Frauen und Männern gefestigt.

Aber auch die Ehe als Liebesheirat wurde durch die schwindende ökonomische Abhängigkeit der Frauen destabilisiert. Sowohl in Europa als auch in den Vereinigten Staaten schritt die Entwicklung voran: Die Beziehung zwischen den Geschlechtern, die Struktur von Ehe und Familie und die praktische und ideologische Kontrolle der Institution – all das wurde jetzt infrage gestellt.

Das Christentum und sein Einfluss[22]

Das Christentum spielte bei der Ausformung des politischen und kulturellen Verständnisses von Ehe und Familie eine große Rolle.

Es erübrigt sich, zu sagen, dass die christliche Geschichte der Ehe kompliziert und eine Frage der Perspektive ist. Beginnen wir mit der Frage, warum frühe Christen eine Verpflichtung zur Monogamie übernahmen. Am nächsten liegt die Erklärung, dass es sich um ein jüdisches Erbe handelt. Wie Theodore Mackin anmerkt, waren in den frühen Jahren und Jahrzehnten schließlich fast alle verheirateten Christen erwachsene Konvertiten, die schon verheiratet waren, bevor sie Christen wurden. »Solange Palästina das demografische Zentrum des frühen Christentums war, waren die Ehen früher Christen in ihrer Sozialstruktur und Motivation jüdisch.«[23] Das Christentum, da sind sich die meisten Forscher einig, war in seinen Anfängen eine Bewegung innerhalb des Judentums und der es umgebenden griechisch-römischen Welt. Im ersten Jahrhundert unserer Zeitrechnung war die Monogamie das bevorzugte Modell sowohl der jüdischen als auch der römischen Ehe, obwohl es bei Juden und anderen noch einige offenbar atypische polygyne Ehen und Haushalte gab.[24]

Es reicht allerdings nicht zu sagen, dass sich die frühen Christen die monogame Ehe einfach deshalb zu eigen machten, weil sie »da« war. Schließlich hielten sich Christen für »Bekehrte« in dem Sinne, dass sie sich einem neuen Lebensweg zugewandt hatten, der sie als Jünger von Jesus Christus auswies und der erhebliche moralische Verpflichtungen nach sich zog. Das Anliegen, »leidenschaftliche Lust« zu meiden, gab es zu jener Zeit zwar nicht nur bei Christen, aber es ließ monogame Beziehungen für Christen passender erscheinen als polygyne.[25] Außerdem war die Monogamie in frühe christliche Überzeugungen und Theologien stärker eingegliedert, weil sie eine potenzielle symbolische Bedeutung für das Verständnis der Beziehung von Jesus Christus zur Kirche hatte und mit dem christlichen Verständnis von Nächstenliebe vereinbar war. Ob sich das Christentum anderen Mustern der Ehe hätte anpassen können, bleibt meiner Ansicht nach eine offene, aber weitgehend vernachlässigbare Frage (die allerdings in der interreligiösen und interkulturellen Dynamik eine Rolle spielen könnte).

Römische Gesetze und Bräuche zur Ehe gründeten auf der beiderseitigen Zustimmung und waren leicht an christliche Überzeugungen und Verpflichtungen anzupassen. Wie alle anderen hielten Christen die Ehe für eine Familienangelegenheit – obwohl erst die beiderseitige Zustimmung der Partner die Ehe begründete. Die Gewohnheit, christliche Pastoren bei Hochzeiten hinzuziehen, entstand erst allmählich und war informell. Die Christen brachten jedoch neue Einstellungen in die Ehe mit. Wie Mackin bemerkt, ließen die Endzeiterwartungen der frühen Christen die Ehe weniger bedeutend erscheinen, obwohl ein Hauptgrund für das Heiraten weiterhin das Bedürfnis nach einem Kontext war, in dem man sexuell aktiv sein konnte. Die Ehe als solche war jedoch nicht besonders wichtig für die Verbreitung des Evangeliums.[26]

Das bringt uns zu einer weiteren wichtigen Frage: zur Stellung der Ehe in der christlichen Kirche in ihren Anfängen und in den vielen Jahrhunderten ihres Wachstums. Zwar konnte die Ehe so strukturiert und eingerichtet werden, dass sie sowohl mit der Kultur, in der das Christentum entstand, als auch mit seinen Glaubensverpflichtungen im Einklang stand, aber trotzdem war der Ort von Ehe und Familie in der christlichen Gemeinschaft mehrdeutig. Dafür gibt es eine Reihe von Gründen. Einer war der Glaube, in einer »Endzeit« zu leben, in der das Heiraten durch die Hoffnung auf das kommende Reich Gottes an Bedeutung verlor. Wie wir in Kapitel 2 gesehen haben, entstand das Christentum in späthellenistischer Zeit, als sogar das Judentum von negativen Einstellungen dem Sex gegenüber beeinflusst wurde. Wie Ruether bemerkt, war »sowohl die griechisch-römische als auch die jüdische Welt des 1. Jahrhunderts mit Bewegungen und Ideologien vertraut, die antifamiliär eingestellt waren«.[27] Und, so könnte man hinzufügen, in gewissem Sinn auch antisexuell. Zahlreiche Philosophien forderten die Menschen auf, enthaltsam zu leben, um ihren Geist für das Denken zu befreien und ihr Herz nicht zu belasten, besonders nicht durch die Bürde eines Haushalts. Es gab sogar organisierte Gemeinschaften für Anhänger der Enthaltsamkeit unter den Juden. Aber nirgendwo fasste der Gedanke, Ehe und Familie hinter sich zu lassen, um sich mit ganzem Herzen Gott und dem Evangelium zu widmen, so fest Fuß wie in den schnell wachsenden christlichen Gemeinschaften. Obwohl frühe christliche Schriftsteller und Prediger die Sexualität als Teil der Schöpfung bejahten, glaubten sie auch, sie sei durch die zerstörerischen Kräfte des Sündenfalls unwiderruflich beschädigt. Daher ermutigte man jene, die um des Reiches Gottes willen unverheiratet bleiben konnten, Paulus' Beispiel zu folgen.

Peter Brown liefert in seiner Untersuchung *Die Keuschheit der Engel* über die Praxis der »sexuellen Entsagung« im frühen Christentum eine facettenreiche Sicht auf dieses Phänomen.[28] Eins wird dabei deutlich: Nicht alle Entscheidungen für die Enthaltsamkeit in dieser Periode beruhten auf einer negativen Einstellung zur Sexualität. Selbst Paulus legte in seiner Begründung den Schwerpunkt auf die Freiheit, das Evangelium verbreiten zu können – also auf ein pragmatisches Motiv. Darüber hinaus gab es vielfältige Gründe, die Enthaltsamkeit zu wählen: Um die Seele durch den Körper zu verwandeln; um die Bekehrung des Herzens durch ein enthaltsames Eingliedern aller Neigungen in die Beziehung zu Gott zu unterstützen; um die geschlechtsspezifischen Erwartungshaltungen zu unterlaufen; um die Freundschaft durch ein Transzendieren der sexuellen Intimität zu vergrößern; zum Zweck einer rigorosen Askese; um sich, wie die Märtyrer, Gott restlos hinzugeben; um Jesu Tod und Auferstehung zu würdigen. Brown hat alle diese Formen und Motive für permanente Enthaltsamkeit aufgespürt – sie erscheinen, entwickeln sich, treten in Konkurrenz zueinander und zur ehelichen Keuschheit. Nichts davon fand in einem sozialen Vakuum statt, und die meisten Varianten wurden heftig diskutiert.[29] Die vielen möglichen Begründungen für ein enthaltsames Leben erklären allerdings nicht aus sich selbst heraus, warum der Status der Ehe für frühe Christen mehrdeutig war.

Rowan Greer hat argumentiert, dass die Kirche im späten Altertum mindestens drei verschiedene Vorstellungen von Ehe und Familie vertrat, was zu einer tiefen Ambivalenz führte.[30] Zunächst (1) einmal gab es offenbar eine Zurückweisung von Familienbindungen, manchmal sogar offene Feindschaft gegenüber der Familie. Die christliche Botschaft war ein Schwert, das Familien spaltete (Matthäus 10:34–39; Lukas 12:51–53). Alle Christen wurden aufgefordert, alles zu verlassen, auch Vater, Mutter, Ehegatten und Kinder (Matthäus 12:25, 22:30; Lukas 20:35). Gläubige lebten in Erwartung eines neuen Zeitalters, in dem es die Heirat nicht gab. Christliche Einstellungen zum Märtyrertum zeigten manchmal extreme Formen der Zurückweisung von familiärer Verantwortung. Frauen verließen ihre Ehemänner und Kinder, um dem »Martyrium entgegenzueilen«, und Männer wurden zuweilen ermutigt, Wohlstand, Frau und Kinder, Brüder und Schwestern zu verlassen, wobei ihnen versichert wurde, dass der Verzicht auf menschliche Bindungen zu stärkeren spirituellen Bindungen und der Freiheit führen würde, das Evangelium zu verbreiten.

Die zweite Vorstellung ist eng mit der ersten verbunden. Frühe (2) Christen sahen die Kirche selbst als Ersatz für die traditionelle Familie an: Die Kirche war ihre neue Familie.[31] Solche, die vorher keine Familie hatten (zum Beispiel Witwen und Waisen), genossen jetzt ihren Schutz. Andere waren dem Ruf des Evangeliums gefolgt und hatten ihre Familien verlassen, auch für sie war die Kirche ein neues Zuhause (Matthäus 10:29–30). Die christliche Gemeinschaft bot eine Art Mitgliedschaft und Zugehörigkeit an, die versprach, alle Barrieren von Nation, Geschlecht oder ökonomischem Status einzureißen. Sie bot ein gemeinsames Leben und eine gemeinsame Identität an, in der alle anderen Bindungen aufgehoben wären.

(3.) Die dritte erkennbare Vorstellung steht in Spannung zu den ersten beiden. Christen glaubten nämlich auch, dass in ihrem neuen Leben als Gläubige Ehe und Familie im alltäglichen Sinn bejaht werden könnten und keineswegs abgeschafft werden müssten.[32] »Alles verlassen« konnte für jene, die in traditionellen Familienhaushalten lebten (Apostelgeschichte 10:2; 11:14; 16:15), eine andere Bedeutung annehmen. Es konnte die selbstlose Liebe bedeuten, die in familiären Beziehungen erforderlich ist, oder die Pflicht, Notleidende an den Gütern der Familie teilhaben zu lassen, oder die Überzeugung, dass sich Christen trotz der Vergänglichkeit der Welt und der Verbindlichkeit des Glaubens für ein bedeutungsvolles Gefüge des Lebens einsetzen sollten.

Die Mehrheit der Christen entschied sich natürlich für die Ehe. Als solche war sie eine Lebensform, an der die Kirche einen Anteil hatte. Für das frühe urbane Christentum war ein erweiterter Haushalt genauso überlebensnotwendig wie für Juden, Griechen und Römer. Es verwundert daher nicht, dass die Ablehnung der Familie, die Haushalte auseinanderriss und von außen scharf kritisiert wurde, Besorgnis erregte. In der Folge begannen paulinische Führer, in ihren Kirchen Vorschriften für die Ordnung des Haushalts zu erlassen (Kolosser 3:18–4:1; 1. Timotheus 2:8–15; Epheser 5:22–23; 1. Petrus 2:11–16; Titus 2:2–10). Gegründet auf das kaiserliche Modell, dass sich alle in einem Haushalt dem *Paterfamilias* unterordnen müssen[33], bejahten die Vorschriften Sklaverei und untermauerten die Dominanz des Ehemanns über die Frau. Obwohl diese Bibelstellen manchmal als Bestätigung von Ehe und Familie interpretiert werden, enthielten sie keinerlei Vision einer »neuen Ordnung«, die ebenfalls für frühe Christen wichtig war. Stattdessen wurde betont, dass sich christliche Familien an die sie umgebende soziale Ordnung anzupassen hätten.

Im Großen und Ganzen bleibt die Botschaft der frühen Christen jedoch mehrdeutig und ambivalent. Die Spannung zwischen der Zurückweisung von Ehe und Familie, ihrem Ersatz durch die kirchliche Gemeinschaft und ihrer Bejahung blieb bestehen. Im 3. Jahrhundert trugen diese drei Vorstellungen zur Entwicklung eines Standpunktes bei, der in Opposition zur ehe- und sexfeindlichen Haltung einiger Gnostiker, aber auch zu den vermeintlich ausschweifenden Praktiken anderer Gruppierungen stand. Über viele Jahrhunderte hinweg bekräftigte die christliche Kirche immer wieder, dass die Ehe gut sei, die Enthaltsamkeit jedoch besser. Die Bejahung der Familie basierte ausnahmslos auf der Funktion ihrer Rolle bei der Kindererziehung und beim Aufrechterhalten der gesellschaftlichen Ordnung.

Es ist argumentiert worden, dass die jahrhundertelange christliche Ambivalenz gegenüber Ehe und Familie dazu gedient habe, die allgemeine Praxis im Römischen Reich zu kritisieren, und dass sie sogar einige positive Veränderungen bewirkt habe.[34] Die Familie galt dem Christentum immer als Ausdruck weltlicher Macht. Einerseits blieben die Standards und Strukturen der griechisch-römischen Ehen und Familien durch die christlichen Lehren relativ unangetastet. Der *Paterfamilias* wurde nicht entthront, und die Einrichtung des Haushalts richtete sich nach der ihn umgebenden Kultur. Anderseits blieb auch ein Großteil der eschatologischen Relativierung von Ehe und Familie bestehen. Obwohl die Ehe im 12. Jahrhundert den Rang eines Sakraments erhielt, wurde sie immer noch als eine geringere Berufung als die Enthaltsamkeit betrachtet. Für Kirche und Gesellschaft war sie im Wesentlichen etwas rein Instrumentelles. Selbst wichtige Entwicklungen in der Theologie von Ehe und Familie änderten diese grundlegende Einschätzung kaum, selbst wenn sie die Natur des ehelichen Bundes und den Zweck der sexuellen Aktivität berührten.

Erst im 14. Jahrhundert setzte wirklich eine bedeutsame Verschiebung im christlichen Selbstverständnis ein, die zu einer Neubewertung von Ehe und Familienleben führte.[35] In der Folge entwickelten die Humanisten der Renaissance eine radikal neue Perspektive: Statt die Jenseitigkeit wurde jetzt die soziale Verantwortung betont und statt sexuellem Verzicht die Selbstdisziplin und die Leistungsbereitschaft in einer Welt, in der Familie und produktive Arbeit zusammenzufallen begannen. Es war die protestantische Reformation, die diese Bewegung vollendete und auf dramatische Art und Weise ein neues Verständnis der Familie etablierte. Ehe und Familie ersetzten in sexueller Hinsicht das Enthaltsamkeitsideal und wurden zu einem christlichen Schwerpunkt. Wie wir in Kapitel 2 gesehen haben, ließen Martin Luther und Johannes Calvin nicht von dem traditionellen christlichen Argwohn gegen die Sexualität ab, aber sie akzeptierten sie als Teil der menschlichen Natur nach dem Sündenfall.[36] Sex konnte nicht durch Fortpflanzung oder etwas anderes »gerechtfertigt« werden, er benötigte Vergebung, und dafür war die heterosexuelle Ehe da. Das ungebärdige Begehren wurde also domestiziert und gezähmt durch die Bürde, einen Haushalt zu unterhalten und Kinder aufzuziehen. Mehr als das: Für Luther war das erste ethische Gebot die Nächstenliebe, und in der Institution der Ehe und Familie konnten Individuen Gehorsam gegenüber Gott, Geduld und die erforderlichen Formen der Nächstenliebe lernen. Durch die Ehe konnte die Sexualität kanalisiert und als Sinnressource erschlossen werden.

In den folgenden reformatorischen Traditionen verschwand die frühchristliche ambivalente Haltung zu Ehe und Familie. Man glaubte jetzt, dass Christen (mit seltenen Ausnahmen) in und durch diese Institution zur Frömmigkeit und zum Dienst am Nächsten berufen seien – vor allem also an Ehepartnern und Kindern, aber auch am Mitbürger. Die Ambivalenz wurde so gründlich beseitigt, dass Frauen zum Beispiel kaum eine Alternative zu einem Lebensentwurf als Ehefrau und Mutter hatten. Sobald die kulturelle Verschiebung des 19. Jahrhunderts zur Trennung zwischen der privaten Welt der Familie und der öffentlichen Welt der produktiven

Arbeit geführt hatte, beschränkten sich christliche Interpretationen der »weiblichen Natur« auf den privaten, häuslichen Bereich.[37]

Die Geschichte der christlichen Ehe hört natürlich nicht mit der Reformation auf. Aber hier erfolgten die zentralen Festlegungen. Obwohl bis in die letzte Hälfte des 20. Jahrhunderts zwischen der römisch-katholischen und der protestantischen Tradition wichtige Unterschiede in der Auffassung von Ehe und Familie bestehen blieben, zeigt ihre jeweilige Geschichte Parallelen und Wechselwirkungen mit den säkularen kulturellen Verschiebungen vom 17. bis ins 21. Jahrhundert. Christliche Familien sind – wie alle anderen der heute herrschenden Kultur des fortschreitenden Wandels – strukturellen Veränderungen und Destabilisierungen unterworfen. Wenden wir uns der Gegenwart zu und der Ehe, wie wir sie heute kennen.

Beschreibende und normative Fragen

Wie immer und überall sind auch heutzutage einige Ehen glücklich und andere nicht. Manchmal entsprechen relative Grade des Glücks oder Unglücks den Erwartungen an die Ehe und manchmal nicht. Manchmal haben sie offensichtlich mit strukturellen Fragen innerhalb von Familien zu tun, aber nicht immer. Jeder, der gewissenhaft über Erfahrungen in seiner Familie nachdenkt, wird geneigt sein, die unterdrückenden Faktoren umzugestalten, obwohl es nicht immer Einigkeit darüber gibt, was als Unterdrückung zählt oder wie eine Umgestaltung aussehen sollte. Sowohl der Begriff der Ehe als auch der Familie sind heutzutage hart umkämpft. So gut wie jeder möchte, dass Ehen und Familien dem menschlichen Wohlergehen dienen; und Christen wollen, dass ihre Form und ihr Kontext letztendlich der Beziehung zu Gott förderlich sind.

Ehe, da ist man sich einig, verlangt Einsatz; sie verlangt, Verpflichtungen auf sich zu nehmen, die man sonst nicht hätte. Das Gleiche gilt für das Leben in einer Familie, und vieles davon ist »vorgegeben« – wie die Verpflichtungen von Kindern gegenüber Eltern und von Geschwistern gegenüber Geschwistern. »Vorgegebene« Verpflichtungen wie diese sind nicht das Ergebnis einer freien Entscheidung, aber sie verlangen nach einem Einverständnis und persönlichem Einsatz. Ehe und auch Familie erfordern, dass man andere Menschen liebt und umsorgt, fordert und unterstützt. Soweit die Verpflichtungen durch anerkannte Erwartungen der Gesellschaft formuliert und geformt sind, beschränken sie sich jedoch nicht darauf. Für die Liebe und diejenigen, die wir lieben, gehen wir in einem institutionellen Rahmen eine Verpflichtung ein und werden für unsere Liebe zur Verantwortung gezogen. Deshalb verpflichten wir uns selbst oder bestätigen unsere Verpflichtung innerhalb dieses Rahmens, wie immer wir ihn auch verstehen. Die Ehe reglementiert nicht nur unsere Sexualität, sondern das ganze Gefüge des gemeinsamen Lebens – das ist ihr Glanz (und oft genug ihr Elend). Als gewählter oder bestätigter institutioneller Rahmen für unsere Liebe beinhaltet sie, dass wir Beziehungen eingehen, die von Loyalität und dem Zusammenwachsen in einem gemeinsamen Leben geprägt sind, dass wir Brücken zwischen den Generationen schlagen und uns der größeren Welt öffnen.

Genau wie menschliche Beziehungen sollten auch institutionelle Rahmen Gerechtigkeitsnormen unterliegen. Wenn sie es nicht tun, stellen wir sie infrage, geben sie auf oder verkümmern in ihnen. Was hat das nun alles für unser Ehe- und Familienleben zu bedeuten?

Vielfältige Formen der Familie

Es gab immer schon vielfältige Formen der Familie, und es stellt sich die Frage, ob es überhaupt möglich ist, diese Vielfalt unter einem Konzept der »Familie« zu subsumieren. Fallen zum Beispiel Alleinerziehende mit ihren Kindern genauso darunter wie Familien mit zwei Elternteilen? Können wir gleichgeschlechtliche Partner mit Kindern als »Familie« bezeichnen? Patchworkfamilien nach Scheidung und Wiederverheiratung? Familien mit Eltern, deren Kinder nicht genetisch mit ihnen verwandt, aber auch nicht regulär adoptiert sind? Familien, in denen Eltern nicht verheiratet sind, aber zusammen Kinder großziehen? Familien, in denen Kinder nicht nur von den biologischen Müttern und Vätern versorgt werden, sondern auch von Großeltern oder Tanten oder Onkeln oder Vettern und Cousinen oder engen Freunden? Familien, die überhaupt nicht zusammenleben? Kernfamilien und Großfamilien? Und so weiter und so fort. Ist es möglich, all diese vielfältigen Lebensformen als »Familien« zu bezeichnen?

Ethiker legen heute in der Regel einen umfassenden Begriff von »Familie« zugrunde und billigen die Vielfalt. Und trotz heftiger Opposition seitens der Konservativen und der religiösen Rechten gibt es eine wachsende Tendenz bei immer mehr Menschen, unterschiedliche Familienformen zu akzeptieren. Lisa Sowle Cahill definiert Familie zum Beispiel interkulturell als »geordnetes Netzwerk aus sozioökonomischer und reproduktiver Wechselbeziehung und Unterstützung, das auf Blutsverwandtschaft und Ehe gründet«.[38] Doch auch andere Formen von »Bündnissen unter Menschen … zur gegenseitigen ökonomischen und häuslichen Unterstützung wie bei der Fortpflanzung und Kindererziehung« sieht sie als analog zu den elementaren, auf Verwandtschaft und Ehe gründenden Familien an.[39] Sie kommt zu dem Schluss, dass es vermutlich nicht möglich sei, die äußeren Grenzen des Konzepts Familie auszumachen, und dass es auch gar nicht klug wäre, das zu versuchen. Auf ähnliche Weise weist Rosemary Radford Ruether nachdrücklich darauf hin, dass ein echtes Verständnis der »Familienwerte« heute beinhalte, »eine Vielfalt von Familienformen … zu akzeptieren und zu unterstützen«.[40] Marifé Ramos González argumentiert: »So etwas wie *die* christliche Familie gibt es nicht … Die christliche ›Familie‹ ist allzu sehr vereinfacht und über die Maßen idealisiert worden. Leider werden die besonderen Umstände der einzelnen Familien häufig außer Acht gelassen, obwohl sie ihre moralischen Entscheidungen wohl oder übel beeinflussen.«[41]

In meiner Sicht ist jedes Familienkonzept zu begrüßen, das »funktioniert« und das Zusammenleben von Menschen in gegenseitiger Zuneigung und zum gegenseitigen Gewinn ermöglicht – und das gilt besonders, wenn es darum geht, Kinder großzuziehen. Es gibt kein einziges Modell, das Glück und Erfolg garantiert, wenigstens nicht in unserer Zeit. Möglich ist vieles, wenn auch nicht alles. Die Grenzen, die uns gesetzt sind, haben weniger mit einem anzustrebenden Ideal zu tun als mit der Gerechtigkeit und Liebe, die es ermöglicht. Jean-Paul Sartre und Simone de Beauvoir zum Beispiel schufen sich eine Gefolgschaft von Bewunderern, Sexpartnern und Protegés, die sie gerne »die Familie« nannten. Das Leben dieser »Familie« war jedoch offenbar von Täuschung, Verführung, Ausbeutung und Anzüglichkeiten gekennzeichnet und wurde von einem »Pakt« seitens der beiden Protagonisten zusammengehalten, der diese Formen des Umgangs ausdrücklich billigte.[42] Wenn die Beschreibungen dieser Übereinkunft und ihrer Konsequenzen zutreffen, möchte ich das Familienmodell Sartre/Beauvoir nicht in mein Verständnis von Familie einschließen. Das soll nicht heißen, dass andere Familienformen, die in die Reihe der echten Familien aufgenommen werden können, nicht manchmal mit ähnlichen Problemen zu kämpfen haben, sie werden jedoch nicht eigens dazu entworfen, solche negativen Beziehungsmuster zu tolerieren und sogar auszukosten. Andere Modelle können ihre Ziele verfehlen oder hinter den Erwartungen zurückbleiben, gelten jedoch trotzdem als echte »Familie«.

Ich werde im Folgenden nicht versuchen, »Familie« zu definieren. Stattdessen möchte ich die Natur von familiären Beziehungen betrachten, ihre Zielsetzung als institutionelle Verpflichtung prüfen und die Wege aufzeigen, die zu diesem Ziel führen.

Gerechte Beziehungen zwischen Ehepartnern

Wenn Ehe und Familie zum Wohlergehen und Erfolg derjenigen beitragen sollen, die sie bejahen und in ihr leben, dann müssen ihre Strukturen gerecht sein. Das trifft auf die Beziehungen zwischen Ehepartnern, Eltern und Kindern, Geschwistern und allen anderen zu, die zu einer »Familie« gehören, seien es nun verschiedene Generationen oder andere Verwandte. Ich beginne mit der Beziehung zwischen den Ehepartnern.

Die Ehe »einzugehen« gleicht jeder anderen Verpflichtung, denn es bedeutet, einem anderen einen Anspruch über sich selbst einzuräumen; es heißt, sein Wort auf eine Weise zu geben, dass dieses Wort jetzt in dem anderen existiert, aber gleichzeitig in einem selbst verbleibt.[43] Aber was bedeutet das gegebene Wort, die übernommene Verpflichtung beim Heiraten? Es bedeutet, zu lieben – in welchem Maß auch immer, mit welchem Verständnis von Liebe auch immer und mit welcher Fähigkeit zur Liebe auch immer. Es bedeutet, der Liebe eine Vergangenheit zu geben, indem man ihr eine Zukunft gibt. Es bedeutet auch, sich einem institutionellen Rahmen für die Liebe und das gemeinsame Leben zu überantworten.

Wenn das Heiraten selbst gerecht sein soll, muss es in Freiheit geschehen. Außerdem gehören dazu ein gewisses Maß an Wissen und die Absicht – wiederum in gewissem Maß –, ein Leben zu teilen, das von Gegenseitigkeit, Gleichheit und Fruchtbarkeit getragen wird in dem Sinn, wie ich diese Begriffe im vorangegangenen Kapitel entwickelt habe. Traditionell ist die christliche Ehe von drei Elementen gekennzeichnet: Monogamie, sexuelle Exklusivität und Dauerhaftigkeit. Ob sie wirklich ausschließlich diese drei Elemente umfassen muss, möchte ich offenlassen, aber ich habe bereits angedeutet, dass das Christentum die Polygynie hätte übernehmen können. Es gibt allerdings gute Gründe für uns, sie nicht als Option für unsere Zeit anzusehen. Selbst dort, wo man sie weiterhin praktiziert, wird die Kritik an ihr, besonders von betroffenen Frauen, immer deutlicher und vernehmlicher.[44] Das Gebot der Exklusivität im Sinne von Treue zum Sexualpartner ist natürlich im Laufe der Zeit übertreten worden, aber selten ohne Konsequenzen. In den 1970er-Jahren waren eine Zeit lang »offene« Ehen en vogue, in denen sich die Ehepartner gegenseitig erlaubten, neben der ehelichen Beziehung noch andere Sexualpartner zu haben. Viele von denjenigen, die es probierten, zogen es einige Jahre später mit der Begründung zurück, dass es sich als unrealistisch und undurchführbar erwiesen hätte.[45] Nur noch wenige begreifen die Ehe als lebenslange Verpflichtung, obwohl dies als Ideal und guter Vorsatz natürlich weiterhin Bestand hat. Die Begründungen für jedes dieser drei Elemente haben sich im Laufe der Jahrhunderte etwas geändert, aber sie bleiben wichtige Anliegen sowohl der Eheleute als auch ihrer Kinder.

Die Monogamie ist das Ehemodell der Wahl für die meisten Menschen in unserer Kultur und ganz sicher für gläubige Christen. Sie wird für das Modell gehalten, das der auf Liebe, besonders auf romantischer Liebe, basierenden Ehe am besten dient; sie ist ein Modell, das Intimität und Gemeinschaft ermöglicht, und beides sind große Werte; sie ist ein Modell, das die Art von Zuneigung erzeugen kann, die Kinder brauchen; sie ist ein Modell, das sowohl Sex als auch Liebe auf eine Art und Weise begründet, die zu den höchsten Formen von Freundschaft führt; sie ist ein Modell, das ein Verständnis der transzendenten Verkörperung integrieren kann, und auch eine Gemeinschaft zwischen Ehepartnern, die an der Gemeinschaft mit Gott teilhat und zu ihr hinführt. Das ist ihre Begründung und ihr Versprechen – das natürlich nicht immer gehalten wird, und wenn doch, dann nicht immer so, wie man es sich am Anfang erhofft hat. Aber so ist das nun einmal: Institutionelle Rahmen garantieren nie das, wofür sie entworfen wurden, sie ermöglichen es nur.

Die sexuelle Exklusivität ist ebenfalls sowohl ein Ideal als auch eine verbindliche Verpflichtung im christlichen Verständnis von Ehe. Für die Ziele der gerade beschriebenen monogamen Ehe wird sie als notwendig erachtet. Wie gleichgültig unsere Kultur dem Ehebruch gegenüber mittlerweile auch eingestellt ist, er bleibt eine Form des Betrugs und ist für den Betrogenen fast immer eine zutiefst schmerzvolle Erfahrung. Er ist vielleicht keine Todsünde – eine so verletzte Ehe kann manchmal geheilt werden –, aber er ist auch kein unbedeutender Verstoß gegen die Verpflichtung im Rahmen der Ehe. Ich brauche die Gründe, aus denen sexuelle Exklusivität und Treue für Ehepartner wichtig sind, hier nicht weiter auszuführen. Es sind ihrer unzählige. Sie haben zu tun mit der verkörperten sexuellen Bindung, mit der Intimität und den Bedeutungen der sexuellen Exklusivität für alle anderen Aspekte von Ehe und Familie. Aber ich erinnere mich an eine meiner Studentinnen, die einmal gesagt hat, sie glaube, dass sexuelle Exklusivität deshalb wesentlich für ihre Ehe sei, weil sie einen Bereich ihres Lebens markiere, in dem sie mit niemandem *konkurrieren* müsse.

Lebenslange Verpflichtungen scheinen in unserer Zeit sehr viel schwerer aufrechtzuerhalten zu sein als früher. Die Gründe kennen wir alle: die Verlängerung der menschlichen Lebensspanne, die Vervielfachung unserer Handlungsoptionen in fast jedem Bereich, die Unmöglichkeit, auf einmal gewählten Wegen weiterzugehen, weil die traditionellen Strukturen weggebrochen sind, und so weiter. Die Hauptgründe für das Scheitern von Ehen sind unrealistische Erwartungen, aber auch die Weigerung, sich mit Situationen abzufinden, die schädlich, dem Leben nicht förderlich oder zerstörerisch für andere sind. Das Überdauern der Ehe ist also ein Ideal, das viele nicht verwirklichen können. Trotzdem bleibt die Dauerhaftigkeit – lebenslange Treue im gemeinsamen Erleben – der Weg zu den begehrtesten Zielen der Ehe. Wie ich in Bezug auf die Norm der Verbindlichkeit im vorherigen Kapitel gesagt habe, kann sie Liebe und sexuelles Begehren fördern und birgt die Möglichkeit, verkörperte und beseelte Liebe zur höchsten Blüte zu führen.

Alle Ziele und Realitäten der Ehe sind jedoch davon abhängig, ob die Beziehung zwischen den Partnern gerecht ist. Das wiederum hängt in großem Maß davon ab, ob die Struktur des institutionellen Rahmens selbst gerecht ist. Freie Entscheidung, Gegenseitigkeit, Gleichheit, Verbindlichkeit, Fruchtbarkeit und die Bereitschaft, Verantwortung für die Mitwelt zu übernehmen, können die Maßstäbe für diese Gerechtigkeit sein. Es gibt immer noch eheliche Strukturen der Ungleichheit: Der eine ist Chef, der andere Helfer, der eine Ernährer, der andere wirtschaftlich abhängig, der eine Repräsentant der Familie nach außen, der andere nur der Repräsentierte. Solche Strukturen können der Verwirklichung der ehelichen Ziele im Weg stehen und sie verhindern. Natürlich ist jede eheliche Partnerschaft in manchen Aspekten einzigartig, sodass selbst die Rollenaufteilung Alleinverdiener/Hausfrau oder -mann funktionieren kann. Das sind individuelle Entscheidungen, und abhängig davon, wie sie gelebt werden, *können* sie den Bedürfnissen und Zielen der Ehe dienen, solange die Beziehung zwischen den Partnern gerecht bleibt.

Die Strukturen einer Ehe spiegeln weitgehend den Erwartungshorizont der Individuen wider. Zum Beispiel signalisieren viele Phrasen im Umfeld der Ehe, dass für die eheliche Bindung die »völlige Hingabe« des einen an den anderen erforderlich sei. Dieser Gedanke führt jedoch in die Irre, zumindest wenn er impliziert, dass es für eine Person möglich ist, sich einer anderen völlig unterzuordnen – das ist eine Form von Sklaverei, in der Handlungen und Neigungen der Herrschaft eines anderen unterworfen werden. Wenn solche Phrasen auf die Vorstellung hinauswollen, dass Individuen eine Hälfte sind, die eine andere Hälfte brauchen, um ein Ganzes zu werden, hat das schädliche Folgen. Denn was ist, wenn einer vollständiger »ganz« wird als der andere? Und können diejenigen, die nicht heiraten, in der Liebe und im Leben niemals ausreichend *ergänzt* werden?

Wenn die Rede von der Hingabe darüber hinaus wörtlich genommen wird, legt sie eine Form von Selbstaufopferung nahe, die noch nie gut war, schon gar nicht für Frauen. Es gibt, zumindest für Christen, Grenzen des Opfers, das in der Beziehung von einer Person zu einer anderen erforderlich oder auch nur moralisch erlaubt ist. Selbstaufopferung kann zu angemessenen und gerechten Beziehungen beitragen, sie kann aber auch zerstörerisch wirken. Einige moralische Verpflichtungen gründen auf der eigenen konkreten Realität als menschliche Person, die hinter anderen menschlichen Personen nicht zurückstehen sollte. Daher kann man sich in einer gerechten und angemessenen Liebe dem anderen hingeben, aber man sollte sein Selbst beim Geben nicht auslöschen. Nachdem das gesagt ist, erkenne ich die unzähligen großen und kleinen Opfer an, die zum Alltag des Ehelebens und der Familie gehören, und auch die Art von gekreuzigter Liebe, die jede große Liebe verlangt. Sein Leben für einen anderen hinzugeben ist vielleicht die Berufung jedes Christen, aber wenn das eine wirkliche Zerstörung des Selbst bedeutet – die Zerstörung einer Person, deren tiefste Wahrheit erst noch kommen soll –, ist es nicht die Art von Liebe, die einer erfüllten Ehe oder Familie dienlich ist.

Eine gerechte eheliche Liebe und ein gerechter Rahmen für Ehe und Familie können viel dazu beitragen, einem besonders erschreckenden Problem in heutigen Familien zu begegnen – dem Problem der häuslichen Gewalt. Es fällt uns schwer, ihr Ausmaß zu verstehen: Geschätzt wird, dass irgendeine Form von physischer oder emotionaler Gewalt in bis zu 60 Prozent der Ehen vorkommt und Tausende von Kindern nicht nur misshandelt werden, sondern jedes Jahr durch Gewalt in der Familie sterben. Jeder wird einsehen, warum es ein Problem ist, sich gegenseitig Schaden zuzufügen, besonders in Familienbeziehungen. Aber nicht jeder sieht die Bedeutung des Machtgefälles dabei oder die Tatsache, dass Gewalt aus einem Gefühl der Hilflosigkeit entstehen kann, das von religiös inspirierten, aber unrealistischen Erwartungen an andere Menschen verursacht wird. Wir alle – ob in der Gesellschaft oder der christlichen Gemeinschaft – stehen vor der Aufgabe, zwei Aspekte kritisch zu hinterfragen: die allgemein akzeptierten Zuschreibungen von Macht in Familien und die Tolerierung von physischer und psychischer Gewalt. Wir brauchen Methoden der Konfliktlösung in intimen Beziehungen (wie übrigens auch ein Recht auf Pflege, wenn sich die jeweilige Abhängigkeit davon im Verlauf des Lebens ändert).

Susan Moller Okin hat ausgeführt, dass moderne Theorien der Gerechtigkeit die Familie unweigerlich als soziale Institution ansehen und unterstellen, dass sie gerecht sei.[46] Sie erinnert dagegen daran, dass die Familie allzu oft ungerecht organisiert ist und dass ihre Ungerechtigkeit negative Auswirkungen auf jede andere Form von Gesellschaft hat. Es sei ein Fehler, sagt sie, die Familie als natürliche »Gegebenheit« anzusehen, die der Gesellschaft vorangehe und deren Gerechtigkeit oder Ungerechtigkeit nicht kritisch hinterfragt werden müsse. Um diese mythische Darstellung der Familie hinter sich zu lassen, schlägt Okin vor, die Strategie von John Rawls aus seiner inzwischen klassischen Theorie der Gerechtigkeit anzuwenden.[47] Um die Gerechtigkeitsprinzipien des familiären Zusammenlebens zu entdecken, sollten wir davon ausgehen, dass ein »Schleier des Unwissens« über den Mitgliedern der Familie liege. Keiner weiß, welche Rolle ihm oder ihr zugewiesen wird – jeder könnte jede familiäre oder eheliche Rolle übernehmen. Wie sieht Gerechtigkeit für jedes einzelne Familienmitglied aus? Man solle sich also quasi vorstellen, »in der Haut eines anderen« zu stecken – ein vielversprechendes Gedankenexperiment und eine heuristische Methode, um kritische Distanz bei der Bewertung von Ehe und Familie zu gewinnen.

Die Ziele von Ehe und Familie

Im Bereich von Ehe und Familie geht es um so viel, weil sich dort unsere interpersonale Liebe konzentriert. Die Ziele der Ehe sind in gewissem Maß die Ziele der Liebe: verkörperte und beseelte Einheit, Gemeinschaft, Fruchtbarkeit, Sorge und Offenheit für andere, ein Leben, das in der Treue zueinander und zu Gott geheiligt wird. Ich möchte auf keinen Fall die Realität unter schönen Worten begraben, aber es ist wichtig, darüber nachzudenken, worum es in unseren Ehen und in unseren Familien eigentlich geht. Das Christentum ist nicht immer ein guter Fürsprecher von Ehe und Familie gewesen. Wie wir gesehen haben, gab es in den frühen Jahrhunderten der Kirche die Sorge, dass eine eheliche Bindung und die Gründung eines Haushalts zu wenig Zeit übrig ließe, das Evangelium zu verbreiten oder die Taten der Nächstenliebe zu tun. Es gab die Sorge, dass das Herz in der Liebe zum Ehegatten und der Liebe zu Gott gespalten würde, dass die Beschäftigung mit den weltlichen Dingen von den göttlichen ablenken würde. Heute, im Licht der Einsichten der Reformation und veränderter Einstellungen des Katholizismus, plagen uns diese Sorgen nicht mehr so stark. Wir wissen, dass die christliche Liebe zu einem anderen Menschen bedeutet, diesen anderen in Jesus Christus zu lieben und Jesus Christus in diesem anderen, und wir erkennen, dass menschliche Liebe und göttliche Liebe das Herz nicht spalten muss. Obgleich die Liebe zu Gott und die Liebe zum Nächsten nicht völlig gleichzusetzen sind, können sie doch integriert werden, die eine in die andere. Darüber hinaus sind »weltliche Dinge« in einer sakramentalen Sicht der Schöpfung nicht von den »Dingen Gottes« zu trennen. Alle Personen können gerufen werden und sich an der Mission von Jesus Christus beteiligen, die Welt zu heilen und zu einem Ort zu machen, wo Gerechtigkeit und Nächstenliebe erblühen. Die vorrangige Liebe zu Ehepartner und Familie kann zwar mit anderen Loyalitäten in Konkurrenz treten, aber sie kann sich auch erweitern: zu einer großherzigen Liebe und dem aufopfernden Versuch, für die Welt zu sorgen und das Reich Gottes zu errichten. Schließlich gibt es einen universalen Aufruf zur Frömmigkeit, der Teil jeder christlichen Lebensweise ist; die Aufgabe besteht darin, die Bedeutung dieses Aufrufs im Kontext von Ehe und Familie zu verstehen. Auch hier ist die Gerechtigkeit der Schlüssel.

Unterwegs

Ich habe schon mehrfach gesagt, dass wir über Ehe und Familie realistisch und vorsichtig sprechen müssen – weder zu hochfliegend noch zu skeptisch. Kein Mensch hat das Ziel seiner Ehe oder seiner Familie schon erreicht. Wir sind alle unterwegs. Durch Monogamie, sexuelle Exklusivität und Dauerhaftigkeit lernen wir, was eine treue und beständige Liebe für uns sein kann. Und vor allem gilt: Die Geschichte unserer Bindungen ist nicht nur nach ihrem Anfang und ihrem Ende zu beurteilen, sondern auch nach ihrem »Dazwischen«.[48] Unser Leben erstreckt sich über die Zeit, es wird nicht simultan gelebt. Und menschliche Zeit vergeht nicht wie die einer Uhr, sie gleicht eher den Ringen eines Baumes, sie ist in uns. Täglich bestätigen wir unsere Verpflichtungen, bemühen uns darum, an Geduld, Güte, Formen des Anwesendseins und Versöhnlichkeit zu wachsen, und üben das »Klein-Klein« der freundlichen Liebe: All dies kann Bestandteil des »Dazwischens« eines Lebens sein, das nicht nur von Erfolg und Freude gekennzeichnet ist, sondern auch von Scheitern, Verärgerung, Verwirrung und dem Bedürfnis nach tiefgreifender Hoffnung. Jede Art zu leben wird unter dem Zeichen des Kreuzes gelebt, aber jede Art zu leben kann auch in seinem Licht wachsen.

Über Kinder

Über Erziehung, die Kinderfreundlichkeit (oder -unfreundlichkeit) unserer Kultur, über die Bedürfnisse von Kindern und die Verantwortung gegenüber den zukünftigen Generationen ist so viel geschrieben worden, dass ich nur wenig hinzufügen kann. Heutzutage stellen sich alle möglichen Fragen mit neuer Dringlichkeit: zur Größe von Familien, zu kinderlosen Ehen, zu besonderen Technologien, um Kinder zu bekommen, zur Bevölkerungsentwicklung, zu Phasen der Elternschaft und dem Großziehen von Kindern in einer Kultur, die Gefahren für sie birgt. Bei jeder dieser Fragen ist der Aspekt der Gerechtigkeit – für Kinder, für Eltern, für die Gesellschaft, für die Welt – zentral.

Wir leben in einer seltsamen Zeit voller Konflikte, besonders wenn es um den Gebrauch reproduktiver Technologien geht, die fast jedem erlauben, Kinder zu haben, ob Frau oder Mann, fruchtbar oder unfruchtbar, ledig oder verheiratet. Zwei recht widersprüchliche Entwicklungen treiben die Anwendung dieser Technologien voran. Erstens: Einige reproduktive Technologien trennen durch ihre Methode die biologischen Beiträge von der Elternschaft. So sind die Samen- und Eizellen- oder Embryospender oft nicht mehr in die Erziehung des Kindes involviert. Zweitens: Die Anwendung reproduktiver Technologien folgt dem unstillbaren Verlangen, eigene biologische Kinder zu haben. Das heißt, dass eine Milliardenbranche entstanden ist, damit Menschen zu genetisch verwandten Nachkommen verholfen wird. Ich mache diese Bemerkung nicht, um reproduktive Technologien zu kritisieren, sondern um uns über zentrale Fragen unserer Fortpflanzung ins Nachdenken zu bringen. Die Debatten darüber toben, aber vielleicht ist Nachdenken an diesem Punkt angemessener als Debattieren.

Es gibt damit zusammenhängende Fragen. Zum Beispiel: Wessen Pflicht ist es, einmal geborene Kinder aufzuziehen? Inzwischen teilen wir die Elternrolle bereitwillig in biologische Elternschaft, Schwangerschaft und Geburt und soziale Elternschaft ein. Selbst bei dem, was immer noch als »Normalform« der Elternschaft angesehen wird – heterosexuelle Empfängnis, Schwangerschaft und Großziehen eines Kindes –, steht infrage, wer eigentlich die größere Verantwortung und Last der Erziehung tragen soll. Ist es am besten für das Kind, wenn ein Elternteil zu Hause bleibt? Ist es besser, wenn ein Elternteil das Kind sogar selbst unterrichtet? Oder sollte man Kindern verschiedene Mutter- und Vaterrollen anbieten? Ist es belastend für Kinder, wenn sie ihre Zeit weitgehend ohne die Eltern verbringen? Oder ist gerade andersherum eine zu weitgehende Anwesenheit der Eltern belastend für sie, weil sie nicht mit professionellen Erziehern oder Gleichaltrigen in Kontakt kommen?

Ich habe keine konkreten Antworten auf all diese Fragen. Ich möchte jedoch ein Prinzip benennen, das aus der Sexualethik abzuleiten ist und uns auch bei Erziehungsfragen anleiten kann. Ich habe bereits genug über Autonomie und Relationalität gesagt, sodass es nicht überraschen wird, wenn ich das Folgende hinzufüge: Kein Kind sollte empfangen werden, das in eine Situation hineingeboren wird, in der es seine Beziehungsfähigkeiten nicht entwickeln kann und die auch nicht gewährleistet, dass aus ihm ein autonomer und selbstverantwortlicher Mensch wird. Natürlich lässt sich nie mit Sicherheit vorhersagen, in welcher Konstellation Kinder genau bekommen, was sie brauchen. Trotzdem können wir sagen, dass die Entscheidung für ein Kind und verschiedene Elternkonstellationen danach zu bewerten sind, ob sich jemand ausreichend um ein Kind kümmern kann, damit es die Möglichkeit hat, zu personaler Freiheit heranzuwachsen. Mit anderen Worten: Formen der Fortpflanzung und Konstellationen der Elternschaft können danach bewertet werden, ob ein Kind in seiner Relationalität und seiner Fähigkeit zur Selbstbestimmung unterstützt wird oder nicht – ob es in den zentralen Merkmalen seines Menschseins respektiert wird oder nicht.

Gleichgeschlechtliche Beziehungen

Die Fragen im Umfeld der Ethik von gleichgeschlechtlichen Beziehungen sind in christlichen Gemeinschaften wie auch in der westlichen Gesellschaft im Ganzen hoch umstritten und für viele ein Quell dauernder Wut und Qual. Diese Fragen gehören zu den explosivsten Themen in fast allen Kirchen und Synagogen überall in den Vereinigten Staaten. Es sind ethische Fragen von höchster Wichtigkeit – ein Hauptthema für die Einheit der Kirche, ein zentraler Faktor in der Glaubensreise von Schwulen und Lesben, eine Herausforderung für eine Gesellschaft, die allzu oft die Diskriminierung ihrer gleichgeschlechtlich orientierten Mitglieder und sogar Gewalt gegen sie zulässt. Kurz: Von der Beantwortung dieser Fragen hängt für viele Menschen viel ab – ihre Identität, ihr Platz in der Gemeinschaft, ihre Beziehungen und Berufungen.

Die grundlegende Frage in diesem Buch ist: Wann ist sexuelle Aktivität in menschlichen Beziehungen angemessen? Und genau diese Frage müssen wir stellen, wenn wir uns gleichgeschlechtlichen Beziehungen zuwenden. Infrage steht nicht, *ob* gleichgeschlechtliche Beziehungen ethisch gerechtfertigt sein können, sondern was sie auszeichnen muss, damit sie »richtig« sind. Um eine Schlussfolgerung vorwegzunehmen, die sich aus dem vorangegangenen Kapitel herleitet: Die ethischen Leitlinien für sexuelle Beziehungen und Handlungen, die in Kapitel 6 entwickelt wurden, unterscheiden sich nicht für heterosexuelle und homosexuelle Beziehungen. Angesichts der Intensität der Debatten über gleichgeschlechtliche Beziehungen reicht es jedoch nicht aus, mit dieser Schlussfolgerung zu beginnen und zu enden.

Die Literatur der vergangenen Jahre zum Thema Homosexualität scheint noch umfangreicher zu sein als die Publikationen zu

Ehe und Familie. Zahlreiche Aspekte der gleichgeschlechtlichen Orientierung und sexuellen Aktivität sind intensiv untersucht worden – ihre Geschichte in westlichen Gesellschaften, interkulturelle Erfahrungen von Homosexualität, ihre Ätiologie, religiöse Einschätzungen, soziale Kontexte und mehr. Da es inzwischen besonders in der westlichen Kultur und in christlichen Kreisen und Theologien reichhaltiges Material zum Verständnis von homosexuellen Beziehungen gibt, versuche ich hier nur drei Dinge: Erstens eine Betrachtung der Quellen, die in der christlichen Gemeinschaft in dieser Frage eine Rolle spielen. Zweitens eine Erkundung von Wegen, auf welchen die von mir vorgeschlagenen Leitlinien für eine Sexualethik Möglichkeiten für eine Ethik gleichgeschlechtlicher Beziehungen eröffnen. Drittens die Überlegung, ob es wichtig ist, dass eine Vorliebe für gleichgeschlechtliche Beziehungen für einige Menschen »vorgegeben« ist, von anderen aber gewählt wird.

Theologische und ethische Quellen

Wenn in den christlichen Kirchen über gleichgeschlechtliche Beziehungen diskutiert wird, werden meistens die üblichen Quellen für eine christliche Theologie und Ethik herangezogen: die Heilige Schrift, die Tradition, die Wissenschaften und die zeitgenössische Erfahrung. Bei genauerem Hinsehen zeigt sich auch, dass die Diskussionen in christlichen Kreisen und der Öffentlichkeit mit ähnlichen Argumenten operieren, insbesondere da, wo auf das Naturrecht Bezug genommen wird oder wo es um die konkrete Realität der homosexuellen Orientierung geht. Es ist deshalb möglich, eine Untersuchung der christlichen Quellen mit einer Sichtung der Argumente zu kombinieren, die in säkularen Debatten, insbesondere in der Politik, auftauchen.

Meine eigene Ansicht ist, dass keine der Quellen für die christliche Sexualethik viel Licht auf den moralischen Status von gleichgeschlechtlichen Beziehungen wirft – zumindest nicht, wenn es um die Frage geht, ob sie erlaubt oder verboten sind. Wir haben schon in den vorangegangenen Kapiteln gesehen, wie schwer es ist, aus der Schrift Antworten auf spezifische sexualethische Fragen – Ist eine bestimmte Handlungsweise verboten oder erlaubt? – zu erhalten. Um die christliche Tradition ist es in dieser Hinsicht kaum besser bestellt – sie führt ebenfalls nicht zu eindeutigen Ergebnissen. Und auch die säkularen Disziplinen haben nicht genügend Belege geliefert, um die Fragen des moralischen Status von homosexuellen Beziehungen und Handlungen zu klären. Hier erweist sich die zeitgenössische Erfahrung als zentrale Richtschnur.

Die Heilige Schrift

Generell müssen die wenigen biblischen Texte, die sich explizit mit Homosexualität befassen, vor dem Hintergrund des gesamten biblischen Zeugnisses gelesen werden.[49] Wie wir gesehen haben, kommt in der hebräischen Bibel zwei Vorstellungen eine Sonderstellung zu – der Verpflichtung, zu heiraten und sich fortzupflanzen, und dem patriarchalischen Modell, auf dem die institutionellen Konzepte von Ehe und Gesellschaft basierten. Angesichts dieser Perspektive gibt es verständlicherweise wenig Raum für gleichgeschlechtliche Beziehungen. Ein drittes Element, das die Formulierung der sexuellen Regeln in der hebräischen Bibel beeinflusst hat, ist das Anliegen, die Praktiken der Israeliten gegen den Götzenglauben benachbarter Völker abzugrenzen. Das Verbot im dritten Buch Mose – »Du darfst nicht mit einem Mann schlafen, wie man mit einer Frau schläft« – steht mit diesem Anliegen in Verbindung (3. Mose 18:22; 20:13). Erst später tendieren die Interpretationen dazu, spezifische Verbote zu Paradigmen des moralisch Bösen zuzuspitzen, wodurch sie die ursprüngliche Intention der Gesetze unklar werden lassen.

Die Geschichte von Sodom und Gomorra (1. Mose 19:1–29), von

der man heute gemeinhin glaubt, dass die eigentliche Sünde dieser Städte eine angedrohte homosexuelle Vergewaltigung sei (1. Mose 19:1–11), hat bei genauerer Betrachtung keineswegs diese Bedeutung. In den frühesten Interpretationen – das heißt in anderen Texten der hebräischen Bibel, auch in den Apokryphen – wurde die moralische Verderbtheit der Bürger von Sodom und anderen Städten der Ebene nicht in der Homosexualität gesehen, sondern im Verstoß gegen die moralische Verpflichtung der Gastfreundschaft, aber auch in Ungerechtigkeit, Hochmut und Fremdenhass (Ezechiel 16:49; Sirach 16:8; Buch der Weisheit 10:6–8; 19:13–15). Wo im christlichen Testament auf Sodom verwiesen wird, wird Homosexualität nicht erwähnt (Lukas 10:12; Matthäus 10:15). Was spätere Christen dazu brachte, homosexuelle Sünden als Kern dieser Geschichte anzusehen, war vermutlich die Interpretation jüdischer Schriftsteller des ersten Jahrhunderts n. Chr., insbesondere des Historikers Flavius Josephus und des hellenistischen Philosophen Philon von Alexandria.[50]

Wie die hebräische Bibel ist auch das Neue Testament keine hilfreiche Quelle, wenn es um die Frage geht, ob gleichgeschlechtliche Beziehungen moralisch verboten oder erlaubt sind. Wie wir schon gesehen haben, gibt es dort keinen systematischen sexualethischen Kodex. Die wenigen Texte, die auf Homosexualität zu verweisen scheinen, führen zu Problemen bei der Interpretation – ob nun wegen ihrer Vieldeutigkeit, spezieller Begrifflichkeiten oder weil gleichgeschlechtliche Beziehungen im historischen Kontext von Paulus (Römer 1:26–27; 1. Korinther 6:9, 1. Timotheus 1:10) eine andere Bedeutung hatten, als wir heute voraussetzen.

Umstrittene Interpretationen von Römer 1:26–27 liefern ein interessantes und wichtiges Beispiel. Die Diskussion über diesen Text wird seit Jahren geführt – unter anderem in den Arbeiten von John Boswell, Richard Hays und Dale Martin. Boswell argumentiert zunächst, dass es nicht Paulus' Absicht sei, ein bestimmtes sexuelles

Verhalten zu stigmatisieren, sondern vielmehr »die Gojim wegen ihrer generellen Ungläubigkeit zu verurteilen«.[51] Er fügt hinzu, dass Paulus bei seinem Verweis auf homosexuelle Beziehungen eigentlich von Heterosexuellen spricht, die voller »Begierde« sind und gegen das handeln, was für sie natürlich ist. Dieses Argument begründet Boswell mit der Bemerkung, dass ein Konzept der gleichgeschlechtlichen »Orientierung« zur Zeit der frühen Kirche gar nicht bekannt gewesen sei. Hays weist Boswells Interpretation zurück und argumentiert dagegen, dass Paulus vermutlich eine Vorstellung der männlich-weiblichen Komplementarität als Teil der Schöpfungsnatur des Menschen vertreten habe und daher jedes homosexuelle Verhalten als unnatürlich und als Folge von Adam und Evas Sündenfall bewertet hätte. Hays hält Boswell außerdem vor, es sei anachronistisch, für eine Interpretation von Paulus' Text im Lichte neuerer Erkenntnisse über die Homosexualität zu plädieren.[52] Martin entgegnet, man könne das erste Kapitel des Römerbriefs nicht in den Kontext einer Auslegung der Genesis stellen, durch die heterosexuelles Begehren natürlich und von der Schöpfung gewollt sei, homosexuelles Begehren dagegen unnatürlich und gestört, ein Ergebnis des Sündenfalls. Damit verfehle man Paulus' Argument und verfälsche es sogar, weil es sich nicht auf Schöpfung und Sündenfall, sondern vielmehr auf die Erfindung des Götzenglaubens beziehe.[53] Martin argumentiert, dass sich Paulus nicht auf »unnatürliche« Begierden beziehe, sondern auf das Entfesseln unmäßiger, unkontrollierbarer Begierden. »Das Ausmaß der Leidenschaft, nicht das Objekt der Begierde, war der entscheidende Faktor.«[54]

Obwohl das Ausmaß der Leidenschaft im historischen Umfeld von Paulus das Begehren nicht unnatürlich macht, konnten Handlungen, welche die Hierarchie der Geschlechter verletzten, in der Tat als »unnatürlich«[55] angesehen werden. In der griechisch-römischen Welt galt die Vorstellung als »unnatürlich«, dass ein Mann die niedrigere Rolle der Frau übernahm und sich dazu herabließ, »verweiblicht« zu werden, indem er sexuelle Aktivitäten gestattete, bei denen er eine passive Rolle einnahm. In diesem Fall jedoch ist das Problem die männliche Überlegenheit, nicht die Richtung des Begehrens auf Männer oder Frauen. Martins Anliegen, diesen Aspekt in eine angemessenere Interpretation von Römer 1 einzubeziehen, wird von anderen Forschern geteilt, deren Schwerpunkt die soziale Konstruktion der Heterosexualität als Norm für sexuelle Beziehungen ist. Mary Rose D'Angelo zum Beispiel argumentiert, dass »die biblischen Texte, die als Verdammung der Homosexualität gelesen werden, zum Teil entstanden sind, um jene sexuelle Hierarchie zu bewahren, die ... verletzt wird, wenn ein Mann auf den Status einer Frau ›reduziert‹ wird«.[56] Judith Plaskow merkt an, dass »wir biblische Verbote des homosexuellen Verhaltens nicht als isolierte Anordnungen lesen können, sondern als Teil des Prozesses der Konstruktion der heterosexuellen Ehe als Norm«.[57] Und Diana Swancutt schlägt eine Lesart von Paulus vor, mit der die Hierarchie der Geschlechter untergraben wird, indem sie im Leib Christi transformiert werden.[58]

Wenn die Arbeit mit einem Text wie Römer 1:26–27 nicht nur unterschiedliche Interpretationen hervorbringen kann, sondern auch wichtige Einsichten in das historische Verständnis von gleichgeschlechtlichen Beziehungen, ist kaum davon auszugehen, dass die interpretative Arbeit abgeschlossen ist.[59] Wenn wir keine endgültigen Antworten finden, ist das alleine schon bedeutsam. Zumindest sollte es uns davon abhalten, die Debatte mit »schlagenden« Beweisen aus der Bibel führen zu wollen. Angesichts der Gesamtheit des biblischen Zeugnisses kann die bescheidene Schlussfolgerung gezogen werden, dass es in der hebräischen Bibel und in den christlichen Schriften keine solide Grundlage für ein absolutes Verbot oder eine umfassende Segnung von gleichgeschlechtlichen Beziehungen und Handlungen gibt. Wenn wir erkennen, wie viel oder vielmehr wie wenig die Schrift zur Klärung dieser speziellen und anderer ethischer Fragen beizutragen hat, ist das ein wichtiger Schritt in der sich entfaltenden Geschichte des christlichen Verständnisses von menschlicher Sexualität. Aber wie auch die Resultate der fortlaufenden Exegese und Interpretation aussehen, eine Kontextualisierung und ein Abgleich mit anderen Quellen der Erkenntnis bleibt notwendig.

Die kirchliche Tradition

Soweit ich weiß, versucht niemand heutzutage zu argumentieren, dass homosexuelle Beziehungen und Handlungen einfach deshalb verdammt werden sollten, weil dies in der christlichen Tradition immer schon so war. Von diesem Standpunkt aus zu argumentieren hieße, die Tradition ernsthaft infrage zu stellen, wie ich in Kapitel 5 dargelegt habe. Außerdem ist keineswegs sicher, dass die Christen Homosexualität immer negativ beurteilt haben. Historische Untersuchungen von Forschern wie Boswell haben in verschiedenen Jahrhunderten durchaus ambivalente Lehren und Auffassungen aufgedeckt.[60]

Auch die Tradition muss – genauso wie die Schrift – immer wieder neu einem Prozess der Exegese und Interpretation unterworfen werden. Wenn in der christlichen Tradition Homosexualität negativ – oder auch positiv – bewertet wurde, müssen wir versuchen, die Gründe für diese Beurteilungen, ihren sozialen und kulturellen Kontext und die Konsequenzen für Christen in der Vergangenheit und in der Gegenwart zu ermitteln.

Wie in Kapitel 2 bemerkt, gab es in der christlichen Tradition der Sexualethik zwei vorherrschende Motive: die Fortpflanzung als fundamentalen Zweck der geschlechtlichen Vereinigung und die männlich-weibliche Komplementarität als wesentliche Basis und Rahmen für die sexuelle Aktivität. Das erste Motiv überwog in der römisch-katholischen Tradition, das zweite spielte in den Hauptrichtungen der protestantischen Tradition eine besondere Rolle und brachte die nachdrückliche Forderung hervor, dass die heterosexuelle Ehe die gegebene Abhilfe für die durch die Erbsünde in Unordnung geratene Sexualität sein müsse. Beide Motive sind außerordentlich relevant für die moralische Einschätzung von Homosexualität. Solange in der Tradition das Zeugen von Kindern die vorwiegende oder sogar alleinige Rechtfertigung von Sex war oder der eheliche Sex vorwiegend als Korrektiv für einen ungeordneten und unbezähmbaren sexuellen Trieb angesehen wurde, gab es natürlich wenig oder gar keinen Raum für eine positive Bewertung von gleichgeschlechtlichen Beziehungen. Neben der Enthaltsamkeit musste die heterosexuelle Ehe nicht nur die generelle Norm für ein christliches Leben sein, sondern die einzig akzeptable sexuelle Wahl für Christen.

Allerdings hat sich sowohl die römisch-katholische als auch die protestantische Sexualethik im 20. Jahrhundert dramatisch weiterentwickelt. Die vorherrschenden Motive haben jeweils wichtige Veränderungen durchgemacht. Aus dem Großteil der katholischen Moraltheologie und Ethik ist die Fortpflanzungsnorm als einzige oder überwiegende Rechtfertigung für sexuelle Aktivität verschwunden. Zwar ist die Fortpflanzung immer noch ein außerordentlich wichtiges Ziel des Geschlechtsverkehrs, aber ein neues, umfassenderes Menschenbild hat ein radikal neues Interesse an der Sexualität als Ausdruck und Ursache von Liebe geweckt. Die Werte von sexueller Intimität, Lust und Gemeinschaft werden mittlerweile als wichtige Elemente für das menschliche und christliche Wohlergehen gepriesen. Das bedeutet vor allem, dass das tiefe Misstrauen gegenüber dem sexuellen Begehren und der sexuellen Lust, das die katholische Kirche und auch die protestantischen Traditionen so lange Zeit an den Tag gelegt haben, weitgehend überwunden ist. Deshalb ist die Ansicht, die Sexualität sei fundamental ungeordnet und deshalb problematisch, im christlichen Denken kaum mehr zu finden. Auch starre Stereotype der männlich-weiblichen Komplementarität wurden in den protestantischen und katholischen Traditionen abgemildert, sodass in den meisten christlichen Theologien von Ehe und Familie jetzt Gleichheit, geteilte Verantwortung und faire Chancen im Zentrum stehen.

All diese Veränderungen haben dazu geführt, dass viele Christen gleichgeschlechtliche Beziehungen völlig anders beurteilen. Die Leitgedanken der Fortpflanzungsnorm und der Komplementarität der Geschlechter sind aber nicht verschwunden, sie tauchen in evangelikal-protestantischen Ansichten von Ehe und Familie und in offiziellen römisch-katholischen Bewertungen von homosexueller Aktivität immer wieder auf. Die römisch-katholische Tradition hat die Fortpflanzungsnorm für heterosexuelle Beziehungen relativiert (nachdem sie schon einige Formen der Empfängnisverhütung wie die »natürliche Familienplanung« akzeptiert hatte), hinterrücks aber wieder verabsolutiert, wenn es um homosexuelle Beziehungen geht. Die Ansicht, die Sexualität sei ein unkontrollierbarer und chaotischer Trieb, der gezähmt werden müsse, gehört für viele Katholiken und Protestanten in Bezug auf heterosexuellen Sex der Vergangenheit an, aber sie wird im Urteil über schwulen und lesbischen Sex wieder hervorgekramt. Die Interpretationen der Hierarchie und der Komplementarität der Geschlechter sind zwar im Allgemeinen abgemildert worden, aber die Idee von der natürlichen wechselseitigen Ergänzung von Mann und Frau bildet die letzte Bastion gegen gleichgeschlechtliche Beziehungen.[61]

Dessen ungeachtet haben wichtige Verschiebungen in der moralischen Einschätzung von Homosexualität und auch Heterosexualität stattgefunden. Trotz der bestehenden Spannungen und intensiver Diskussionen in den verschiedenen Traditionen haben einige protestantische Kirchen positive Stellungnahmen und Einstellungen zu gleichgeschlechtlichen Beziehungen entwickelt. Und auch in der römisch-katholischen Kirche gibt es Veränderungen, die nicht unterschätzt werden sollten. Obwohl homosexuelle genitale Handlungen immer noch als »in sich nicht in Ordnung« angesehen werden und deshalb »objektiv« als unmoralisch gelten, können sie »subjektiv« moralisch sein, was von der Gemütsverfassung und den Absichten einer individuellen Person abhängt. Auch wird die homosexuelle Orientierung von Personen nicht verdammt, sondern akzeptiert. Darüber hinaus gibt es pastorale Empfehlungen, Schwule und Lesben in der Gottesdienstgemeinde willkommen zu heißen, aber Spannungen bleiben natürlich bestehen.[62]

Deutlich ist, dass die Diskussion bezüglich homosexueller Personen und Praktiken im Fluss ist – auch wenn das viele abstreiten würden. Ohne das letzte Wort über die Tradition zu sprechen, kann eine weitere bescheidene Schlussfolgerung gezogen werden: Es ist heutzutage mit Sicherheit nicht möglich, auf eine umfassende Absegnung gleichgeschlechtlicher Beziehungen durch die Tradition zu schließen – aber auch nicht auf ein absolutes Verbot. Viele Fragen sind noch offen, bevor wir die besten Einsichten der Tradition auf aktuelle Fragen der Homosexualität anwenden können.

Die Wissenschaften

Die verschiedensten Humanwissenschaften haben viel zum zeitgenössischen Verständnis der Homosexualität beigetragen. Chromosomen und Hormone, Verhaltensmuster und psychologische Anpassung, soziale Kräfte und kulturelle Unterschiede, all das ist untersucht worden. Als Resultat solcher Studien gibt es heute eine Vielzahl von Theorien zur Ätiologie der Homosexualität (genetisch, biologisch, psychologisch, sozial, entwicklungsbedingt, kulturell) und zu ihren Folgen für das menschliche Wohlergehen. Ziele und Ergebnisse dieser Forschungen sind dabei alles andere als unproblematisch.[63] Seit ihren Anfängen im 19. Jahrhundert war die moderne Wissenschaft lange von Voreingenommenheit gegenüber der Homosexualität geprägt. Die gleichgeschlechtliche Orientierung und das entsprechende Begehren galten als pathologisch, und deshalb zielte die Forschung letztendlich auf die Entwicklung von Therapien oder erzieherischen Maßnahmen ab. Der Wissenschaftsphilosoph Timothy Murphy bemerkt:»Die stigmatisierende Wirkung der Wissenschaft von der sexuellen Orientierung im 19. und 20. Jahrhundert kann nicht geleugnet werden. Der Medizin gelang es, zahlreiche Menschen zu überzeugen, dass die Homoerotik eine minderwertige Form der Sexualität sei.«[64] An dieser Einschätzung änderte sich lange Zeit nichts, noch nicht einmal, als Ärzteorganisationen die Ansicht verwarfen, Homosexualität sei krankhaft.[65]

Doch hat die laufende Forschung zur Homosexualität teilweise die Voreingenommenheit der Vergangenheit und ihre sozialen Konsequenzen korrigiert. In den letzten Jahren hat sie deutlich zur Entpathologisierung gleichgeschlechtlicher erotischer Orientierung beigetragen. Zum Beispiel haben Studien wichtige Belege geliefert, dass sich schwule Männer in grundlegender psychologischer Hinsicht nicht von heterosexuell orientierten Männern unterscheiden, dass bei Kindern von homosexuellen Eltern keine größere Wahrscheinlichkeit besteht, homosexuell zu sein, als bei anderen Kindern, dass die Zulassung von Schwulen zum Militärdienst keine Belege erbracht habe, dass Homosexualität »ansteckend« oder störend für die normale Arbeit und das soldatische Leben sei.[66] Die empirische Forschung spielte auch eine wichtige Rolle bei der Zerschlagung von Mythen über Kinderschänder – die in der Mehrzahl heterosexuelle verheiratete Männer sind –, und langfristige Studien tragen zur Beurteilung der Erziehungsleistung von schwulen oder lesbischen Paaren bei. Während diese Studien nicht aus sich selbst heraus die Fragen zum moralischen Status der Homoerotik klären, so helfen sie doch, der sozialen Voreingenommenheit zu begegnen und wichtige Vorgaben für die zukünftige soziale Gesetzgebung zu liefern. Sie sollten auch religiös motivierten Personen zu denken geben, die weiterhin darauf beharren, dass Homosexualität unnatürlich sei und eine Gefahr für die Gesellschaft darstelle.[67]

Die Frage, was »natürlich« ist und was nicht, steht immer noch im Mittelpunkt der Diskussionen über den Wert biologischer und sozialwissenschaftlicher Untersuchungen zum Verständnis der Homosexualität. Welche Bedeutung haben Vorstellungen von Natur bei der Bewertung der Moral von Homosexualität? Und was kann, so fragt Murphy, die Forschung zur sexuellen Orientierung zur Klärung dieser Frage beitragen?[68] Die Forschung an Tieren zeigt etwa, dass die meisten Tiere in der Natur ein gewisses Maß an gleichgeschlechtlicher Aktivität an den Tag legen. Die Forschung zur menschlichen sexuellen Orientierung weist die Fehlerhaftigkeit einiger populärer Überzeugungen und älterer wissenschaftlicher Untersuchungen nach. Die interkulturelle Forschung liefert zudem Belege für gleichgeschlechtliche Beziehungen in nahezu jeder Kultur und ihre Billigung in vielen. Trotzdem sei, so Murphy, die biologische Forschung nur von begrenztem Wert »für die Entkräftung von Behauptungen, dass Homoerotik ›unnatürlich‹ im normalen Wortsinn sei«.[69] Und in der Tat haben wir allen Grund dafür, skeptisch zu sein. Wenn zum Beispiel ein Gen für Homosexualität gefunden würde, werden viele Leute nicht daraus schließen, dass Homosexualität »natürlich« für jene sei, die das Gen aufweisen. Sie werden es vielmehr mit dem Gen für Alkoholismus gleichsetzen und für eine genetische Anomalie halten, der man mit einer genetischen oder anderen Therapie begegnen solle. Noch besser wäre es vermutlich in den Augen vieler, das Gen gänzlich aus dem menschlichen Genpool zu entfernen. Aber kehren wir zu der Frage zurück, was natürlich ist, weil es »gegeben« ist, und welchen Unterschied das in der moralischen Bewertung gleichgeschlechtlicher Beziehungen macht.

Es gibt zahlreiche wissenschaftliche Studien zu den Determinanten oder Ursachen der Homosexualität. Aus dem Blick geraten sind darüber aber Fragen wie: Aus welchen Gründen wurde Homosexualität als Gefahr für Religion und Gesellschaft angesehen? Warum wurde sie zur moralischen Schande? Wie wurde sie zum Sinnbild für Erniedrigung und Würdelosigkeit?[70] Diese Fragen bringen uns noch einmal zum Thema der sozialen und kulturellen Konstruktion der Bedeutungen von Homosexualität zurück, denn sie helfen uns, wie der Soziologe David Greenberg überzeugend demonstriert, die Heftigkeit der Ressentiments zu verstehen, die hinter dem Verbot gleichgeschlechtlicher Beziehungen stecken.[71] Homosexualität wurde als Verbrechen gegen die Natur gedeutet, als Sünde gegen Gott, ererbte physiologische Degeneration und psychische Krankheit, aber zu bestimmten Zeiten – etwa im späten 20. und frühen 21. Jahrhundert – auch als besonderes Geschenk oder einfach als alternative Orientierung des menschlichen sexuellen Begehrens. Abhängig von dem bevorzugten Blickwinkel bestanden die Reaktionen in der Empfehlung, Buße zu tun, sich einer genetischen Therapie oder Psychoanalyse zu unterziehen oder politisch für die Rechte und das Wohlergehen von Schwulen und Lesben zu kämpfen.

Die sozialen und kulturellen Einflüsse, die zu einer negativen Einstellung gegenüber der Homosexualität führten, sind nach Greenberg dieselben, die auch zur Stigmatisierung anderer Formen von »Abweichung« geführt haben.[72] Fragt man nach den Reaktionsmustern auf bestimmte Außenseiter, müssen viele Faktoren berücksichtigt werden: Was haben die »Schuldigen« an sich, das als abweichend wahrgenommen wird (zum Beispiel Rasse, ethnische Zugehörigkeit, geografische Herkunft, sexuelle Orientierung)? In welchen sozialen oder kulturellen Kontexten werden die Einstellungen zu diesen Unterschieden geformt (Demografie, Wirtschaft, Konformitätsdruck durch das Kollektiv)? Welche positiven Gegenbilder werden formuliert? Was gilt als akzeptables Verhalten, welche Führungsqualitäten werden von den religiösen Führern, Philosophen oder anderen Experten formuliert? Auf Grundlage seiner soziologischen Analyse kann Greenberg plausibel machen, warum zu bestimmten Zeiten und in verschiedenen historischen Konstellationen negative Haltungen zur Homosexualität aufrechterhalten wurden, zunahmen oder abnahmen.[73] Im Lauf der Zeiten – von den primitiven Stammesgesellschaften über den Feudalismus bis hin zur Medikalisierung der Homosexualität und zur konservativen Politik der »Familienwerte« – änderten sich die Gründe dafür, Homosexuelle als abweichend zu identifizieren, mehrfach, aber man ist versucht, zu folgern: einmal Außenseiter, immer Außenseiter. Die vermischten Faktoren sind nicht vorhersehbar und nicht zwangsläufig konspirativ. »So hatten die Invertierten des 19. Jahrhunderts, die anführten, dass Homosexualität angeboren sei, keine Ahnung, was die Theoretiker der Degeneration aus ihrer Behauptung machen würden.«[74]

Adrienne Richs inzwischen klassischer Aufsatz über erzwungene Heterosexualität und die lesbische Existenz betont die soziale Konstruktion der Homosexualität und wirft besonders auf die lesbische Erfahrung neues Licht.[75] Auch sie konzentriert sich auf die negativen Beurteilungen von Homosexualität, allerdings mit aktivistischem Einschlag. Als Dichterin und Dozentin für Gender Studies unterscheiden sich Richs Ziel und Ansatz deshalb von Greenbergs. Eines der Hauptziele des Aufsatzes ist, »heterosexuelle Feministinnen zu ermuntern, Heterosexualität als politische Institution zu untersuchen, die Frauen entmachtet – und das zu ändern«. Auch sollen lesbische Frauen Gelegenheit erhalten, »die Tiefe und Breite weiblicher Identifikation und weiblicher Bindung zu erfahren«.[76] Das, so glaubt sie, könne eine Möglichkeit sein, die Wahrnehmung von Lesbierinnen als abweichend zu ändern und zu transformieren. Ihr Argument ist, dass eine ursprüngliche Tendenz bei Frauen, sich mit anderen »Frauen als leidenschaftlichen Gefährtinnen, Lebenspartnerinnen, Mitarbeiterinnen, Geliebten, Gemeinschaft« zu identifizieren, historisch außer Kraft gesetzt wurde, dass Frauen durch die erzwungene Heterosexualität zum »Verstecken und Verkleiden« genötigt wurden.[77] Ob in der Familie, am Arbeitsplatz oder in der größeren Gesellschaft, Frauen werden in Rollen gepresst, die in Bezug auf Männer »sexualisiert« werden. Auf die Arbeiten von Catharine MacKinnon und Kathleen Barry zurückgreifend, vertritt Rich den Standpunkt, dass Frauen im Allgemeinen darauf konditioniert werden, sich auf Männer zu konzentrieren – in Bezug auf Liebe, Sicherheit, Führung und sogar für ihre eigene Identität als das weibliche »Andere«.[78] Die natürlichen Bindungen zwischen Frauen, die mit ihren Müttern hätten beginnen sollen, wurden dagegen verworfen. Rich schlägt nicht vor, dass jede Frau mit einer anderen genital-sexuelle Beziehungen haben sollte, wohl aber, dass es ein Kontinuum weiblicher Existenzweisen gibt, von denen einige lesbisch im üblichen erotischen Sinn sind, die meisten aber andere Formen der Bindung verlangen.

Natürlich gibt es noch weitere Wissenschaften und Studien, die hier zur Sprache kommen sollten.[79] Trotzdem möchte ich an diesem Punkt bereits ein – bescheidenes – Resümee wagen: 1. Die empirischen Wissenschaften haben nicht festgestellt, dass Homosexualität an sich, das heißt unabhängig von der sie umgebenden Kultur, für menschliche Personen schädlich ist. Ob sie weniger förderlich für das menschliche Glück ist, ist eine Frage, die ohne einvernehmliche Vorstellung von Glück nicht beantwortet werden kann. 2. Einige Begründungen für die negative Beurteilung von homosexuellen Beziehungen durch Religion und Philosophie – sowie die allgemeinen Überzeugungen, die aus diesen herrühren – haben sich durch die empirische Forschung als falsch erwiesen. 3. Eine gleichgeschlechtliche Orientierung könnte für einige Personen natürlich sein, wenn »natürlich« ein gegebenes Merkmal bezeichnet, das nicht verändert werden kann, ohne der Natur einer Person als Ganzes Gewalt anzutun. 4. Eine Vorliebe für gleichgeschlechtliche sexuelle Beziehungen könnte für viele Personen eine Option sein, weil sich Menschen im Allgemeinen emotional und sexuell – mehr oder weniger – zu beiden Geschlechtern hingezogen fühlen.

Auch die Wissenschaft hat noch nicht das letzte Wort zum Verständnis von Sexualität oder Homosexualität gesprochen. An diesem Punkt ist es jedoch schwer, zu erkennen, wie allein auf Basis der menschlichen Vernunft und der Wissenschaften ein absolutes Verbot von gleichgeschlechtlichen Beziehungen und Aktivitäten verfochten werden soll. Auf der anderen Seite ist es ebenso schwer, zu argumentieren, dass alle sexuellen Ausdrucksformen menschlichen Personen zum Vorteil gereichen. Noch stehen wir vor der dringlichen Aufgabe, festzustellen, was gleichgeschlechtliche Beziehungen charakterisieren muss, damit sie zum menschlichen Wohlergehen beitragen.

Zeitgenössische Erfahrung

Die vierte Quelle für christliche ethische Erkenntnis ist die zeitgenössische Erfahrung. Schrift, Tradition und Wissenschaft spiegeln zwar insgesamt auch Erfahrungen wider – vergangene und gegenwärtige. Aber wie ich schon gesagt habe, unterscheidet sich die »zeitgenössische Erfahrung« als eigenständige Quelle durch die unsystematische Art und Weise, in der wir auf sie zugreifen. In diesem Kontext beziehe ich mich hauptsächlich auf die Aussagen von Frauen und Männern, deren sexuelle Präferenz dem gleichen Geschlecht gilt. Wenn wir an die notwendige Vorsicht beim Umgang mit dieser Quelle denken, können wir nicht davon ausgehen, dass die Erfahrung allein all unsere Fragen zum Status von gleichgeschlechtlichen Beziehungen klären wird. Wir haben jedoch einige deutliche und fundierte Zeugnisse – geschrieben, gesprochen, sichtbar gelebt – für die Möglichkeit des guten oder besseren Lebens in homosexuellen Beziehungen und für die integrativen Potenziale der sexuellen Aktivität in diesen Beziehungen. Wir wissen, dass Homosexualität eine Möglichkeit sein kann, verantwortungsvolle menschliche Liebe zu verkörpern und menschliche und christliche Freundschaft zu bewahren. Wir wissen auch, dass die Verhinderung homosexueller Liebe und Beziehungen tiefes und unnötiges Leiden verursachen kann.

Um die Bedeutung der konkreten Erfahrung für die theologische Ethik verständlich zu machen, möchte ich auf nicht nur einen, sondern auf zwei moralische Zweifelsfälle verweisen, bei denen die Erfahrung offenbar eine unverzichtbare Quelle ist. Der erste ist die Praxis der »künstlichen Empfängnisverhütung« beim heterosexuellen ehelichen Verkehr; der zweite ist der Fall homosexueller Beziehungen. Ich verweise auf beide Fälle, um den Letzteren – der unser unmittelbares Anliegen hier ist – in eine breitere Perspektive zu stellen. In der Frage der Empfängnisverhütung steht die römisch-katholische Tradition heute fast gänzlich allein da. Eines der Argumente, die häufig für eine Fortsetzung des offiziellen Verbots der Empfängnisverhütung vorgebracht werden, stützt sich auf den vermeintlichen Egoismus von Ehepartnern, die zur Empfängnisverhütung »künstliche« Mittel benutzen. Die Verwendung solcher Mittel bedeute, dass die Liebe der Eheleute in Wirklichkeit egoistisch sei und zumindest bei einem der Partner sogar ausbeuterisch; es sei eine Weigerung, das ganze »Geschenk ehelicher Liebe« zu geben oder zu empfangen. Diese Behauptung kann jedoch angesichts der Erfahrung von zahllosen Ehepaaren keinen Bestand haben. Vielmehr stellen ihre gegenteiligen Berichte ein ernst zu nehmendes Zeugnis von Personen dar, die durch ihr gesamtes Leben einen hohen Grad an Selbstlosigkeit bewiesen haben – ob durch das Aufziehen ihrer Kinder oder den Dienst an Kirche und Gesellschaft auf andere Weise.

Dasselbe trifft zu, wenn es um homosexuelle Personen und gleichgeschlechtliche Beziehungen geht. Angesichts der mangelnden Beweiskraft der Schrift, der Tradition und der säkularen Disziplinen wird die konkrete Erfahrung zur bestimmenden Quelle in dieser Frage. Und wir haben, wie ich oben gesagt habe, deutliche und fundierte Zeugnisse dafür, dass gleichgeschlechtliche Liebe und Beziehungen wesenhaft gut sind. Wir haben starke Zeugnisse dafür, dass sie eine große Rolle für das menschliche Wohlbefinden und Wohlergehen spielen. Gut bezeugt sind auch die Beiträge, die homosexuelle Individuen und Paare für Familien, die Kirche und die Gesellschaft als Ganzes leisten.

Ich habe oben in Kapitel 5 eingeräumt, dass Erfahrung kein »klarer Quell« der Wahrheit ist, der keinerlei Interpretation benötigt. Um bei der ethischen Erkenntnis in Gemeinschaften, Institutionen oder Gesellschaften zum Tragen kommen zu können, muss die Erfahrung mit allgemeinen Gerechtigkeitsnormen zusammenhängen, selbst wenn sie spezifische Regeln als nicht anwendbar oder ungerecht infrage stellt. Die individuellen Erfahrungen müssen verallgemeinert und im Licht zentraler Glaubensinhalte interpretiert werden, sogar wenn sie weniger zentrale und möglicherweise irrige Glaubensinhalte anfechten. Interpretationen der Erfahrung müssen ihre nützlichen oder schädlichen Folgen berücksichtigen, damit das Wohl einiger nicht auf unfaire Weise dem angeblichen Wohl aller untergeordnet wird. Doch selbst wenn wir diese Kriterien anwenden, gibt es zahlreiche Berichte und Zeugnisse von integren Frauen und Männern, die bei der Suche nach einer allgemeinmenschlichen und christlichen Moral Gehör finden sollten.[80] Wenn weder die Schrift noch die Tradition oder die Wissenschaft ein absolutes Verbot homosexueller Beziehungen begründen kann, reicht das Zeugnis der Erfahrung aus, um von der christlichen Gemeinschaft zumindest zu fordern, die Normen für homosexuelle Liebe erneut auf den Prüfstand zu stellen.

Gleichgeschlechtliche Beziehungen und Gerechtigkeit

Am Anfang des Kapitels habe ich festgestellt, dass die Schlüsselfrage hier nicht ist, ob gleichgeschlechtliche Beziehungen ethisch gerechtfertigt sein können, sondern *wie* diese Beziehungen beschaffen sein müssen, damit sie akzeptabel sind. Ich habe eine Schlussfolgerung auf der Grundlage der vorangegangenen Kapitel vorweggenommen, und zwar, dass die für heterosexuelle Beziehungen angemessene Gerechtigkeitsethik auch für homosexuelle Beziehungen angemessen ist. Diese sexuelle Gerechtigkeitsethik ist mit anderen Worten eine Ethik für christliche – und vielleicht für alle – sexuellen Beziehungen. Wir sind jetzt an einem Punkt angelangt, wo wir die Frage hinter uns lassen können, ob homosexuelle Verbindungen erlaubt oder verboten sind, und uns spezifischen Normen für gleichgeschlechtliche Beziehungen zuwenden können. Dabei setze ich voraus, dass in den vorangegangenen Kapiteln alles über Sexualität, Liebe, Gerechtigkeit und die wichtigsten Merkmale der menschlichen Person gesagt wurde, was für die Begründung von Normen im sexuellen Bereich von Bedeutung ist. Daher ist es keine Überraschung, wenn ich mich hier auf die Verpflichtung berufe, andere Personen zu respektieren. Personen zu respektieren erfordert, ihre Autonomie und ihre Relationalität zu respektieren – ihre Fähigkeit zur Selbstbestimmung und ihre Fähigkeit, wissend liebevolle Beziehungen einzugehen. Da sich Autonomie und Relationalität verbinden, um menschliche Personen zu Zwecken in sich zu machen, ist das erste Erfordernis im sexuellen wie in jedem anderen Bereich des menschlichen Lebens, Personen keinen ungerechtfertigten Schaden zuzufügen – ob sie nun heterosexuell oder schwul oder lesbisch sind.

Wesentlich für die Beziehung zu Personen als Zweck in sich, besonders wenn es um ihr verkörpertes Selbst geht, ist das minimale, aber bedingungslose Erfordernis der Einvernehmlichkeit von Sexu-

alpartnern. Was für heterosexuelle Beziehungen ausgeschlossen ist –
Vergewaltigung, Gewalt, schädliche Anwendung von Macht, Verführung und Beeinflussung von Individuen, deren Entscheidungsfähigkeit aufgrund von Unreife, geistiger Behinderung oder besonderer Abhängigkeit eingeschränkt ist –, ist auch in homosexuellen
Beziehungen ausgeschlossen. Daraus leitet sich auch das Erfordernis her, in homosexuellen Beziehungen die Wahrheit zu sagen und
die Absicht zu haben, gegebene Versprechen zu halten.

Aus Respekt für die Relationalität von homosexuellen Personen
sollten gleichgeschlechtliche Beziehungen auch von einem erheblichen Maß an Gegenseitigkeit gekennzeichnet sein – Gegenseitigkeit
des Begehrens und des Handelns. Ebenso ist ein vernünftiges Maß
an Gleichheit erforderlich, um die freie Entscheidung und Gegenseitigkeit erst zu ermöglichen. Zusätzlich erwartet und erfordert
eine christliche homosexuelle Ethik eine Form der Verbindlichkeit
wie auch der Fruchtbarkeit. Auf welche Weise diese beiden Normen
gleichgeschlechtliche Beziehungen charakterisieren, bedarf der Erklärung.

Viele schwule Männer und lesbische Frauen halten genau wie
heterosexuelle Männer und Frauen eine Form der Verbindlichkeit
für Beziehungen, in denen sie sexuell aktiv sind, für notwendig.
Heutzutage ist die Verbindlichkeit problematisch geworden, für
Homosexuelle genauso wie für Heterosexuelle. Wenn sie als Einschränkung empfunden wird, als ein Beschneiden der sexuellen
Möglichkeiten oder gar als etwas Unmögliches, kann sie kaum
die Form einer Verpflichtung annehmen. Wenn man sie außerdem
– wie traditionellerweise üblich – mit der Fortpflanzung, der Kindererziehung und der Zähmung der Sexualität assoziiert, darf man
kaum erwarten, dass Schwule und Lesben sie emphatisch begrüßen.
Gerade althergebrachte Geschlechterrollen und überkommene Un-
gleichheiten finden Homosexuelle (wie auch viele Heterosexuelle)
in der Regel nicht vertretbar und auch nicht gerecht.

Aber Verbindlichkeit in gerechten sexuellen Beziehungen muss weder das Leben noch die sexuelle Liebe noch das Begehren ersticken, sie kann die Sexualität vielmehr nähren, erhalten, vertiefen und transformieren. Ihr Ziel ist, der Liebe und einem gemeinsamen Leben eine Zukunft zu geben und in der beständig gebilligten freien Entscheidung das festzuhalten, was ansonsten flüchtig und zerbrechlich ist. Verbindlichkeit und die mit ihr einhergehenden Verpflichtungen sind Mittel, keine Zwecke in sich. Aber sie sind die Mittel zur Bestätigung von Personen als Zweck in sich. Sie bestätigen die Liebe, die ein Zweck in sich ist, wenn Menschen wollen, dass ihre Beziehungen halten. Das ist der Grund, aus dem die christliche Gemeinschaft Verbindlichkeit immer noch als Kern einer Ethik für sexuelle Aktivitäten und Beziehungen betrachtet. Sie verhindert den Gebrauch von Sexualpartnern als bloße Mittel (um das eigene sexuelle Begehren zu erhalten und zum sexuellen Lustgewinn), und sie bietet die Möglichkeit der Integration von Sexualität in die Gesamtheit der Liebe und des Lebens einer Person. Nur Verbindlichkeit bietet die Möglichkeit, dass sich Sexualität in den höchsten Formen von Freundschaft als transzendente Verkörperung ausdrückt.

Fruchtbarkeit als Norm für sexuelle Beziehungen braucht sich nicht nur auf das Empfangen von Kindern beziehen, wie ich in Kapitel 6 dargelegt habe. Sie kann viele Formen annehmen: die Liebe zu anderen, die Sorge für andere, das Bemühen, die Welt nicht nur für »uns beide« besser zu machen. Sie ist das Gegenteil eines sterilen *égoisme à deux*. Wenn an gleichgeschlechtlichen Beziehungen bemängelt wird, dass die Partner sich nicht fortpflanzen können, so ist dieser Einwand entweder auf mangelnde Vorstellungskraft zurückzuführen oder auf begrenzte Erfahrung, die all die vielen Möglichkeiten außer Acht lässt, auf die Menschen Leben in die Welt bringen. Die Welt braucht neues Leben von jenen, denen das Geschenk der Liebe gemacht wurde.[81] In der christlichen Gemeinschaft begründet das Geschenk der Liebe eine Berufung, es ist für Lesbierinnen und schwule Männer genauso ein göttliches Geschenk und eine göttliche Berufung wie für heterosexuelle Frauen und Männer. Deshalb ist Fruchtbarkeit sowohl eine Verpflichtung als auch ein Appell, ein Erfordernis und eine Gnade.

Die letzte Norm für gleichgeschlechtliche Beziehungen ist die soziale Gerechtigkeit. Und gerade hier gilt es zu betonen, dass sich die sozialen und kirchlichen Kontexte, in denen Homosexuelle in ihren Beziehungen miteinander zu leben versuchen, noch immer drastisch von jenen unterscheiden, die Heterosexuelle gewöhnt sind und die sie erwarten können. Soziale Gerechtigkeit ist die Norm, die Verpflichtungen festlegt, die andere in der christlichen Gemeinschaft und der größeren Gesellschaft gegenüber Personen als sexuellen Wesen haben. Genau wie schwule Männer und lesbische Frauen sich gegenseitig und sich selbst in ihrer Autonomie und Relationalität bestätigen müssen, haben sie Anspruch auf Respekt von der sie umgebenden Gesellschaft und den christlichen Kirchen. Mit anderen Worten: Homosexuelle Personen haben die gleichen Anrechte auf den Schutz unter dem Gesetz, auf Selbstbestimmung, auf einen Anteil an den Gütern und Dienstleistungen, die allen zur Verfügung stehen. Ihr Bedürfnis nach Eingliederung in die Gemeinschaft, nach körperlicher Unversehrtheit, psychischer und ökonomischer Sicherheit und elementarem Wohlergehen verpflichten uns zur sozialen Kooperation. Insbesondere die christliche Gemeinschaft ist in dieser Hinsicht mit ernsthaften Fragen konfrontiert. Wenn eine Norm der Verbindlichkeit für sexuelle Beziehungen unter Christen angemessen ist und wenn eine solche Norm genauso zu einer Homosexualethik gehört wie zu einer Heterosexualethik, dann müssen auch Homosexuelle die notwendige institutionelle Unterstützung erfahren dürfen.

Das wichtigste Erfordernis der sozialen Gerechtigkeit ist aber, Einstellungen zu korrigieren, die sich aus den althergebrachten negativen Bewertungen von homosexuellen Aktivitäten und Beziehungen ergeben.[82] Denn diese negativen Bewertungen, untermauert von religiösen Lehren und Haltungen, stellen eine soziale und politische Macht dar. Obwohl es stimmt, dass einige, vielleicht auch viele Kirchenführer dazu bewegt wurden, sich wenigstens nicht gegen eine Gesetzgebung zu sperren, die elementare Bürgerrechte von Lesbierinnen und schwulen Männern absichert, gibt es einen starken gesellschaftlichen Widerstand gegen alle Versuche, homosexuelle Lebensgemeinschaften gleichzustellen. Dieser Widerstand speist sich aus einem fortbestehenden Ressentiment gegen Homosexualität, das zwar nur selten begründet wird, seine gesellschaftliche Kraft als Tabu und unreflektierte Abneigung aber noch nicht verloren hat. Wenn wir gesellschaftlich und politisch in diesen Fragen weiterkommen wollen, muss dieses Problem angegangen werden.[83]

Aber was können Christen dagegen tun? Soweit ich das sehe, tut besonders eine kritische Überprüfung der Gründe not, die als maßgeblich für ein Verbot von homosexuellen Beziehungen angesehen wurden. In der Folge können Erziehungskonzepte mit dem Ziel entwickelt werden, Überzeugungen zu entmythologisieren, die falsche Ängste in Bezug auf sexuelles Verhalten schüren. Auch die unbefriedigende (aber in gewisser Weise hilfreiche) Unterscheidung zwischen homosexueller Orientierung und homosexuellen Handlungen sollte dringend überprüft werden.[84] Und schließlich sollten wir uns auf die lange Tradition der Bürgerrechte in den Vereinigten Staaten besinnen.[85]

Antidiskriminierungsgesetze, aber auch eine Gesetzgebung zu gleichgeschlechtlichen Lebensgemeinschaften, eingetragenen Partnerschaften und zur Schwulenehe können eine wichtige Rolle dabei spielen, den Hass, die Ablehnung und Stigmatisierung von Schwulen und Lesben zu überwinden, die immer noch durch Lehren von »unnatürlichem« Sex, ungeordneter Begierde und gefährlicher Liebe verstärkt werden. Das Niedermachen von Schwulen ist keine triviale Sache, da sind sich Kirchenführer und Ethiker einig, und es ist auch kein vereinzeltes Geschehen, sondern steht in Verbindung mit vielfältigen Formen der Ausgrenzung und der Gewalt. Verursacht von Tabus und Mythen ist das physische und verbale Gay-Bashing eine größere Gefahr für die Gesellschaft als die befürchtete Förderung homosexueller Lebensstile, denn es ist ein Verstoß gegen die unveräußerlichen Rechte des Menschen und eine Bedrohung für den Anstand und das Allgemeinwohl. Wenn eine Gemeinschaft sich zu der Bereitschaft durchringt, homosexuellen Partnerschaften Rechte einzuräumen, setzt sie mit dieser Haltung, die sich gegen die Gewalt gegen Schwule und Lesben ausspricht, ein Signal. Das Ziel kann nur sein, eine gerechte Gesellschaft zu schaffen, die allen Menschen gleichermaßen Schutz gewährt und die elementaren Bedürfnisse befriedigt.

Eines der dringlichsten Themen in der Öffentlichkeit ist gegenwärtig die sogenannte Homo-Ehe – sie zu sanktionieren heißt, die Verbindungen von Schwulen und Lesben gesellschaftlich anzuerkennen und ihnen den gleichen Rechtsstaus zu gewähren wie Heterosexuellen. Hier zeigt sich dann auch, wie schwer es ist, homosexuelle Personen in das normale Leben der Kirchen einzugliedern, wenn ihnen gleichzeitig die kommunale und gesellschaftliche Unterstützung verwehrt wird. Das Hauptargument gegen die gleichgeschlechtliche Ehe war in der Regel, dass dadurch die Unterstützung für die heterosexuelle Ehe und die traditionelle Familie geschwächt würde. Es fällt mir schwer, diese Argumentation zu verstehen, besonders da die Kirchen darauf verzichten, Kampagnen gegen die Gesetzgebung zur Ehescheidung ins Leben zu rufen, die wohl eine größere Bedrohung der heterosexuellen Ehe darstellt, als es die Schwulenehe je sein könnte.[86] Überzeugender wäre es, anzunehmen, dass die Möglichkeit der Schwulenehe den Wert der Verbindlichkeit sowohl für Heterosexuelle als auch für Homosexuelle verstärken würde.

Viele schwule Männer und Lesbierinnen sind gegen die Idee der Schwulenehe und argumentieren, die Institution Ehe sei bereits so brüchig, so unzureichend und so vorbelastet, dass es ein Fehler wäre, sie durch die Legalisierung schwuler oder lesbischer Verbindungen zu imitieren. Trotzdem muss die wichtige Frage gestellt werden, ob jenen Homosexuellen, die heiraten wollen, diese Möglichkeit versagt werden soll oder nicht. Aber auch die christlichen Kirchen müssen sich fragen, wie homosexuelle Männer und Frauen vollwertig in die Glaubensgemeinschaft eingegliedert und wie sie in und außerhalb dieser Gemeinschaft gestützt werden können.

Ist die sexuelle Orientierung vorgegeben oder gewählt?

Das Verständnis, dass Homosexualität ein angeborenes Merkmal ist, war wichtig für mehr Toleranz und das Erringen ziviler Rechte. Bislang hat die Wissenschaft dieses angeborene Merkmal noch nicht genau entschlüsseln können, aber es besteht kein Zweifel, dass sich viele zum gleichen Geschlecht hingezogen fühlen, solange »sie denken können«. Sollte die Homosexualität nicht von einer biologischen Ursache abhängen und das Ergebnis sozialer und kultureller Konstruktion sein, könnte sie genauso »nicht gewählt« und unveränderbar, genauso wesentlich für die Identität sein wie ein biologisch vorgegebenes Merkmal. Wie Judith Plaskow bemerkt, erlaubt das die Ansicht: »Da Homosexualität nicht gewählt ist, kann sie nicht unmoralisch sein ... weil Gott nichts von den Menschen verlangen würde, was sie unmöglich befolgen können.«[87] Außerdem gibt es Kraft, sich zu einer Gruppe zu bekennen, deren Identität eindeutig ist, angeboren, gottgegeben.

Trotzdem gibt es Gründe, sich über die »Gegebenheit« der Homosexualität als wichtigste oder einzige Rechtfertigung für das Akzeptieren von Schwulen und Lesben Gedanken zu machen.[88] Zum einen berichten viele Lesbierinnen, dass sie andere Erfahrungen als die meisten schwulen Männer gemacht haben – das heißt, sie wussten nicht »schon immer«, dass sie lesbisch sind. Einige Frauen betrachten sich als völlig heterosexuell, heiraten und bekommen Kinder und verlieben sich dann erst in eine Frau. Oder sie entscheiden sich dafür, sich selbst aus politischen Gründen als lesbisch zu bezeichnen, wie es Adrienne Rich vorschlägt. Nach der Theorie des sexuellen Kontinuums (ob von Kinsey, anderen Forschern oder Rich) können einige Personen nur mit Angehörigen des anderen Geschlechts emotionale und sexuelle Beziehungen eingehen, andere nur mit Angehörigen des gleichen Geschlechts – und viele mehr sind fähig, sich an beide Geschlechter zu binden. Darüber hinaus birgt das Streben, eine biologische Erklärung für angeborene Homosexualität zu finden, die Gefahr, sie als Anomalie zu kennzeichnen – schließlich suchen wir nicht nach dem Gen, das Heterosexualität erklärt. Und wenn das Gegebensein der Homosexualität das Hauptstandbein einer Ethik für gleichgeschlechtliche Beziehungen ist, wird es immer den Einwand geben, dass niemand diese Neigung auch ausleben muss. Die sexuelle Aktivität könnte also weiterhin als illegitim gelten.

Wie inzwischen sicher deutlich geworden ist, bin ich der Meinung, dass gleichgeschlechtliche Beziehungen und Aktivitäten nach derselben Sexualethik gerechtfertigt sein können wie heterosexuelle. Deshalb können und sollten gleichgeschlechtlich orientierte Personen wie auch ihre Aktivitäten respektiert werden, ob sie nun eine Wahl haben, anders zu handeln, oder nicht. Natürlich spielt es immer noch eine große Rolle, wie jemand seine gleichgeschlechtliche Orientierung oder Neigung erkennt; aber das ist nicht entscheidend dafür, ob seine Sexualität gerechtfertigt ist – dafür muss sie allein mit den Normen der sexuellen Gerechtigkeit im Einklang stehen. Wir alle sollten uns auf den Tag freuen, an dem es in menschlichen und christlichen Angelegenheiten keine Rolle mehr spielt, ob man homosexuell oder heterosexuell ist, und an dem uns nur noch *eine* Sexualethik dabei helfen wird, unsere sexuellen Beziehungen und Aktivitäten zu regeln.

Scheidung und Wiederverheiratung

Ich wende mich jetzt dem dritten Beziehungsmuster zu, das im Licht der von mir vorgeschlagenen Sexualethik betrachtet werden soll.[89] Ethische Fragen von Scheidung und Wiederverheiratung sind nicht umstandslos als Fragen zur Sexualität und ihrer bestimmenden Faktoren zu erkennen. Und doch: Es geht auch immer um Bindungen und den Zusammenbruch von Bindungen im sexuellen Bereich. Darüber hinaus haben die in den vorhergehenden Kapiteln behandelten Themen – wie das Verständnis von Sexualität, Freiheit, Ehe und Verbindlichkeit – eine erkennbare Relevanz für das Problem der Scheidung und der darauf folgenden zweiten Ehen.

In der jüngsten Vergangenheit dürfte es kaum eine christliche Familie gegeben haben, die nicht auf irgendeine Weise mit dem Thema Scheidung konfrontiert wurde. Der tatsächliche oder mögliche Zusammenbruch einer ehelichen Beziehung ist keine Seltenheit, ob es nun Verwandte betrifft oder Freunde oder sogar die eigene Person. Sowohl Scheidung als auch Wiederverheiratung haben Theologen und Kirchenführer im Laufe der Jahrhunderte oft genug beschäftigt, sodass wir uns ihnen nicht noch einmal zuwenden würden, wenn wir es nicht mit einer neuen und drängenden Situation zu tun hätten. Vielleicht ist die zeitgenössische Erfahrung bitter genug und die Geschichte lang genug, um zu diesen Fragen eine bislang nicht zugängliche Perspektive zu gewinnen. Doch die Hindernisse sind gewaltig, besonders, aber nicht nur, in der römisch-katholischen Tradition.[90] Es ist nicht einmal leicht, zu erkennen, ob wir die richtigen Fragen stellen. Das Leben scheint längst über die strittigen Punkte hinausgegangen zu sein. Diese sind bekanntlich, ob die Kirchen die Ehescheidung anerkennen und Wiederverheiratung billigen sollen oder ob die Ehe unter allen Umständen unauflösbar ist. Unsere Fragen aber kreisen eher darum, was wir tun sollen angesichts der Zerbrechlichkeit heutiger Ehen und des Traumas, manchmal der Tragödie ihres Zusammenbruchs, welche klärenden und heilenden Worte die Kirche sprechen kann und welche kraftspendende Gnade sie zu bieten hat.

Bis jetzt haben sich die Debatten eher auf juristische, moralische und ontologische Interpretationen des Ehebundes konzentriert. Alle diese Dimensionen sind Teil des Problems und dürfen nicht ignoriert werden. Aber angenommen, wir stellen zuerst die Frage, warum das Problem als Ganzes so wichtig für uns ist. Warum macht es uns so viel aus, dass Ehen zerbrechlich sind oder dass Scheidung und Wiederverheiratung unvermeidlich scheinen? Eine ganze Reihe von Antworten kann auf diese Frage gegeben werden – komplexe Antworten, die unsere Verhaltensweisen nicht nach dem Muster »richtig oder falsch« aufschlüsseln. Zum Beispiel glauben die meisten Christen, es sei Gottes Absicht, dass Ehen »ein Leben lang« halten. Wir erkennen natürlich, dass es nicht nur Gottes Wünsche und Absichten sind, um die es hier geht, sondern unsere eigenen. Wenn wir den Punkt in einer Beziehung erreichen, an dem wir unser Leben mit einem anderen Individuum teilen wollen, bietet sich die Ehe an. Und die Beschaffenheit unserer Liebe selbst bringt uns dazu, dass wir sie für immer erhalten wollen; es scheint so, als würden wir unser Glück genau darin finden. Und viele von uns glauben immer noch, dass das Gründen einer Familie zu den besten menschlichen Unternehmungen gehört. Wir erkennen das Bedürfnis nach Stabilität an, nicht nur in unserem eigenen Leben, sondern auch in den Gesellschaften, von denen wir abhängen. Wir glauben auch immer noch, dass der Bund der Ehe als Teil des Gefüges des Kirchenlebens unverwechselbar und bedeutsam ist. Die dauerhafte Ehe ist es also, was Gott will und was wir wollen – ob nun für uns selbst oder für andere.

Und trotzdem glückt es offenbar nicht immer. Die Versprechen, die wir geben, werden nicht immer gehalten; die Wünsche, die wir haben, werden nicht immer erfüllt; die Ganzheit, die unsere Liebe sucht, ist oft nicht zu greifen; die Familien, die wir zu gründen versuchen, sind oft zersplittert; die Stabilität, auf die wir zählen, erweist sich als trügerisch; und es gibt viel zu viel Leiden und Schmerz unter uns. Einige kluge Köpfe erzählen uns, der Grund sei, dass wir in einer Zeit des radikalen Individualismus leben, dass wir nicht fähig seien, auf dieselbe Weise Verantwortung füreinander zu übernehmen, wie es vergangene Generationen getan haben. Oder sie sagen, dass unsere Kultur hoffnungslos hedonistisch sei, dass uns die für das gemeinsame Leben nötige Disziplin abhandengekommen sei. Oder wir gehören zu einer bedauerlich verunsicherten und entfremdeten Generation, sind verstört von zu viel Krieg und Tod, zu viel doppelbödigem Fortschritt und Wandel, haben zu große Erwartungen und zu wenig Geschick, das zu erreichen, wonach wir uns sehnen und was wir erwarten. Möglich.

Aber vielleicht ist die Erklärung sowohl einfacher und gleichzeitig komplizierter. Was, wenn unsere Schwierigkeiten in Ehe und Familie die Folge eines genuinen Unvermögens sind – nicht gänzlich von uns selbst verschuldet, aber Teil unserer *Conditio humana*? Die Art von Unvermögen, die wir erfahren, besteht nicht in der mangelnden Kontrolle ungeordneter Lust, wie viele von unseren christlichen Vorfahren glaubten, sondern in unserer Quasi-Unfähigkeit, zusammenzuleben. Ob nun wegen einer allgemeinen menschlichen Begrenzung oder Zerrissenheit oder weil wir uns in unserem sozialen Umfeld genauso durch unsere Unzulänglichkeiten gegenseitig schwächen, wie wir uns durch unsere Tugenden stärken. Der Kampf um das »Zuammenleben« – ob unter Völkern, Nationen,

Religionen, Klassen oder in unserem ganz privaten Leben – wird seit Jahrhunderten, Tag für Tag, geführt.

Doch an einem bestimmten Punkt der Geschichte wird unser Unvermögen, Ehe und Familie aufrechtzuerhalten, dramatisch offenbar. Wie wir gesehen haben, hielt in der Vergangenheit die Institution der Ehe die Beziehung zwischen Partnern aufrecht, und wenn notwendig, überdeckte sie die Zerbrechlichkeit und manchmal sogar den Schrecken der Beziehung. Es schien nicht so bedeutsam zu sein, ob Ehemänner und Ehefrauen einander liebten oder gut miteinander auskamen. Wenn es nicht so war, konnten sie ihre Zeit in anderen Kreisen – unter anderen Männern oder Frauen – verbringen, wo jeder Kraft, Gesellschaft und auch Trost finden konnte. Die Gesellschaft, die Kirche, die Kultur, fast jede andere Institution arbeitete am Erhalt der Institution Ehe, weil diese ihren Zielen und dem sozialen Nutzen diente – ob nun in Reich, Stamm, Nation oder Kirche. Im Gegenzug hat die *Ehe als soziale Institution* jahrhundertelang die *Ehe als Beziehung* erhalten und stabilisiert (mitsamt der damals anhängigen Großfamilie). Heute gibt es keine vergleichbare Institution mehr,[91] die Ehe, so wie wir sie kennen, hat ihre stabilisierende Kraft verloren.

Was aber schützt jetzt die Ehe als Beziehung? Was bewahrt die Beziehungen, die unsere Ehen formen? Weder die Institutionen noch die Liebe selbst oder die Gesetzgebung zur Ehe und nicht einmal die Kinder, die aus der Ehe hervorgehen, scheinen dies leisten zu können. Die Liebe ist bekanntermaßen wankelmütig, sie wächst und schwindet auf eine Art und Weise, die wir nicht kontrollieren können. Und auch die vielen Gesetze und Sanktionen bewahren uns nicht vor unserem Unvermögen, friedlich und glücklich zusammenzuleben. Kinder binden uns aneinander und an sie, aber sie allein können allem Anschein nach unsere Ehen nicht retten.

Wir brauchen gar nicht auf Lehren der Erbsünde – auf Vorstellungen von der menschlichen »Zerrissenheit« oder des »Sündenfalls« – zurückzugreifen, um all das zu verstehen. Unser Verständnis der konkreten Realität von menschlichen Personen, das Wissen um ihre Möglichkeiten und Grenzen, reicht völlig aus. In der gegenwärtigen Erfahrung der Machtlosigkeit angesichts der Auflösung von Ehe offenbart sich nämlich unter anderem, dass unsere Fähigkeit zur freien Entscheidung begrenzt ist. Wenn Freiheit uns in die Lage versetzte, unsere spontanen Wünsche, Zuneigungen, Urteile, Verpflichtungen zu billigen oder zurückzuweisen, dann würde sie uns in der Tat erlauben, uns nach dem gewählten Selbst zu formen. Doch die reine freie Entscheidung nach dem Motto »Zähne zusammenbeißen und durch« ist recht begrenzt. Natürlich wollen wir in einer Ehe liebevoll und treu bleiben, friedlich und stark, ganz und gar selbstvergessen und ergeben. Das ist leicht gesagt, aber schwer durchzuhalten. Wenn das Leben mit dem Partner unerträglich wird – was passieren kann –, wird es nicht einfach durch eine freie Entscheidung erträglicher, schon gar nicht, wenn man den anderen oder sich selbst damit zu bezwingen versucht. Freiheit mag zusammen mit Relationalität unser edelstes Merkmal sein, durch das wir unser eigenes Geschick letztlich bestimmen. Aber sie hat nur begrenzte Macht, unser inneres Selbst und unsere Beziehungen zu anderen zu formen.

Angesichts dieser Begrenzung und Machtlosigkeit ist zu fragen: Was gibt es in der christlichen Tradition, um uns zu stärken, uns zu helfen, unsere Freiheit und Liebe zu formen? Wir haben Symbole und Bilder, Glaubensinhalte und Überzeugungen, Erinnerungen und Hoffnungen. Da ist das Verständnis von »Bund«, von »Sakrament«, von christlicher *agape* und bedingungsloser Treue, die Metapher von Christus in seiner Beziehung zur Kirche und das »Ein-Fleisch-Sein«, da sind Interpretationen der Komplementarität der Geschlechter und der Kirche als Familie. Was nützen sie uns? Sofern wir uns all diese Quellen zu eigen machen – Elemente unseres Glaubens, beseelte Hoffnung, Verstärker unserer Liebe –, helfen sie uns, unsere Entscheidungen aufrechtzuerhalten und unseren Absichten treu zu bleiben. Aber nicht wenige Elemente unserer Tradition sind selbst in Not geraten, und das nicht nur wegen unserer Untreue. Als Ideen, Bilder, theologische Deutungen sind sie kein sicheres Heilmittel mehr für die Schwächen des Geistes und Herzens, keine sicheren Brücken für unsere begrenzte Freiheit. Selbst wenn sie in unsere Sakramente eingebettet werden, befreien sie uns nicht von alleine von unserem gegenwärtigen Unvermögen, unsere Ehen auf die Weise zu bewahren, wie wir uns das gewünscht haben.

Skepsis hat die Tradition ausgehöhlt – und das völlig zu Recht. Die Geschichte der Kirche in Bezug auf die Sexualität hat so viele Mängel. Wir haben auch gelernt, dass der Bund in der biblischen Tradition allzu oft zwischen Ungleichen geschlossen wurde; Christi Beziehung zur Kirche ist allzu oft zur Bestätigung überkommener Geschlechterrollen herangezogen worden; das »Ein-Fleisch-Sein« hat den Identitätsverlust und die Missachtung von zahllosen Menschen (normalerweise von Frauen) überdeckt. All diese Bilder und Ideen könnten zu retten sein, aber erst nachdem sie einer klärenden Kritik unterzogen wurden.

Wie geht es nun weiter? Wo finden wir in all dem die Gnade? Wie »wirkt« die Gnade in diesen Aspekten unseres Lebens? Wie kann sie erkannt und in ihrem Wirken unterstützt werden? Ich schlage vor, uns der »Verpflichtung« zuzuwenden, die den Kern der Ehe ausmacht. Ihre Erfahrung und Bedeutung zu sondieren könnte Licht auf die Möglichkeiten werfen, wie man eine Ehe bewahrt und auch, wie man sie loslässt.

Das Eheversprechen: Geben, Halten, Ändern

Wie jede andere ausdrückliche interpersonale Verpflichtung verlangt auch die Ehe, dass man sein Wort gibt.[92] Aber was geben wir eigentlich, wenn wir unser Wort geben, und warum geben wir es? Zunächst einmal tun wir etwas, das sich auf die Zukunft bezieht. Wir versprechen, in der Zukunft etwas zu tun oder etwas zu sein. Im Fall der Ehe geben wir unser Wort in Hinsicht auf innere Handlungen (Respekt, Liebe, Vertrauen und so fort) und äußere Handlungen (ein Leben miteinander zu teilen) – unser Versprechen ist unbefristet und gilt sogar (zumindest in der christlichen Tradition) bis in den Tod. Wir sagen nicht einfach unsere Handlungen in der Zukunft voraus und geben auch nicht einfach unserer Entschlossenheit Ausdruck. Unser Wort geben heißt, einem anderen einen Anspruch über uns selbst einzuräumen – einen Anspruch, dass wir tun und sind, was wir versprochen haben.

Wir gehen also eine neue Form von Beziehung ein, indem wir Teil voneinander werden – ein Vorgang, den wir häufig konkretisieren und symbolisieren, indem wir unser »Wort« greifbar machen. Wir schreiben zum Beispiel unsere Namen auf Verträge, wir geben uns Ringe als Zeichen unseres Worts und unserer selbst, wir tauschen Geschenke aus, die den Austausch unserer Versprechen symbolisieren. Und warum tun wir das? Wir tun es eben deshalb, weil unsere Liebe und unsere Absichten zerbrechlich sind. Eine Verpflichtung beinhaltet immer schon die Zweifel bezüglich unserer zukünftigen Handlungen, sie beinhaltet das Wissen, dass wir in der Zukunft versäumen könnten, was wir in der Gegenwart beabsichtigen. Wir überschreiten also unsere Freiheit, um unsere eigene Zukunft festzulegen. Der vorrangige Zweck interpersonaler und sozialer Verpflichtungen ist also das Herstellen von zuverlässigen Erwartungen, wie freie Personen (deren Willen wandelbar ist) handeln werden.[93]

Verpflichtungen geben uns eine Grundlage, aufeinander zu zählen, sogar auf uns selbst. Der Zweck des Versprechens ist, sowohl den anderen der Zukunft zu versichern, die wir versprechen, als auch uns selbst in unseren Absichten für diese Zukunft zu bestärken. Denn unser Wort zu geben bedeutet, eine neue Verpflichtung zu übernehmen, deren Nichterfüllung auch sanktioniert werden kann. (Wir riskieren, das »Wort« zu verlieren, das wir gegeben haben, unsere Reputation oder unsere Güter, selbst unser Glück und manchmal vielleicht sogar unsere Erlösung.) Indem wir uns verpflichten, geben wir uns gleichsam selbst ein neues Gesetz. Die meisten Verpflichtungen gehen wir nicht ein, weil wir es müssen, sondern weil wir es wollen. Wir wollen verantwortlich gemacht werden für das, was wir aufrichtig tun und sein wollen. Bestimmte Verpflichtungen gehen wir ein, weil wir unsere Liebe trotz der Bedrohung durch die Zeit ganz machen wollen. Das »Wort«, das wir geben, spricht aus der Person, die es empfangen hat, der wir es anvertraut haben. Was Verpflichtung also bedeutet und was sie nach sich zieht, ist eine neue Beziehung in der *Gegenwart* – eine Beziehung des Bindens und Gebundenseins, des Gebens und des daraus folgenden Anspruchs; aber die Verpflichtung weist in die *Zukunft*. In der Gegenwart beginnt eine neue Beziehung, und die Beziehung ist es, die sich in die Zukunft bewegt.[94]

Das trifft auf alle menschlichen Verpflichtungen zu, in der Ehe gibt es jedoch einige Besonderheiten, die für ihr Verständnis außerordentlich wichtig sind. Die Verpflichtung in der Ehe ist zum Beispiel grundsätzlich gegenseitig: Zwei Freiheiten treffen sich, zwei Worte werden gegeben, zwei Ansprüche werden eingeräumt und entgegengenommen. Außerdem beinhaltet die Ehe eine Verpflichtung gegenüber mehr als einer Person. Zumindest der christlichen Interpretation zufolge verpflichtet man sich nicht nur dem Partner, sondern auch Gott und einer Gemeinschaft von Personen (der Kirche und der Gesellschaft). Außerdem beinhaltet das Eheversprechen eine Bejahung der Ehe als Institution und als Rahmen für unser gemeinsames Leben.[95] »Rahmen« hat natürlich mehr als eine Bedeutungsebene in diesem Kontext. Es gibt eine Ebene, auf der die »Ehe« eine Beziehung strukturiert – zum Beispiel indem sie die Dauerhaftigkeit garantiert. Der Rahmen kann jedoch auch ein bestimmtes kulturelles oder religiöses Modell bezeichnen – so zum Beispiel, wenn es sexuelle Exklusivität beinhaltet und entweder eine hierarchische Struktur oder die Gleichstellung der Ehepartner. Und schließlich kann Rahmen auch bestimmte konkrete Abmachungen meinen, die entweder vorgegeben sind oder von den Beteiligten der jeweiligen Ehebeziehung ausgearbeitet werden – so zum Beispiel die Modalitäten bei der Aufteilung des Vermögens, der Beziehungen zu den jeweiligen Familien und der Kindererziehung.

Wie wir oben gesehen haben, gehört in unserer eigenen Kultur und mit Sicherheit in der christlichen Tradition die Absicht der Dauerhaftigkeit zwingend zur ehelichen Verpflichtung. Die Gründe dafür haben sich über die Jahrhunderte (zum Teil) gewandelt: Die Bedeutung interpersonaler Gründe ist etwa gestiegen, während institutionelle Gründe unwichtiger geworden sind und der soziale Nutzen nach wie vor eine große Rolle spielt. Aber auch die Liebe selbst kann wollen, sich so unwiderruflich wie möglich an den geliebten anderen zu binden und sich genau auf diese Weise auszudrücken. Auch in Kapitel 6 habe ich argumentiert, dass der Sex am besten in einem Kontext der dauerhaften Verbindlichkeit aufgehoben sein könnte, wo die Chance besteht, dass er in die Ganzheit der Persönlichkeit und der Beziehung integriert wird. Auch dem Wohl der Kinder kommt die Dauerhaftigkeit zugute und sogar der Kirche – in der die Ehe als christliche Lebensweise und als Zeichen der Gegenwart Gottes zelebriert wird.

Hier sind wir beim Kern des Problems angelangt. Wenn die Absicht der Dauerhaftigkeit zur Bedeutung der christlichen Ehe gehört und wenn dabei eine Selbstverpflichtung notwendig ist: Kann es dann jemals gerechtfertigt sein, eine Ehe zu beenden, es sei denn, der Ehepartner stirbt? Kann der Anspruch, der einem anderen durch die eheliche Bindung gegeben wurde, jemals erlöschen? Das ist die zentrale moralische Frage sowohl für das Problem der Scheidung als auch für die Wiederverheiratung. Und dahinter liegt vielleicht eine weitere Frage: Wenn die Verpflichtung zur Dauerhaftigkeit nicht erlöschen kann, sollte sie dann überhaupt eingegangen werden in einer Zeit, in der unsere Fähigkeit, das Versprechen zu halten, so geschwächt erscheint?[96] Wenn wir andererseits genauer verstehen, was nötig ist, um unsere Verpflichtungen »bis ans Ende« zu leben, ist es dann möglich, zu lernen, wie wir sie einhalten können, aber auch, wie wir sie loslassen, sollte das doch einmal notwendig werden?

Scheidung

Wir sind daran gewöhnt, die Befreiung von einer ehelichen Bindung zu billigen, wenn sich herausstellt, dass die ursprüngliche Eheschließung mit einem grundlegenden Fehler behaftet war – ein Fehler bei der Prozedur, das Fehlen der vollen Zustimmung, eine Situation der Unfreiheit jeglicher Art (sei es körperlich, psychologisch oder moralisch).[97] Diese Art von »Befreiung« ist natürlich nicht wirklich die Befreiung von einer Verpflichtung, sondern die Anerkennung, dass eine echte Verpflichtung zur Ehe nie zustande gekommen ist; das Eheversprechen hat nicht wirklich stattgefunden, die Ehe war nicht gültig. Die viel schwierigere Frage ist, ob die Verpflichtung, die jeder wirklich gültigen christlichen Ehe innewohnt, besonders einer sakramentalen christlichen Ehe, jemals ohne einen Verrat, ohne die ungerechtfertigte und auch nicht zu rechtfertigende Verletzung eines Anspruchs, den sich die Partner einst gegenseitig eingeräumt haben, beendet werden kann.

Mein Standpunkt ist, dass die Befreiung von einer ehelichen Bindung letztlich denselben Gründen unterliegt, aus denen jede ernsthafte, dauerhafte Verbindung aufhören kann, verbindlich zu sein.[98] Das bedeutet, dass es in der Tat Situationen geben kann, in denen sich zu viel verändert hat – ein oder beide Partner oder die Beziehung hat sich verändert –, sodass es den ursprünglichen Grund für die Bindung überhaupt nicht mehr zu geben scheint. Der Sinn einer dauerhaften Bindung ist natürlich, dass die Personen, die sie eingehen, trotz aller möglichen Veränderungen an sie gebunden sind. Aber kann das immer eingehalten werden? Kann es auch angesichts radikaler und unerwarteter Veränderungen eingehalten werden? Meine Antwort: Manchmal geht es nicht. Manchmal muss die Verpflichtung aufgehoben werden.

Es wird nützlich sein, einen Blick auf die exemplarischen Gründe zu werfen, die eine Eheverpflichtung aufheben können.[99] Drei Gründe scheinen mir hinreichend zu sein, um eine Scheidung zu rechtfertigen. Eine Verpflichtung ist nicht mehr bindend, wenn es 1. nicht länger *möglich* ist, sie einzuhalten, wenn sie 2. keinen der *Zwecke* mehr erfüllt, denen sie dienen sollte, und wenn 3. eine andere Verpflichtung mit der ersten in *Konflikt* gerät, wenn also die zweite die erste *aufhebt*. Nur eine von diesen Bedingungen muss zutreffen, um eine Entlassung aus der Bindungsverpflichtung zu rechtfertigen, obwohl in bestimmten Situationen oft mehr als eine Bedingung vorliegt. Es ist manchmal außerordentlich schwer, zu erkennen, wann solche Bedingungen tatsächlich eintreten, aber dass sie es tun und dass sie auch in Bezug auf die Ehe identifiziert werden können, scheint mir offensichtlich zu sein. Ich möchte dies verdeutlichen.

1. Wenn es wirklich *unmöglich* wird, eine eheliche Beziehung aufrechtzuerhalten, wird die Verpflichtung dazu aufgehoben. Unmöglichkeit – besonders physischer Art – wird schon lange als allgemeiner Rechtfertigungsgrund für die Befreiung von der Verpflichtung eines Versprechens akzeptiert, so zum Beispiel wenn es im Mittelalter ein gebrochenes Bein unmöglich machte, eine Wallfahrt fortzusetzen, zu der man sich verpflichtet hatte. Die Art von Unmöglichkeit, die für eheliche Bindungen relevant ist, ist natürlich

nicht physisch, sondern psychologisch und moralisch.[100] Von daher gleicht ihr Erkennen weniger dem Wahrnehmen einer unbestreitbaren Tatsache als einer Beurteilung oder sogar einer Entscheidung. Trotzdem ist es leicht, einige Beispiele zu finden: der unheilbare und unüberbrückbare Bruch einer Beziehung etwa oder die äußerste Hilflosigkeit angesichts von Gewalt oder die Unmöglichkeit, eine Beziehung fortzusetzen, welche die Identität als Person zu zerstören droht. Es gibt also offenbar eine Schwelle, an der echte Unmöglichkeit beginnt. Wir alle kennen Situationen, in denen Liebe unwiderruflich in Bitterkeit und Hass umgeschlagen ist, sodass bei einem Zusammenbleiben die völlige Zerstörung der Partner und anderer Beteiligter droht. Wir kennen Situationen, in denen einige Bestandteile der Beziehung unbeschadet geblieben, andere aber so unvereinbar mit der Idee der Ehe sind, dass zumindest ein Partner es nicht mehr aushalten kann – zum Beispiel in Situationen der häuslichen Gewalt. Auch können Apathie und Verzweiflung eine Person und eine Beziehung so sehr belasten, dass jemand davon überzeugt ist, als Person zu sterben, wenn keine grundlegende Veränderung eintritt. Oder es kann geschehen, dass eine neue Liebe entsteht und es zu spät ist, »umzukehren« (auch wenn man diesen Weg gar nicht erst hätte einschlagen sollen).

2. Eine eheliche Bindung kann an einen Punkt kommen, wo sie ihren Sinn, ihre *raison d'être*, die innere Bedeutung, völlig verloren hat. Zum Beispiel soll sie der Liebe und dem Leben dienen – für die Ehepartner, für die Familie, für die Gesellschaft, für Gott. Um das zu tun, verpflichten sich die Partner auf einen »Rahmen« für ihre Liebe. Aber wenn dieser Rahmen zur Bedrohung für die Liebe wird, der er dienen soll, wenn er sie schwächt oder im Widerspruch zu ihr steht oder sie hemmt, dann kann die Verpflichtung gegenüber der Liebe es erforderlich machen, dass die Verpflichtung aufgehoben, der Rahmen aufgebrochen wird. Natürlich hat die Ehe viele Bedeutungen und Zwecke, aber unter bestimmten Umständen

kann es geschehen, dass sie alle von der Ehe selbst unterminiert werden – oder einige von ihnen so weit unterminiert werden, dass sie alle anderen gefährden. Wenn das so ist, kann die Verpflichtung aufgehoben werden.

3. Wenn eine andere Verpflichtung mit der ersten in Konflikt gerät und den Vorrang vor der ehelichen Bindung beanspruchen darf, kann die Ehe geschieden werden. Angesichts der Ernsthaftigkeit der ehelichen Bindung gibt es nicht viele andere Verpflichtungen, die sie verdrängen können. Schließlich steht sie für eine Unbedingtheit, die fast ohne Ausnahme alle anderen Ansprüche aufhebt. Trotzdem kann es Situationen geben, in denen anderen fundamentalen Verpflichtungen die Priorität zukommt – fundamentale Verpflichtungen gegenüber Gott, den Kindern, der Gesellschaft, sogar dem Ehepartner gegenüber. Wenn zum Beispiel die Verpflichtung für das Wohlergehen des Ehepartners in Konflikt mit der ehelichen Beziehung gerät. Es ist auch möglich, dass eine fundamentale Verpflichtung sich selbst gegenüber das Beenden einer Ehe rechtfertigt – nicht weil die Eigenliebe Vorrang vor der Liebe zueinander hätte, sondern weil keine Beziehung aufrechterhalten werden sollte, die zur völligen physischen oder psychischen Zerstörung einer Person führt – die eigene eingeschlossen.

Aber auch wenn unter bestimmten Bedingungen eine Eheverpflichtung aufhört, verbindlich zu sein: Gibt es dann keine menschlichen und christlichen Verpflichtungen gegenüber dem Ehepartner mehr? Natürlich gibt es die. Obwohl die Eheverpflichtung nicht völlig bedingungslos oder absolut ist, beinhaltet sie einige wirklich bedingungslose Erfordernisse. Zum Beispiel gibt es niemals eine Rechtfertigung dafür, jemanden gar nicht zu lieben – das trifft auf einen Ehepartner oder Ex-Ehepartner genauso zu wie auf einen Fremden oder sogar einen Feind. Wenn es nicht mehr möglich oder moralisch geboten ist, jemanden innerhalb des Rahmens der Ehe zu lieben, ist es immer noch möglich, diesen Menschen zumindest so weit zu lieben, wie es dem Nächsten gebührt. Es kann sogar sein, dass es eine Verpflichtung zu einer bestimmten Liebe gibt, einer, die auf *gewisse* Weise der Beziehung treu ist, die einmal existiert hat. Aber ich möchte mich jetzt kurz der Frage widmen, die für manche die schwierigste von allen bleibt. Wenn die eheliche Bindung als solche nicht mehr verpflichtend ist, sodass eine Scheidung moralisch gerechtfertigt ist – ist es dann auch gerechtfertigt, wieder zu heiraten?

Neuanfang

Trotz der Tatsache, dass es ein Verbot der Wiederverheiratung nach der Scheidung einer gültigen Ehe fast nur in der römisch-katholischen Tradition gibt, begegnen viele andere Christen dieser Möglichkeit zumindest mit Vorsicht. Daher könnte es wichtig sein, die Argumente zu betrachten, die in der katholischen Gemeinschaft zum Tragen kommen. Die traditionelle römisch-katholische Position war und ist, dass die Verpflichtung, nicht wieder zu heiraten, bestehen bleibt, auch wenn eine Ehe im Sinne der »Trennung von Tisch und Bett« an ihr Ende kommt. Der Grund dafür liegt in der Überzeugung, dass die ursprüngliche Ehe in gewissem Sinne weiterbesteht. Gegen die Möglichkeit der Scheidung einer Ehe sprechen schwerwiegende Argumente. 1. Das Sakrament der Ehe steht im Gegensatz zu anderen Verpflichtungen unter dem Befehl Gottes und der Interpretation dieses Befehls durch Jesus Christus. Deshalb ist die Unauflöslichkeit der Ehe absolut. 2. Die Institution der Ehe unterliegt der Kontrolle durch die Kirche. Daher ist in die eheliche Bindung das Verbot eingeschlossen, sich wiederzuverheiraten. Selbst wenn jeder andere Aspekt der Bindung bedeutungslos wird oder hinter einer größeren Verpflichtung zurücktreten muss, bleibt dieser Teil der ehelichen Bindung erhalten. 3. Ein ehelicher Bund, der gültig geschlossen und körperlich vollzogen wurde, ändert die Partner in ihrem Wesen. Sie sind nicht mehr nur rechtmäßig oder moralisch verbunden, sondern auf unumkehrbare Weise in ihrem Sein.

Ich habe mich an anderer Stelle mit diesen Argumenten auseinandergesetzt und kann meine Entgegnung darauf hier nur zusammenfassen.[101] Bezüglich des ersten haben Bibelforscher erfolgreich gezeigt, wie schwierig es ist, aus dem Neuen Testament die Unauflöslichkeit der Ehe herauszulesen. Insbesondere die Abweichungen zwischen dem Gebot, das Paulus im 1. Korinther 7:10–11 zugeschrieben wird, und den verschiedenen Sprüchen über die Ehe in Markus 10:1–12, Matthäus 19:1–12 und Lukas 16:18 geben einen Hinweis darauf, dass die frühe Kirche mit diesem Thema gerungen hat. Daher kann keiner dieser Texte isoliert zur Klärung der Frage nach Scheidung und Wiederverheiratung herangezogen werden.[102] Das ist auch der Grund, aus dem die römisch-katholische Tradition nicht argumentiert hat, dass die Frage allein auf Basis der Bibel gelöst werden kann. Was das zweite Argument betrifft, so ist das Kirchenrecht niemals als unwiderlegbare und absolute Begründung für die Unauflöslichkeit der Ehe angeführt worden; menschliche Gesetze können geändert werden, Ausnahmen können gestattet werden.[103] Wenn die Kirche darüber hinaus eine Verpflichtung, nicht wieder zu heiraten, als Auflage für die Ehe fordern sollte, würde das Ehen, die in Scheidung geendet haben, zu einem negativen Zeichen im Symbolsystem machen, das die Beziehung von Christus zur Kirche spiegelt. Wenn das Ziel eines solchen Gesetzes wäre, soziale Stabilität oder das Wohlergehen von Kindern zu gewährleisten, würde das ernsthafte Fragen nach seiner Wirksamkeit aufwerfen.

Die traditionellen katholischen Gründe für das Verbot der Wiederverheiratung nach der Scheidung berufen sich in erster Linie auf verschiedene Versionen des dritten Arguments.[104] Aber selbst das Argument der ontologischen Einheit der Ehegatten ist schwer aufrechtzuerhalten. Auch wenn das Bild des »Ein-Fleisch-Werdens« emphatisch beschworen wird – als »höchstes Geschenk« der Ehegatten füreinander oder gar in der »ehelichen Bedeutung« des Körpers[105] –, läuft jedes Konzept einer Verschmelzung von Personen Gefahr, die Realitäten von individuellen Personen zu ignorieren. Allzu häufig beruht es auf einer überkommenen Symbolik der Reinheit und der Befleckung (Befleckung, wenn es eine sexuelle Vereinigung außerhalb der ersten Ehe gibt). Darüber hinaus versäumt die Berufung auf die ontologische Einheit, die Grenzen der menschlichen Freiheit anzuerkennen (wie ich sie in diesem Kapitel zu zeigen versucht habe).

Trotz des Gesagten neige ich dazu, anzuerkennen, dass durch die Ehe ein Band entsteht, das in irgendeiner Form bestehen bleibt, auch wenn die eheliche Verpflichtung an ein Ende gekommen ist. Wenn zwei Personen sich einander in der Form der Ehe verpflichten, wenn sie eine Zeitspanne ihres Lebens, von welcher Länge auch immer, zusammen verbringen, *sind* sie in ihrem Wesen verändert, vereint. Es gibt viele Arten, wie diese Veränderung andauert. Nachdem die Ehe zu Ende ist, kann als Ergebnis der sexuellen Beziehung, die einmal Teil der Ehe war, sogar eine »körperliche« Bindung zurückbleiben, die jetzt positiv oder negativ erfahren wird. Es mag als Ergebnis der gemeinsam verbrachten Monate oder Jahre auch eine seelische Bindung zurückbleiben. Wenn aus der Ehe Kinder hervorgegangen sind, werden die früheren Ehepartner auf Jahre, vielleicht ein Leben lang, durch die fortdauernde Aufgabe der Elternschaft zusammengehalten. Auf jeden Fall ist das Leben von zwei Personen, die einmal miteinander verheiratet waren, für immer von der Erfahrung dieser Ehe gekennzeichnet. Was bleibt, kann mehr oder weniger tief gehen, doch dass etwas bleibt, ist offensichtlich. Aber verbietet das eine zweite Ehe? Meiner Ansicht nach nicht. Welche anhaltende Verpflichtung ein bleibendes Band auch immer nach sich zieht, sie muss kein Verbot der Wiederverheiratung umfassen –

genauso wenig wie die anhaltende Einheit von Eheleuten nach dem Tod eines der Partner eine zweite Ehe des noch Lebenden verbietet.[106]

Die Sexualethik, die ich in diesem Buch vorgestellt habe, gilt natürlich auch für die Scheidung und für zweite Ehen. Die Scheidung folgt manchmal auf das Versäumnis zumindest eines Partners, den anderen als Zweck in sich zu respektieren, oder sie wird unvermeidlich, wenn Freiheit, Gleichheit und Gegenseitigkeit nicht oder nur in so kleinem Maße vorhanden sind, dass die Beziehung völlig unausgewogen ist. Manchmal kommt es zur Scheidung, weil die Unterstützung der Gemeinde oder Gesellschaft fehlt. Aber wie ich nahegelegt habe, geht der Scheidung nicht immer ein schuldhaftes Versäumnis der Ehepartner voraus. Manchmal scheitern die Menschen einfach daran, zwei Leben zu einem zu machen. Es gibt weitere Gründe, zum Beispiel dass ein Partner die Verpflichtung, die eine eheliche Bindung schafft, nicht mehr einhalten kann, ohne sich selbst zu zerstören oder einem anderen schweren Schaden zuzufügen. Auch wenn der eigentliche Zweck der Ehe für alle, die davon betroffen sind, sehr gefährdet oder ganz verloren ist oder wenn eine andere Verpflichtung berechtigterweise die eheliche Bindung aufhebt, gelangt die Ehe an ein Ende. Dann sollte die Art und Weise dieses Endes ebenfalls von gegenseitigem Respekt gekennzeichnet sein, was auch immer das konkret bedeutet.

Christen glauben, dass in und durch die christliche Ehe Gottes Gnade zu erlangen ist. Gescheiterte Ehen legen nahe, dass diese Gnade nicht automatisch eintritt. Unsere Erkundung bringt also auch die Frage mit sich, wie die Gnade in unserer Liebe wirkt, in unserem Unvermögen, unseren Versprechen, unseren ganz normalen Bemühungen, zusammenzuleben, und sogar in unseren Misserfolgen. Ich habe hier nicht über die Treue gesprochen, obwohl sie von äußerster, ja sogar vorrangiger Bedeutung ist. Ich habe lediglich nach den legitimen Wegen gefragt, Ehen zu beenden, und nach den legitimen Möglichkeiten, neu zu beginnen. Wenn wir Weisheit in all diesen Fragen walten lassen, werden wir ein heilendes Wort finden, das Ehen stärken und, wenn notwendig, den Schmerz ihres Endes lindern kann. Gnade, möchte ich sagen, lässt sich auf allen Wegen finden.

*

Mit diesem Buch habe ich versucht, unser Verständnis von Sexualität und ihren Beitrag zur menschlichen Erfüllung zu beleuchten und zu kontextualisieren. Ich habe die Vergangenheit und die Gegenwart, eigene und fremde Kulturen betrachtet, ich habe versucht, die vielfachen Bedeutungen und Ziele von Sexualität, Sex, Geschlecht und Verkörperung zu ordnen. Aber vor allem habe ich versucht, die Frage zu beantworten, wann sexuelle Beziehungen angemessen sind. Ich habe eine Sexualethik vorgeschlagen, die auf der Gerechtigkeit gründet und sich von ihr herleitet. Gerechtigkeit, das habe ich versucht zu zeigen, ist keine kalte Vorstellung, die nichts mit Liebe zu tun hat; sie ist es, die unsere Liebe lenkt, schützt, nährt und formt. Sie betrifft unser Lieben, unsere Handlungen und unsere Selbstbilder. Ich wiederhole, was ich vorher schon gesagt habe: Es ist nicht einfach, jede sexuelle Beziehung und jede sexuelle Aktivität dahingehend zu befragen, ob sie gerecht ist. Aber wenn Sexualität schöpferisch und nicht zerstörerisch sein soll, bleibt uns keine andere Wahl, als diese Fragen immer wieder zu stellen.

Danksagung

Zusätzlich zu den vielen Studenten, Kollegen und anderen Gesprächspartnern, die dieses Buch möglich gemacht haben, möchte ich einigen Personen an dieser Stelle namentlich danken: Leslie Griffin, die als Erste vorgeschlagen hat, dass ich ein solches Buch schreibe; Marie Fortune, die mich Mitte der Siebzigerjahre dazu einlud, auf einer Regionalversammlung ihrer Glaubensgemeinschaft zu sprechen, und mir damit die erste Gelegenheit gab, jene Leitlinien in groben Zügen zu umreißen, die hier detailliert ausgearbeitet werden; Mary Rose D'Angelo, Gilmary Bauer, Letty M. Russell, David Hollenbach, Francine Cardman, Alice Kearney, Christiana Peppard und Jennifer Seaich, deren Fragen und Anregungen einige Kapitel deutlich bereichert haben; den Mitgliedern meiner Familie, meinen Freunden und Mitarbeitern, die mich auf unzählige Arten beim langen Prozess des Schreibens unterstützt haben. Ich bin Frank Oveis dankbar, dessen Rat und beharrlicher Druck mich schließlich dazu gebracht haben, fast alles andere beiseitezulegen, um dieses Buch zu beenden; und Justus George Lawler, meinem langjährigen Lektor, dessen sorgfältige Lektüre des Textes dazu beigetragen hat, ihn lesbarer zu machen.

Anmerkungen

Kapitel 1 Die Fragen

1 Die bis ins 19. Jahrhundert vorherrschende Tradition gründete sich auf Aristoteles' »Ein-Samen-Theorie«: Nur der männliche Samen produziert einen Embryo, das Weibliche wird nur gebraucht, um »Materie« in Form von Blut zu liefern. Es gab allerdings schon in der Antike andere Theorien. Einige schlugen eine »Zwei-Samen-Theorie« vor, in der sowohl männliche als auch weibliche Samen entstehen, die sich bei der Empfängnis vermischen. Diese Theorie gab es in mindestens zwei Versionen, von denen eine behauptete, dass zwar mannliche und weibliche Samen produziert werden, dass jedoch der weibliche dem männlichen unterlegen sei; die andere vertrat eine neutralere Ansicht. Vgl. Wayne A. Meeks, *The Origins of Christian Morality: The First Two Centuries*, New Haven, CT, Yale University Press 1993, 139.

2 Trotz der Kritik an den frühen Studien ist der Einfluss bestimmter Arbeiten kaum zu überschätzen, zum Beispiel: Henry Havelock Ellis, *Studies in the Psychology of Sex*, 7 Bde., Philadelphia, F. A. Davis 1900–1928; Alfred C. Kinsey et al., *Das sexuelle Verhalten des Mannes*, Berlin/Frankfurt, G. B. Fischer 1955; Ders., *Das sexuelle Verhalten der Frau*, Berlin/Frankfurt, G. B. Fischer 1954; William H. Masters und Virginia E. Johnson, *Die sexuelle Reaktion*, Frankfurt/ Main, Akademische Verlagsgesellschaft 1967.

3 Die Sexualwissenschaft (engl. Sexology) beschäftigt sich mit der Erforschung des menschlichen Sexualverhaltens und bedient sich dafür psychologischer, physiologischer, sozialwissenschaftlicher und philosophischer Ansätze.

4 Vgl. zum Beispiel Clellan S. Ford und Frank A. Beach, *Patterns of Sexual Behavior*, New York, Harper & Row 1951.

5 Vgl. zum Beispiel die Arbeiten von John T. Noonan Jr., *Contraception: A History of its Treatment by the Catholic Theologians and Canonists*, erweiterte Ausg., Cambridge, MA, Belknap Press of Harvard University Press 1986; John Boswell, *Christianity, Social Tolerance, and Homosexuality*, Chicago, Univer-

sity of Chicago Press 1980; John D'Emilio und Estelle B. Freedman, *Intimate Matters: A History of Sexuality in America*, New York, Harper & Row 1988; John C. Faut, Hrsg., *Forbidden History: The State, Society, and the Regulation of Sexuality in Modern Europe*, New York, Vintage Books 1992; Kathy Peiss und Christina Simmons, Hrsg. (mit Robert A. Padgug), *Passion and Power: Sexuality in History*, Philadelphia, Temple University Press 1989.

6 Sigmund Freud, *Beiträge zur Psychologie des Liebeslebens III: Das Tabu der Virginität* (1917/18), in: Studienausgabe Bd. V, Frankfurt/Main, Fischer 1994, 218.

7 Damit meine ich, dass Bewegungen mächtig werden, wenn sie nicht nur vom Kern ihrer Anhänger abhängig sind, sondern wenn sie bei einer großen Anzahl von Unterstützern Widerhall finden.

8 Mein Gebrauch der Begriffe »moralisch« und »ethisch« sollte vielleicht an dieser Stelle auch für die folgenden Kapitel geklärt werden. Wie viele andere benutze ich die beiden Begriffe oft synonym, eine Praxis, die durch das Fehlen einer konsequenten Differenzierung sowohl durch die Philosophie als auch die Theologie gerechtfertigt wird. Sofern sie jedoch unterschieden werden, stehen »moralisch« und »Moral« häufig dem Konkreten näher als »Ethik« oder »ethisch«. »Moralisch« bezieht sich auf tatsächliche Handlungen, Entscheidungen, Urteile, Erfahrungen; »ethisch« bezieht sich auf systematische Reflexionen über moralisches Handeln und Charaktere. Daher hat »Moral« mit dem Leben zu tun, während »Ethik« eine Disziplin ist, die das moralische Leben zu verstehen sucht. Trotzdem kann »Ethik« sowohl mit »Moralphilosophie« als auch mit »Moraltheologie« oder mit beiden gleichgesetzt werden, abhängig von den vorliegenden Quellen und historischen Vorlieben. Wenn es nötig ist, in einem bestimmten Kontext die Bedeutung explizit zu differenzieren, tue ich es; wenn nicht, dürfen sie mit dem manchmal vagen und nicht bedeutsamen Unterschied, den ich soeben dargelegt habe, als austauschbar angesehen werden.

9 Vgl. Jean-Paul Sartre, *Das Sein und das Nichts: Versuch einer phänomenologischen Ontologie*, übers. von Traugott König und Hans Schöneberg, Reinbek, Rowohlt 1993; Maurice Merleau-Ponty, *Phänomenologie der Wahrnehmung*, übers. von Rudolf Boehm, Berlin, de Gruyter 1966/1974; Simone de Beauvoir, *Das andere Geschlecht: Sitte und Sexus der Frau*, übers. von Uli Aumüller und Grete Osterwald, Reinbek, Rowohlt 1992.

10 Ich mache diese Aussage trotz der heftigen Kritik, die an Foucault geübt wurde. Michel Foucault, *Sexualität und Wahrheit*, 3 Bände, übers. von Ulrich Raulff und Walter Seitter, Band 1: *Der Wille zum Wissen*, Frankfurt/Main, Suhrkamp 1983; Band 2: *Der Gebrauch der Lüste*, Frankfurt/Main, Suhrkamp 1989; Band 3: *Die Sorge um sich*, Frankfurt/Main, Suhrkamp 1989.

11 Vgl. zum Beispiel: Robert Baker und Frederick Elliston, Hrsg., *Philosophy and Sex*, Buffalo, Prometheus Books 1975; Alan Soble, Hrsg., *The Philosophy of Sex*, zweite Aufl., Savage, MD, Littlefield Adams Quality Paperbacks 1991. Vgl.

auch die historische Arbeit von Jeffrey Weeks, *Sexuality and its Discontents: Meanings, Myths, and Modern Sexualities*, London, Routledge & Kegan Paul 1985.

12 Vgl. zum Beispiel Alison M. Jaggar und Susan R. Bordo, Hrsg., *Gender/Body/ Knowledge: Feminist Reconstructions of Being and Knowing*, New Brunswick, NJ, Rutgers University Press 1989; Judith Butler, *Körper von Gewicht: Die diskursiven Grenzen des Geschlechts*, übers. von Karin Wördemann, Berlin, Berlin-Verlag 1995; Susan Moller Okin, *Justice, Gender, and the Family*, New York, Basic Books 1989; Sara Ruddick, *Maternal Thinking: Toward a Politics of Peace*, Boston, Beacon 1989; Luce Irigaray, *Ethik der sexuellen Differenz*, übers. von Xenia Rajewsky, Frankfurt/Main, Suhrkamp 1991. Vgl. auch Domna C. Stanton, Hrsg., *Discourses of Sexuality: From Aristotle to AIDS*, Ann Arbor, University of Michigan Press 1992.

13 Vgl. zum Beispiel Charles E. Curran, Hrsg., *Contraception and Holiness: The Catholic Predicament*, New York, Herder & Herder 1964; Dietrich von Hildebrand, *The Encyclical Humanae Vitae: A Sign of Contradiction*, Chicago, Franciscan Herald 1969.

14 Anthony Kosnik et al., *Human Sexuality: New Directions in American Catholic Thought*, Mahwah, NJ, Paulist 1977; James B. Nelson, *Embodiment: An Approach to Sexuality and Christian Theology*, Minneapolis, Augsburg 1978.

15 Vgl. als Beispiele Charles E. Curran, *Contempory Problems in Moral Theology*, Notre Dame, IN, Fides 1970, und *Tensions in Moral Theology*, Notre Dame, IN, University of Notre Dame Press 1988; André Guindon, *The Sexual Creators: An Ethical Proposal for Concerned Christians*, Lanham, MD, University Press of America 1986; Philip S. Keane, *Sexual Morality: A Catholic Perspective*, New York, Paulist 1977; John Giles Milhaven, »Christian Evaluations of Sexual Pleasure«, in: *The American Society of Christian Ethics Selected Papers 1976*, Hrsg. Max Stackhouse, Scholars 1976; Lisa Sowle Cahill, *Sex, Gender, and Christian Ethics*, Cambridge, Cambridge University Press 1996; Beverly Wildung Harrison, *Making the Connections: Essays in Feminist Social Ethics*, Boston, Beacon 1985; Carter Heyward, *Our Passion for Justice*, Cleveland, Pilgrim 1984; Christine E. Gudorf, *Body, Sex, and Pleasure*, Cleveland, Pilgrim 1994. Dies ist nur eine kleine Auswahl aus zahllosen Publikationen der oben erwähnten Autoren und vieler anderer sowohl katholischer als auch protestantischer Theologen und Ethiker.

16 Vgl. Phyllis Trible, *God and the Rhetoric of Sexuality*, Philadelphia, Fortress 1978; Mary Rose D'Angelo, »Women in Luke-Acts: A Redactional View«, in: *Journal of Biblical Literature* 109 (1990), 141–161; L. William Countryman, *Dirt, Greed, and Sex: Sexual Ethics in the New Testament und Their Implications for Today*, Philadelphia, Fortress 1988; Robin Scroggs, *The New Testament and Homosexuality*, Philadelphia, Fortress 1983; Richard Hays, »Relations Natural and Unnatural: A Response to John Boswell's Exegesis of

Romans 1«, in: *Journal of Religious Ethics* 14 (1986), 184–215; Dale B. Martin, »Heterosexism and the Interpretation of Romans 1:18–32«, in: *Biblical Interpretation* 3 (1995), 332–355.

17 Vgl. Eugene B. Borowitz, *Choosing a Sex Ethic: A Jewish Inquiry*, New York, Schoken Books 1969; David M. Feldman, *Martial Relations, Birth Control, and Abortion in Jewish Law*, New York, Schocken Books 1974; David Novak, *Jewish Social Ethics*, New York, Oxford University Press 1992; Judith Plaskow, *Standing Again at Sinai: Judaism from a Feminist Perspective*, San Fransisco, Harper & Row 1990; David Biale, *Eros and the Jews: From Biblical Israel to Contemporary America*, New York, Basic Books 1992; Elliot Dorff, *Love Your Neighbor as Yourself: A Jewish Approach to Modern Personal Ethics*, Philadelphia, Jewish Publication Society 2003.

Kapitel 2   Die Vergangenheit

1 Vgl. zum Beispiel Peter Brown, *Die Keuschheit der Engel*, München, Hanser 1991; Martin Duberman et al., Hrsg., *Hidden From History: Reclaiming the Gay and Lesbian Past*, New York, Penguin Books 1989; Susan K. Cahn, »Sexual Histories, Sexual Politics«, in: *Feminist Studies* 18 (Herbst 1992), 629–647; John C. Faut, Hrsg., *Forbidden History: The State, Society, and the Regulation of Sexuality in Modern Europe*, Chicago, University of Chicago Press 1992; Thomas W. Laqueur, »Sexual Desire and the Market Economy During the Industrial Revolution«, in: *Discourses of Sexuality: From Aristotle to AIDS*, hrsg. von Domna C. Stanton, Ann Arbor, University of Michigan Press 1992, 185–215.

2 Dieses Kapitel stellt die erweiterte und stark überarbeitete Version eines früheren Aufsatzes dar. Vgl. Margaret A. Farley, »Sexual Ethics«, in: *Encyclopedia of Bioethics*, hrsg. von Warren Thomas Reich, Neubearbeitung, New York, Simon & Schuster Macmillan 1995, 5:2363–2375.

3 Michel Foucault, *Sexualität und Wahrheit*, Band 1: *Der Wille zum Wissen*, Frankfurt/Main, Suhrkamp 1983, 180.

4 Ebd., 93. Die Geschichte, die Foucault untersucht, ist eine Geschichte des »Diskurses« oder der »diskursiven Praktiken«. Das heißt, er fokussiert auf das, was er für ernsthafte Sprechakte hält: Aussagen in verschiedenen Disziplinen und öffentlichen Dokumenten, die faktisch als soziale Norm und Praxis gedient haben.

5 Ebd., 113. Foucaults Theorie der Macht ist nicht nur für seine Geschichte der Sexualität gültig. Für andere sowohl theoretische als auch praktische Kontexte siehe Michel Foucault, *Wahnsinn und Gesellschaft: Eine Geschichte des Wahnsinns im Zeitalter der Vernunft*, übers. von Ulrich Köppen, Frankfurt/Main,

Suhrkamp 1993; *Archäologie des Wissens*, übers. von Ulrich Köppen, Frankfurt/Main, Suhrkamp 2002; *Die Geburt der Klinik: Eine Archäologie des ärztlichen Blicks*, übers. von Walter Seitter, München, Hanser 1973; *Überwachen und Strafen*, übers. von Walter Seitter, Frankfurt/Main, Suhrkamp 1977; *Power/Knowledge: Selected Interviews and Other Writings*, hrsg. von Colin Gordon et al., Brighton, Sussex, Harvester 1980.

6   Ebd., 189f.

7   Ebd., 180.

8   Ebd., 125.

9   Ebd., 19f.

10 Ebd., 18f.

11 Michel Foucault, *Sexualität und Wahrheit*, 3 Bände, übers. von Ulrich Raulff und Walter Seitter, Band 2: *Der Gebrauch der Lüste*, Frankfurt/Main, Suhrkamp 1989; Band 3: *Die Sorge um sich*, Frankfurt/Main, Suhrkamp 1989.

12 Vgl. Catharine A. MacKinnon, *Toward a Feminist Theory of the State*, Cambridge, MA, Harvard University Press 1989, 126–154. »Does Sexuality Have a History?«, in: *Discourses of Sexuality*, hrsg. von Domna Stanton, 117–136.

13 MacKinnon, *Toward a Feminist Theory of the State*, 127.

14 Ebd., 128.

15 Edward Shorter, *Die Geburt der modernen Familie*, übers. von Gustav Kilpper, Reinbek bei Hamburg, Rowohlt 1977. Es gibt eine Vielzahl von Untersuchungen zur Geschichte von Ehe und Familie. Zu weiterer Literatur siehe unten, Kapitel 7.

16 Shorter, *Die Geburt der modernen Familie*, 15.

17 Ebd., 314ff.

18 John D'Emilio und Estelle B. Freedman, *Intimate Matters: A History of Sexuality in America*, New York, Harper & Row 1988.

19 Ebd., xiv.

20 Ebd. xi-xii.

21 Richard A. Posner, *Sex and Reason*, Cambridge, MA, Harvard University Press 1992, 3, 173–180. Zu einer Kritik von Posners Sichtweise siehe Martha C. Nussbaum, *Sex and Social Justice*, New York, Oxford University Press 1999, Kapitel 14.

22 Vgl. zum Beispiel Louise A. Tilly, Joan W. Scott und Miriam Cohen, »Women's Work and European Fertility Patterns«, in: *Journal for Interdisciplinary History* 6 (Winter 1976), 447–476; Laqueur, »Sexual Desire and the Market Economy During the Industrial Revolution«, in: *Discourses of Sexuality*, hrsg. von Domna Stanton, 185–215.

23 Siehe unten, Kapitel 3.

24 Vgl. David Cohen, *Law, Sexuality, and Society: The Enforcement of Morality in Classical Athens*, New York, Cambridge University Press 1991; Kenneth J. Dover, *Greek Popular Morality in the Time of Plato and Aristotle*, Berkeley,

University of California Press 1974; Dover, *Greek Homosexuality*, Cambridge, MA, Harvard University Press 1978; Foucault, *Sexualität und Wahrheit*, Bd. 2 und 3; John Boswell, *Christianity, Social Tolerance, and Homosexuality: Gay People in Western Europe from the Beginning of the Christian Era to the Fourteenth Century*, Chicago, University of Chicago Press 1980; John T. Noonan, *Contraception: A History of Its Treatment by the Catholic Theologians and Canonists*, erweiterte Ausg., Cambridge, MA, Belknap Press of Harvard University Press 1986; Roger Just, *Women in Athenian Law and Life*, New York, Routledge 1989; Otto Kiefer, *Sexual Life in Ancient Rome*, New York, AMS Press 1975, Neudruck der Ausg. von 1934; R. MacMullen, *Roman Social Relations 50 B.C. to A.D. 284*, New Haven, CT, Yale University Press 1974; Sarah Pomeroy, *Goddesses, Whores, Wives and Slaves: Women in Classical Antiquity*, New York, Schocken Books 1975; John J. Winkler, *The Constraints of Desire: The Anthropology of Sex and Gender in Ancient Greece*, New York, Routledge 1990; Rosemary Radford Ruether, *Christianity and the Making of the Modern Family: Ruling Ideologies, Diverse Realities*, Boston, Beacon 2000, Kap. 1; Ross Shepard Kraemer und Mary Rose D'Angelo, Hrsg., *Women and Christian Origins*, New York, Oxford University Press 1999, Teil I.

25 Vgl. Judith P. Hallett, »Women's Lives in the Ancient Mediterranean«, in: *Women and Christian Origins*, hrsg. von R. S. Kraemer und M. R. D'Angelo, 19. Hallett unterscheidet, was wir über Athen wissen, von dem, was wir über andere griechische Gesellschaften und Stadtstaaten wissen; desgleichen, was wir über das hellenistische Imperium Alexanders des Großen wissen, von dem, was uns über Griechenland und Rom bekannt ist, nachdem Griechenland Teil des römischen Imperiums wurde. Ich verweise meine Leser auf diesen Aufsatz, weil es unmöglich ist, in meinen kurzen Überlegungen diese Vielfalt zu berücksichtigen.

26 Ebd., 31. Das bedeutet jedoch nicht, dass die Ehe nicht von romantischer Liebe geprägt sein konnte, aber zumindest im antiken Griechenland schien das die Ausnahme zu sein, nicht die Regel.

27 Ebd., 17–32.

28 Ebd., 18. Hallett merkt an, dass Kaiser Augustus in der Hoffnung, Frauen einen Anreiz zum Gebären von Kindern zu bieten, Gesetze erließ, die es rechtlich freien Frauen gestattete, ohne einen Rechtsvormund auszukommen, wenn sie drei Kinder geboren hatten (für freigelassene Frauen galt das nach vier Kindern). Hallett fügt hinzu: »Aber die meisten Frauen kamen nicht in den Genuss dieser Auszeichnung.«

29 Vgl. zum Bespiel Foucault, *Sexualität und Wahrheit*, Band 2, 237 ff.; Boswell, *Christianity, Social Tolerance, and Homosexuality*, 74–82.

30 In dieser Frage herrscht jedoch große Mehrdeutigkeit. Vgl. Boswell, *Christianity, Social Tolerance, and Homosexuality*, 82–84. Pomeroy, *Goddesses, Whores, Wives, and Slaves*, passim; Martti Nissinen, *Homoeroticism in the Biblical*

World: A Historical Perspective, Minneapolis, Fortress 1998, 74–79; Bernadette Brooten, *Love Between Women: Early Christian Responses to Female Homoeroticism*, Chicago: University of Chicago Press 1996.

31 Foucault, *Sexualität und Wahrheit*, Band 1 und 2. Siehe auch oben die Literaturhinweise in Anmerkung 24.

32 Demosthenes, *Erotikos*.

33 Platons Vorliebe für die Transzendenzierung des sexuellen Begehrens findet sich ganz deutlich in Sokrates' Wiedergabe von Diotimas Lehren im *Symposion*, 201 d–212 c; ebenfalls im generellen Thema des *Phaidon* und in *Nomoi*, VIII. Andere mehr oder weniger von Platon vertretene Ansichten finden sich in Alkibiades' Rede im *Symposion*, 215 b–222 c, und im *Phaidros*.

34 Vgl. Foucault, *Sexualität und Wahrheit*, Band 1, 161–179. Foucault unternimmt diese Generalisierung auf der Grundlage von einer Reihe von Texten, zum Beispiel Hippokrates, *De generatione*; Platon, *Philebos, Symposion, Timaios* und *Nomoi*; Aritoteles, *De anima*, II, 4, 415a-b.

35 Vgl. *Politeia*, IX, sowie die Angaben in Anmerkung 33.

36 Vgl. Aristoteles, *Nikomachische Ethik*, III.1118a.

37 Ebd., VIII-X.

38 Vgl. zum Beispiel Musonius Rufus, *Reliquiae*; Seneca, *De matrimonio*, Fragment XIII, 84; Epiktet, *Encheiridion*. Eine immer noch nützliche Untersuchung des Einflusses der Stoiker auf frühchristliche Schriftsteller, die dieses Thema behandelt haben, findet sich bei John T. Noonan, *Contraception*, 46–49.

39 Foucault, Sexualität und Wahrheit, Band 3, 240.

40 Vgl. Plutarch, *Amatorius* und *Coniugalia praecepta*.

41 Ich beziehe mich hier auf die – in ihren Bewertungen nicht immer übereinstimmenden – Schlüsselpublikationen: David Biale, *Eros and the Jews: From Biblical Israel to Contemporary America*, New York, Basic Books 1992; Elliot N. Dorff und Louis E. Newman, Hrsg., *Contemporary Jewish Ethics and Morality: A Reader*, New York, Oxford University Press 1995, 271–327; Louis M. Epstein, *Sex Laws and Customs in Judaism*, New York, Block 1948; David M. Feldman, *Marital Relations, Birth Control, and Abortion in Jewish Law*, New York, Schocken Books 1974; Michael Kaufman, *Love, Marriage, and Family in Jewish Law and Tradition*, Northvale, NJ, Jason Aronson 1992; Maurice Lamm, *The Jewish Way in Love and Marriage*, San Francisco, Harper & Row 1980; David Novak, *Jewish Social Ethics*, New York, Oxford University Press 1992, Kap. 4, 84–103; Judith Plaskow, *Standing Again at Sinai: Judaism from a Feminist Perspective*, San Francisco, Harper & Row 1990, Kap. 5, 170–210; Plaskow, »Embodiment and Ambivalence: A Jewish Feminist Perspective«, in: *Embodiment, Morality, and Medicine*, hrsg. von Lisa Sowle Cahill und Margaret A. Farley, Dordrecht, Kluwer Academic 1995, 23–36.

42 Vgl. Biale, *Eros and the Jews*, Kap. 1, 11–32; Plaskow, *Standing Again at Sinai*, 178–185.

43 Vgl. Novak, *Jewish Social Ethics*, 93.

44 Plaskow, ebd., 171–177.

45 Vgl. Ross Shepard Kraemer, »Jewish Women and Christian Origins«, und »Women's Judaism(s) at the Beginning of Christianity«, in: *Women and Christian Origins*, hrsg. von R. S. Kraemer und M. R. D'Angelo, 35–79. Kraemer weist darauf hin, dass viele historische Darstellungen jüdischer Frauen in jener Epoche dem verborgenen Zweck dienen, die Haltungen und Handlungen von Jesus (und der frühen Christenheit) befreiend aussehen zu lassen.

46 Peter Brown, *Die Keuschheit der Engel. Sexuelle Entsagung, Askese und Körperlichkeit am Anfang des Christentums*, München, Hanser 1991. Vgl. auch Wayne A. Meeks, *The Moral World of the First Christians*, Philadelphia, Westminster 1986; Meeks, *The Origins of Christian Morality: The First Two Centuries*, New Haven, CT, Yale University Press 1993, besonders Kap. 3, 4, 7, 8; Constance F. Parvey, »The Theology and Leadership of Women in the New Testament«, in: Rosemary Radford Ruether, Hrsg., *Religion and Sexism: Images of Women in the Jewish and Christian Traditions*, New York, Simon & Schuster 1974, 117–149; Elisabeth Schüssler Fiorenza, »Discipleship and Patriarchy: Early Christian Ethics in a Feminist Perspective«, in: *Annual of the Society of Christian Ethics*, Missoula, MT, Scholars 1982, 131–172.

47 Noonan, *Contraception*, Kap. 3. Aber vgl. auch Karen L. King, *What Is Gnosticism?*, Cambridge, MA, Belknap Press of Harvard University Press 2003, insbes. 123–124 und 201–208.

48 Zu den Schlüsseltexten für Augustinus' Ansichten von Sexualität und Ethik gehören: *De bono coniugali* (401 n. Chr.); *De sancta virginitate* (401); *De Genesi ad Litteram* (401–414); *De nuptiis et concupiscentia* (419–21). Nützliche Untersuchungen zu Augustinus' Sexualethik und anderen frühen Kirchengelehrten umfassen: Brown, *Die Keuschheit der Engel*; Rowan A. Greer, *Broken Light and Mended Lives: Theology and Common Life in the Early Church*, University Park, Pennsylvania State University Press 1986, besonders Kap. 4; John Mahoney, *The Making of Moral Theology: A Study of the Roman Catholic Tradition*, Oxford, Clarendon Press 1987, Kap. 1–2; Margaret R. Miles, *Augustine on the Body*, Missoula, MT, Scholars 1979; Noonan, *Contraception*, Kap. 1–6; Elaine Pagels, *Adam, Eve, and the Serpent*, New York, Random House 1988; Paul Ramsey, »Human Sexuality in the History of Redemption«, in: *Journal of Religious Ethics* 16 (Frühjahr 1988), 56–86.

49 Vgl. zum Beispiel Augustinus, *De libero arbitrio* (dt. *Der Freie Wille*), 1.1–8, 2.20; Confessiones (dt. *Bekenntnisse*), 5.10, 7.3–13. Augustinus entwickelte seine Position zur Widerlegung der manichäischen Überzeugung, das Böse könne an sich existieren und es gebe ein ultimatives Prinzip des Bösen genauso wie ein ultimatives Prinzip des Guten.

50 Augustinus, *De bono coniugali* 6.

51 Augustinus, *De bono coniugali* 32.

52 Vgl. zum Beispiel Augustinus, *De nuptiis et concupiscentia*; *De civitate dei*, XIV.11–24; *Contra Julianum*.

53 Vgl. Pierre J. Payer, *Sex and the Penitentials: The Development of a Sexual Code 550–1150*, Toronto, University of Toronto Press 1983; hier findet sich eine sorgfältige Analyse des Kontexts und Gehalts der Tradition von Kirchenbußen in ihren irischen, fränkischen und angelsächsischen Varianten.

54 Ein interessanter Überblick über diese Jahrhunderte mit Fokus auf das Verbot der Empfängnisverhütung findet sich bei Noonan, *Contraception*, Kap. 5–6. Karl Rahner bietet in *Schriften zur Theologie*, Bd. 1, eine nuanciertere Darstellung der Konkupiszenz, 377–414.

55 Ironischerweise preist die Theologie die Frauen gleichzeitig mit ihrer Relegation auf einen minderwertigen Status als Symbole der Tugend. Damit sind Frauen jedoch verwundbarer denn je. Dem Ideal nicht zu entsprechen, bekräftigt eine Assoziation mit dem Bösen und bestätigt die Überzeugung, sie seien schwach und unterlegen. Zahllose Studien haben sich mit den Schriften von Justin dem Märtyrer, Irenäus, Tertullian, Origenes, Hieronymus, Augustinus und anderen beschäftigt und nur wenige Beispiele gefunden, die gegen die negativen Feststellungen über Frauen ins Feld geführt werden könnten. Griechische Kirchenväter zum Beispiel finden das *imago dei* in dem, was sie für die nicht sexuelle Seele sowohl von Männern als auch Frauen halten, entscheiden aber, dass es vollständiger in Männern wohne, da Männer, nicht aber Frauen, in ihrer geschichtlichen Führungsrolle wie Gott seien. Die Kirchenväter verweisen auf das Bild Gottes in der Kombination von Geist und Körper, aber während sowohl Männer als auch Frauen wegen ihres Geistes Teil am *imago dei* haben, ist nur der männliche Körper (mit seiner Aktivität und Kraft) das Ebenbild Gottes. Folglich haben Frauen nur insofern Anteil am Bild, als sie körperlich mit Männern verbunden oder jungfräulich frei von ihren Körpern sind. Es bleibt Thomas von Aquin überlassen, die Unterlegenheit von Frauen sogar in der Seele festzustellen (*Summa theologiae* I.91–92, II-II.149.4). Vgl. Rosemary Radford Ruether, »Mysogynism and Virginal Feminism in the Fathers of the Church«, in: *Religion and Sexism*, hrsg. von R. Ruether, 150–183; Kari Börreson, *Subordination and Equivalence: The Nature of Role of Women in Augustine and Thomas Aquinas*, Washington, D. C., University Press of America 1981.

56 Vgl. John Boswell, *Christianity, Social Tolerance, and Homosexuality*, 206 und passim.

57 Brown, *Die Keuschheit der Engel*.

58 Die wichtigsten Primärtexte für Thomas von Aquins Lehren zur Sexualität umfassen: *Summa theologiae*, I-II.22–48, I-II.81.1, II-II.151–56; *Summa contra gentiles*, III.122.4 und 5. Hilfreiche Sekundärliteratur findet sich bei Eleanor McLaughlin, »Equality of Souls, Inequality of Sexes: Women in Medieval Theology«, in: *Religion and Sexism*, hrsg. von R. Ruether, 213–266; John G.

Milhaven, »Thomas Aquinas on Sexual Pleasure«, in: *Journal of Religious Ethics* 5 (1977), 157–181. Vgl. auch Jean Porter, »Chastity as a Virtue«, in: *Scottish Journal of Theology* 3 (2005), 285–301.

59 Thomas von Aquin, *Summa theologiae,* I-II.34.1 ad 1.

60 Thomas von Aquin, *Summa theologiae,* II-II.154.11; *Summa contra gentiles,* III.122.4–5.

61 Thomas von Aquin, *Summa theologiae,* II-II.26.11.

62 Thomas von Aquin, *Summa contra gentiles,* III.123.

63 Vgl. Martin Luther, *Vom ehelichen Leben* (1522). Weitere für Luthers Sexualethik wichtige Primärtexte sind: *Der große Katechismus* (1529) und *Ein Sermon von dem ehelichen Stand* (1519). Hilfreiche Sekundärliteratur findet sich bei Paul Althaus, *Die Ethik Martin Luthers,* Gütersloh 1965, Kap. 5; E. W. Cocke, »Luther's View of Marriage and Family«, in: *Religious Life* 42 (1973), 103–116; William Lazareth, *Luther on the Christian Home* (1960); Lazareth, »Luther on Sex, Marriage, and Family«, in: *Crisis in Marriage,* hrsg. von George Forell und William H. Lazareth, Philadelphia, Fortress 1978.

64 Vgl. Johannes Calvin, *Kommentar zur Genesis 2:28; Kommentar zum Deuteronium 24:5.* Andere wichtige Texte in Calvins Schriften zu diesen Fragen umfassen *Institutio christianae religionis (Unterricht in der christlichen Religion)* 2.8.41–44; *Kommentar über 1. Korinther 7:6–9.* Zur Sekundärliteratur gehören Georgia Harkness, *John Calvin: The Man and His Ethics,* New York, Abingdon, Apex Books 1958; Jane Dempsey Douglass, *Women, Freedom, and Calvin,* Philadelphia, Westminster 1985.

65 Calvin, *Institutio christianae religionis,* 2.8.44.

66 Vgl. zum Beispiel Luther, *Vom ehelichen Leben* (1522).

67 Vgl. Pius XI., *Casti Connubii* (1930), 53–56, 59. Letztere ist keine neue Position in der katholischen Sexualethik, da selbst Augustinus deutlich macht, dass sterilen Paaren (sei es aufgrund des Alters oder einer Störung) der eheliche Verkehr erlaubt ist. In dieser Enzyklika vertritt Pius XI. im Großen und Ganzen eine stark augustinische Ansicht zur Sexualität.

68 Die »Rhythmusmethode« bedient sich des Wissens um den monatlichen Ovulationszyklus der Frau in dem Sinne, dass sexueller Verkehr auf die unfruchtbaren Tage beschränkt wird. Pius XII. lehrt, dass diese Methode sogar permanent genutzt werden könne, wenn schwerwiegende medizinische, ökonomische oder soziale Gründe vorliegen. Vgl. Pius XII., »Ansprache an die katholische Vereinigung der Hebammen Italiens«, *Acta Apostolicae Sedis* (29. Oktober 1951), 43:845–46. Als Überblick über den theologischen Kontext dieser Entwicklung vgl. Noonan, *Contraception,* 438–447; John Gallagher, »Magisterial Teaching from 1918 to the Present«, in: *Readings in Moral Theology No. 8: Dialogue About Catholic Social Teaching,* hrsg. von Charles E. Curran und Richard A. McCormick, New York, Paulist 1993, 71–92. Für eine allgemeine Beschreibung der Entwicklungen bei den auf dem Ovulationszyklus beruhenden

(oder »natürlichen«) Methoden der Geburtenkontrolle vgl. Michael Policar, »Fertility Control: Medical Aspects«, in: *Encyclopedia of Bioethics*, hrsg. von Warren T. Reich, Neubearb., 2:825.

69 Zweites Vatikanisches Konzil, *Gaudium et Spes* (1965), 49.

70 Paul VI., *Humanae Vitae* (1968).

71 Vgl. zu den Gegnern von *Humanae Vitae*: Charles E. Curran, Hrsg., *Contraception, Authority, and Dissent*, New York, Herder & Herder 1969; und andererseits Germain Grisez, Joseph Boyle, John Finnis und William E. May, »NFP: Not Contralife«, in: *The Teaching of Humanae Vitae: A Defense*, San Francisco, Ignatius 1988, 81–92.

72 Vgl. Curran und McCormick, *Readings in Moral Theology No. 8* zu kirchlichen Schlüsseldokumenten, aber auch zu Darstellungen von wichtigen Entwicklungen in diesen Fragen. Der Band enthält jedoch keine Ansichten der äußersten Rechten oder der äußersten Linken. Zu einem Überblick über Entwicklungen der katholischen Sexualethik in den Vereinigten Staaten vgl. Leslie Griffin, »American Catholic Sexual Ethics, 1789–1989«, in: *Perspectives on the American Catholic Church*, hrsg. von Stephen J. Vicchio und Virginia Geiger, Westminster, MD, Christian Classics 1989, 231–252, nachgedruckt in *Readings in Moral Theology No. 8*, hrsg. von C. Curran und R. McCormick, 453–484. Vgl. auch Philip S. Keane, *Sexual Morality: A Catholic Perspective*, New York, Paulist 1977; André Guindon, *The Sexual Creators*, Lanham, MD, University of America 1986; Lisa Sowle Cahill, »Catholic Sexual Teaching: Context, Function, and Authority«, in: *Vatican Authority and American Catholic Dissent*, hrsg. von William W. May, New York, Crossroad 1987, 187–205; Christine E. Gudorf, *Body, Sex, and Pleasure*, Cleveland, Pilgrim 1994; Cahill, *Sex, Gender, and Christian Ethics*, Cambridge, Cambridge University Press 1996.

73 Vgl. zum Beispiel Paul Tillich, *Systematic Theology*, 2.44–59, Chicago, University of Chicago Press 1967, deutsch: *Systematische Theologie*, 3 Bde., Evangelisches Verlagswerk, Stuttgart 1955/58/66; Tillich, *Love, Power, and Justice*, New York, Oxford University Press 1954, deutsch: *Liebe, Macht, Gerechtigkeit*, de Gruyter, Berlin 1991; Helmut Thielicke, *Theologische Ethik* III, Tübingen, J. C. B. Mohr (Paul Siebeck) 1964. Karl Barth, *Kirchliche Dogmatik*, Zürich, Theologischer Verlag 1932 ff, III/2 und III/4. Wichtig in diesen Schriften ist der Versuch, die Sexualethik in einen größeren theologischen Rahmen einzubetten. Mit der Ausnahme der moralischen Rechtfertigung für die Empfängnisverhütung sind die Standpunkte zu spezifischen moralischen Fragen häufig recht traditionell. Vgl. zum Beispiel Barths Appell bezüglich der »Krankheit der sogenannten Homosexualität«, *Kirchliche Dogmatik* III/4, 181–183.

74 Vgl. Robert Baker und Frederick Ellison, Hrsg., *Philosophy and Sex*, Buffalo: Prometheus Books 1975, 1; Alan Soble, Hrsg., *The Philosophy of Sex*, 2. Aufl., Savage, MD, Littlefield Adams Quality Paperbacks 1991, 3. Zu einer hilfreichen historischen Untersuchung der philosophischen Behandlung von Liebe und

teilweise auch Sex vgl. Irving Singer, *The Nature of Love*, 3 Bände, 2. Aufl., Chicago, University of Chicago Press 1984–87.

75 David Hume, »Of Polygamy and Divorces«, *Essays Moral, Political, and Literary*, Band 1, hrsg. von T. H. Green und T. H. Grose, London, Longmans, Green 1875, 231–239. Eine wichtige und hilfreiche feministische Interpretation von Humes Werk findet sich bei Annette C. Baier, »Hume, the Women's Moral Theorist?«, in: Eva Feder Kittay und Diana T. Meyers, Hrsg., *Women and Moral Theory*, Totowa, NJ, Rowman & Littlefield 1987, 37–55.

76 Immanuel Kant, »Von den Pflichten gegen den Körper in Ansehen der Geschlechter Neigung«, in: *Vorlesungen über Moralphilosophie*, zweite Hälfte, zweiter Teil, Berlin, de Gruyter 1979, 1514 ff.

77 Arthur Schopenhauer, »Metaphysik der Geschlechtsliebe«, in: *Die Welt als Wille und Vorstellung*, Band 2.

78 Johann Gottlieb Fichte, »Grundriss des Familienrechts«, in: *Grundlagen des Naturrechts nach Prinzipien der Wissenschaftslehre*, Anhang Band 1.

79 Mary Wollstonecraft, *Die Verteidigung der Frauenrechte*, ein-FACH-Verlag, Aachen 2008; engl.: *A Vindication of the Rights of Women*, 1792; John Stuart Mill, *Die Hörigkeit der Frau*, Projekt.Gutenberg.DE; engl.: *On the Subjection of Women*, 1869.

80 Vgl. Friedrich Engels, *Der Ursprung der Familie, des Privateigentums und des Staats*, Stuttgart, J. H. W. Dietz 1886.

81 Schopenhauer, »Über die Weiber«, in: *Pererga und Paralipomena* II, Kapitel XXVII, Berlin, A. W. Hayn 1851.

82 Friedrich Nietzsche, *Also sprach Zarathustra*, Teil 1.

83 Zusätzlich zu den philosophischen Schriften, die bereits im vorliegenden Kapitel, in den Anmerkungen 6–9 und passim des ersten Kapitels zitiert wurden, sollten folgende Arbeiten erwähnt werden: Robert J. Stoller, *Observing the Erotic Imagination*, New Haven, CT, Yale University Press 1985; Robert M. Stewart, Hrsg., *Philosophical Perspectives on Sex and Love*, New York, Oxford University Press 1995; Robert C. Solomon, Hrsg., *Wicked Pleasures*, Lanham, MD, Rowman & Littlefield 1998; John Corvino, Hrsg., *Same Sex: Debating the Ethics, Science, and Culture of Homosexuality*, Lanham, MD, Rowman & Littlefield 1998; Alan Soble, Hrsg., *Sex, Love, and Friendship: Studies of the Society for the Philosophy of Sex and Love 1977–1992*, Atlanta, Rodopi 1997.

84 Zu den Verbindungen zwischen Medizin und Sexualethik vgl. Earl E. Shelp, Hrsg., *Sexuality and Medicine*, 2 Bd., Dordrecht, D. Reidel 1987; Ronald M. Green, Hrsg., *Religion and Sexual Health: Ethical, Theological, and Clinical Perspectives*, Dordrecht, Kluwer Academic 1992.

85 Foucault bezieht sich im 2. Band von *Sexualität und Wahrheit* zu einem großen Teil auf dieses Material. Zu einer alternativen Lektüre des hippokratischen Korpus, welche die gynäkologischen Werke stärker berücksichtigt, vgl. Lesley Dean-Jones, »The Politics of Pleasure: Female Sexual Appetite in the

Hippocratic Corpus«, in: *Discourses of Sexuality*, hrsg. von Domna Stanton, 48–77.

86 Vgl. insbesondere Sigmund Freud, *Drei Abhandlungen zur Sexualtheorie*; *Das Unbehagen in der Kultur.* Wertvolle zeitgenössische Interpretationen von Freuds Sexualtheorie, besonders solche, die sich auf die Ethik beziehen, finden sich bei Ernest Wallwork, *Psychoanalysis and Ethics*, New Haven, CT, Yale University Press 1991; und bei Teresa de Lauretis, »Freud, Sexuality, and Perversion«, in: *Discourses of Sexuality*, hrsg. von D. Stanton, 216–234.

87 Im späten 20. Jahrhundert gerieten allerdings die physiologischen, nicht nur psychologischen Gründe für sexuelle Dysfunktionen wieder stärker in den Blick.

88 Es gibt zahlreiche feministische Untersuchungen, in denen diese Phänomene erläutert und dokumentiert werden. Vgl. zum Beispiel Adrienne Rich, *Of Women Born: Motherhood as Experience and Institution*, Buffalo, Prometheus 1976; J. B. Donegan, *Women and Men Midwives: Medicine, Morality, and Misogyny in Early America*, Westport, CT, Greenwood 1978; Mary O'Brien, *The Politics of Reproduction*, London, Routledge and Kegan Paul 1981; Susan M. Wolf, *Feminism and Bioethics: Beyond Reproduction*, New York, Oxford University Press 1996.

89 Es gibt eine Fülle von – medizinischer, psychiatrischer und soziologischer – Literatur zu dieser Entwicklung. Für eine nützliche Kontextualisierung vgl. zum Beispiel David F. Greenberg, *The Construction of Homosexuality*, Chicago, University of Chicago Press 1988, besonders Kap. 9–11; Andrew Sullivan, *Love Undetectable: Notes on Friendship, Sex, and Survival*, New York, Alfred A. Knopf 1998, besonders Kap. 2.

Kapitel 3 Schwierige Übergänge

1 Ein offensichtliches Beispiel ist die beunruhigende Frage der Polygynie (oder Polygamie), die frisch getaufte Christen in afrikanischen Ländern immer wieder beschäftigt. Vgl. Eugene Hillman, *Polygamy Reconsidered: African Plural Marriage and the Christian Churches*, Maryknoll, NY, Orbis 1975; Musimbi R. A. Kanyoro, »Interpreting Old Testament Polygamy through African Eyes«, in: *The Will to Arise: Women, Tradition, and the Church in Africa*, hrsg. von Mercy Amba Oduyoye und Musimbi R. A. Kanyoro, Maryknoll, NY, Orbis 1992, 87–100; Anne Nasimiyu-Wasike, »Polygamy: A Feminist Critique«, in: *Will to Arise*, 101–118. Ich werde in Kapitel 7 darauf zurückkommen.

2 Die Literatur zu dieser speziellen Frage ist im Wachsen begriffen. Als Beispiel für das Potenzial dieses Problems, die Kontroverse um die interkulturelle Ethik anzuheizen, vgl. Sandra D. Lane und Robert A. Rubinstein, »Judging the

Other: Responding to Traditional Female Genital Surgeries«, in: *The Hastings Center Report* 26 (Mai-Juni 1996), 31–40.

3 Vgl. die Schwierigkeiten, die Rita Nakashima Brock und Susan Brooks Thistlethwaite in Bezug auf ihre Arbeit zu Fragen der Prostitution feststellen: *Casting Stones: Prostitution and Liberation in Asia and the United States*, Minneapolis, Fortress 1996, 24. In den letzten zehn Jahren sind zu diesen und anderen Fragen zahlreiche neue Quellen aufgetan worden, aber sie sind immer noch schwer zu verwenden, wie ich im Verlauf dieses Kapitels darlegen werde.

4 Vgl. Arjun Appadurai, Frank J. Korom und Margaret A. Mills, Hrsg., *Gender, Genre, and Power in Southeast Asian Expressive Traditions*, Philadelphia, University of Pennsylvania Press 1991, 3–5. Hier wird der Tatsache Aufmerksamkeit geschenkt, dass Wissenschaftler*innen* bei diesen Bemühungen im Vordergrund stehen und mit erstaunlichen neuen Methoden Volkskunde, Ethnologie, Religionsgeschichte und Geografie zusammenbringen.

5 Vgl. Lenore Manderson, Linda Rae Bennett und Michelle Sheldrake, »Sex, Social Institutions, and Social Structure: Anthropological Contributions to the Study of Sexuality«, in: *Annual Review of Sex Research* 10 (1999), 184–210.

6 Die Ausnahmen beziehen sich auf die Arbeit einiger weniger Wissenschaftler wie Bronislaw Malinowski und Margaret Mead, die ich weiter unten behandeln werde.

7 Es muss allerdings angemerkt werden, dass sich in den letzten 20 Jahren einiges gewandelt hat, weil die empirische Forschung zu sexuellen Praktiken sich mehr und mehr an Fragen der öffentlichen Gesundheit interessiert gezeigt hat.

8 Im 21. Jahrhundert gibt es noch immer einige isolierte Völker, aber nicht viele und vermutlich nicht mehr lange. 1999 berichtete Diana Jean Schemo, das brasilianische Amazonastiefland beherberge »ungefähr 15 Stämme des Regenwalds, die nie untersucht und in einigen Fällen nicht einmal von Forschern benannt wurden«. Vgl. Schemo, »The Last Tribal Battle«, in: *New York Times Magazine* 148 (31. Oktober 1999), 72.

9 Eric Hobsbawm und Terence Ranges, *The Invention of Tradition*, New York, Cambridge University Press 1983, 22.

10 Das Problem der Befangenheit in ethnologischen Untersuchungen kommt in Bezug auf die Interpretationen von männlich-weiblicher Ungleichheit stark zum Tragen, wie Marilyn Strathern bemerkt. Vgl. die Schlussbemerkung von *Dealing with Inequality: Analyzing Gender Relations in Melanesia and Beyond*, hrsg. von Marilyn Strathern, New York, Cambridge University Press 1987, 278–302.

11 Ein früher Versuch, die Lücke zwischen der Ethnologie und der Untersuchung religiöser Traditionen zu überbrücken, findet sich bei Geoffrey Parrinder, *Sex in the World's Religions*, New York, Oxford University Press 1980, und bei Ping-Cheung Lo, »Zhu Xi and Confucian Sexual Ethics«, in: *Journal of Chinese Philosophy* 20 (1993), 465–477.

12 Vgl. zum Beispiel Patricia Beattie Jung, Mary E. Hunt und Radhika Balakri-
shnan, Hrsg., *Good Sex: Feminist Perspectives from the World's Religions*,
New Brunswick, NJ, Rutgers University Press 2001; Laura E. Donaldson und
Kwok Pui-lan, Hrsg., *Postcolonialism, Feminism, and Religious Discourse*,
New York, Routledge 2002.

13 Die Aufsätze in Sumner B. Twiss und Bruce Grelle, Hrsg., *Explorations in Glo-
bal Ethics: Comparative Religious Ethics and Interreligious Dialogue*, Boulder,
CO, Westview 1998, stellen einen wichtigen Beitrag in dieser Hinsicht dar.
Siehe auch John Kelsay, »Islam and Comparative Ethics: Review of Selected
Materials, 1985–95«, in: *Religious Studies Review* 23 (Januar 1997), 3–9, und das
Themenheft des *Journal of Religious Ethics* 26 (Herbst 1998): »The 50th Anni-
versary of the Universal Declaration of Human Rights«. Auch in der Medizin-
ethik lässt sich eine wachsende Anzahl von interkulturellen Studien finden,
obwohl diese nicht unbedingt in komparative religiöse Ethiken aufgenommen
werden. Siehe zum Beispiel A. S. Berger und J. Berger, Hrsg., *To Die or Not to
Die? Cross-disciplinary, Cultural, and Legal Perspectives on the Right to
Choose Death*, New York, Praeger 1990; Robert Baker, »A Theory of International Bioethics: Multiculturalism, Postmodernism, and the Bankruptcy of
Fundamentalism« und »A Theory of International Ethics: The Negotiable and
the Non-Negotiable«, in: *Kennedy Institute of Ethics Journal* 8 (September
1998), 201–231 und 233–273. Zu allgemeineren Überlegungen zu Theorie und
Methode siehe Sumner B. Twiss und Bruce Grelle, »Human Rights and Com-
parative Religious Ethics: A New Venue«, in: *Annual of the Society of Christian Ethics*, Hrsg. Harlan Beckley, Washington, DC, Georgetown University
Press 1995, 21–48. Siehe auch David Little und Sumner B. Twiss, *Comparative
Religious Ethics: A New Method*, New York, Harper & Row 1978; eine wesent-
liche komparative Untersuchung der Tugend findet sich bei Lee H. Yearley,
Mencius and Aquinas: Theories of Virtue and Conceptions of Courage, Albany,
State University of New York Press 1990.

14 Eine wichtige moralphilosophische Arbeit, die Genderfragen interkulturell be-
trachtet, ist: Martha Nussbaum, *Sex and Social Justice*, New York, Oxford
University Press 1999; vgl. auch die vielen relevanten Aufsätze in: Martha
Nussbaum und Jonathan Glover, Hrsg., *Women, Culture and Development: A
Study of Human Capabilities*, Oxford, Clarendon Press 1995.

15 Ein Spektrum von Ansichten zur Frage einer allgemeinen Moral findet sich bei:
Gene Outka und John P. Reeder, Hrsg., *Prospects for a Common Morality*,
Princeton, NJ, Princeton University Press 1993.

16 Edward W. Said, *Orientalismus*, übers. von Hans Günter Holl, Frankfurt/
Main, Fischer 2009.

17 Vgl. Said, ebd., 12 f.

18 Ebd., 80.

19 Ebd., 234.

20 Vgl. Said, ebd., 13–15, 312–313, 369.

21 Ebd., 369.

22 Vgl. Said, Ebd., 312 f.

23 Die Sprache des »erotisierten Körpers« von beherrschten Völkern ist in der postkolonialen Forschung gebräuchlich geworden, aber vgl. insbesondere: Ann Stoler, »Educating Desire in Colonial Southeast Asia: Foucault, Freud, and Imperial Sexualities«, in: *Sites of Desire / Economies of Pleasure: Sexualities in Asia and the Pacific*, hrsg. von Lenore Manderson und Margaret Jolly, Chicago, University of Chicago Press 1997, 27–47.

24 Vgl. Laura A. Donaldson, »The Breasts of Columbus: A Political Anatomy of Postcolonialism and Feminist Religious Discourse«, in: *Postcolonialism, Feminism, and Religious Discourse*, 51.

25 Kwok Pui-lan, »Gender, Colonialism, and the Study of Religion«, in: *Postcolonialism, Feminism, and Religious Discourse*, 19–23. Vgl. auch die Kritik von gegensätzlichen und einander ergänzenden Interpretationen von Ost/West in Sherry Ortner, »East Brain, West Brain: Do Ways of Thinking Cleave Along Lines of Geography?«, in: *New York Times Book Review* (April 2003). Ortner rezensiert hier Richard E. Nisbett, *The Geography of Thought: How Asians and Westerners Think Differently ... and Why*, New York, Free Press 2003.

26 Vgl. Stephen O. Murray und Will Roscoe, Hrsg., *Boy-Wives and Female Husbands*, New York, Palgrave 1998, xi; Adam Reed, »Contested Images and Common Strategies: Early Colonial Sexual Politics in the Massim«, in: *Sites of Desire/Economies of Pleasure*, 49.

27 Vgl. Stoler, »Educating Desire in Southeast Asia«, 32–38.

28 Reed, »Contested Images and Common Strategies«, 48.

29 Sophia H. Chen, »A Non-Christian Estimate«, in: *Chinese Recorder* 65 (1934), 114. Zitiert nach Kwok Pui-lan, »Unbinding Our Feet: Saving Brown Women and Feminist Religious Discourse«, in: *Postcolonialism, Feminism, and Religious Discourse*, 62.

30 Manderson und Jolly, *Sites of Desire/Economies of Pleasure*, 26. Vgl. auch Gayatri Chakravorty Spivak, *In Other Worlds: Essays in Cultural Politics*, New York, Methuen 1987; Spivak, »Can the Subaltern Speak?«, in: *Marxism and the Interpretation of Culture*, hrsg. von G. Nelson und L. Grossberg, Urbana, University of Illinois Press 1988.

31 Musa W. Dube, »Postcoloniality, Feminist Spaces, and Religion«, in: *Postcolonialism, Feminism, and Religious Discourse*, 102.

32 Ebd.

33 In *Explorations in Global Ethics*, 167–71, liefert Twiss einen prägnanten Überblick über »indigene Traditionen« als zeitgenössische Klasse von Traditionen, die mehr als 300 Millionen Menschen in Asien, Afrika, Nord-, Süd- und Mittelamerika und auf den pazifischen Inseln repräsentieren. Seine Aufmerksamkeit für indigene Völker unterscheidet sich insofern von dem, was in diesem

Kapitel folgt, als sie sich allgemeinen Fragen der Menschenrechte zuwendet und nicht in die Geschichte zurückgeht, um Beispiele auszuwählen. Dass mein Fokus im Folgenden auf älteren Traditionen liegt, ist zwar in mancher Hinsicht weniger zufriedenstellend, aber dafür stehen die sexuellen Sitten im Mittelpunkt, und darauf kommt es an.

34 Vgl. Bronislaw Malinowski, *Das Geschlechtsleben der Wilden in Nordwest-Melanesien: Liebe, Ehe und Familienleben bei den Eingeborenen der Trobriand-Inseln, Britisch-Neuguinea*, übers. von Eva Schumann, Frankfurt/Main, Syndikat 1979.

35 Vgl. zum Beispiel Reed, »Contested Images and Common Strategies«, 48.

36 Zu einer Teilgeschichte der anthropologischen Studien über die Sexualität in Melanesien siehe Gilbert H. Herdt, »Introduction«, in: *Ritualized Homosexuality in Melanesia*, hrsg. von Gilbert J. Herdt, Berkeley, University of California Press 1984, 1–6, und Bruce M. Knauft, *South Coast New Guinea Cultures: History, Comparison, Dialectic*, New York, Cambridge University Press 1993, 16–24. Ein Überblick über die Inselkulturen von Melanesien findet sich in: Matthew Spriggs, *The Island Melanesians*, Cambridge, MA, Blackwell 1997, insbesondere Kap. 1–7.

37 Malinowski, *Das Geschlechtsleben der Wilden in Nordwest-Melanesien*, 14.

38 Ebd., 15.

39 Ebd., Kap. 1, 5 und 8.

40 Ebd., 20.

41 Ebd., 20.

42 Ebd., 135.

43 Ebd., 151.

44 Ebd., 38.

45 Ebd., besonders Kapitel 3,4 und 10.

46 Ebd., 62.

47 Ebd., 277–278.

48 Ebd., 90–110, 147, 362–363, 372 f.

49 Ebd., 367–372.

50 Vgl. Herdt, *Ritualized Homosexuality in Melanesia*.

51 Knauft, *South Coast New Guinea Cultures*, 3–9, 45–48.

52 Ebd., 47 f.

53 Strathern, Hrsg., *Dealing with Inequality*, 1–14. Eine skeptische Sicht der Autonomie von Frauen in matrilinearen Gesellschaften findet sich in: Ann Chowning, »›Women are our Business‹: Women Exchange and Prestige in Kove«, in: *Dealing with Inequality*, 131. Martha MacIntyre ist in ihrem Aufsatz im selben Band optimistischer: »Flying Witches and Leaping Warriors: Supernatural Origins of Power and Matrilineal Authority in Tubetube Society«, in: *Dealing with Inequality*, 207 f. Matthew Spriggs bemerkt, dass matrilineare Gesellschaften zwar eindeutig keine Matriarchate sind, dass aber Frauen in ihnen ein

höheres Ansehen genießen als in patrilinearen oder patriarchalen Gesellschaften; vgl. Spriggs, *The Island Melanesians*, 279–81.

54 Strathern, »Conclusion«, *Dealing with Inequality*, 278, 298 f. Zu Berichten über Variationen in der Verteilung von Macht unter Männern und Frauen vgl. Knauft, *South Coast New Guinea Cultures*, 86–116.

55 Vgl. Margaret Mead, *Coming of Age in Samoa*, New York, William Morrow 1928. (Deutsch: *Mündigwerden auf Samoa*, 1970).

56 Derek Freeman, *Margaret Mead and Samoa: The Making and Unmaking of an Anthropological Myth*, Cambridge, MA, Harvard University Press 1983. Freeman wiederholte seine Behauptungen in einem Artikel von 1992 und in einem zweiten Buch von 1999. Vgl. Freeman, »Paradigms in Collision: The Far-reaching Controversy Over the Samoan Researches of Margaret Mead«, in: *Academic Questions* 5 (Sommer 1992), 23–44. Siehe auch Freeman, *The Fateful Hoaxing of Margaret Mead: A Historical Analysis of Her Samoan Research*, Boulder, CO, Westview 1999.

57 Mead, *Coming of Age in Samoa*, Vorwort der Ausgabe von 1973, vi.

58 Vgl. Ifi Amadiume, *Male Daughters, Female Husbands: Gender and Sex in an African Society*, London, Zed Books 1987, 185–186; Jeanne Maddox Toungra, »Changing the Meaning of Marriage: Women and Family Law in Côte d'Ivoire«, in: *African Feminism: the Politics of Survival in Sub-Saharan Africa*, hrsg. von Gwendolyn Mikell, Philadelphia, University of Pennsylvania Press 1997, 54–56.

59 Zu Dank verpflichtet bin ich Arbeiten wie: Bénézet Bujo, *Foundations of an African Ethic: Beyond the Universal Claims of Western Morality*, New York, Crossroad 2001; John C. Caldwell und Pat Caldwell, »Sexual Intercourse in Pre-literate Societies«, in: *The Evolution the of Meaning of Sexual Intercourse in the Human*, hrsg. von Giuseppe Benagiano, Gian Carlo Di Renzo, Ermelando V. Cosmi, Cortona, Italien: International Institute for the Study of Marriage, 1996, 57–65; Mercy Amba Oduyoye, *Daughters of Anowa: African Women and Patriarchy*, Maryknoll, NY, Orbis 1995; Oduyoye und Kanyoro, Hrsg., *The Will to Arise*; Adrian Hastings, *Christian Marriage in Africa*, London, SPCK 1973.

60 Vgl. Takyiwaa Manuh, »Wives, Children, and Intestate Succession in Ghana«, in: *African Feminism*, 79–83.

61 Caldwell und Caldwell, »Sexual Intercourse in Pre-literate Societies«, 61 f.

62 Ebd., 63.

63 Isabel Apawo Phiri, »African Women of Faith Speak Out in an HIV/AIDS Era«, in: *African Women, HIV/AIDS, and Faith Communities*, hrsg. von Isabel Apawo Phiri und Beverly Haddad, Pietersburg, Cluster Publications 2004, 9.

64 Anne Nasimiyu Wasike, Unveröffentlichtes Manuskript und persönliche Korrespondenz (April 2004).

65 Obwohl der im Westen für diese Form der Ehe gebräuchlichste Begriff »Polygamie« ist, ist »Polygynie« der genauere Begriff für die gleichzeitige Ehe von einem Mann mit mehr als einer Frau. »Polyandrie« bezeichnet die Ehe einer Frau mit mehr als einem Mann.

66 Sowohl zu den traditionellen Begründungen für Polygynie als auch zu Argumenten, dass sie mit dem christlichen Glauben vereinbar sein kann, vgl. Hillman, *Polygamy Reconsidered*; Hastings, *Christian Marriage in Africa*, 6–22.

67 Vgl. Hastings, *Christian Marriage in Africa*, 35; Oduyoye, *Daughters of Anowa*, 147–151.

68 Bujo, *Foundations of an African Ethic*.

69 Ebd., 162–169.

70 Vgl. Murray und Roscoe, Hrsg., *Boy-Wives and Female Husbands*.

71 Amadiume merkt an, dass es eine Fehleinschätzung wäre, bestimmte institutionalisierte Beziehungen zwischen Frauen als »lesbisch« im westlichen Sinne zu deuten. Für die betroffenen afrikanischen Frauen wäre das »schockierend und beleidigend«. Amadiume, *Male Daughters, Female Husbands*, 7.

72 Besonders zu Dank verpflichtet bin ich hier den Arbeiten von Mercy Amba Oduyoye, Anne Nasimiyu Wasike, Musimbi R. A. Kanyoro, Isabel Apawo Phiri, Beverly Haddad, Madipoane Masenya und Ifi Amadiume. Einige dieser Arbeiten habe ich in diesem Kapitel schon zitiert. Ich danke allen Mitgliedern des *Circle of Concerned African Women Theologians*, deren Tagungen und ständig wachsende Anzahl von Publikationen es mir ermöglicht haben, die Stimmen von afrikanischen Frauen zu hören (wenn auch mit gewissen Einschränkungen). Ebenfalls dankbar bin ich den Teilnehmerinnen an der *All-Africa Conference: Sister to Sister*, die es mir erlaubt haben, an ihren Überlegungen zur afrikanischen Kultur und den Reaktionen auf HIV und AIDS teilzuhaben. Schließlich habe ich sehr viel von den afrikanischen »Faith Fellows« gelernt, die 2002–2005 an die Yale University gekommen sind: Sylvia Amisi, Fulata Moyo, Vuadi Vibila, Anne Nasimiyu-Wasike, Dorothy Ucheaga, Constance Shisanya, Therese Tinkasiimire, Isabel Phiri, Dorcas Akintude und Hazel Ayanga. Die Wiedergabe dessen, was ich von all diesen afrikanischen Frauen gelernt habe, ist vielleicht in vielerlei Hinsicht noch ungenau und unzureichend, Schwachstellen gibt es trotz und nicht wegen ihrer Bemühungen, mir beim Verstehen zu helfen. Zu weiteren Informationen über diese Organisationen und Programme siehe Margaret A. Farley, »Partnership in Hope: Gender, Faith, and Responses to HIV/AIDS in Africa«, in: *Journal of Feminist Studies in Religion* 20 (Frühjahr 2004), 133–148.

73 Vgl. Mutombo Nkulu-N'Sengha, »Bumuntu Paradigm and Gender Justice«, in: *What Men Owe to Women: Men's Voices for World Religions*, hrsg. von John C. Raines und Daniel C. Maguire, Albany, State University of New York Press 2001, 70 f.

74 Vgl. Amadiume, *Male Daughters, Female Husbands*, 16.

75 Judith Mbula Bahemuka, »Social Changes and Women's Attitudes Toward Marriage in East Africa«, in: *Will to Arise*, 122.

76 Nasimiyu-Wasike, unveröffentlichtes Manuskript, 2004.

77 Vgl. P. Whooley, »Marriage in Africa: A Study in the Ciskei«, in: *Church and Marriage in Modern Africa: 1975 Supplement to Report to Catholic Bishops of East and Central Africa*, hrsg. von Trevor David Verryn, Johannesburg, Zenith Printers 2001, 295–298.

78 Phiri, »African Women of Faith Speak Out in an HIV/AIDS Era«, 116.

79 Vgl. Oduyoye, *Daughters of Anoah*, 133 f.

80 Nasimiyu-Wasike, unveröffentlichtes Manuskript, 2004. Die biblischen Parallelen zu einigen dieser Praktiken sind nicht zu übersehen.

81 Diese Prozentzahlen schwanken und werden in verschiedenen Quellen unterschiedlich wiedergegeben. Offenbar unterliegen die bevorzugten Arten der Ehe einem Wandel. Trotzdem können diese Zahlen eine Vorstellung von der andauernden Verbreitung der Polygynie in ganz Afrika vermitteln.

82 So Hillman in *Polygamy Reconsidered*. Adrian Hastings bietet einen nützlichen historischen Überblick über die Antworten christlicher Kirchen in Afrika auf die Polygynie und kommt zu dem Schluss, dass sich die Ehe im 20. Jahrhundert, besonders in Südafrika, auf eine Weise geändert hat, die unter den allzu negativen Bewertungen der traditionellen »häuslichen Institutionen« durch Missionare gelitten hat. Vgl. Hastings, *Christian Marriage in Africa*, 20.

83 Nasimiyu-Wasike, »Polygamy: A Feminist Critique«, 101–118.

84 A. a. O., 112. Nasimiyu-Wasike zitiert hier ein traditionelles afrikanisches Sprichwort und bezieht sich auf die außerordentlich wichtige Rolle von Sprichwörtern zum Verständnis afrikanischer Kulturen.

85 Ebd., 107 und 116.

86 Sondersitzung der Vereinten Nationen zu HIV/AIDS im Juni 2001, *Fact Sheet* 21.

87 Vgl. zum Beispiel Beverley Haddad, »Choosing to Remain Silent: Links Between Gender Violence, HIV/AIDS and the South African Church«, in: *African Women, HIV/AIDS and Faith Communities*, 149–67.

88 Vgl. Lori Leonard, »Interpreting Female Genital Cutting: Moving Beyond the Impasse«, in: *Annual Review of Sex Research* 11 (2000), 158–190.

89 Ebd.

90 Ebd., 158.

91 Vgl. Amadiume, *Male Daughters, Female Husbands*, 87, Anm. 6; Lloyda Fanusie, »Sexuality and Women in African Culture«, in: *Will to Arise*, 148 f.

92 Moni Nag, »Paradox of Eroticism and Sexual Abstinence in Hindu Culture«, in: *Evolution of the Meaning of Sexual Intercourse*, 171. Zusätzlich zu einer Analyse des *Kamasutra* liefert Nag hier einen kurzen, aber aufschlussreichen Überblick über erotische Skulpturen in und an indischen Tempeln.

93 Ebd., 71.

94 Vatsyayana, *Kamasutra*, neu übersetzt und kommentiert und mit einer ausführlichen Einleitung von Wendy Doniger und Sudhir Kakar, ins Deutsche übertragen von Robin Cackett, Berlin, Wagenbach 2004.

95 Ebd., 49. Zu genaueren Informationen über die Übersetzungen in europäische Sprachen vgl. Doniger und Kakar, »Einleitung«, 49–50. Ich verdanke meine Darstellung der Beschaffenheit der Burton-Ausgabe und ihrer Folgen in erster Linie der Arbeit von Doniger und Kakar.

96 Ebd., 29–31.

97 Manchmal wird ein viertes Ziel genannt: *moksha*, die Erlösung.

98 Vatsyayana, *Kamasutra*, 1.2.41.

99 Doniger und Kakar, »Einleitung«, *Kamasutra*, 13.

100 Vatsyayana, *Kamasutra*, 1.2.18.

101 Vgl. Nag, »Paradox of Eroticism and Sexual Abstinence in Hindu Culture«, 183–185; auch Doniger und Kakar, »Einleitung«, 15 f.

102 Nag, »Paradox of Eroticism and Sexual Abstinence in Hindu Culture«, 177–179.

103 Das ist zumindest das Urteil eines der Kommentatoren Vatsayayanas. Vgl. Doniger und Kakar, »Einleitung«, 21.

104 Vatsyayana, *Kamasutra*, 1.2.37–38.

105 Ebd., 7.2.53–55, 57.

106 Edward Said, »The Clash of Ignorance«, in: *The Nation* 276 (22. Oktober 2001), 11–13. In diesem Aufsatz antwortet Said auf Samuel Huntingtons Theorie vom Kampf der Kulturen und greift sie wegen ihrer simplifizierenden und letztendlich falschen Charakterisierung der kulturellen Kämpfe von heute heftig an. Zu seiner früheren Kritik an der westlichen Wahrnehmung des Islam und der Einstellung zu ihm vgl. auch Said, *Orientalismus*, 62–64, 77–79, 178 f. und passim.

107 Ich beziehe mich hier auf Karen Armstrong, *Islam: A Short History*, New York, Modern Library 2000; Maurice Gaudefroy-Demombynes, *Muslim Institutions*, London, Allen & Unwin 1961; George Hourani, *Reason and Tradition in Islamic Ethics*, Cambridge, Cambridge University Press 1985; A. Kevin Reinhart, »Islamic Law as Islamic Ethics«, in: *Journal of Religious Ethics* 11 (1983), 186–203; Elizabeth Ann Meyer, *Islam and Human Rights: Tradition and Politics*, 3. Aufl., Boulder, CO, Westview 1999; Akbar Ahmed, *Living Islam: From Samarkand to Stornoway*, London, BBC Books 1993.

108 Vgl. Hourani, *Reason and Tradition in Islamic Ethics*, 31; Armstrong, *Islam*, 6.

109 Mir ist völlig bewusst, dass ich hier nicht auf entscheidende ethische Fragen wie zum Beispiel Krieg und Frieden, Regierungsformen etc. eingehe. Ich verweise die Leser auf die ausgezeichneten Arbeiten von John Kelsey und anderen. Vgl. Anmerkung 13.

110 Ich beziehe mich hier auf Quellen wie Parrinder, *Sex in the World's Religions*, Kap. 8; B. F. Musallam, *Sex and Society in Islam*, London, Cambridge University Press 1983; Gamal I. Serour, »Traditional Sexual Practices in the Islamic

World and Their Evolution«, in: *Evolution of the Meaning of Sexual Intercourse*, 101–110; Ayesha M. Imam, »The Muslim Religious Right (›Fundamentalists‹) and Sexuality«, in: *Good Sex*, 15–30; Valerie J. Hoffman-Ladd, »Mysticism and Sexuality in Sufi Thought and Life«, in: *Mystics Quarterly* 18 (1992), 82–93; und vor allem: Valerie J. Hoffman, »Islamic Perspectives on the Human Body: Legal, Social, and Spiritual Considerations«, in: *Embodiment, Morality, and Medicine*, hrsg. von Lisa Sowle Cahill und Margaret A. Farley, Dordrecht, Kluwer Academic 1995, 37–55.

111 Obwohl es keine Lehre vom »Sündenfall« oder von Eva als Grund für Adams Ungehorsam im Islam gibt, wurden islamische Theologen von jüdischen und christlichen Interpretationen der Genesis in dieser Hinsicht stark beeinflusst. Während keine dieser theologischen Traditionen Eva für die menschliche Sünde wirklich verantwortlich macht, tun das populäre Strömungen in ihnen sehr wohl. Vgl. Riffat Hassan, »Muslim Women and Post-Patriarchal Islam«, in: *After Patriarchy: Feminist Transformations of the World Religions*, hrsg. von Paula M. Cooey, William R. Eakin und Jay B. McDaniel, Maryknoll, NY, Orbis 1991, 47–51.

112 Hadith Shareef, zitiert nach Serour, »Traditional Sexual Practices in the Islamic World and Their Evolution«, in: *Evolution of the Meaning of Sexual Intercourse*, 103.

113 Imam, »The Muslim Religious Right (›Fundamentalists‹) and Sexuality«, in: *Good Sex*, 18.

114 Abu Hamid al-Ghazali, *Von der Ehe*, übers. von Hans Bauer, Halle, Niemeyer 1917, 12.

115 Ebd., 32.

116 Armstrong bemerkt allerdings, dass Mohammed selbst »gewissenhaft bei den Aufgaben half, seine eigenen Kleider flickte und die Gesellschaft seiner Frauen suchte«. Armstrong, *Islam*, 16.

117 Vgl. Serour, »Traditional Practices in the Islamic World and Their Evolution«, 104.

118 Ebd., 104.

119 Ziba Mir-Hosseini, *Islam and Gender: The Religious Debate in Contemporary Iran*, Princeton, NJ, Princeton University Press 1999, 3.

120 Einige nützliche Beispiele finden sich bei Hassan, »Muslim Women and Post-Patriarchal Islam«, 39–64; Fatima Mernissi, *The Veil and the Male Elite*, Reading, PA, Addison-Wesley 1991; Mernissi, *Beyond the Veil: Male-Female Dynamics in Modern Muslim Society*, überarbeitete Ausgabe, Bloomington, Indiana University Press 1987.

121 Vgl. Armstrong, *Islam*, 16.

122 Ebd., 16. Die beachtliche Diskrepanz zwischen diesem Bericht und Berichten über die Polygynie, die ich von afrikanischen Frauen gehört habe, ist verwirrend.

123 Zitiert nach al-Ghazali, *Von der Ehe*, 27.

124 Vgl. Judith Plaskow, *Standing Again at Sinai: Judaism from a Feminist Perspective*, San Francisco, Harper & Row 1990; Christine E. Gudorf, *Body, Sex, and Pleasure: Reconstructing Christian Sexual Ethics*, Cleveland, Pilgrim 1994; Lina Gupta, »Kali, the Savior«, in: *After Patriarchy*, 15–38; Mir-Hosseini, *Islam and Gender*.

125 Vgl. Tsitsi Dangarembga, *Nervous Conditions*, New York, Seal Press 1989; Mariama Bâ, *Ein so langer Brief*, übers. von Irmgard Rathke, Berlin, List 2002. Im ersten Roman erzählt Dangarembga die Geschichte eines jungen Mädchens im Rhodesien der 1960er-Jahre, das versucht, im Stammestrauma einer kolonisierten Nation zu sich selbst zu finden. Im zweiten schildert Bâ das emotionale Trauma, das eine senegalesische Muslima erleidet, als ihr Mann eine zweite Frau nimmt. Als sie schließlich Witwe wird, muss sie um ihr Überleben kämpfen.

126 Für Sexualethiker kann ein nuancierter Fallstudien-Ansatz innerhalb eines intertraditionalen Dialogs eine außerordentlich hilfreiche Methode des Verstehens sein. Dieses wird veranschaulicht bei Regina Wentzel Wolfe and Christine E. Gudorf, Hrsg., *Ethics and World Religions: Cross-Cultural Case Studies*, Maryknoll, NY, Orbis 1999.

127 Vgl. Joshua Cohen, Matthew Howard und Martha Nussbaum, Hrsg., *Is Multiculturalism Bad for Women?*, Princeton, NJ, Princeton University Press 1999, 4. Die Einstellung, die in diesem Band zum Tragen kommt, spricht von Multikulturalismus als der »radikalen Idee, dass Menschen aus anderen Kulturen, ausländisch oder inländisch, eben auch Menschen sind – moralisch Gleiche, die gleichen Respekt und gleiches Interesse beanspruchen können.«

128 Ebd. Das ist die Position von Susan Moller Okin, die in *Is Multiculturalism Bad for Women?* heftig diskutiert wird.

Kapitel 4   Sexualität und ihre Bedeutung

1 Für einige Theoretiker besteht die binäre Trennung zwischen Geist und Körper, für andere zwischen Seele [im Englischen auch »spirit«] und Körper. Ich betrachte keine dieser Theorien im Detail, folglich sind die Begriffe »Geist« und »Seele« hier austauschbar. Jedoch gibt es Unterschiede, die vielen wichtig sind. »Geist« zum Beispiel bezeichnet meistens den denkenden, wissenden, urteilenden und steuernden Teil bzw. die entsprechenden Fähigkeiten der Person; »Seele« bezeichnet oft den Teil, der den Körper formt und einer Person Leben schenkt; »spirit« kann dasselbe wie »Seele« bedeuten, obwohl es tendenziell nicht nur das Lebensprinzip bezeichnet, sondern die Fähigkeiten von Geist und Herz sowie eine Offenheit gegenüber anderen Wesen. In dualistischen Theorien – solchen, die die Unterscheidung zwischen den Begriffen »Geist«

und »Seele« auf der einen und »Körper« auf der anderen Seite betonen – beziehen sich »Geist und Seele« auf den »immateriellen« Teil der menschlichen Person, während »Körper« sich auf den »materiellen« Teil bezieht.

2   Vgl. Platon, *Nomoi*, 896a 1–2; *Phaidon*, 85e 3–86 d 4, 93 c 3–95. Vgl. auch Philon von Alexandria, *Allegorische Erklärung der Gesetze*, 3.69.

3   Augustinus, *De civitate dei*, XXII.26; *De Genesi ad litteram*, XII.35.68; *Sermones*, CLV.15.

4   René Descartes, *Meditationen über die Grundlagen der Philosophie* (1641), zitiert von Richard M. Zaner in »Embodiment: the Phenomenological Tradition«, in: *Encyclopedia of Bioethics*, hrsg. von Warren Thomas Reich, Neubearbeitung, New York, Simon & Schuster Macmillan 1995, 1:291. Zaner und andere machen darauf aufmerksam, dass Descartes in seinen späteren Schriften diese Ansicht offenbar modifiziert hat und eine innigere Geist-Körper-Beziehung feststellt, die auf einem komplexeren Verständnis des Körpers beruht.

5   Aristoteles, *De Anima*, 412a; Thomas von Aquin, *Summa Theologiae*, I.75–76, III.22.

6   Interessante und wichtige Sammlungen von Aufsätzen zu verschiedenen religiösen Traditionen und ihrer Annäherung an den Körper finden sich bei Sarah Coakley, Hrsg., *Religion and the Body*, Cambridge, Cambridge University Press 1997; und Jane Marie Law, *Religious Reflections on the Human Body*, Bloomington, Indiana University Press 1995.

7   Vgl. den kritischen Überblick bei Caroline Bynum, »Why All the Fuss about the Body? A Medievalist's Perspective«, in: *Critical Inquiry* 22 (Herbst 1995), 1–31; ebenso bei Amy Hollywood, »Transcending Bodies«, in: *Religious Studies Review* 25 (Januar 1999), 13–18. Eine hilfreiche Behandlung von Theorien im Kontext der biomedizinischen Ethik findet sich bei Rosalyn Diprose, *The Bodies of Women: Ethics, Embodiment and Sexual Difference*, London, Routledge 1994.

8   Es ist zum Beispiel fragwürdig, wenn postmoderne sozialkonstruktivistische Ansichten die Materialität des Körpers leugnen und allein die Sprache als Wirklichkeit des Körpers betrachten. Damit kann ich nicht übereinstimmen, obwohl es verführerisch ist. Vgl. dazu Martha Nussbaums Kritik an Judith Butler, »The Professor of Parody«, in: *The New Republic* (22. Februar 1999), 37–45.

9   Vgl. zum Beispiel Nussbaum, »Human Capabilities, Female Human Beings«, in: *Women, Culture, and Development: A Study of Human Capabilities*, hrsg. von Martha Nussbaum und Jonathan Glover, Oxford, Clarendon Press 1995; Lisa Sowle Cahill, *Sex, Gender and Christian Ethics*, Cambridge, Cambridge University Press 1996.

10   Vgl. zum Beispiel Luce Irigaray, *Das Geschlecht, das nicht eins ist*, übers. von Marèse Deschamps und Sigrid Vagt et al., Berlin, Merve 1979; Irigaray, *Ethik der sexuellen Differenz*, übers. von Xenia Rajewsky, Frankfurt/Main, Suhrkamp 1991.

11   Vgl. insbes. Judith Butler, *Körper von Gewicht: Die diskursiven Grenzen des Geschlechts*, übers. von Karin Wördemann, Berlin, Berlin Verlag 1995.

12   Bynum, »Why All the Fuss About the Body?«; Margaret R. Miles, *Augustine on the Body*, Missoula, MT, Scholars 1979; Miles, »Sex and the City (of God): Is Sex Forfeited or Fulfilled in Augustine's Resurrection of the Body?«, in: *Journal of the American Academy of Religion* 73 (Juni 2005), 302–328. Vgl. auch das enorme Projekt von Forschern (einige davon feministisch, andere nicht) aus verschiedenen Disziplinen, deren Arbeit neue Perspektiven auf die Geschichte der »Konstruktionsweisen« des Körpers in Beziehung zu Gott, Gesellschaft, Körpertechniken, religiösen und philosophischen Ideologien und so weiter eröffnet: Michael Feher, Hrsg., mit Ramona Naddaf und Nadia Tazi, *Fragments for a History of the Human Body*, 3 Bände, Zone Series, New York, Urzone 1989.

13   Mit dieser vorläufigen Schlussfolgerung stehe ich nicht allein da. Vgl. Bynum, »Shape and Story: Metamorphosis in the Western Tradition«, Jefferson Lecture in Humanities, Kennedy Center for the Performing Arts (Washington, DC, 22. März 1999). Bynums Schlussfolgerungen sind jedoch nicht so weitreichend wie meine eigenen; sie bezieht sich lediglich auf bestimmte Dichotomien beim Verstehen des Selbst.

14   Obwohl das Konzept »verkörperter Geist« inzwischen bei vielen Theologen und einigen Philosophen recht gebräuchlich ist, stieß ich zum ersten Mal bei der Lektüre von Gabriel Marcel darauf, der zusammen mit Maurice Merleau-Ponty, Jean-Paul Sartre und anderen im frühen 20. Jahrhundert die Art von Fragen stellte, die mich hier beschäftigen. Vgl. zum Beispiel Gabriel Marcel, *Sein und Haben*, Paderborn 1968; Marcel, *Schöpferische Treue*, übers. von Ursula Behler, Paderborn 1963, besonders 23–31, 96f., 102f.; Marcel, *Geheimnis des Seins*, Band 2, Wien 1952; Merleau-Ponty, *Phänomenologie der Wahrnehmung*, übers. von Rudolf Boehm, Berlin, de Gruyter 1966/1974, Teil 1, Kap. 6; vgl. Jean-Paul Sartre, *Das Sein und das Nichts: Versuch einer phänomenologischen Ontologie*, übers. von Justus Steller et al., Reinbek bei Hamburg, Rowohlt 1962, Teil 3, Kap. 2. Meine Untersuchung des Konzepts hängt nicht von diesen früheren Schriften ab, obwohl sie mich zu meinen eigenen Fragen angeregt haben.

15   Paul Bloom, *Descartes' Baby: How the Science of Child Development Explains What Makes Us Human*, New York, Basic Books 2004, xii.

16   Das Beispiel stammt von Sartre. Vgl. *Das Sein und das Nichts*, 431f.

17   Vgl. Henk A. M. J. ten Have and Joseph V. M. Welie, Hrsg., *Ownership of the Human Body: Philosophical Considerations of the Use of the Human Body and its Parts in Healthcare*, Boston, Kluwer Academic 1998.

18   Vgl. Phyllis Trible, *Texts of Terror: Literary-Feminist Readings of Biblical Narratives*, Philadelphia, Fortress 1984, und James Crenshaw, *A Whirlpool of Torment: Israelite Traditions of God as an Oppressive Presence*, Philadelphia, Fortress 1984.

19 Ich habe über diese Art des Leidens oft geschrieben; zum Beispiel in »How Shall We Love in a Postmodern World?«, in: *Annual of the Society of Christian Ethics* (1994), 12–13.

20 Simone Weil, *Das Unglück und die Gottesliebe*, übers. von Friedhelm Kemp, München, Kösel-Verlag 1953, 110–118.

21 Ich wiederhole hier meine Darstellung dieses Beispiels in »A Feminist Version of Respect for Persons«, in: *Journal of Feminist Studies in Religion* 9 (Frühling/ Herbst 1993), 192 f. Die Quelle ist Sartre, *Das Sein und das Nichts*, 345–348. Es muss angemerkt werden, dass Sartres Anliegen dort nicht mit meinem identisch ist. Angeregt von Hegels »Herr/Knecht«-Dialektik entwickelt er eine große Theorie der menschlichen Beziehungen und gibt nicht lediglich ein Beispiel – wie ich es hier tue – für die »Vergegenständlichung« eines Individuums durch einen oder mehrere andere.

22 Elaine Scarry, *Der Körper im Schmerz: Die Chiffren der Verletzlichkeit und die Erfindung der Kultur*, übers. von Michael Bischoff, Frankfurt/Main, Fischer 1992, 45–78.

23 Ich gestehe zu, dass die Einheit nur die Art gegenseitiger Einflussnahme von Körper und Geist sein könnte, die Augustinus und andere sich vorstellen. Trotzdem scheint mir, dass der Prozess der Folter darauf abzielt, eine Person als verkörperten *Geist* zu bezwingen.

24 Karl Rahner, »Altwerden ist eine wirklich ernste Sache«, in: *Wagnis des Christen*, Freiburg im Breisgau, Herder 1974, 175.

25 Ebd.

26 Dylan Thomas, »Do Not Go Gentle into that Good Night«, übers. von Paul Marius, in: Englische und amerikanische Dichtung, Band 3, München, C. H. Beck 2000, 328 f. Dylan Thomas schrieb das Gedicht in Erwartung des Todes seines Vaters.

27 Es gibt Theologien der »Ursünde« ohne »Sündenfall«. Sie interpretieren sie vielmehr als soziales Phänomen, das Individuen erfasst, oder sie sehen die der menschlichen Existenz innewohnenden Kämpfe nicht als Resultat des moralisch Bösen an, sondern als Teil eines evolutionären Prozesses innerhalb der menschlichen Rasse. Welche Interpretation man auch bevorzugt, die Erfahrung eines »geteilten Selbst« ist ebenso möglich wie die gleiche Fehlinterpretation der Geist/Körper-Einheit.

28 Nachdem ich diese Position artikuliert habe, ist es möglich, auf die Theorien zurückzukommen, die ich vorher betrachtet habe (die »Eins, zwei oder zwei in einem«-Theorie und auch die Theorien des sozialen Konstruktivismus) und zu argumentieren, dass sie nicht in Opposition zu dem stehen müssen, was ich gesagt habe. Aristotelische und thomistische Theorien bieten eine ontologische Basis für eine Theorie der Einheit von Körper und Geist, in der jeder Mensch von zwei »Prinzipien«, nicht von zwei Teilen, konstituiert wird. Welche Veränderung auch immer in einem menschlichen Individuum stattfindet, sie betrifft

die Person als Ganzes. Der Körper ist kein passives Objekt, nicht einmal ein passives Prinzip. Denn es existiert aus dieser Perspektive kein menschlicher Körper, der nicht bereits beseelt ist; es existiert kein menschlicher Geist, der nicht bereits verkörpert ist. Darüber hinaus ist es nicht zwangsläufig so, dass Theorien, denen zufolge die menschliche Person nur ein Körper oder nur ein Geist ist, die Realität der Einheit von Körper und Geist verfehlen. Wenn im Körper eine »Weisheit« wohnt und wenn die Verkörperung reflexartig Staunen und Respekt hervorruft, dann ist das Bewusstsein des Körpers nicht weit von der Verkörperung des Bewusstseins entfernt. Vgl. Sherwin B. Nuland, *The Wisdom of the Body*, New York, Alfred A. Knopf 1997, 369; vgl. auch Teilhard de Chardin, der keinesfalls ein Monist war, dessen Theorie des Bewusstseins in der Materie einem in diesem Zusammenhang aber in den Sinn kommt: *Der Mensch im Kosmos*, München, C. H. Beck 1959. Vgl. auch die beeindruckende Theorie, die Lynn Rudder Baker ausgearbeitet hat: *Persons and Bodies: A Constitution View*, Cambridge, University of Cambridge Press 2000. Und zum Schluss: Wenn der soziale Konstruktivismus nicht eine Form annimmt, durch die sich der konkrete Körper in Sprache verliert oder die Interpretation des Körpers von sozialen Kräften bestimmt wird, ohne dass es die Möglichkeit kritischer Distanz und Veränderung gibt, braucht er ebenfalls die Einheit von Körper und Geist nicht auszuschließen.

29 Ich mache hier keine Aussage darüber, welche Möglichkeiten höhere Tiere in dieser Hinsicht haben oder nicht haben. Ich kenne diese Möglichkeiten einfach nicht. Auch benutze ich den Begriff »transzendent« offensichtlich nicht auf dieselbe Weise wie Judith Butler. Für Butler bedeutet Transzendenz des Körpers und Transzendenz von Gender nur, dass wir nicht in vorgegebenen Bedeutungen für Körper und Gender gefangen sind (trotz der Einschränkung ist der Gedanke wichtig). Vgl. Butler, *Körper von Gewicht*.

30 Zu einer genaueren Beschreibung der Wahlfreiheit vgl. meine Publikation *Personal Commitments: Beginning, Keeping, Changing*, San Francisco, Harper & Row 1986, 23–29. Vgl. auch unten, Kapitel 6. In gewissem Sinne gehe ich über diese Beschreibung hinaus, indem ich die Subjektivität des Körpers betone – ein Thema, das eine viel weiter gehende Erkundung benötigt. Ich beziehe mich teilweise auf Einsichten von Sartre und Merleau-Ponty, aber auch von Paul Ricoeur, *Freedom and Nature: the Voluntary and the Involuntary*, Evanston, IL, Northwestern University Press 1966, Kapitel 2 (franz.: *Le volontaire et l'involontaire*, Paris 1950); Henri Bergson, *Materie und Gedächtnis: Eine Abhandlung über die Beziehung zwischen Körper und Geist*, übers. von Julius Frankenberger, Jena, Diederichs 1908, Nachdruck dieser Übersetzung mit einer Einleitung von Erik Oger, Hamburg, Meiner 1991; Richard Zaner, *The Problem of Embodiment*, Den Haag, Martinus Nijhoff 1971. Ich bekräftige hier ebenfalls einige, wenn auch nicht alle der Einsichten und Argumente von Judith Butler, *Körper von Gewicht*, besonders Kapitel 1.

31 Vgl. Margaret A. Farley, »A Feminist Version of Respect for Persons«, in: *Journal of Feminist Studies in Religion* 9 (Frühling/Herbst 1993), 183–198.

32 Sofern die Erfahrung unserer Körper sozial konstruiert ist, könnte es scheinen, dass die Wahlfreiheit eine Illusion ist und dass Beziehungen kausal nur von Kräften außerhalb unserer selbst bestimmt werden. So gesehen, formen die Praktiken, die das Resultat dieser sozialen Kräfte sind, unser Essen oder Fasten, unser sexuelles Verhalten und die Art, wie wir uns kleiden; sie bringen wirtschaftliche, rechtliche und religiöse Institutionen hervor, die uns mit Anschauungen versorgen, die wir in unseren Körpern internalisieren. Aber die gesellschaftliche Konstruktion muss nicht darauf reduziert werden, ebenso wenig wie eine Metaphysik des Körpers. Selbst Konstruktivisten wie Butler argumentieren, dass der Körper keine passive Fläche ist, in die sich die Gesellschaft einschreibt. Es gibt genügend Lücken in der Sozialisation, die Raum für eigene Entscheidungen lassen. Vgl. M. Therese Lysaught, »Body: II. Social Theories«, in: *Encyclopedia of Bioethics*, Neubearb., I:300–305; Bryan Turner, *The Body and Society: Explorations in Social Theory*, New York, Blackwell 1986; Mary Douglas, *Purity and Danger: An Analysis of the Concept of Pollution and Taboo*, London, Routledge & Kegan. Paul 1966. Vgl. auch Untersuchungen wie Caroline Walker Bynum, *Holy Feast and Holy Fast: The Religious Significance of Food to Medieval Women*, Berkeley, University of California Press 1987; Valerie Steele, *The Corset: A Cultural History*, New Haven, CT, Yale University Press 2001; Harold Koda, *Extreme Beauty: The Body Transformed*, New Haven, CT, Yale University Press 2001; Anne L. Hollander, *Seeing Through Clothes*, New York, Viking 1978. Vgl. auch Butler, *Körper von Gewicht*, 10.

33 Vgl. Coakley, *Religion and the Body*; Law, *Religious Reflections on the Human Body*; Lisa Sowle Cahill und Margaret A. Farley, Hrsg., *Embodiment, Morality, and Medicine*, Dordrecht, Kluwer Academic 1995.

34 David H. Kelsey, »Aquinas and Barth on the Human Body«, in: *The Thomist* 50 (Oktober 1986), 643–689.

35 Ich beziehe mich auf Kelseys Arbeit. Wenn ich den Raum hätte, würde ich seine Darstellung der theologischen Anthropologie Thomas von Aquins allerdings gerne erweitern. Vgl. Kelsey, »Aquinas and Barth on the Human Body«, 646, 655.

36 Vgl. ebd., 651, 660.

37 Karl Barth, *Die Kirchliche Dogmatik*, Zürich, Theologischer Verlag 1948, III/2, § 46, 421. Auch hier wurde mein Denken von Kelsey angeregt, obwohl ich direkt mit Barths Text arbeite.

38 Karl Barth, *Der Römerbrief*, Zürich, Theologischer Verlag 1984, 296.

39 Barth, *Die Kirchliche Dogmatik*, III/2, § 45, 345 f.

40 Vgl. Hans Urs von Balthasar, *The Von Balthasar Reader*, hrsg. von Medard Kehl und Werner Löser, übers. von Robert J. Daly and Fred Lawrence, New York, Crossroad 1982, 72.

41 Johannes Paul II., *Über die Würde und Berufung der Frau*, apostolisches Schreiben vom 15. August 1988.

42 Ich habe mich bereits an zahllosen Stellen auf feministische Autoren bezogen in dem Vertrauen darauf, dass es ein Grundverständnis davon gibt, was es heißt, Feministin zu sein. Hier ist es jedoch wichtig, zu verdeutlichen, was ich unter »Feminismus« verstehe. Im 21. Jahrhundert ist der Begriff offensichtlich umstritten und wird (besonders von seinen Gegnern) nicht mehr verstanden. Die »feministische Theorie« nimmt inzwischen vielfältige Formen an, sodass es besser wäre, den Plural »Feminismen« zu benutzen. In der grundlegendsten Bedeutung bezeichnet Feminismus eine Position (eine Überzeugung und eine Bewegung), die sich gegen die Diskriminierung auf der Grundlage des Geschlechts stellt. Feminismus an sich ist nicht antimännlich oder antifamiliär, sein wichtigstes Anliegen ist es, die weibliche Erfahrung zu berücksichtigen, um zu verstehen, was Wohlergehen für Frauen und Männer und Kinder bedeutet. Man kann es auch so ausdrücken: Feminismus ist die »Überzeugung, dass Frauen nicht aufgrund ihres Geschlechts benachteiligt werden sollten. Ihre menschliche Würde steht jener von von Männern in nichts nach, und sie sollten die Gelegenheit haben, ein ebenso erfülltes und frei gewähltes Leben zu leben.« Susan Moller Okin, *Is Multiculturalism Bad for Women?*, hrsg. von Joshua Cohen, Matthew Howard und Martha C. Nussbaum, Princeton, NJ, Princeton University Press 1999, 10. Zu einer weiter gehenden Darstellung meiner Auffassung vgl. Margaret A. Farley, »Feminist ethics«, in: *The Westminster Dictionary of Christian Ethics*, hrsg. von James F. Childress und John Macquarrie, Philadelphia, Westminster 1986, 229–231.

43 Es gibt Ausnahmen. Martha Nussbaum hat etwa einen Weg gefunden, die Genderperspektive zu integrieren, ohne die konkreten Bedürfnisse von Frauen aus dem Blick zu verlieren.

44 Das Hervorheben von Unterschieden zwischen Männern und Frauen – als Weg, den eigenen Körper und das eigene Denken zu reklamieren – hat für viele Frauen nachhaltige Erkenntnisse gebracht. Die Arbeiten von Carol Gilligan waren in dieser Hinsicht ein Weckruf. Problematisch bleibt bei all den Unterschieden freilich die Frage der Gleichheit.

45 Judith Butler ruft zwar zur politischen Aktion auf, ihre Überzeichnungen muten allerdings etwas seltsam und praxisfern an. Für viele Frauen war ihre theoretische Arbeit jedoch eine Offenbarung – auch wenn sie die Frage offenließen, was man denken und vor allem was man tun soll.

46 Susan Frank Parsons, *The Ethics of Gender*, Malden, MA, Blackwell 2002.

47 Butler, *Das Unbehagen der Geschlechter*, übers. von Katharina Menke, Frankfurt/Main, Suhrkamp 1991, 9.

48 Vgl. diesen Fall und andere bei Martha Chen, »A Matter of Survival: Women's Right to Employment in India and Bangladesh«, in: *Women, Culture, and Development*, hrsg. von M. Nussbaum und J. Glover, 37–57. Vgl. auch Nuss-

baum, *Sex and Social Justice*, Oxford, Oxford University Press 1999, 29 und passim.

49 Im Folgenden geht es mir nicht um den Zusammenhang von Gender und sexueller Orientierung. Es ist offensichtlich, dass für Heterosexuelle, Schwule und Lesben das Geschlecht eines Sexualpartners von Bedeutung ist. Was ich in diesem Kapitel behandle, ist jedoch nicht die Frage, *welches* Geschlecht wichtig ist, sondern *was* das Geschlecht überhaupt ist. Vgl. meine Diskussion von gleichgeschlechtlichen Beziehungen unten in Kapitel 7.

50 Vgl. Studien wie die von George Tavard, *Woman and the Christian Tradition*, Notre Dame, IN, University of Notre Dame Press 1973; Rosemary Radford Ruether, Hrsg., *Religion and Sexism*, New York, Simon & Schuster 1974; Mary Daly, *The Church and the Second Sex*, New York, Harper & Row 1975; Margaret A. Farley, »Sources of Sexual Inequality in the History of Christian Thought«, in: *Journal of Religion* 56 (April 1976), 162–176; Barbara Hilkert Andolsen, »Whose Sexuality? Whose Tradition? Women, Experience, and Roman Catholic Sexual Ethics«, in: *Readings in Moral Theology No. 9: Feminist Ethics and the Catholic Moral Tradition*, hrsg. von Charles E. Curran, Margaret A. Farley und Richard A. McCormick, Mahwah, NJ, Paulist 1996, 207–239; Sarah Coakley, *Powers and Submissions: Spirituality, Philosophy, and Gender*, Oxford, Blackwell 2002. Vgl. auch oben Kapitel 2.

51 Es wäre überflüssig, die in dieser Hinsicht bekanntesten Texte anzumerken. Sie sind in den oben genannten Studien gut dokumentiert.

52 Elizabeth A. Johnson, *She Who Is: The Mystery of God in Feminist Theological Discourse*, New York, Crossroad 1992; und Johnson, *Friends of God and Prophets: A Feminist Theological Reading of the Communion of Saints*, New York, Continuum 1998.

53 Sevene Jones, *Feminist Theory and Christian Theology: Cartographies of Grace*, Minneapolis, Fortress 2000.

54 Barth, *Die Kirchliche Dogmatik*, III/2, § 45, 374–377; III/4, § 54, 169–173, 183, 194.

55 Ebd., § 45, III/2, 374; III/4, § 54, 189–191.

56 Ebd., III/4, § 54, 183.

57 Ebd., III/4, § 54, 194.

58 Ebd., III/4, § 54, 189–202. Barth führt diese Abfolge ein, nachdem er festgestellt hat, dass Männer und Frauen vor Gott gleich sind. Er räumt ein: »Jedes Wort ist missverständlich und gefährlich, wenn es darum geht, diese Ordnung zu bezeichnen. Aber sie existiert! ... A geht *vor* B, B kommt *nach* A. Ordnung heißt *Folge*. Ordnung heißt *Vorordnung* und *Nachordnung*, *Überordnung* und *Unterordnung*.« Ebd., 189.

59 Johannes Paul II., *Die ursprüngliche Einheit von Mann und Frau*.

60 Platon, *Symposion*, 189e-194e. Es gibt einige offensichtliche Unterschiede zwischen Platons (bzw. Aristophanes') Erzählung und der Interpretation der

Schöpfungsgeschichte durch Johannes Paul II. Im *Symposion* beginnt die Geschichte der menschlichen Art nicht mit einem einzelnen Menschen, sondern mit drei Arten von Menschen: männlich, weiblich und »mannweiblich«. Um den Übermut dieser Wesen zu bestrafen, zerschneiden die Götter sie in zwei Hälften. Danach wandern sie durch die Welt und suchen nach ihrer anderen Hälfte – Mann sucht nach Mann, Frau sucht nach Frau, und Mann sucht nach Frau (und umgekehrt), wenn sie ursprünglich Teil des mannweiblichen Wesens waren.

61 Für diese Beschreibung greife ich auf Mary Rose D'Angelo zurück: »Gender Refusers in the Early Christian Mission: Gal 3:28 as an Interpretation of Gen 1:27b«, in: *Reading in Christian Communities: Essays on Interpretation in the Early Church*, hrsg. von Charles A. Bobertz und David Brakke, Notre Dame, IN, University of Notre Dame Press 2002, 149–173. D'Angelo baut Paulus' Idee einer »neuen Schöpfung« aus, indem sie sich anderen Texten wie 2. Korinther 5:17–18 zuwendet. (»Wenn also jemand in Christus ist, dann ist er eine neue Schöpfung: Das Alte ist vergangen, Neues ist geworden.«) Sie fügt auch die Bemerkung hinzu, dass dies nicht notwendig bedeutet, dass die Gesamtheit von Genesis 1–3 negiert wird. Wahrscheinlicher ist es, dass Paulus glaubt, bestimmte Aspekte des Lebens in der Gemeinschaft wären vergangen, besonders solche, die er für »fleischlich« hält.

62 D'Angelo dokumentiert diese Texte und Verwendungen detailliert.

63 Vgl. D'Angelo, »Gender in the Origins of Christianity«, in: *Equal at the Creation: Sexism, Society, and Christian Thought*, Toronto, University of Toronto Press 1998, 25–48.

64 Eine aufschlussreiche Studie des Androgynen in der Antike findet sich bei D'Angelo, »Transcribing Sexual Politics: Images of the Androgyne in Discourses of Antique Religion«, in: *Descrizioni e iscrizioni: politiche del discorso*, Trient, Dipartimento di Scienze Filologiche e Storiche 1998, 115–146; vgl. auch Wayne A. Meeks, »The Image of the Androgyne: Some Uses of a Symbol in Earliest Christianity«, in: *In Search of the Early Christians: Selected Essays*, hrsg. von Allen R. Hilton und H. Gregory Snyder, New Haven, CT, Yale University Press 2002, 3–54. Zu einer Interpretation von Genesis 1:27, die der Idee einer androgynen Schöpfung von Adam zuwiderläuft, vgl. Phyllis Trible, *God and the Rhetoric of Sexuality*, Philadelphia, Fortress 1978, 12–23.

65 Eine faszinierende Untersuchung der Rolle von Kultur in Verbindung mit naturwissenschaftlichen Studien von Gender findet sich bei Cynthia Eagle Russett, *Sexual Science: The Victorian Construction of Womanhood*, Cambridge, MA, Harvard University Press 1989.

66 Thomas Laqueur, *Auf den Leib geschrieben: Die Inszenierung der Geschlechter von der Antike bis Freud*, übers. von H. Jochen Bußmann, Frankfurt/Main und New York, Campus 1992, 39 und passim. Eine Wissenschaft, die den Argumenten für die kulturelle Konstruktion von Gender völlig zuwiderläuft, ist

die Soziobiologie. Sie entwickelt im Gegenteil eine Sicht der Evolution, die darauf besteht, dass es in menschlichen wie in nicht menschlichen Tieren einen unstillbaren Trieb gebe, sich fortzupflanzen, dass es in den männlichen Genen einen zwingenden Druck gebe, viele Sexualpartner zu finden, und in den weiblichen Genen eine festgelegte Tendenz, nicht so viele Partner zu haben, sich niederzulassen und zu hegen und zu pflegen. Sobald es um Menschen geht, muss diese Reihe von Mutmaßungen jedoch überprüft werden. Selbst wenn wir sie akzeptieren, ist es möglich, dass die Menschen in den genetischen Determinismus eingreifen und seinen Verlauf ändern können.

67 Vgl. ebd., 172 f..

68 Neuerdings wird die Medizin kritisiert, weil sie die gleichen Therapien für Männer und Frauen anbietet (ausgehend von der Annahme, dass nur Fortpflanzungsprobleme eine differenzierende Behandlung benötigen). Auch die Vernachlässigung der medizinischen Forschung zu Frauen wird mittlerweile kritisch gesehen.

69 Vgl. zum Beispiel Deborah Blum, *Sex on the Brain: The Biological Differences Between Men and Women*, New York, Viking 1997. Zu Beispielen für die beiden Seiten in der Frage der Bedeutung von Biologie zum Verständnis von Gender, menschlicher Freiheit und so weiter vgl. (auf der Pro-Biologie-Seite) Patricia Smith Churchland, *Neurophilosophy: Toward a United Science of the Mind/Brain*, Cambridge, MA, MIT Press 1986, besonders 88–97; und (zu den Grenzen der Naturwissenschaften) John Dupré, *Human Nature and the Limits of Science*, Oxford, Clarendon Press 2001, besonders Kap. 3 und 7.

70 Es gibt nicht nur interessante Studien zu Menschen, sondern auch zu Tieren. Schimpansen und Bonobos, die uns auf der Evolutionsleiter sehr nahe stehen, sind besonders interessant. Die meisten weiblichen Primaten, so wird berichtet, sind fürsorglich, während die Männchen konkurrieren; die Männchen sind promiskuitiv, die Weibchen weniger (obwohl bei manchen Arten sowohl Männchen als auch Weibchen viele Partner haben). Bonobos (eine Menschenaffenart) werden im Gegensatz zu Schimpansen von Weibchen angeführt; sie legen Streitigkeiten eher durch Bündnisse bei als durch den Kampf. Die meisten Forscher gehen jedoch mit der gebotenen Vorsicht vor, wenn sie Vergleiche zwischen nicht menschlichen und menschlichen Primaten anstellen. Vgl. zum Beispiel Meredith E. Small, *Female Choices: Sexual Behavior of Female Primates*, Ithaca, NY, Cornell University Press 1993; Richard Wrangham und Dale Peterson, *Demonic Males*, New York, Houghton Mifflin 1996.

71 Vgl. zum Beispiel Eleanor E. Maccoby, *The Two Sexes: Growing Apart, Coming Together*, Cambridge, MA, Harvard University Press 1998. Dieses Buch versucht zu belegen, dass sehr junge Mädchen und Jungen lieber in gleichgeschlechtlichen Gruppen spielen, aber mit der Zeit zusammenkommen. Eine Rezensentin merkt an, dass die Belege interessant und in mancher Hinsicht sehr nützlich sind, dass es aber viele Fragen gibt, die die Autorin zu stellen

versäumt hat – zum Beispiel, wie es um die Kinder steht, die nicht in dieses Muster passen. Und inwiefern es Einflüsse von Erwachsenen sind, die das Verhalten der Kinder eventuell prägen. Vgl. Carla Golden, »Separate and Unequal«, in: *The Women's Review of Books* 16 (Dezember 1998), 24–25.

72 Lyn Mikel Brown und Carol Gilligan, *Meeting at the Crossroads: Women's Psychology and Girls' Development*, Cambridge, MA, Harvard University Press 1992.

73 Es ist schwierig, das Vorkommen von Intersexuellen in der Bevölkerung zu schätzen. Einige Forscher sprechen von 1,7 Prozent, andere von 1 zu 2000. Es ist also relativ selten, aber wie Anne Fausto-Sterling anmerkt: »Selbst wenn unsere Schätzung um einen Faktor 2 zu hoch ist [ihre Schätzung liegt bei 1,7 Prozent], heißt das immer noch, dass jedes Jahr viele Tausend intersexuelle Kinder geboren werden. Bei 1,7 Prozent würde zum Beispiel eine Stadt mit 300000 Einwohnern 5100 Menschen mit unterschiedlichen Graden der Intersexualität aufweisen.« Anne Fausto-Sterling, *Sexing the Body: Gender Politics and the Construction of Sexuality*, New York, Basic Books 2000, 51. Andere wichtige Quellen zur Intersexualität umfassen: Alice Domurat Dreger, »›Ambiguous Sex‹ – or Ambivalent Medicine? Ethical Issues in the Treatment of Intersexuality«, in: *Hastings Center Report* 28 (Mai-Juni 1998), 25–35; Dreger, *Hermaphrodites and the Medical Invention of Sex*, Cambridge, MA, Harvard University Press 1998; Suzanne J. Kessler, *Lessons from the Intersexed*, New Brunswick, NJ, Rutgers University Press 1998; Kessler und W. McKenna, *Gender: An Ethnomethodological Approach*, New York, Wiley 1978; Stephanie S. Turner, »Intersex Identities: Locating New Intersections of Sex and Gender«, in: *Gender and Society* 13 (August 1999), 457–479. Zu nennen wäre hier auch der Roman von Jeffrey Eugenides, *Middlesex*, New York, Farrar, Straus & Giroux 2002.

74 Myra J. Hird and Jenz Germon zufolge wurde der Begriff »Intersexualität« 1920 eingeführt, davor war »Hermaphroditismus« gebräuchlich. Vgl. Myra J. Hird und Jenz Germon, »The Intersexual Body and the Medical Regulation of Gender«, in: *Constructing Gendered Bodies*, hrsg. von Kathryn Backett-Milburn und Linda McKie, New York, Palgrave 2001, 175, Anm. 1. Zu einer prägnanten Geschichte der Intersexuellen vgl. Fausto-Sterling, *Sexing the Body*, 32–36. Meine kurzen historischen Bemerkungen hier gehen auf Fausto-Sterling und die von ihr zitierten Historiker zurück. Man beachte auch, dass Ärzte seit dem 19. Jahrhundert eine Unterscheidung zwischen *Hermaphroditismus verus* and *Pseudo-Hermaphroditismus* gemacht haben. Der Unterschied basiert auf der spezifischen Ausstattung mit Sexualorganen – Pseudo-Hermaphroditen haben eine gemischte Sexualität wegen der Ausbildung eines gegengeschlechtlichen Geschlechtsorgans bei Übereinstimmung von chromosomalem Geschlecht und Keimdrüsen. Der echte Hermaphrodit hat tatsächlich gleichzeitig männliche und weibliche innere und äußere Geschlechtsmerkmale oder zumindest Testes und Ovarien. Vgl. ebd., 37 f.

75 Vgl. Susanne J. Kessler, »The Medical Management of Gender: Case Management of Intersexed Infants«, in: *Signs: Journal of Women in Culture and Society* 16 (1990), 3–26; Milton Diamond und H. Keith Sigmundson, »Sex Reassignment at Birth: Longterm Review and Clinical Implications«, in: *Archives of Pediatric Adolescent Medicine* 151 (Mai 1997), 298–304. Zu interreligiösen Perspektiven zu diesen Fragen vgl. Christine E. Gudorf, »The Erosion of Sexual Dimorphism«, in: *Journal of the American Academy of Religion* 69 (Dezember 2001), 863–891.

76 Vgl. zum Beispiel John Colapinto, *As Nature Made Him: The Boy Who Was Raised as a Girl*, New York, HarperCollins 2000. Dies ist die Geschichte eines Jungen, der eigentlich nicht als Intersexueller geboren wurde, aber dessen Penis versehentlich bei der Beschneidung abgetrennt wurde. Sie wirft jedoch eine Menge Licht auf die Kriterien für die Zuordnung eines Geschlechts bei der Geburt. Vgl. auch Daphne Scholinski, *The Last Time I Wore a Dress*, New York, Riverhead Books 1997.

77 Vgl. John Money, J. G. Hampson und J. L. Hampson, »Hermaphroditism: Recommendations Concerning Assignment of Sex, Change of Sex, and Psychologic Management«, in: *Bulletin of the Johns Hopkins Hospital* 97 (1955), 284–300. Die wichtigsten Kritiker von Moneys Theorie sind Milton Diamond and H. Keith Sigmundson. Vgl. Diamond und Sigmundson, »Sex Reassignment at Birth«. Heute glauben viele, dass Moneys Vorgehensweise in Misskredit geraten ist. Vgl. auch Hird and Germon, »The Intersexual Body and the Medical Regulation of Gender«, 179–203.

78 Vgl. Gilbert Herdt, Hrsg., *Third Sex, Third Gender: Beyond Sexual Dimorphism in Culture and History*, New York, Zone Books 1994; Carl Elliott, »Why Can't We Go On as Three?«, in: *Hastings Center Report* 28 (Mai-Juni 1998), 36–39.

79 Vgl. Serena Nanda, »Hijras: An Alternative Sex and Gender Role in India«, in: Herdt, *Third Sex, Third Gender*, 373–417.

80 Vgl. Will Roscoe, »How to Become a Berdache: Toward a Unified Analysis of Gender Diversity«, in: Herdt, *Third Sex, Third Gender*, 329–372.

81 Juliame Imperato-McGinley et al., »Androgens and the Evolution of Male-Gender Identity among Male Pseudohermaphrodites with 5-alpha Reductase Deficiency«, *New England Journal of Medicine* 300 (1979), 1235 f., zitiert nach Elliott, »Why Can't We Go On as Three?«, 36.

82 Nanda, »Hijras: An Alternative Sex and Gender Role in India«, 379 f.

83 Roscoe, »How to Become a Berdache«, passim. Ich spreche von den *Berdaches* im Präsens, da die Tradition der indianischen Ureinwohner mit ihrem Umzug in Reservate nicht aufgehört hat.

84 Elliott, »Why Can't We Go On as Three?«, 36.

85 Herdt, »Mistaken Sex: Culture, Biology and the Third Sex in New Guinea«, in: Herdt, Hrsg., *Third Sex, Third Gender*, 419–445. Herdt stellte Vergleiche zwi-

schen seinen Beobachtungen in der Dominikanischen Republik und dem Stamm der Sambia in Papua-Neuguinea an.

86 Eine soziologische Beschreibung der Bedeutungen, die in »Transgender« enthalten sein können, findet sich bei Richard Ekins und Dave King, »Telling Body Transgendering Stories«, in: *Constructing Gendered Bodies*, hrsg. von Milburn und McKie, 180.

87 Eine sehr nützliche Quelle für Transsexualität ist: Joanne Meyerowitz, *How Sex Changed: A History of Transsexuality in the United States*, Cambridge, MA, Harvard University Press 2002.

88 Die chirurgischen Maßnahmen zur Neuzuordnung eines Geschlechts sind mit jenen Operationen gleichgesetzt worden, die Personen mit einer Körperintegritäts-Identitätsstörung verlangen – das sind Menschen, die psychologisch dazu getrieben werden, Arme oder Beine oder Finger amputieren zu lassen. Ein Einwand gegen die Analogie ist, dass Transsexuelle einen Wechsel aus einem »normalen Zustand« in einen anderen, ebenfalls normalen anstreben (das heißt von einem Geschlecht zum anderen), während die Personen, die gerne Amputierte wären, aus einem normalen Zustand in einen krankhaften übergehen.

89 Zuerst waren es nur John Money und Kollegen, die wiederum am Johns Hopkins Hospital diese Operationen mit neueren und verfeinerten Methoden anbieten konnten, dazu kamen Kriterien und Voraussetzungen für Kandidaten sowie vor- und nachoperative Hormonbehandlungen. Die chirurgischen Techniken sind inzwischen in den USA weiter verbreitet.

90 Selbst die Beschreibung »gender-queer«, die heute von vielen benutzt wird, um die Zurückweisung aller kulturell auferlegten Identitäten auszudrücken, funktioniert nicht für jeden. Konkrete Geschichten aus dem Leben von Menschen sind vielleicht die beste Methode, um zu Einsichten in menschliche Erfahrungen zu gelangen. Bekannt geworden sind die Geschichten von Christine Jorgensen, Renee Richards und Jennifer Finney Boylan, in denen viel von den individuellen und familiären Kämpfen die Rede ist, die mit der Geschlechtsumwandlung oder dem Wechsel der Genderidentität verbunden sind. Vgl. die bewegende Geschichte des früheren James Boylan, einem Romanautor, der zu Jenny Boylan wurde: Jennifer Finney Boylan, *She's Not There: A Life in Two Genders*, New York, Broadway Books 2003. Vgl. auch die Geschichten der selteneren Transsexuellen, die von weiblich zu männlich wechseln. Sie werden von der Romanautorin und Psychotherapeutin Amy Bloom erzählt: *Normal: Transsexual CEO's, Crossdressing Cops, and Hermaphrodites With Attitude*, New York, Random House 2002. Und vgl. die sehr nützliche Reihe von Geschichten mit begleitender Interpretation in Ekins und King, »Telling Body Transgendering Stories«, 183–199. Hier wird die Geschichte des Transsexuellen als archetypische Geschichte gesehen, die mit Leiden beginnt und über die Erleuchtung zum Handlungswunsch und zur Transformation führt.

91 [Engl. Filmtitel: *Normal*]. Es erinnert mich auch an Caroline Walker Bynums Studie über Geschichten der »Metamorphose« von Ovid über das Mittelalter bis zu einem zeitgenössischen Autor. Bynum versucht zu verstehen, was es für unsere Körper bedeutet, sich – auch drastisch – zu verwandeln. Sie kommt zu dem Schluss, dass die Umwandlung zwar eine erstaunliche Tatsache ist, aber keine Geschichte ergibt, wenn es nur Wandel ohne Kontinuität gibt. Bynum, *Metamorphosis and Identity*, New York, Zone Books 2001.

92 Butler, *Körper von Gewicht*, 39.

93 Rainer Maria Rilke, *Briefe an einen jungen Dichter* (Rom, am 14. Mai 1904), Leipzig, Insel-Verlag 1929.

94 Ich habe hier nicht die Absicht, Situationen auszublenden, in denen Respekt, Liebe, Leidenschaft oder Zärtlichkeit fehlen, falsch eingeschätzt oder verfälscht werden. Wenn das der Fall ist, kann Gender zerstörerisch sein. Mehr dazu im nächsten Kapitel.

95 Michel Foucault, *Sexualität und Wahrheit*, Band 1: *Der Wille zum Wissen*, Frankfurt/Main, Suhrkamp Taschenbuch Wissenschaft 1983, 49 und passim. Vgl. meine Herausarbeitung dieser Fragen oben, Kapitel 2.

96 Wichtige historische Arbeiten, die noch nicht zitiert wurden, sind: Philippe Ariès und André Béjin, Hrsg., *Western Sexuality: Practice and Precept in Past and Present Times*, übers. von Anthony Forster, Oxford, Blackwell 1982; Jeffrey Weeks, *Sexuality and Its Discontents: Meanings, Myths and Modern Sexualities*, London, Routledge & Kegan Paul 1985; Lesley Dean-Jones, »The Politics of Pleasure: Female Sexual Appetite in the Hippocratic Corpus«, in: *Discourses of Sexuality: From Aristotle to AIDS*, hrsg. von Domna C. Stanton, Ann Arbor, University of Michigan Press 1995; David Allyn, *Make Love, Not War: The Sexual Revolution: An Unfettered History*, Boston, Little, Brown 2000; Lawrence Stone, »Sex in the West: The Strange History of Human Sexuality«, in: *The New Republic* 193 (8. Juli 1985), 25–37; Timothy Taylor, *The Prehistory of Sex*, New York, Bantam Books 1996; Giuseppe Benagiano, Gian Carlo Di Renzo, Ermelando V. Cosmi, Hrsg., *The Evolution of the Meaning of Sexual Intercourse in the Human*, Rom, International Institute for the Study of Man 1996; Roy Porter and Lesley Hall, *The Facts of Life: The Creation of Sexual Knowledge in Britain, 1650–1950*, New Haven, CT, Yale University Press 1995. Interessante naturwissenschaftliche Studien, die noch nicht zitiert wurden: Sharon K. Turnbull, »Sex Therapy and Sex Research: Scientific and Clinical Perspectives«, in: *Encyclopedia of Bioethics*, Neubearb., 5, 2348–2351; Tim Birkhead, *Promiscuity: An Evolutionary History of Sperm Competition*, Cambridge, MA, Harvard University Press 2000; Geoffrey Miller, *The Mating Mind: How Sexual Choice Shaped the Evolution of Human Nature*, New York, Doubleday 1999; Marlene Zuk, *Sexual Selections: What We Can and Can't Learn About Sex from Animals*, Berkeley, University of California Press 2001; Helen Fisher, *Why We Love: The Nature and Chemistry of Romantic Love*,

New York, Henry Holt 2003; Niles Eldredge, *Why We Do It: Rethinking Sex and the Selfish Gene*, New York, W. W. Norton 2003.

97 Als Beleg dafür vgl. die vielen hilfreichen Anthologien wie: Alan Soble, Hrsg., *The Philosophy of Sex: Contemporary Readings*, 4. Aufl., New York, Rowman & Littlefield 2002; Soble, Hrsg., *Sex, Love, and Friendship: Studies of the Society for the Philosophy of Sex and Love* 1977–1992, Amsterdam, Editions Rodopi 1997; James B. Nelson und Sandra P. Longfellow, Hrsg., *Sexuality and the Sacred: Sources for Theological Reflection*, Louisville, Westminster John Knox 1994; Earl E. Shelp, Hrsg., *Sexuality and Medicine*, 2 Bd., Dordrecht, D. Reidel 1987.

98 Das erklärt die Wertschätzung von authentischen Geschichten wie die von 19 schwarzen Amerikanerinnen in: Tricia Rose, *Longing to Tell: Black Women Talk about Sexuality and Intimacy*, New York, Farrar, Straus & Giroux 2003.

99 In einigen Gesellschaften sind zum Beispiel Brüste erotisch, in anderen nicht, sodass in letzteren kein Wunsch besteht, sie zu verstecken, sie werden in den gemeinsamen Lebenssituationen für selbstverständlich gehalten.

100 Zumindest eines dieser Beispiele, sexuelle Gewalt, führt zu der Schlussfolgerung, dass die Erfahrung keine *sexuelle* Erfahrung ist; es ist die Erfahrung eines gewalttätigen Angriffs, und bei den Emotionen des Angegriffenen handelt es sich nicht um »sexuelle«, sondern um solche, die das Erleiden von Gewalt charakterisieren. Diese Schlussfolgerung ist wichtig, weil sie bestimmte Urteile wie »sie hat es nicht anders gewollt« oder der Täter »musste einfach Sex haben« zurückweist. Auf der anderen Seite beinhaltet sogar diese Erfahrung in gewissem Sinne etwas »Sexuelles«, und deshalb ist das damit verbundene Trauma so tief.

101 William H. Masters und Virginia E. Johnson, *Die sexuelle Reaktion*, Frankfurt/Main, Akademische Verlagsgesellschaft 1967.

102 Vgl. das interessante Gespräch von Robert Solomon und Janice Moulton über diesen Aspekt der Sexualität. Robert Solomon, »Sexual Paradigms«, in: *The Philosophy of Sex*, hrsg. von Alan Soble, 3. Aufl., Boston, Rowman & Littlefield 1997, 21–30; Janice Moulton, »Sexual Behavior: Another Position«, ebd., 31–38.

103 Lisa Sowle Cahill, »On the Connection of Sex to Reproduction«, in: *Sexuality and Medicine*, hrsg. von Earl E. Shelp, 2: 39–50.

104 Teresa de Lauretis, »Freud, Sexuality, and Perversion«, in: *Discourses of Sexuality*, hrsg. von D. Stanton, 349.

105 »Aria« aus »Kilroy's Carnival« von Delmore Schwartz, in: *Last and Lost Poems*, © 1962 The New Republic. Reprinted by permission of New Directions Publishing Corp.

106 Sybil P. Estess, »The Woman Who Married Her Brother-in-law«, in: *The New Republic* (29. Februar 1988).

107 Vgl. Farley, *Personal Commitments*, besonders Kapitel 3. Vgl. auch Jules J. Toner, *The Experience of Love*, Washington, DC, Corpus Books 1968.

108 Emotionen können mit affektiven Reaktionen gleichgesetzt werden. Sie finden auf mehr als einer Ebene statt – auf einer sensorischen Ebene, wo sie wahrscheinlich eher als »Gefühle« erfahren werden (wiederkehrende affektive Reaktionen mit physiologischen Verknüpfungen), aber auch auf der Ebene der rationalen Reaktion, wo sie einen klaren kognitiven Gehalt haben und wo sie trotz der Flüchtigkeit der sie begleitenden Gefühle andauern.

109 Es gibt Theorien der Liebe, besonders der christlichen Liebe, die auf dem Glauben gründen, dass Liebe keine echte Liebe ist, wenn sie nicht so auf das andere bezogen ist, dass sie keinerlei Element einer Reaktion auf das Liebenswerte mehr hat. In diesen Theorien geht es darum, dass die Reaktion auf das Liebenswerte voraussetzt, dass der Liebende durch die Schönheit des Geliebten belohnt wird oder dass Liebe abhängig vom »Wert« des geliebten Objekts ist. Auch wenn diese Einsichten wichtig sind, bleibt dennoch das Gefühl, dass die Liebe zu dem »Unliebenswürdigen«, dem »nicht zu Liebenden«, ein Widerspruch ist. Wenn es darum geht, dass die Liebe alle Menschen umfassen kann – ungeachtet ihrer körperlichen oder moralischen Attraktivität –, dann ist damit ein wichtiger Punkt angesprochen. Wenn es jedoch heißt, dass wir uns nicht genügend anstrengen, um zu sehen, dass alle Personen in der Tat der Liebe würdig sind (weil Gott sie liebt oder weil Personen als Personen in einem tiefen Sinn an sich liebenswert sind), dann bleibt ein Widerspruch bestehen. Ich stehe zu meiner Beschreibung der Liebe als Reaktion auf die Liebenswürdigkeit eines anderen, eine Liebenswürdigkeit, die ich wahrnehme oder an die ich zumindest glaube. Vgl. Farley, *Personal Commitments*, 29–32.

110 Ich weiß natürlich, dass es auch eine Form von Einsamkeit gibt, die nicht die Sehnsucht nach einer bestimmten Person ist, die wir bereits lieben. Sie kann auch die Leere und das Sehnen nach jemandem sein, *um* zu lieben.

111 Vgl. zum Beispiel Ernest Wallwork, *Psychoanalysis and Ethics*, New Haven, CT, Yale University Press 1991; auch Jonathan Lear, *Open Minded: Working Out the Logic of the Soul*, Cambridge, MA, Harvard University Press 1998.

112 Es versteht sich von selbst, dass der Begriff »Lust« in weniger enger Weise wie zum Beispiel in »Lebenslust« gebraucht werden kann. Wenn er nur ein stark gefühltes Verlangen, auch sexuelles Verlangen, bedeutet, dann könnte er gleichzusetzen sein mit dem »sexuellen Begehren«, das sexuelle Liebe voraussetzt. Aber wenn er benutzt wird, um zum Beispiel ein allgemeines Gefühl der sexuellen Bedürftigkeit auszudrücken, oder wenn er das Verlangen nach sexueller Verbindung mit einem vergegenständlichten Anderen (das weder wichtig ist noch geliebt wird) bedeutet, dann ist er nicht das, was ich mit sexuellem Begehren meine. Wie auch immer, ich schlage hier noch kein ethisch normatives Verständnis des sexuellen Begehrens oder der Lust vor.

113 Platon, *Symposion*, 203c-215a.

Kapitel 5   Gerechte Liebe und gerechter Sex

1   Ricoeur, *Phänomenologie der Schuld*, Band 2: *Symbolik des Bösen*, übers. von Maria Otto, Freiburg/München, Verlag Karl Adler 1971, Kap. 1 und passim. Ich sehe keinen Grund, mit diesen Phasen ausschließlich Kulturen zu beschreiben, sie scheinen mir ebenso gut zur Charakterisierung der moralischen Entwicklung von Individuen geeignet. Und in diesem Sinn greife ich hier auf sie zurück. Meiner Darstellung fehlt zwar die Reichhaltigkeit der Ricoeur'schen Analyse, ich bin mir jedoch sicher, dass die Relevanz dieses Modells für meine Leitlinien deutlich wird.

2   Ebd., Kapitel 1. Zwischen Ricoeurs Vorstellung von Makel und den Arbeiten, die in verschiedenen Disziplinen über die Scham in Abgrenzung zur Schuld entstanden sind, gibt es nicht immer eine logische Verbindung. Trotzdem sind diese Arbeiten relevant – schon weil sie Quellen zum Phänomen des Makels und der ihm zugrunde liegenden Tabu-Moralität bieten, mit denen seine Ansichten überprüft werden können. Vgl. zum Beispiel Ruth Benedict, *Patterns of Culture*, Boston, Houghton Mifflin 1934; Mary Douglas, *Purity and Danger: An Analysis of Concepts of Pollution and Taboo*, London, Routledge & Kegan Paul 1966; Gerhart Piers und Milton B. Sincer, *Shame and Guilt: A Psychoanalytic and a Cultural Study*, New York, W. W. Norton 1971; Nel Noddings, *Women and Evil*, Berkeley, University of California Press 1982; Agnes Heller, *The Power of Shame: A Rational Perspective*, London, Routledge & Kegan Paul 1985; Jean Delumeau, *Sin and Fear: The Emergence of a Western Guilt Culture, 13th–18th Centuries*, New York, St. Martin's Press 1990; Andrew P. Morrison, *The Culture of Shame*, New York, Ballantine Books 1996; Marilyn McCord Adams, »Hurricane Spirit, Toppling Taboos«, in: *Our Selves, Our Souls and Bodies: Sexuality and the Household of God*, hrsg. von Charles Hefling, Boston, Cowley Publications 1996, 129–141.

3   Ricoeur, *Symbolik des Bösen*, Kapitel 2.

4   Ebd., 118.

5   Ebd., Kapitel 3, 119.

6   Ricoeurs Ansicht von Sünde und Schuld entspricht eher einem protestantischen, vielleicht einem klassisch lutherischen Verständnis als einem römisch-katholischen. Trotzdem sollte der Abriss, den ich gegeben habe, auch bei katholischen Lesern auf Interesse stoßen.

7   Ricoeur, *Symbolik des Bösen*, 36.

8   Ebd.

9   Ebd., 29.

10 Vgl. Audre Lorde, »Uses of the Erotic: The Erotic as Power«, in: *Sister Outsider*, Trumansburg, NY, Crossing 1984, 53–59; Carter Heyward, *Our Passion for Justice: Images of Power, Sexuality, and Liberation*, New York, Pilgrim 1984; Marvin Ellison, *Erotic Justice: A Liberating Ethic of Sexuality*, Louisville,

Westminster John Knox 1996. Obwohl ich diese und weitere Arbeiten hier kursorisch als Bezugspunkte aufführe, kann ich sie unmöglich intensiv genug würdigen. Dies legt den – berechtigten – Einwand nahe, dass ich einige ihrer wichtigen Elemente ignoriere, indem ich mich lediglich auf einen zentralen Punkt konzentriere.

11 Barbara J. Blodgett, *Constructing the Erotic: Sexual Ethics and Adolescent Girls*, Cleveland, Pilgrim 2002. Kritische feministische Reaktionen (auch von den Pro-Eros-Autoren selbst) weisen auf die Gefahren einer »grenzenlosen Erotisierung« hin, zum Beispiel wenn die Dominanz erotisiert wird, was fast immer zum Nachteil der Frauen geschieht.

12 Beverly Wildung Harrison, *Justice in the Making: Feminist Social Ethics*, hrsg. von Elizabeth M. Bounds et al., Louisville, Westminster John Knox 2005, besonders Teil I; *Making the Connections: Essays in Feminist Social Ethics*, hrsg. von Carol S. Robb, Boston, Beacon 1985.

13 Vgl. Lisa Sowle Cahill, *Sex, Gender, and Christian Ethics*, Cambridge, Cambridge University Press 1996; Christine E. Gudorf, *Body, Sex, and Pleasure: Reconstructing Christian Sexual Ethics*, Cleveland, Pilgrim 1994; Karen Lebacqz, »Appropriate Vulnerability: A Sexual Ethic for Singles«, in: *Christian Century* (6. Mai 1987), 435–438; Barbara H. Andolsen, »Whose Sexuality? Whose Tradition? Women, Experience, and Roman Catholic Sexual Ethics«, in: *Religion and Sexual Health*, hrsg. von Ronald M. Green, Dordrecht, Kluwer Academic 1992, 55–77.

14 Ich möchte hier auch die Arbeit von Feministinnen wie bell hooks, Judith Plaskow und Sarah Hoagland würdigen. Es wäre nützlich, diese und andere Perspektiven auf die Sexualethik detaillierter verfolgen zu können – ob nun christlich, jüdisch oder säkular –, auch wenn sie keine geschlossenen Theorien oder eine Systematik entwickelt haben. Vgl. bell hooks, *Feminist Theory: From Margin to Center*, Boston, South End 1984; Judith Plaskow, *Standing Again at Sinai: Judaism from a Feminist Perspective*, San Francisco, Harper & Row 1990; Sarah Lucia Hoagland, *Lesbian Ethics: Toward New Value*, Palo Alto, CA, Institute of Lesbian Studies 1988.

15 Eugene B. Borowitz, *Choosing a Sex Ethic: A Jewish Inquiry*, New York, Schocken Books 1979.

16 Zentralkonferenz amerikanischer Rabbiner, Ad-Hoc-Komitee zur menschlichen Sexualität, »Reform Jewish Sexual Values«, in: *CCAR Journal* 43 (Herbst 2001), 9–13.

17 James M. Gustafson, »Nature, Sin, and Covenant: Three Bases for Sexual Ethics«, in: *Perspectives in Biology and Medicine* 68 (Frühjahr 1981), 483–497.

18 Stanley Hauerwas, »The Politics of Sex: How Marriage is a Subversive Act«, in: *After Christendom: How the Church is to Behave if Freedom, Justice, and a Christian Nation are Bad Ideas*, Nashville, Abingdon 1991, 113–131.

19 Vgl. Bericht und Empfehlungen der Evangelical Lutheran Church in America (ELCA), *Journey Together Faithfully: A Call to Study and Dialogue*; *Presbyterians and Human Sexuality* 1991, in: 203rd General Assembly Response to the Report of the Special Committee on Human Sexuality, 1991; *The Book of Resolutions of the United Methodist Church*, Nashville, United Methodist Publishing House 2000. Obwohl diese und andere Texte in allen wichtigen protestantischen Kirchen vielleicht inzwischen als veraltet gelten, verdienen sie als eigenständige Beiträge zur Debatte unsere Beachtung.

20 Anthony Kosnik, William Carroll, Agnes Cunningham, Ronald Modras, und James Schulte, *Human Sexuality: New Directions in American Catholic Thought*, Rahwah, NJ, Paulist 1977. Das Buch war Ergebnis einer Studie, die von der *Catholic Theological Society of America* in Auftrag gegeben wurde. Sie wurde von vielen Katholiken begrüßt, aber von anderen (vor allem auf der kirchlichen Führungsebene) auch heftig kritisiert. Obwohl diese Publikation ein Meilenstein war, ist es ein wenig irreführend, die neuen Entwicklungen in der katholischen Sexualethik mit dem Jahr 1977 beginnen zu lassen. Genau genommen hat sich die Diskussion zur Sexualethik mit dem Zweiten Vatikanischen Konzil erheblich geändert und dann mit der (weitgehend kritischen) Reaktion auf die päpstliche Enzyklika zur Empfängnisverhütung, *Humanae Vitae*, von 1968.

21 Viele dieser wichtigen Arbeiten sind gesammelt in *Readings in Moral Theology No. 8: Dialogue About Catholic Sexual Teaching*, hrsg. von Charles E. Curran und Richard A. McCormick, New York, Paulist 1993; *Readings in Moral Theology No. 9: Feminist Ethics and the Catholic Moral Tradition*, hrsg. von Charles E. Curran, Margaret A. Farley und Richard A. McCormick, New York, Paulist 1996; und *Readings in Moral Theology No. 13: Change in Official Catholic Moral Teachings*, hrsg. von Charles E. Curran, New York, Paulist 2003.

22 Ich präsentiere hier meine eigene Version der wesentlichen Quellen für die christliche Ethik. Sie entspricht dem originalen methodistischen »Viereck«. Ich habe sie beim gemeinsamen Unterricht mit meinem Kollegen Charles Powers entwickelt, der eine ähnliche Darstellung benutzt hat. Aber ich habe die Konzepte im Laufe der Jahre häufig ergänzt und überarbeitet. Meine früheren Studenten werden die »Landkarte« erkennen, die in fast jedem meiner Kurse auftauchte. Zum methodistischen »Viereck« vgl. W. Stephen Gunter et al., *Wesley and the Quadrilateral: Renewing the Conversation*, Nashville, Abingdon 1997.

23 David Biale, *Eros and the Jews: From Biblical Israel to Contemporary America*, New York, Basic Books 1992, 13.

24 Ebd., 11. Wir werden einem Paradebeispiel dafür begegnen, wenn wir zur Betrachtung von gleichgeschlechtlichen Beziehungen in Kapitel 7 kommen.

25 Ebd., 12 sowie das gesamte Kapitel 1.

26 Eine hervorragende Erkundung der biblischen Zeugnisse zur Sexualität, besonders des Neuen Testaments, findet sich bei Cahill, *Sex, Gender, and Christian*

Ethics, Kap. 5. Unter den vielen hilfreichen Arbeiten von Bibelforschern vgl. Raymond F. Collins, *Sexual Ethics and the New Testament: Behavior and Belief*, New York, Crossroad 2000; Wayne A. Meeks, *The Origins of Christian Morality: The First Two Centuries*, New Haven, CT, Yale University Press 1993; Dale B. Martin, *The Corinthian Body*, New Haven, CT, Yale University Press 1995.

27 Ich verzichte hier auf die detaillierte Diskussion der Beziehung zwischen Schrift und Tradition, ihrer Entwicklungen sowohl im römischen Katholizismus wie im Protestantismus. Es gibt jedoch präzise und nützliche Arbeiten dazu. Vgl. zum Beispiel John E. Thiel, *Senses of Tradition: Continuity and Development in Catholic Faith*, Oxford, Oxford University Press 2000, 3–5.

28 Joseph Ratzinger, »Kommentar zum II. Kapitel der Dogmatischen Konstitution über die göttliche Offenbarung«, in: *Lexikon für Theologie und Kirche* 2, Ergänzungsband 2, Freiburg, Herder 1967, 519f.

29 Die Frage der Frauenordination zum Beispiel führt zu treffender Kritik und einem Vorschlag zur Rekonstruktion der »Tradition« in: Catholic Theological Society of America, »Tradition and the Ordination of Women«, in: *Proceedings* 52 (1997), 197–204.

30 Diesen Ausdruck benutzt David H. Kelsey in: *The Uses of Scripture in Recent Theology*, Philadelphia, Fortress 1975, 172; vgl. auch das gesamte Kapitel 8 bei Kelsey, in dem die Quellen der christlichen Theologie und ihre Autorität profund, prägnant und außerordentlich originell diskutiert werden. Ich beschäftige mich hier natürlich mit den Überzeugungen und Anschauungen, welche die Sexualmoral betreffen, und nicht mit wesentlichen Glaubensinhalten wie jenen, die im Glaubensbekenntnis geäußert werden.

31 Eine ertragreiche Erkundung von Mustern und Möglichkeiten der Entwicklung von Doktrinen findet sich bei Thiel, *Senses of Tradition*. Obgleich sich dieses Buch auf die römisch-katholische Tradition konzentriert, sind seine Analysen auch für andere Traditionen erhellend und anwendbar.

32 Vgl. John T. Noonan, *A Church That Can and Cannot Change*, Notre Dame, IN, University of Notre Dame Press 2005; »Development in Moral Doctrine«, in: *Theological Studies* 54 (1993); »Experience and the Development of Moral Doctrine«, in: Catholic Theological Society of America, *Proceedings* 54 (1999), 43–56.

33 Vgl. *Codex des Kanonischen Rechtes*, Can. 1135, 1136.

34 Vielleicht sollte ich stets Anführungszeichen verwenden, wenn ich das Wort »Wirklichkeit« verwende (und das wird noch häufig geschehen). Ich denke dabei an David Tracy, der sich auf Vladimir Nabokovs Aussage bezieht: »Wirklichkeit ist eines der wenigen Worte, die ohne Anführungszeichen bedeutungslos sind.« Vgl. David Tracy, *Plurality and Ambiguity: Hermeneutics, Religion, and Hope*, San Francisco, Harper & Row 1987, 47. Schließlich haben wir nie vollen Zugang zur Wirklichkeit, unser Wissen ist immer partiell, vorläufig.

35 Ich stütze mich hier auf frühere Arbeiten. Vgl. Farley, »The Role of Experience in Moral Discernment«, in: *Christian Ethics: Problems and Prospects*, hrsg. von Lisa Sowle Cahill und James F. Childress, Cleveland, Pilgrim 1996, 134–151.

36 Catharine A. MacKinnon, *Toward a Feminist Theory of the State*, Cambridge, MA, Harvard University Press 1989, 51.

37 Farley, »The Role of Experience in Moral Discernment«; »Feminism and Universal Morality«, in: *Prospects for a Common Morality*, hrsg. von Gene Outka und John P. Reader, Princeton, NJ, Princeton University Press 1993, 170–191; »Feminist Consciousness and the Interpretation of Scripture«, in: *Feminist Interpretation of the Bible*, hrsg. von Letty M. Russell, Philadelphia, Westminster 1985, 41–54.

38 Das bedeutet nicht, dass Quellen völlig abhängig von einer subjektiven Einschätzung sind, dass es – zum Beispiel – keine Offenbarung in der Bibel gibt, wenn nicht jeder sie wahrnimmt. Es bedeutet aber, dass nicht jede Interpretation jeder Stelle in der Bibel an sich für jede Person normativ gültig sein kann. Trotzdem ist die subjektive »Anerkennung« eines Textes (jedweder Sorte) als »sinnvoll« auf gewisse Weise unvermeidlich. Nehmen wir ein extremes Beispiel: Was auch immer Gelehrte davon halten, wenn Gott Abraham befiehlt, seinen Sohn Isaak zu opfern, Abraham scheint den Befehl auf einer tiefen Ebene letztlich so zu verstehen, dass er nicht im Widerspruch zum Antlitz und Versprechen des Gottes steht, dem er begegnet ist. Andererseits ist mir vollkommen bewusst, dass eine Weltsicht völlig kohärent und dennoch falsch sein kann.

39 Paul Ricoeur, *Essays in Biblical Interpretation*, hrsg. von Lewis S. Mudge, Philadelphia, Fortress 1980, 95.

40 Vorerst sind die Begriffe »richtig«, »angemessen«, »gerecht« und »gut« austauschbar. Ich setze ihr praktisches oder allgemeines Verständnis voraus. In der Moraltheologie und Ethik gibt es wichtige Unterschiede zwischen ihnen. Die Grundbedeutung, die ich ihnen an diesem Punkt gebe, wird am deutlichsten bei den Begriffen »angemessen« und »gerecht«. »Angemessen« meint hier, dass etwas in der richtigen Beziehung zu etwas anderem steht. Und wie wir unten sehen werden, meine ich mit »gerecht«, das »Gebührende« zu geben. Die beiden Begriffe benutze ich hier fast synonym. Der Begriff »richtig« wird oft benutzt, wenn es um eine Pflicht geht wie in »richtig« im Gegensatz zu »falsch«, und verweist damit auf die Beschaffenheit einer Handlung, soweit sie im Einklang mit moralischen Normen steht, mit den Erfordernissen eines Kontrakts oder mit allem, was obligatorisch zwischen Personen oder zwischen Personen und etwas anderem ist. »Gut« im Gegensatz zu »böse« bedeutet eher eine Qualität, die einem Wesen oder Zweck innewohnt. Es bezieht sich insofern auf das Handeln, als die Handlung dem Wohl eines Wesens dient oder zu diesem Wohl führt, oder sogar insofern, als es Gottes Güte widerspiegelt.

41 Ich habe diese Überlegungen schon einmal angestellt. Vgl. *Personal Commitments: Beginning, Keeping, Changing*, San Francisco, Harper & Row 1986, 29–32, 80–84. Um ähnliche Fragen geht es bei meinen Bemühungen, Mitgefühl und Respekt zusammenzubringen. Vgl. *Compassionate Respect: A Feminist Approach to Medical Ethics and Other Questions*, New York, Paulist 2002, 21–43.

42 Unsere Wahrnehmungen und folglich unsere Liebe sind in der Tat auf vielfältige Weise sozial konstruiert. Das bedeutet aber nicht, dass sie unwichtig sind oder dass sie keinen sozial konstruierten moralischen Normen unterliegen. Wenn wir zum Beispiel in einer Gesellschaft leben, in der sich die Erwartungen an die Ehe von denen anderer Gesellschaften unterscheiden, dann müssen diese Erwartungen berücksichtigt werden, wenn wir überlegen, was Personen schädigt oder ihnen hilft und welche Bedeutung ihre Verpflichtungen haben.

43 Hier könnte eingewendet werden, dass »romantische« Liebe niemals so berechnend ist, dass sie den Prestigegewinn für den Liebenden bewertet. Ich stimme diesem Einwand in der Tendenz zu, obwohl das Beispiel deutlicher ist als andere. Vielleicht wäre es besser, von einer romantischen Liebe auszugehen, die so überwältigend ist, dass sie die Eigenschaften des geliebten Menschen überhöht und ihn (oder sie) als intelligenter, kultivierter, talentierter sieht, als er (sie) wirklich ist. In diesem Falle wäre die romantische Liebe tatsächlich »romantisch«, würde aber die wirkliche Person ebenso verfehlen. Ich denke jedoch nicht, dass es sich letztlich um eine irrtümliche Liebe handeln muss, wenn sich jemand von echter Intelligenz oder einer anderen attraktiven Eigenschaft angezogen fühlt und sich verliebt. Das könnte ein Beispiel für eine zutreffende Wahrnehmung sein, und obwohl die Eigenschaften nicht die Gesamtheit einer Person ausmachen, können sie Bedingung dafür sein, dass sich jemand verliebt. Darüber hinaus ist nicht ausgeschlossen, dass eine solche Liebe zu einer bedingungslosen Liebe heranwächst.

44 Hier könnte eine Verdeutlichung von Nutzen sein: Darauf hinzuweisen, dass richtiges Lieben davon abhängt, die konkrete Realität einer Person zu bestätigen, heißt nicht, dass wir zum Beispiel die Tatsache bestätigen, dass die Person ein Dieb ist. Und es heißt auch nicht, dass wir von diesem Aspekt der Person absehen. Es heißt vielmehr, dass wir die Person als Person anerkennen und wünschen, dass sie als die individuelle Person, die sie ist oder sein kann, ganz ist. Daher kann Liebe den Schmerz darüber einschließen, dass ein Individuum ein Dieb ist, und die Sehnsucht, dass sich das Individuum ändert. Genauso wie richtiges Lieben nicht bedeutet, zu hoffen, dass eine Person, die äußerst arm ist, vielleicht sogar am Verhungern, in dieser Situation bleiben soll – weil dies nun einmal gerade zu ihr gehört. Die Wirklichkeit und Potenzialität von Personen zu bestätigen beinhaltet, dass man für sie das Beste anstrebt.

45 Vgl. Farley, *Personal Commitments*, 81 f. Meine Position ist nicht, dass Liebe mit einem *zutreffenden Wissen* um ihr Objekt immer gerecht und angemessen sein wird. Das würde vielleicht mit einer sokratischen Ansicht von Liebe und

Moral übereinstimmen, aber nicht mit meiner. Deshalb sage ich, dass Liebe absichtlich oder unabsichtlich ihr Objekt ignorieren oder verfehlen kann. Meine Bemerkungen sowohl über das Wissen als auch über die Liebe könnten jedoch als Version einer Korrespondenztheorie der Wahrheit abgelehnt werden. Hier ist nicht der Ort, um grundlegende epistemologische Diskussionen zu führen, ich verweise lediglich darauf, dass ich in meiner Theorie von einer angemessenen Liebe von einem abgemilderten Realismus ausgehe.

46   Hier spreche ich nicht davon, dass wir uns zunächst selbst lieben müssen, um andere lieben zu können. Ob das nun richtig ist oder nicht, es geht mir hier nicht um die psychische Entwicklung. Ich meine vielmehr, dass die Natur der Liebe zu einem anderen (oder etwas anderem) eine simultane Bestätigung unserer selbst *in der und für die* Bestätigung des anderen nach sich zieht. Damit will ich auch nicht sagen, dass es die »Eigenliebe« im normalen Sinn des Wortes ist, die zuerst und vor allem anderen bestätigt wird und nur zweitrangig die Liebe zu einem anderen. Die Selbstbestätigung, welche in jede Liebe einbezogen ist, ist einfach die Form, die die affektive Bestätigung annimmt. Es gibt noch mehr Komplexitäten, die ich hier nicht weiter ausführen möchte. Beispielsweise kann ich eine(n) andere(n) letztlich um seiner oder ihrer selbst willen oder um meiner selbst willen lieben. Ich kann den anderen mit einer Liebe lieben, die sich auf meine Liebe zu mir selbst bezieht (vielleicht sogar ihr förderlich oder von ihr abhängig ist). Obwohl dies nicht die Höhe der interpersonalen Liebe darstellt, die eine Zentrierung auf den anderen beinhaltet, ist es trotzdem Liebe.

47   Im ersten Beispiel möchte ich in keinem Sinne die Natur einer Eltern-Kind-Beziehung festschreiben; ich möchte nur bestätigen, dass es eine Beziehung *ist* und daher wichtig für die Liebe sowohl des Elternteils als auch des Kindes. Im zweiten Beispiel ist es schwierig, eine solche eheliche Situation ohne genauere Details zu beschreiben, es kann sich darum handeln, dass ein Ehepartner verlassen wurde oder dass die legale Ehe nicht mehr existenzfähig ist; vorstellbar ist auch, dass der Tod eines Ehepartners nicht festgestellt werden kann und so weiter. Es ist auch möglich, dass »eheliche« Liebe in Beziehungen gerechtfertigt ist, die aus dem einen oder anderen Grund nicht »institutionalisiert« werden können.

48   Martha C. Nussbaum, *Love's Knowledge: Essays on Philosophy and Literature*, New York, Oxford University Press 1990, 261.

49   Ebd.

50   Thomas von Aquin, *Summa Theologiae* I-II. 27. 2 ad 2; I-II. 66. 6; II. 23. 6.

51   Vgl. Robert C. Solomon, »Emotions and Choice«, in: *Explaining Emotions*, hrsg. von Amelie O. Rorty, Berkeley, University of California Press 1980, 254: »Man kann zornig sein, ohne sich zornig zu fühlen; man kann drei Tage oder fünf Jahre lang zornig sein und nichts fühlen, das im Laufe dieser Periode als ein Gefühl des andauernden Zorns erkennbar wäre.« Allerdings hat Martha Nussbaum angemerkt: »Wir sollten zwei Arten von ›Gefühlen‹ unterscheiden.

Auf der einen Seite gibt es Gefühle mit einem starken intentionalen Inhalt – Gefühle der Leere des Lebens ohne eine bestimmte Person ... Solche Gefühle können auch als Emotion bezeichnet werden ... Auf der anderen Seiten gibt es Gefühle ohne starke Intentionalität oder kognitiven Inhalt, zum Beispiel Gefühle der Müdigkeit oder der besonderen Energie. Sie können körperliche Zustände und Emotionen begleiten oder nicht – aber sie sind nicht notwendig für sie.« Martha Nussbaum, »Emotions as Judgements of Value and Importance«, in: *Relativism, Suffering, and Beyond: Essays in Memory of Bimal K.* Matilal, Delhi, Oxford University Press 1997, 247. Vgl. auch Solomon, *The Passions*, Notre Dame, IN, University of Notre Dame Press 1983.

52 Wie ich schon gesagt habe, ist es üblich, besonders unter Christen, von Liebe für das »nicht Liebenswürdige« zu sprechen. Von der höchsten christlichen Liebe, *agape*, meint man, dass sie entweder von Pflicht motiviert oder Gottes Liebe ist, die durch uns hindurchfließt. In dieser Sichtweise wäre die Liebe vollkommen aktiv und würde nicht auf Schönheit oder Liebenswürdigkeit reagieren, wenn sie entsteht. Das scheint unserer Erfahrung nach nur teilweise wahr zu sein. Eine Reihe von Dingen stimmen nicht bei dieser Deutung der christlichen Liebe. Zunächst einmal, dass unser Lieben immer, nur und auf jede Weise »schöpferisch« ist und dem anderen Güte und Schönheit (Liebenswürdigkeit) verleiht. Das würde heißen, etwas für die menschliche Liebe zu beanspruchen, das allein zur Liebe Gottes gehört – ein Aus-Liebe-Erschaffen, eine Liebe *ex nihilo*. Was immer oder wen immer wir lieben, ist jedoch bereits in einem gewissen Sinn liebenswert, nämlich wegen Gottes schöpferischer Liebe. Es stimmt (das sagt uns unsere Erfahrung), dass menschliches Lieben schöpferisch *ist* oder sein kann, aber nur teilweise. Obgleich unser Lieben im ersten Moment *Reaktion* auf etwas ist, das bereits liebenswert ist, können Personen in der Liebe aufblühen, auch in unserer eigenen.

Zweitens: Zu sagen, wir sollten lieben, was in jeder Hinsicht »nicht liebenswürdig« oder »nicht zu lieben« ist, ist in Wirklichkeit ein Widerspruch, obwohl es sicher möglich ist, die Taten der Liebe als Pflicht oder auf Befehl zu tun. Wenn wir selbst das Objekt einer solchen Liebe wären, würden wir uns vermutlich nicht allzu sehr darüber freuen. Auf der anderen Seite ist der Glaube, dass Gott durch uns liebt, *ob wir nun überhaupt lieben oder nicht*, nicht nur plausibel, sondern tröstlich. Es scheint nur einfach nicht die Art von Liebe zu sein, zu der Christen oder alle anderen Menschen letztlich berufen sind.

Unserer Erfahrung nach wird die Liebe durch etwas Schönes oder Gutes oder Liebenswertes geweckt und festgelegt. Wenn wir von jemandem, der nach bestimmten Kriterien wenig liebenswürdig zu sein scheint, nicht berührt werden und keine Liebe erwacht, sollten wir trotzdem versuchen, die Schönheit des anderen zu entdecken und – eine Stufe darunter – zu *glauben*, dass alle Personen liebenswürdig sind (zumindest von Gott geliebt werden), auch wenn wir nicht »sehen«, jedenfalls nicht sofort.

53 Solomon, »Emotions and Choice«, 270. Vgl. auch meine Behandlung von Liebe in Bezug auf Verpflichtung: Farley, *Personal Commitments*, Kap. 3. Das soll nicht heißen, dass wir unfähig zur christlichen *agape* sind, die Liebenswürdigkeit dessen, was wir lieben, »prüfen« and »bewerten« und unsere Liebe auf Objekte beschränken, die unsere Billigung finden. Es heißt lediglich, wie ich wieder und wieder gesagt habe, dass Liebe eine Reaktion auf etwas ist, das als liebenswürdig wahrgenommen wird.

54 Vgl. meine Behandlung des Begehrens im Allgemeinen und als Teil des Objekts der freien Wahl: Farley, »Freedom and Desire«, in: *The Papers of the Henry Luce III Fellows in Theology* vol. 3, Atlanta, Scholars 1999, 57–74.

Kapitel 6   Gerechter Sex

1 W. H. Auden, »Law Like Love«, in: *Selected Poetry of W. H. Auden*, zweite Aufl., New York, Vintage Books 1970, 62–64.

2 W. B. Yeats, »Wenn du erst alt bist«, übers. von S. Schaup, in: Englische und amerikanische Dichtung, Band 3, München, C. H. Beck 2000, 157. Englischer Titel: »When You Are Old«.

3 Wie wir diese komplexe Struktur interpretieren, ist bestimmend dafür, was wir fur uns selbst und andere gutheißen. Wenn wir zum Beispiel denken, dass Emotionen das grundlegende Element der menschlichen Persönlichkeit sind, gelangen wir zu einer bestimmten Sicht des menschlichen Wohlbefindens. Wenn wir Vernunft oder Rationalität für vorrangig halten, gelangen wir zu einer völlig anderen. Wenn wir denken, dass die freie Entscheidung von zentraler Bedeutung ist, streben wir etwas ganz anderes an, als wenn wir glauben, dass Personen einen festen Platz in einer organischen Gesellschaft haben, wo ihre Rollen vorgeschrieben sind und die Möglichkeit der Freiheit unwichtig ist. Ich kann solche Unterschiede hier nicht eingehend klären, obwohl die Frage natürlich aufgeworfen wird. Ich sollte hinzufügen, dass ich mich hier auch nicht der Frage widme, wer als Person angesehen werden sollte und wer nicht. Zu beschreiben, was zur »Personalität« gehört, ist eine andere Aufgabe, als die Menge der damit zusammenhängenden Größen festzulegen. Was das betrifft, so können alle, die von Personen geboren wurden, unabhängig von ihren gegenwärtigen Fähigkeiten oder Entwicklungsmöglichkeiten eingeschlossen werden.

4 Mein Ansatz ähnelt hinsichtlich seiner Pragmatik dem »strategischen Essenzialismus« im Sinne von Serene Jones und anderen. Vgl. Serene Jones, *Feminism and Christian Theology: Cartographies of Grace*, Minneapolis, Fortress 2000. Mein Anliegen ist allerdings nicht in erster Linie das spekulative Wissen, sondern jene Art von Wissen, die uns sagt, was im menschlichen Leben hilfreich und was schädlich ist. In gewissem Maß korrespondiert das mit Beverly Harri-

sons Sicht der Gerechtigkeit als primärer Metapher der richtigen Beziehung, die das *telos* einer guten Gemeinschaft prägt und christliche moralische Empfindungen belebt. Vgl. Beverly Wildung Harrison, *Justice in the Making: Feminist Social Ethics*, Louisville, Westminster John Knox 2004, 16. Vielleicht stehe ich Martha Nussbaums Ansatz der »funktionalen Fähigkeiten« noch näher, weil Nussbaum und ich nicht nur ein sozialethisches Ziel teilen, sondern auch einen unerschütterlichen Glauben an die Fähigkeiten und Bedürfnisse von menschlichen Wesen, die Respekt und Bestätigung brauchen. Vgl. Martha C. Nussbaum, *Sex and Social Justice*, New York, Oxford University Press 1999, 41 f.

5 Wenn ich Personen als »Zweck in sich« bezeichne, unterstelle ich nicht, dass sie sich selbst genügen oder dass wir eine Person in einem Vakuum ganz allein aus sich selbst heraus verstehen können. Mein zweites verpflichtendes Merkmal zeigt das ganz deutlich. Ich halte es für möglich, dass Wesen als Selbstzweck existieren und trotzdem in Beziehung zu Gott stehen. Vgl. Farley, »A Feminist Version of Respect for Persons«, in: *Journal of Feminist Studies in Religion* 9 (Frühling/Herbst 1993), 183–198; auch Farley, *Compassionate Respect: A Feminist Approach to Medical Ethics and Other Questions*, New York, Paulist 2002, 36–39.

6 Obwohl ich Relationalität so interpretiere, dass sie sich auf Beziehung durch Wissen und Liebe bezieht, leugne ich damit nicht die existenzielle Abhängigkeit, die das Bezogensein auf Gott miteinschließt.

7 Vgl. Farley, »How Shall We Love in a Postmodern World?«, in: *Annual of the Society of Christian Ethics*, Society of Christian Ethics 1994, 3–19.

8 Ich bestreite nicht, dass auch Tiere eine bestimmte Innerlichkeit haben könnten, besonders Primaten. Ich spreche hier jedoch über den Menschen, der eine unverwechselbare und einzigartige Innerlichkeit zu besitzen scheint.

9 Ich setze mich nicht für die Ansicht ein, dass die sexuelle Aktivität nur gerechtfertigt ist, wenn sie auf die Möglichkeit der Fortpflanzung abzielt oder diese zumindest ermöglicht. Im Zusammenhang mit einer der spezifischen Normen werde ich dieses Thema noch einmal aufgreifen.

10 Was ich mit »passend« meine, ist vielleicht nicht völlig klar. Sowohl die minimale als auch die maximale Gerechtigkeit richten sich an der konkreten Realität von Personen und daran aus, was ihnen »gebührt«. In der minimalen Gerechtigkeit ist das Gebührende strenges Mindesterfordernis, die maximale Gerechtigkeit beinhaltet die minimale, geht aber darüber hinaus. Ein einfaches »Darüberhinausgehen« muss jedoch keinen Fortschritt in Richtung Gerechtigkeit bedeuten. Schließlich ist es möglich, eine Norm überzuerfüllen. Wenn dies aber für ein Individuum oder eine Gruppe nicht geeignet oder angemessen ist, könnte es sogar zerstörerisch sein. So könnte zum Beispiel eine Lehrerin über die übliche und geforderte Hilfestellung hinausgehen, was gerecht sein kann oder auch nicht. Das hängt von der konkreten Realität der Schüler ab und da-

von, was in einer Lehrer-Schüler-Beziehung angemessen ist und was die Lehrerin vernünftigerweise leisten kann, wenn sie die legitimen Bedürfnisse der anderen Schüler berücksichtigt. Wenn sie »zu viel« Hilfestellung gibt, könnte sie ihren Schülern sogar schaden, weil sie es versäumt, die selbstständige Entwicklung von Kreativität und anderen Fertigkeiten zu fördern. Daher geht die »maximale« Gerechtigkeit in angemessener oder passender Weise über die minimale hinaus – zum Beispiel wenn jemand in Not ist, aber keine Hilfe beanspruchen kann und ihm trotzdem geholfen wird. Der Helfer geht »einen Schritt weiter«, weil es notwendig und angemessen ist. Man könnte es »hyperobligatorisch« nennen, weit über alle wirkliche moralische Verpflichtung hinauszugehen; aber es gibt Umstände (zum Beispiel Freundschaften), wo es wirklich eine andere Ebene der Verpflichtung gibt – die allerdings immer noch nicht so streng ist wie die Verpflichtung zur minimalen Gerechtigkeit.

11 »Ungerechtfertigter« Schaden, weil die Anordnung »Füge keinen Schaden zu« nicht absolut zu setzen ist. Wir fügen Personen regelmäßig Schaden zu, wenn der Schaden notwendig ist, um ein höheres Gut zu erlangen – zum Beispiel in der Medizin. Fast jede medizinische Behandlung (besonders die chirurgische) zieht einen Schaden oder eine Verletzung für den Patienten nach sich, aber es ist ein Schaden, der gerechtfertigt ist, weil er einem wichtigen höheren Gut dient.

12 Natürlich sind wir verpflichtet, neben unseren Mitmenschen auch die anderen Lebewesen zu respektieren. Auch ihnen oder unserer natürlichen Umwelt kommt ein intrinsischer Wert zu. Ich möchte mich hier nicht auf die Diskussion einlassen, ob einige dieser Lebewesen einen unbedingten Wert haben, möchte aber behaupten, dass der Wert von Personen im Zweifelsfall höher einzuschätzen ist. Dieses Thema gehört jedoch an eine andere Stelle. Mein Anliegen hier ist nicht nur, darauf hinzuweisen, dass Menschen Zweck in sich sind, sondern dass sie es wegen der verpflichtenden Merkmale ihrer Personalität sind. Die Tatsache, dass Menschen selbsttranszendent sind und doch sich selbst gehören, bestimmt und begründet die Norm, die es verbietet, ihnen ungerechtfertigt zu schaden.

13 Lebacqz, »Appropriate Vulnerability«, 436.

14 Vgl. Jessica Benjamin, *The Bonds of Love: Psychoanalysis, Feminism, and the Problem of Domination*, New York, Pantheon Books 1988; Benjamin, »The Bonds of Love: Rational Violence and Erotic Domination«, in: *The Future of Difference*, hrsg. von Hester Eisenstein und Alice Jardine, New Brunswick, NJ, Rutgers University Press 1985, 41–70.

15 Christine M. Korsgaard, »A Note on the Value of Gender-Identification«, in: *Women, Culture and Development*, hrsg. von Martha C. Nussbaum und Jonathan Glover, Oxford, Clarendon Press 1995, 401–403.

16 Siehe unten die Tabelle aller Normen auf Seite 254.

17 In einigen Ansätzen zur Medizinethik wird zum Beispiel das Prinzip des Respekts für Personen auf den Respekt für die Autonomie einer Person reduziert. Die grundlegende spezifische Norm wird bei der medizinischen Behandlung auf das Erfordernis einer Einwilligung nach erfolgter Aufklärung reduziert. Es ist aber ein Fehler, den Respekt für Personen mit dem Respekt für die Autonomie *gleichzusetzen*. Der Respekt für die Autonomie ist allerdings ein wesentlicher Teil dessen, was den Respekt für eine Person ausmacht. Vgl. Farley, *Compassionate Respect: A Feminist Approach to Medical Ethics and Other Questions*, New York, Paulist 2002, 22–44.

18 Mir wird klar, dass ich hier noch einen ethischen Begriff einführe: »Recht«. Es würde den Rahmen dieses Buches sprengen, ihn jetzt zu verdeutlichen. Deshalb setze ich das allgemeine Verständnis eines »Rechts« als Anspruch voraus – ob dieses nun legal oder moralisch, durch einen Vertrag oder einfach durch das Menschsein erworben wurde. In diesem Kontext bekräftige ich moralische Rechte, Ansprüche, die anderen die moralische Verpflichtung auferlegen, etwas zu respektieren, zu sichern und zu schützen. Einige dieser Ansprüche können und sollten auch durch das Gesetz gesichert werden.

19 Die Regel »Nicht anfassen« hat eine andere Geltung im sexuellen Bereich als im medizinischen (obwohl sie natürlich manchmal zusammenfallen). Im Letzteren untermauert sie das Erfordernis der Einwilligung in die Behandlung nach erfolgter Aufklärung, obwohl Ausnahmen in Notfällen zugelassen sind. Soweit ich weiß, wurde der Ausdruck »körperliche Integrität« zuerst von Beverly Wildung Harrison in Beziehung zur Autonomie diskutiert (um persönliche körperliche Grenzen festzulegen). Vgl. ihre »Theology of Pro-Choice: A Feminist Perspective«, in: *The Witness* 64 (September 1981), 20; auch *A Right to Choose: Toward a New Ethic of Abortion*, Boston, Beacon 1983; *Making the Connections*, hrsg. von Carol S. Robb, Boston, Beacon, 1985, 129–131. Es erübrigt sich zu sagen, dass Harrison dieses Konzept zwar häufig im Zusammenhang mit der Abtreibungsproblematik bemühte – trotzdem hat es für sie und andere eine sehr viel weiter gehende Bedeutung.

20 Etwas anderes ist es, ein Versprechen zu geben und dann nicht in der Lage zu sein, es zu halten, entweder weil sich die Umstände geändert haben oder weil der Versprechensgeber schwach ist oder was auch immer.

21 Vgl. Gabriel Marcel, *Schöpferische Treue*, übers. von Ursula Behler, Paderborn 1963, 92 f.

22 Der Begriff stammt von Sartre, obwohl er mit ihm vor allem die Erregung von sexueller Attraktion und Begehren bezeichnet. Vgl. Jean Paul Sartre, *Das Sein und das Nichts*, 500. Zu neueren Verwendungen und Adaptationen des Konzepts vgl. Thomas Nagel, »Sexual Perversion«, in: *Philosophy of Sex: Contemporary Readings*, hrsg. von Alan Soble, Totowa, NJ, Littlefield Adams 1980, 76–88; Solomon, »Sexual Paradigms«, ebd., 89–98; Janice Moulton, »Sexual Behavior: Another Position«, ebd., 110–118.

23 Zu einer umfassenderen Diskussion dieser Gefahr siehe Richard Sennett, »Destructive Gemeinschaft«, ebd., 299–321.

24 Jean-Paul Sartre, *Kritik der dialektischen Vernunft*, I. Band, übers. von Traugott König, Reinbek bei Hamburg, Rowohlt 1967, 116.

25 Ich streite hier Foucaults Kritik an der »Repressionshypothese« keineswegs ab. Es spricht unter Umständen sogar für sie, weil die sogenannte »Repression« die Art von Sexualität konstruieren könnte, die das Gegenteil dessen ist, worauf Repression abzielt. Außerdem könnte das abnehmende sexuelle Begehren auf eine andere Art der sozialen Konstruktion des sexuellen Begehrens und der sexuellen Möglichkeiten hinweisen: Sie könnte das Resultat nicht von zu viel Sex sein, sondern von der sozialen und kulturellen Betonung des Orgasmus als Zeichen von akzeptablem und wertvollem Sex. Erwartungen an den Orgasmus und die sexuelle Leistung können faktisch die Macht der Sexualität untergraben.

26 Robin Morgan, »A Marriage Map«, in: *Ms. Magazine* 11 (Juli–August 1982), 204. Zur weiteren Erklärung der Bedeutung von interpersonaler Verbindlichkeit vgl. Farley, *Personal Commitments*. Dort wird die Verbindlichkeit auf eine Weise beschrieben, die es erlaubt, sie zumindest als Teil eines Zwecks zu sehen – zum Beispiel von Liebe und Freundschaft. Sie hat einen intrinsischen Wert (oder kann ihn haben), weil sie geschaffen wird, indem eine Person der anderen ihr »Wort« gibt und damit die Beziehung auf ein neues Fundament stellt.

27 Annette C. Baier, *Moral Prejudices: Essays on Ethics*, Cambridge, MA, Harvard University Press 1994, 147.

28 Mary McDermott Shideler, *The Theology of Romantic Love: A Study in the Writings of Charles Williams*, Grand Rapids, MI, Eerdmans 1962, 115.

29 Die vielen Publikationen von Marie Fortune liefern beschreibende und normative Analysen dieser Fragen. Vgl. besonders die neue Version ihrer ersten Arbeit zur sexuellen Gewalt als »die unaussprechliche Sünde«, in: Marie Marshall Fortune, *Sexual Violence: The Sin Revisited*, Cleveland, Pilgrim 2005. Für die Betrachtung dieser Fragen in internationalem Rahmen vgl. Mary John Mananzan et al., Hrsg., *Women Resisting Violence: Spirituality for Life*, Maryknoll, NY, Orbis 1996.

30 Vgl. zum Beispiel die verschiedenen Aufsätze in: Emilie M. Townes, Hrsg., *A Troubling in my Soul*, Maryknoll, NY, Orbis 1993.

31 Vgl. zum Beispiel Nussbaum, *Sex and Social Justice*; Nussbaum und Glover, *Women, Culture, and Human Development*; Amartya Sen, »Over 100 Million Women Are Missing«, in: *New York Review of Books* (20. Dezember 1990), 61–66.

32 Es gibt inzwischen zahllose Arbeiten von Theologen zu diesen Fragen. Siehe besonders Howard Eilberg-Schwartz und Wendy Doniger, Hrsg., *Off with Her Head! The Denial of Women's Identity in Myth, Religion, and Culture*, Berkeley, University of California Press 1995.

33 Vgl. Farley, *Compassionate Respect*, 3–20; vgl. auch Linda Singer, »Regulating Women in the Age of Sexual Epidemic«, in: *Erotic Welfare: Sexual Theory and Politics in the Age of the Epidemic*, hrsg. von Judith Butler und Maureen Mac-Grogan, New York, Routledge 1993.

34 Vgl. Committee on Ethics, »Sex Selection«, Washington, DC, American College of Obstetricians and Gynecologists, November 1996. Zu einer sorgfältigen allgemeineren Sichtung der reproduktiven Technologien vgl. Maura A. Ryan, *Ethics and Economics of Assisted Reproduction: The Cost of Longing*, Washington, DC, Georgetown University Press 2001. Vgl. auch Lisa Sowle Cahill, »The New Birth Technologies and Public Moral Argument«, in: Cahill, *Sex, Gender and Christian Ethics*, Cambridge, Cambridge University Press 1996, 217–254.

35 Vgl. zum Beispiel Benoit Denizet-Lewis, »Friends, Friends with Benefits, and the Benefits of the Local Mall«, in: *New York Times Magazine* (30. Mai 2004), 30–35, 54–56; Donna Freitas, »Let's Talk About Sex«, in: *Christian Century* (14. Juni 2005), 29–31; Lauren F. Winner, *Real Sex: The Naked Truth about Chastity*, Grand Rapids, MI, Brazos 2005; Caitlin Flanagan, »Are You There God? It's Me Monica: How Nice Girls Got So Casual about Oral Sex«, in: *Atlantic* (Januar-Februar 2006), 167–182. Vgl. auch die vielen Studien, über die Barbara J. Blodgett berichtet, *Constructing the Erotic: Sexual Ethics and Adolescent Girls*, Cleveland, Pilgrim 2002, Kapitel 4.

36 Zitiert bei Benoit Denizet-Lewis, »Friends, Friends with Benefits, and the Benefits of the Local Mall«, 32.

37 Ebd., 34.

38 Zu Einsichten in diese Erfahrungen vgl. Blodgett, *Constructing the Erotic*, besonders Kap. 4–5.

39 1994 berief der *Sexuality Information and Education Council of the United States* (SIECUS) die nationale Kommission für die sexuelle Gesundheit von Heranwachsenden ein. Diese Kommission legte einen Konsensbericht vor, der hervorhob, wie notwendig es sei, dass Erwachsene die sexuelle Gesundheit von Heranwachsenden unterstützen: in Form von zutreffender Information und Aufklärung, Förderung der Fähigkeit, verantwortungsbewusste Entscheidungen zu treffen, Unterstützung und Anleitung beim Nachdenken über die Werte junger Menschen und Ausformung gesunder sexueller Einstellungen und Verhaltensweisen. Die Kommission regte Heranwachsende dazu an, »die sexuelle Praxis hinauszuschieben, bis sie physisch, geistig und emotional zu reifen sexuellen Beziehungen und ihren Folgen bereit sind«. Sie befürwortete eine Aufklärung über folgende Aspekte: Intimität, das Setzen sexueller Grenzen, Druck von Gleichaltrigen, Partnern, Gesellschaft und Medien, Vorteile in Bezug auf den Verzicht auf genitalen Verkehr sowie Verhütung von Schwangerschaft und Geschlechtskrankheiten. In einer ausgewogenen Publikation zu diesen Fragen wurden auch positive Einschätzungen des Verhaltens von Heranwachsenden in

den letzten Jahren erwähnt. Vgl. Debra W. Haffner, Hrsg., *Facing Facts: Sexual Health for America's Adolescents*, New York, SIECUS National Commission on Adolescent Sexual Health 1995.

40 Immanuel Kant, »De criminibus Carnis«, in: *Kants Vorlesungen*, Band IV, *Vorlesungen über Moralphilosophie*, zweite Hälfte, zweiter Teil, Berlin, de Gruyter 1979, 1520.

41 Eine traditionelle Ansicht findet sich bei Germain Grisez, *The Way of the Lord Jesus*, Band 3: *Difficult Moral Questions*, Quincy, IL, Franciscan 1997, 134, 247. Zu kritischen zeitgenössischen Analysen, die begriffsanalytische, biblische und traditionelle Standpunkte einschließen, vgl. Anthony Kosnik et al., »Masturbation«, in: *Readings in Moral Theology No. 8: Dialogue about Catholic Sexual Teaching*, hrsg. von Charles E. Curran und Richard A. McCormick, New York, Paulist 1993, 349–360; Ronald Lawler, Joseph M. Boyle und William E. May, »Masturbation«, ebd., 361–371; Alan Soble, »Masturbation: Conceptual and Ethical Matters«, in: *The Philosophy of Sex: Contemporary Readings*, hrsg. von Alan Soble, 4. Aufl., New York, Rowman & Littlefield 2002, 67–94. Ein kritischer Aufsatz aus der Perspektive weiblicher Erfahrung findet sich bei Jacqueline Fortunata, »Masturbation and Women's Sexuality«, in: *The Philosophy of Sex*, hrsg. von Alan Soble, New York, Littlefield Adams 1980, 389–408.

42 Dieses unbegründete Prinzip scheint mir hinter der römisch-katholischen Position zu stehen, zum Beispiel bei den Anweisungen, die in katholischen Krankenhäusern die Sterilisation von Frauen durch eine Tubenligatur verbieten – selbst wenn eine Frau bereits mehrere Kinder hat und aufgrund einer schweren Herzkrankheit bei einer weiteren Schwangerschaft Lebensgefahr besteht. Vgl. Margaret A. Farley, »Power and Powerlessness: A Case in Point«, *Proceedings of the Catholic Theological Society of America* 37 (1982), 116–119; Richard A. McCormick, »Sterilization: the Dilemma of Catholic Hospitals«, in: *The Critical Calling: Reflections on Moral Dilemmas since Vatican II*, Washington, DC, Georgetown University Press 1989, 273–288.

43 Hiermit widerspreche ich Martin Luthers Position nur bedingt, dass die Erbsünde alle Menschen auf eine Weise, die über eigene sündige Handlungen hinausgeht, zu Sündern macht. Nämlich insoweit, als dass Luther die augustinische Position einnimmt, dass die Sexualität paradigmatisch die schlimmen Konsequenzen des Sündenfalls trägt. Meine Normen sowie das, was ich über christliche Perspektiven zum Sex gesagt habe, sollten das deutlich gemacht haben.

44 Zusätzlich zur aktuellen Berichterstattung in den Medien siehe zum Beispiel Brian M. Willis und Barry S. Levy, »Child Prostitution: Global Health Burden, Research Needs, and Interventions«, in: *The Lancet* 359 (20. April 2002), 1417–1421; Catherine Panter-Brick, »Street Children, Human Rights, and Public Health: A Critique and Future Directions«, in: *Annual Review of Anthropology* 31 (2002), 147–171; Grace Wamue, »Gender Violence and Exploitation:

The Widow's Dilemma«, in: *Violence Against Women: Reflections by Kenyan Women Theologians*, hrsg. von Grace Wamue und Mary Getui, Nairobi, Kenya, Acton 1996, 40–48; Jade Christine Angelica, *A Moral Emergency: Breaking the Cycle of Child Sexual Abuse*, Kansas City, MO, Sheed & Ward 1993. Ich sollte ebenfalls anmerken, dass es viele andere Fragen gibt, die mit psychischer und physischer sexueller Gewalt zusammenhängen, wie sexuelle Belästigung, »Date-Rape« usw. Es gibt eine umfangreiche Literatur zum ersten Punkt. Zum zweiten vgl. Kristen J. Leslie, *When Violence is No Stranger: Pastoral Counseling with Survivors of Acquaintance Rape*, Minneapolis, Fortress 2003.

45 Vgl. zum Beispiel Catharine A. MacKinnon, »Pornography Left and Right«, in: *Sex, Preference, and Family*, hrsg. von David M. Estlund und Martha C. Nussbaum, Oxford, Oxford University Press 1997, 102–125; MacKinnon, *Toward a Feminist Theory of the State*, Cambridge, MA, Harvard University Press 1989, Kapitel 11; Alan Soble, »Pornography and the Social Sciences«, in: *The Philosophy of Sex: Contemporary Readings*, hrsg. von Alan Soble, New York, Rowman & Littlefield 2002, 421–434; Martha C. Nussbaum, »Objectification«, in: *Philosophy and Public Affairs* 24 (1995), 249–291; Jeffrey Rose und David B. Hart, »Pornography and the Internet: An Exchange«, in: *New Atlantis* no. 6 (Sommer 2004), 75–89.

46 Karen Peterson-Iyer, »Prostitution: A Feminist Ethical Analysis«, in: *Journal of Feminist Studies in Religion* 14 (Herbst 1998), 19–44. Vgl. auch die Reihe von vielen ausgezeichneten Aufsätzen bei Ronald Weitzer, Hrsg., *Sex for Sale: Prostitution, Pornography, and the Sex Industry*, New York, Routledge 2000.

47 Der Ausdruck stammt von James Gustafson, »The ›Sort of‹ Person One Is«, in: *Can Ethics Be Christian?: An Inquiry*, Chicago, University of Chicago Press 1975, Kapitel 2.

Kapitel 7   Beziehungsformen

1 Stephanie Coontz, *In schlechten wie in guten Tagen: Die Ehe – eine Liebesgeschichte*, übers. von Wolfdietrich Müller, Bergisch Gladbach, Lübbe 2006, 9.

2 Ebd., 11.

3 Nancy F. Cott, *Public Vows: A History of Marriage and the Nation*, Cambridge, MA, Harvard University Press 2000, 201.

4 Zu einem Überblick über diese Publikationen siehe: http://marty-center.uchicago.edu/research/rcfp/.

5 Vgl. Rosemary Radford Ruether, *Christianity and the Making of the Modern Family: Ruling Ideologies, Diverse Realities*, Boston, Beacon 2000; Lisa Sowle Cahill, *Family: A Christian Social Perspective*, Minneapolis, Augsburg Fortress 2000; Lisa Sowle Cahill und Dietmar Mieth, Hrsg., *The Family*, Sonder-

nummer von *Concilium* 1995, London, SCM, und Maryknoll, NY, Orbis; Adrian Thatcher, Hrsg., *Celebrating Christian Marriage*, New York, T. & T. Clark 2001; Christine E. Gudorf, »Western Religion and the Patriarchal Family«, in: *Feminist Ethics and the Catholic Moral Tradition*, hrsg. von Charles E. Curran, Margaret A. Farley und Richard A. McCormick, New York, Paulist 1996. Vgl. auch die Rezension von Sondra Wheeler, »Finding Our Way Home: Theologians' Re-engagement with the Ethics of Family«, in: *Religious Studies Review* 29 (Oktober 2003), 337–341.

6   Ruether, *Christianity and the Making of the Modern Family*, 213.

7   Cott, *Public Vows*, 5.

8   Coontz, *In schlechten wie in guten Tagen*, 53 ff. Coontz stellt fest, dass es nur eine Gesellschaft gab, in der die Ehe keine bedeutsame Institution war. Dabei handelte es sich um eine Gesellschaft mit nur 30 000 Mitgliedern, in der Beziehungen zwischen Geschwistern wesentlich wichtiger waren als die Ehe. Das Erlangen von angeheirateter Verwandtschaft sieht Coontz unter allen möglichen Funktionen der Ehe als die wesentlichste an. Es ist die einzige Funktion, die nicht durch Gruppen von Brüdern und Schwestern erfüllt werden könne.

9   Coontz, *In schlechten wie in guten Tagen*, 23, 47. Als Beleg zitiert Coontz George Peter Murdock, *Ethnographic Atlas*, Pittsburgh, University of Pittsburgh Press, 1967.

10 Ruether, *Christianity and the Making of the Modern Family*, 51–52. Vgl. auch Margaret M. Mitchell, »Why Family Matters for Early Christian Literature«, in: *Early Christian Families in Context*, hrsg. von David L. Balch und Carolyn Osiek, Grand Rapids, MI, William B. Eerdmans 2003, 353–354. Es sollte angemerkt werden, dass die westgermanischen Stämme vor dem fünften Jahrhundert kaum christianisiert waren.

11 Vgl. Cott, *Public Vows*, 105–130.

12 Einige dieser Veränderungen sind in dem historischen Überblick verzeichnet, den ich bereits in Kapitel 2 gegeben habe.

13 Coontz, *Marriage, a History*, 17. Coontz bemerkt später, dass Individuen hoffen konnten, Liebe oder zumindest »abgeklärte Zuneigung« in der Ehe zu finden, und dass das Interesse am Wohlbefinden von Paaren in vielen Arrangements durch die Familie durchaus eine Rolle spielte. Doch das war nicht der Zweck der Ehe. Suzanne Dixon bezweifelt, dass arrangierte Ehen »gefühllos« und »ohne Liebe« gewesen seien. Sie führt an, dass das wissenschaftliche Beharren darauf, dass Liebe und Ehe zwei paar Schuhe gewesen seien, »den heutigen westlichen Abscheu vor der Idee von arrangierten Ehen widerspiegeln könnte ... Aber es ist ein logischer Sprung, aus der Art des Arrangements auf die Erwartungen und den Gehalt einer Ehe zu schließen.« Suzanne Dixon, »Sex and the Married Woman in Ancient Rome«, in: *Early Christian Families in Context: An Interdisciplinary Dialogue*, hrsg. von David L. Balch und Carolyn Osiek, Grand Rapids, MI, William B. Eerdmans 2003, 115. Dixon führt literari-

sche Belege von »liebeskranken Ehemännern« und anderen erotischen Motiven aus diesen Jahrhunderten an.

14 Coontz, *In schlechten wie in guten Tagen*, 63. Coontz führt zwei mögliche Versionen vom Anfang der Ehe an. Die zweite ist, dass die Ehe schlicht damit begann, dass einzelne Gruppen Söhne und Töchter mit anderen Gruppen tauschten, »damit dauerhafte Verbindungen zwischen Gruppen entstanden«. Ebd., 67.

15 Cott, *Public Vows*, 3.

16 Ebd., 10 f.

17 Ebd., 11 f.

18 Ebd., 16 f.

19 Ebd., 157. Cott verfolgt diese Entwicklung vom 18. zum 20. Jahrhundert.

20 Cott bezieht sich in ihrer ganzen Untersuchung auf diese Anomalie. Sie erwähnt aber nicht nur das für den Vertrag vorausgesetzte und sogar vorgeschriebene Abhängigkeitsverhältnis, sondern auch die Tatsache, dass einigen Personen das Recht zu heiraten ganz verweigert wurde (zum Beispiel Sklaven).

21 Coontz, *In schlechten wie in guten Tagen*, Kapitel 9.

22 Einiges von dem, was hier diskutiert wird, findet sich bei Margaret A. Farley, »The Church and the Family: An Ethical Task«, in: *Horizons* 10 (1983), 50–71, und »Family«, in: *The New Dictionary of Catholic Social Thought*, hrsg. von Judith A. Dwyer, Collegeville, MN, Liturgical 1994, 371–381.

23 Theodore Mackin, *What is Marriage?*, New York, Paulist 1982, 76.

24 Vgl. Ross S. Kraemer, »Typical and Atypical Jewish Family Dynamics: The Cases of Babatha and Berenice«, in: *Early Christian Families in Context: An Interdisciplinary Dialogue*, Grand Rapids, MI, William B. Eerdmans 2003, 149. Kraemer bemerkt: »… wie häufig die polygyne Ehe wirklich war, ist gegenwärtig nicht festzustellen«, da »wir wenig über die tatsächlichen Vorgänge in den durchschnittlichen Familien wissen.« Kraemer und andere merken auch an, dass es in jüdischen Familien des Altertums wenig zu geben scheint, das unverwechselbar jüdisch ist. Shaye Cohen zitierend, berichtet sie, dass jüdische Familien und ihre »Strukturen, Ideale und Dynamik nahezu identisch mit denen der umgebenden Kultur(en) gewesen zu sein scheinen«; Shaye J. D. Cohen, »Introduction«, in: *The Jewish Family in Antiquity*, hrsg. von Shaye J. D. Cohen, Atlanta, Scholars 1993, 2.

25 Vgl. Wayne A. Meeks, *The First Urban Christians: The Social World of the Apostle Paul*, New Haven, CT, Yale University Press 1983, 102.

26 Das bedeutet nicht, dass Ehe und Familie nicht in anderer Hinsicht äußerst wichtig für die christlichen Kirchen waren, angefangen bei der Frühkirche. Da sie ursprüngliche Stätten der Gottesverehrung, Orte der Gastfreundschaft, Zentren von moralischem Wachstum und Erziehung waren, ist es schwer vorstellbar, dass das Christentum ohne sie hätte groß werden können.

27 Ruether, *Christianity and the Making of the Modern Family*, 21.

28 Peter Brown, *Die Keuschheit der Engel. Sexuelle Entsagung, Askese und Körperlichkeit am Anfang des Christentums*, München Hanser 1991. Vgl. auch Elizabeth Abbott, *A History of Celibacy*, Toronto, HarperCollins 1999; Elizabeth Castelli, »Virginity and its Meaning for Women's Sexuality in Early Christianity«, in: *Journal of Feminist Studies in Religion* 2 (Frühling 1986), 61–88; Ross S. Kraemer, Hrsg., *Maenads, Martyrs, Matrons, Monastics: A Sourcebook on Women's Religions in the Greco-Roman World*, Philadelphia, Fortress 1988.

29 Vgl. Margaret A. Farley, »Celibacy Under the Sign of the Cross«, in: *Sexuality and the U. S. Catholic Church: Crisis and Renewal*, hrsg. von Lisa Sowle Cahill, John Garvey und T. Frank Kennedy, Rowman & Littlefield 2006, erscheint in Kürze. Vgl. auch Farley, »The Church and the Family: An Ethical Task«; »Family«, in: *The New Dictionary of Catholic Social Thought*.

30 Rowan A. Greer, *Broken Lights and Mended Lives: Theology and Common Life in the Early Church*, University Park, University of Pennsylvania Press 1986, 77–100. Ich bin Greer hier und im Folgenden zu Dank verpflichtet. In weitgehender Übereinstimmung mit Greers Analyse werden einige Aspekte weiter ausgeführt bei Ruether, *Christianity and the Making of the Modern Family*, 25–35, und bei Cahill, *Family*, 18–47.

31 Greer, *Broken Lights and Mended Lives*, 97–99.

32 Ebd., 99 f.

33 Vgl. Mary Rose D'Angelo, »Colossians«, in: *A Feminist Commentary*, Band 2 von *Searching the Scriptures*, hrsg. von Elisabeth Schüssler Fiorenza, New York, Crossroad 1994, 313–324.

34 Vgl. Greer, *Broken Lights and Mended Lives*, 111–116; Ruether, *Christianity and the Making of the Modern Family*, 5 f.

35 Vgl. John K. Yost, »The Traditional Western Concept of Marriage and the Family: Rediscovering its Renaissance-Reformation Roots«, *Andover Newton Quarterly* 20 (März 1980), 169–180.

36 Vgl. Luthers einschlägige Schriften: *Sermon über die zweifache* Gerechtigkeit (1519); Ein *Sermon von dem ehelichen Stand* (1519); *Von den guten Werken* (1520); *Vom ehelichen Leben* (1522); *Eine Geschichte, wie Gott einer ehrbaren Kloster-Jungfrau ausgeholfen hat* (1524); und *Von Ehesachen* (1530).

37 Vgl. Beverly Harrison, »The Effect of Industrialization on the Role of Women in Society«, in: *Making the Connections: Essays in Feminist Social Ethics*, hrsg. von Carol S. Robb, Boston, Beacon Press 1985, 42–53.

38 Cahill, *Family*, x-xi.

39 Ebd., xi.

40 Ruether, *Christianity and the Making of the Modern Family*, 212.

41 Marifé Ramos González, »The Family and Moral Decisions: How Should the Christian Family Respond to the New Moral Challenges of Today?«, in: *The Family*, hrsg. von Lisa Sowle Cahill und Dietmar Mieth, *Concilium*, Maryknoll, NY, Orbis 1995, 66.

42 Louis Menand, »Stand by Your Man: The Strange Liaison of Sartre and Beauvoir«, in: *New Yorker* (26. September 2005), 140–146. Menand rezensiert die vier Bände von Beauvoirs Memoiren, die zwischen 1958 und 1972 publiziert wurden.

43 Was ich hier in Kurzform wiedergebe, wird in einer meiner früheren Publikationen ausgearbeitet. Vgl. *Personal Commitments: Beginning, Keeping, Changing*, San Francisco, Harper & Row 1986.

44 Vgl. meine Ausführungen dazu in Kapitel 3.

45 Prominent etwa Nena McNeil und George McNeil, *Open Marriage: A New Life Style for Couples*, New York, M. Evans 1972. Zu einem Bericht über Meinungsänderungen siehe Arlene Skolnick, *Embattled Paradise*, New York, Basic Books 1991, 139.

46 Susan Moller Okin, *Justice, Gender, and the Family*, New York, Basic Books 1989.

47 John Rawls, *Eine Theorie der Gerechtigkeit*, übers. von Hermann Vetter, Frankfurt/Main, Suhrkamp 1979.

48 Vgl. meine Behandlung dieses Themas in *Personal Commitments*, Kapitel 4 f.

49 Es ist eine umstrittene Frage, ob einige dieser ohnehin raren Texte überhaupt auf irgendetwas verweisen, was man heute unter »Homosexualität« versteht. Der Begriff als solcher erscheint nirgendwo in den Originalsprachen der Bibel, und das Konzept scheint einen anderen oder zumindest einen engeren Gehalt gehabt zu haben, als ihm normalerweise heute gegeben wird.

50 Vgl. Martti Nissinen, *Homoeroticism in the Biblical World: A Historical Perspective*, Minneapolis, Fortress 1998, besonders 93–95.

51 John Boswell, *Christianity, Social Tolerance, and Homosexuality: Gay People in Western Europe from the Beginning of the Christian Era to the Fourteenth Century*, Chicago: University of Chicago Press 1980, 108. Römer 1:23–27: »Sie vertauschten die Herrlichkeit des unvergänglichen Gottes mit Bildern, die einen vergänglichen Menschen und fliegende, vierfüßige und kriechende Tiere darstellen. Darum lieferte Gott sie durch die Begierden ihres Herzens der Unreinheit aus, sodass sie ihren Leib durch ihr eigenes Tun entehrten. Sie vertauschten die Wahrheit Gottes mit der Lüge, sie beteten das Geschöpf an und verehrten es anstelle des Schöpfers – gepriesen ist er in Ewigkeit. Amen. Darum lieferte Gott sie entehrenden Leidenschaften aus: Ihre Frauen vertauschten den natürlichen Verkehr mit dem widernatürlichen; ebenso gaben die Männer den natürlichen Verkehr mit der Frau auf und entbrannten in Begierde zueinander; Männer trieben mit Männern Unzucht und erhielten den ihnen gebührenden Lohn für ihre Verirrung.« (Zitiert nach: Katholisches Bibelwerk, *Einheitsbibel*.)

52 Richard B. Hays, »Relations Natural and Unnatural: A Response to John Boswell's Exegesis of Romans 1«, in: *Journal of Religious Ethics* 14 (1986), 184–215; Hays, *The Moral Vision of the New Testament: Community, Cross, New Creation: A Contemporary Introduction to New Testament Ethics*, San Fran-

cisco, HarperSanFrancisco 1996, Kapitel 16. Der Vorwurf des Anachronismus hier ist seltsam, da Boswells Argument gerade darauf abzielt, dass man nicht im Nachhinein in Paulus' Schriften eine moderne Vorstellung der sexuellen Orientierung hineinlesen könne. Ihm ist folglich wichtig, dass es diese Vorstellung *nicht* gegeben hat. Auf der anderen Seite argumentiert Bernadette Brooten auf einer Linie mit Hays, dass Paulus vermutlich eine Vorstellung von »natürlichen« sexuellen Ausdrucksformen im Sinne von Geschlechterunterschieden und heterosexueller Orientierung gehabt habe, dass diese jedoch auf der kulturellen Annahme der weiblichen Unterlegenheit basiert hätten – etwas, das Hays nicht berücksichtigt. Vgl. Bernadette J. Brooten, *Love Between Women: Early Christian Responses to Female Homoeroticism*, Chicago, University of Chicago Press 1996, 245, Anm. 86.

53 Dale B. Martin, »Heterosexism and the Interpretation of Romans 1:18–31«, *Biblical Interpretation* 3 (1995), 332–355.

54 Ebd., 342.

55 Ebd., 344.

56 Mary Rose D'Angelo, »Perfect Fear Casteth Out Love: Reading, Citing, and Rape«, in: *Sexual Diversity and Catholicism: Toward the Development of Moral Theology*, hrsg. von Patricia Beattie Jung, mit Joseph Andrew Coray, Collegeville, MN, Liturgical 2001, 175–197, 181 und passim. Vgl. auch John J. Winkler, *The Constraints of Desire: The Anthropology of Sex and Gender in Ancient Greece*, New York, Routledge 1990; Brooten, *Love Between Women*, 239–253.

57 Judith Plaskow, »Lesbian and Gay Rights: Asking the Right Questions«, in: *Tikkun* 9 (1992), 32.

58 Diana Swancutt, »Sexing the Pauline Body of Christ: Scriptural ›Sex‹ in the Context of the American Christian Culture War«, in: *Toward a Theology of Eros: Transfiguring Passion at the Limits of the Disciplines*, hrsg. von Virginia Burrus und Catherine Keller, New York, Fordham University Press 2006.

59 Zusätzlich zu den oben zitierten Arbeiten gibt es weitere wichtige Studien, die geeignet sind, mithilfe der Schrift einen christlichen Standpunkt zu gleichgeschlechtlichen Beziehungen herauszuarbeiten: Robin Scroggs, *The New Testament and Homosexuality*, Philadelphia, Fortress 1983; Jeffrey Siker, Hrsg., *Homosexuality in the Church: Both Sides of the Debate*, Louisville, Westminster John Knox 1994; Choon-Leong Seow, Hrsg., *Homosexuality and Christian Community*, Louisville, Westminster John Knox 1996.

60 Boswell, *Christianity, Social Tolerance, and Homosexuality*.

61 Als Beispiele für beibehaltene offizielle römisch-katholische Positionen vgl. u. a.: Kongregation für die Glaubenslehre, *Persona Humana, Erklärung zu einigen Fragen der Sexualethik*, 1975, Absatz 8; *Katechismus der Katholischen Kirche*, München [u. a.], 1993, Absatz 2357. Eine nicht offizielle, aber wichtige protestantische Erklärung, die traditionelle Formen der Komplementarität der

Geschlechter unterstützt, findet sich bei John Piper und Wayne Grudem, »An Overview of Central Concerns: Questions and Answers«, in: *Recovering Biblical Manhood and Womanhood: A Response to Evangelical Feminists*, hrsg. von John Piper und Wayne Grudem, Wheaton, IL, Crossway Books 1991, 60–92; *The Danvers Statement*, Council on Biblical Manhood and Womanhood 1990.

62 Vgl. zum Beispiel U.S. Conference of Catholic Bishops, *Always Our Children: A Pastoral Message to Parents of Homosexual Children*, Washington, DC, 1973; Baltimore Archdiocesan Task Force, *A Ministry to Lesbian and Gay Catholic Persons*, Baltimore, Archdiocese of Baltimore 1981. Vgl. auch die ausführliche Bibliographie in *Homosexuality: A Positive Catholic Perspective*, Mt. Rainier, MD, New Ways Ministry 2003. Die jüngsten Vorbehalte von Kirchenführern bezüglich der Ordination schwuler Männer sind verstörend, aber vielleicht vorübergehend, da diese Vorbehalte im Zusammenhang mit dem Versagen der verantwortlichen Institutionen für das sexuelle Fehlverhalten von heterosexuellen und schwulen Geistlichen stehen.

63 Vgl. Timothy F. Murphy, *Gay Science: The Ethics of Sexual Orientation Research*, New York, Columbia University Press 1997; Simon LeVay, *Queer Science: The Use and Abuse of Research Into Homosexuality*, Cambridge, MA, MIT Press 1996. Beide Autoren machen eine Schieflage aus, insofern in den meisten Studien zur sexuellen Orientierung Männer Gegenstand der Untersuchung waren.

64 Murphy, *Gay Science*, 53.

65 Vgl. American Psychiatric Association, *Diagnostic and Statistical Manual: Mental Disorders*, 4. Aufl., Washington, DC, American Psychiatric Association 1994. 1952 betrachtete die American Psychiatric Association Homosexualität als soziopathische Persönlichkeitsstörung. 1968 wurde daraus eine einfache psychische Störung. 1974 jedoch stufte sie Homosexualität herab, jetzt galt sie nicht mehr zwangsläufig als Störung, und nur der spezielle Fall der ich-dystonen Homosexualität wurde pathologisiert. Später wurde auch noch diese Diagnose abgeschafft, obwohl die A.P.A. weiterhin »Konflikte aufgrund der sexuellen Orientierung« bei Personen anerkennt, die Schwierigkeiten mit ihren homoerotischen Wünschen haben. Der Vorwurf, dass die Veränderungen in der Position der A.P.A. lediglich politisch seien und nicht auf solider medizinischer Einschätzung basierten, wird in der Regel von Leuten erhoben, die nicht mit den Veränderungen einverstanden sind.

66 Vgl. die Angaben bei Murphy, *Gay Science*, 57, 238f., Anm. 25–29: Evelyn Hooker, »The Adjustment of the Male Overt Homosexual«, in: *Journal of Projective Techniques* 21 (1957), 18–31; »Male Homosexuality in the Rorschach«, ebd., 22 (1958), 33–54; »What Is a Criterion?«, ebd., 23 (1959), 278–281; David W. Dunlap, »Homosexual Parents Raising Children: Support for Pro and Con«, in: *New York Times* (7. Januar 1996), A:13; Randy Shilts, *Conduct Unbeco-*

ming: Lesbians and Gays in the U.S. Military, Vietnam to the Persian Gulf, New York, St. Martin's 1993, 281–283, 647 und passim; F. D. Jones and R. J. Koshes, »Homosexuality and the Military«, in: *American Journal of Psychiatry* 152 (1995), 16–21.

67 Einige christliche Psychologen argumentieren, dass es in den Schlussfolgerungen der wissenschaftlichen und medizinischen Forschung nichts gebe, was eine Veränderung der traditionellen christlichen Ansichten zur Homosexualität rechtfertige, nämlich: Homosexualität verletze Gottes Willen, stehe im Gegensatz zur Offenbarung über die Schöpfungsbedeutung der Sexualität und werde in erster Linie durch die menschliche Gebrochenheit und Sünde verursacht. Vgl. Stanton J. Jones und Mark A. Yarhouse, *Homosexuality: The Use of Scientific Research in the Church's Moral Debate*, Downers Grove, IL, InterVarsity 2000.

68 Murphy, *Gay Science*, 166.

69 Ebd.

70 Ebd., 73.

71 David F. Greenberg, *The Construction of Homosexuality*, Chicago, University of Chicago Press 1988.

72 Ebd., 499.

73 Eine Zusammenfassung der soziologischen Methodik, die Greenberg in seiner historischen Analyse angewandt hat, findet sich in seinem Nachwort. Vgl. Greenberg, ebd., »Epilogue: Under the Sign of Sociology«, 482–499.

74 Ebd., 499.

75 Adrienne Rich, »Compulsory Heterosexuality and Lesbian Existence«, in: *The Lesbian and Gay Studies Reader*, hrsg. von Henry Abelove, Michele Aina Barale und David M. Halperin, New York, Routledge 1993, 227–253.

76 Rich, in: *The Lesbian and Gay Studies Reader*, 227.

77 Ebd., 229.

78 Vgl. Catherine A. MacKinnon, *Sexual Harassment of Working Women: A Case of Sexual Discrimination*, New Haven, CT, Yale University Press, 1979; Kathleen Barry, *Female Sexual Slavery*, Englewood Cliffs, NJ, Prentice-Hall 1979.

79 Meine Betrachtung dieser Quellen greift auch auf solche historischen Arbeiten zurück wie die des Psychiaters Francis Mark Mondimore, *A Natural History of Homosexuality*, Baltimore, Johns Hopkins University Press 1996. Wichtige und nützliche Informationen habe ich auch in Sammelbänden gefunden wie: Martin Duberman, Martha Vicinus und George Chancey, Hrsg., *Hidden from History: Reclaiming the Gay and Lesbian Past*, New York, Meridian 1990. Zu diesem Abschnitt über die säkularen Disziplinen gehört auch die Literatur zu zeitgenössischen philosophischen Interpretationen der Sexualität im Allgemeinen, die wir bereits betrachtet haben.

80 Man hat öfters darauf aufmerksam gemacht, dass es nicht notwendig ist, von denjenigen, deren Erfahrung für individuelle und gemeinschaftliche Erkennt-

nis wichtig ist, ein in jeder Hinsicht vorbildliches Leben zu verlangen, weil wir ihnen damit eine größere Bürde auferlegen als anderen, auf deren Erfahrungsberichte wir ohne Weiteres hören. Wie D'Angelo sagt, hatten viele von denen, deren Zeugnis wir hören sollten, stark unter Homophobie zu leiden und sind viel zu lange mundtot gemacht worden. »Von diesen Personen sollte die christliche Gemeinschaft nicht das zusätzliche Leumundszeugnis eines exemplarischen Lebens oder der christlichen Treue verlangen. Allzu oft bezeugt ihre Unfähigkeit, eine solche Empfehlung vorzuweisen, in erster Linie ihre Drangsal.« D'Angelo, »Perfect Fear Casteth Out Love«, 193.

81 Es sollte auch nicht übersehen werden, dass viele schwule Männer und lesbische Frauen biologische Kinder zeugen und empfangen und aufziehen; viele ziehen auch die Kinder ihrer Partner oder die Kinder von anderen auf.

82 Ich habe diesen Punkt schon früher diskutiert. Vgl. »Response to James Hanigan and Charles Curran«, in: *Sexual Orientation and Human Rights in American Religious Discourse*, hrsg. von Saul M. Olyan und Martha C. Nussbaum, New York, Oxford University Press 1998, 101–109.

83 Das Beispiel eines Philosophen, der die Heftigkeit negativer Beurteilungen mit aufhetzender Sprache schürt, ist John Finnis. Er argumentiert, dass sexuelle Akte nicht vereinigend sein können, wenn sie nicht ehelich seien, und nicht ehelich sein können, wenn sie nicht offen für die Fortpflanzung seien. Homosexuelle Akte hätten »eine besondere Ähnlichkeit mit der einsamen Masturbation, und beide Typen von entschieden nicht ehelichen Akten sind ganz offenkundig des Menschen unwürdig und unmoralisch.« Vgl. John M. Finnis, »Law, Morality, and the ›Sexual Orientation‹«, in: *Notre Dame Journal of Law, Ethics, and Public Policy* 9 (1995), 30. Finnis beharrt darauf, dass genau wie die Sodomie auch der homosexuelle Akt als anstößig zurückgewiesen werden muss, da er zerstörerisch für den Charakter und die Beziehungen des Menschen sei. Daher befürchtet Finnis negative soziale Auswirkungen jeder vermeintlichen Billigung oder sogar Tolerierung solcher Aktivitäten und lehnt alle Antidiskriminierungsgesetze ab, die über die Entkriminalisierung völlig privater Handlungen hinausgehen.

84 Diese Unterscheidung [die offizielle Position der römisch-katholischen Kirche] ist unbefriedigend, weil sie die homosexuelle Identität von der Handlung trennt und an der Einschätzung festhält, Homosexuelle könnten ihr Menschsein nicht voll entfalten. Dennoch ist sie für viele Personen ein erster Schritt, ihr negatives Urteil zu überdenken.

85 Obwohl Erziehung nach einer unstrittigen Empfehlung klingt, könnte Greenberg recht haben. Er weist darauf hin, dass die Bewegung gegen die Schwulenrechte von der Angst gespeist wird, dass bestimmte Ideen Familien und besonders Kinder beeinflussen könnten. Es ist schwieriger, die eigenen Vorurteile an Kinder weiterzugeben, wenn man feststellt, dass sie von Lehrern, den Medien und so weiter widerlegt werden. »Für Konservative ist das Hauptanliegen nicht,

Kinder vor Missbrauch zu schützen … sondern sie von dem Wissen fernzuhalten, dass es Homosexualität gibt und dass sie nicht unvereinbar mit Intelligenz und Respektabilität ist.« Greenberg, *The Construction of Homosexuality*, 471.

86 Das ist ein Argument, das Charles Curran insbesondere in Bezug auf die römisch-katholische Tradition anführt. Vgl. Charles E. Curran, »Sexual Orientation and Human Rights in American Religious Discourse: A Roman Catholic Perspective«, in: *Sexual Orientation and Human Rights*, hrsg. von Olyan und Nussbaum, 85–100.

87 Plaskow, »Lesbian and Gay Rights«, 31.

88 Diese Gedanken werden prägnant ausgedrückt bei Plaskow, ebd., 31 f., und bei Margaret R. Miles, »Beyond Biological Determination«, in: *Anglican Theological Review* 72 (Frühjahr 1990), 161–165. Die Möglichkeit, dass Homosexualität sowohl gegeben als auch gewählt ist (sowohl »Orientierung« als auch »Neigung«), wird festgestellt bei Murphy, *Gay Science*, 233, Anm. 14; Greenberg, *The Construction of Homosexuality*, 481, 487–492; Mondimore, *A Natural History of Homosexuality*, 84–87.

89 Das Folgende ist die überarbeitete Version eines früheren Aufsatzes: Margaret A. Farley, »Marriage, Divorce, and Personal Commitments«, in: *Celebrating Christian Marriage*, hrsg. von Adrian Thatcher, Edinburgh, T. & T. Clark 2001, 355–372. Die Überarbeitung schließt einige Zusätze aus früheren Aufsätzen ein: »Divorce and Remarriage«, in: *Proceedings of the Catholic Theological Society of America* 30 (1975), 111–119; »Divorce and Remarriage: A Moral Perspective«, in: *Divorce and Remarriage*, hrsg. von William P. Roberts, Kansas City, MO, Sheed and Ward 1990, 107–127; und »Divorce, Remarriage, and Pastoral Practice«, in: *Moral Theology: Challenges for the Future*, hrsg. von Charles E. Curran, New York, Paulist 1990, 213–239.

90 Vgl. Farley, »Divorce, Remarriage, and Pastoral Practice«. Hier findet sich eine genaue Analyse des Wandels im 20. Jahrhundert bezüglich der Meinungsänderungen katholischer Moraltheologen, Entwicklungen in Kirchenlehre und pastoraler Praxis und eine Beschreibung der Spannungen zwischen Moraltheologen und der hierarchischen Lehrkirche in diesen Fragen. Eine kurze Darstellung der gegenwärtigen Situation (die hier nicht berücksichtigt wird) findet sich bei Farley, »Marriage, Divorce, and Personal Commitments«.

91 Ich will damit nicht sagen, dass die großen Veränderungen in den Familienstrukturen immer schlecht sind.

92 Ich verwende hier eine Analyse von »Verpflichtung«, die ich in viel ausführlicherer Form in *Personal Commitments*, besonders Kapitel 2, angestellt habe.

93 Wenn Gott uns etwas verspricht, in den Bund mit uns tritt, so geschieht das nicht, weil Gottes Wille zu erschüttern ist, sondern weil Gott uns einen Anspruch auf sich geben will. Er will uns der bedingungslosen Liebe versichern (so gut wir das verstehen können), die Gottes Liebe für uns ist.

94 Unsere freie Entscheidung kann nicht vor der Zeit unsere Zukunft »festlegen«. Aber durch die Verpflichtung kann sie unsere Zukunft beeinflussen. Verpflichtung oder das Abgeben von Versprechen ist ein Verfahren, uns in die Zukunft zu bewegen. Daher verändert eine Verpflichtung unsere Realität und unsere Beziehungen in der Gegenwart, sodass unser Handeln in der Zukunft – abhängig davon, was wir tun und unter welchen Umständen – zutreffend als Treue oder Verrat bezeichnet werden kann.

95 Obwohl so wenig von der »Institution« übrig ist, bleibt ein Rest des Bedeutungsgehalts von »Ehe« übrig.

96 Ich verweise hier auf Vorschläge zu »befristeten« Ehen auf Probe, oder gestaffelte Zeremonien für Phasen der Ehe oder eine eventuelle Rückkehr zu älteren Vorstellungen von »Verlöbnis«. Ich diskutiere diese Vorstellungen hier nicht, aber vgl. zum Beispiel Reg Harcus, »The Case for Betrothal«, in: *Celebrating Christian Marriage*, 41–54.

97 Das ist die Grundlage der römisch-katholischen Praxis der Annullierung.

98 Vgl. Farley, *Personal Commitments*, Kapitel 7. Hier möchte ich nicht sagen, dass es keine absoluten Verpflichtungen geben kann, die unter allen Umständen vorbehaltlos verbindlich sind.

99 Ich stelle diese exemplarischen Gründe oder Bedingungen in Kapitel 7 meiner *Personal Commitments* ausführlicher dar. Ihre Anwendung im Kontext von ehelicher Verpflichtung und Scheidung habe ich genauer in den Aufsätzen diskutiert, die oben in Anmerkung 86 zitiert werden.

100 In diesem abschließenden Kapitel ist nicht genug Raum, um zu diskutieren, was ich an anderer Stelle den »Weg der Treue« genannt habe, obwohl ich in dem Abschnitt zu Ehe und Familie oben im Sinne des »Dazwischen« darauf Bezug genommen habe. Welche Anstrengung und Klugheit notwendig sind, um zu vermeiden, an den Punkt der »Unmöglichkeit« zu kommen, kann hier nicht weiter ausgeführt werden. Eine ausführlichere Darstellung findet sich in *Personal Commitments*, Kapitel 4. Aber hier wie dort gestehe ich zu, dass sich Umstände ergeben können – ob schuldhaft oder nicht –, in denen es faktisch unmöglich wird, eine Bindungsverpflichtung aufrechtzuerhalten.

101 Vgl. die in Anmerkung 86 angegebenen Aufsätze.

102 Vgl. z.B. Mary Rose D'Angelo, »Remarriage and the Divorce Sayings Attributed to Jesus«, in: *Divorce and Remarriage: Religious and Psychological Perspectives*, hrsg. von William P. Roberts, Kansas City, Sheed & Ward 1990, 78–106.

103 Vgl. zum Beispiel John T. Noonan, *Power to Dissolve*, Cambridge, MA, Belknap Press of Harvard University Press 1972.

104 Vgl. Theodore Mackin, *Divorce and Remarriage*, New York, Paulist 1984, 516f.

105 Vgl. zum Beispiel die vielen Schriften von Johannes Paul II. zur Ehe, auch: *Die ursprüngliche Einheit von Mann und Frau, Katechesen zum Buch Genesis*, 1979–1980.

106 Mir ist bewusst, dass man hier einwenden könnte, dass es einen entscheidenden Unterschied zwischen der Ehe nach dem Tod eines Partners und der Ehe nach dem »Tod« einer Ehe gibt. Schließlich gelte die ursprüngliche Verpflichtung nur »bis dass der Tod euch scheidet«, sodass eine neue Ehe nach dem Tod eines Partners dieses Versprechen nicht bricht. Andererseits zielt das implizite Versprechen »für immer und ewig« offensichtlich auf eine Verbindung nach dem Tod. In diesem Fall bleibt der Bund zwischen Ehepartnern erhalten, da auch die Gestorbenen lebendig bleiben, nur in einer anderen Welt. Man könnte einwenden, dass Gott die Ehe nur für diese Welt vorsieht. Deshalb ist die ursprüngliche Ehe aufgelöst, wenn einer der Partner nicht mehr in dieser Welt ist. Die Frage ist jedoch schwer zu lösen angesichts eines Glaubens an das Leben nach dem Tod und der Fortdauer von Beziehungen, die auf der Erde begonnen haben. Wir wissen nicht, wie sich »diese Welt« von der »nächsten« unterscheidet. Daher scheint es nicht gerechtfertigt, das Verbot der Wiederverheiratung nach einer Scheidung so zu behandeln, als unterscheide es sich vollkommen von der Erlaubnis der Wiederverheiratung nach dem Tod des Partners.

Personenregister

A

Abaelard 59
Albertus Magnus 62
al-Ghazali, Abu Hamid 119
Ambrosius von Mailand 57
Andolsen, Barbara 202, 204
Arbuthnot, Forster Fitzgerald 109 ff.
Aristophanes 164, 166, 374
Aristoteles 135, 137, 162, 172,
   345, 370
Auden, W. H. 230
Augustinus von Hippo 15 f., 57–63,
   65, 72, 134, 137, 150, 154, 161 f.,
   352 ff., 370, 397

B

Bâ, Mariama 125, 367
Barry, Kathleen 313
Barth, Karl 67, 154 ff., 163 ff., 166,
   355, 374
Bauer, Gilmary 343
Benedikt XVI. 209
Biale, David 24, 206
Blodgett, Barbara 202
Bonaventura 161
Borowitz, Eugene 24, 202 f.
Boswell, John 302 f., 305, 403
Boylan, Jennifer Finney 379
Brooten, Bernadette 403

Brown, Lyn Mikel 171
Brown, Peter 61, 280
Browning, Don 272
Bujo, Bénézet 101 f., 105
Burton, Richard Francis 109 ff., 365
Butler, Judith 178, 368, 371 ff.

C

Cahill, Lisa Sowle 24, 185, 202,
   204, 272, 287
Calvin, Johannes 63 f., 284, 354
Cardman, Francine 343
Chardin, Teilhard de 371
Clemens von Alexandria 57
Coontz, Stephanie 272 ff., 277, 399 f.
Cott, Nancy 272 f., 275 f., 400
Countryman, William 24
Curran, Charles 24, 204, 355, 407

D

Dangarembga, Tsitsi 125, 367
D'Angelo, Mary Rose 24, 165 f., 304,
   343, 375, 406
D'Emilio, John 40 f.
de Beauvoir, Simone 23, 288, 402
de Liguori, Alfonso Maria 65
Demosthenes 48
Descartes, René 134 f., 368

Dionysius der Kartäuser 62
Dixon, Suzanne 399 f.
Doniger, Wendy 110 ff.
Dorff, Elliot 24
Dube, Musa 86

E

Ellison, Marvin 202
Engels, Friedrich 69 f.
Epiktet 49
Estess, Sybil P. 189 f.

F

Fausto-Sterling, Anne 377
Feldman, David 24
Fichte, Johann Gottlieb 69 f.
Finnis, John 406
Flavius Josephus 302
Fortune, Marie 343, 395
Foucault, Michel 23, 34–40, 47, 50,
    73, 82, 181 f., 185, 196, 213, 346,
    348, 351, 356, 395
Freedman, Estelle 40 f.
Freeman, Derek 94 f.
Freud, Sigmund 15 f., 20 f., 71 f.,
    167 f., 194

G

Galenos von Pergamon 71, 172
Gerschom ben Jehuda 52
Gilligan, Carol 171, 373
González, Marifé Ramos 287
Gratianus de Clusio 59
Greenberg, David 311 f., 405 ff.
Greer, Rowan 281, 401
Griffin, Leslie 343
Gudorf, Christine 24, 125, 202,
    204, 272
Guindon, Andre 24, 204
Gupta, Lina 125
Gustafson, James 203

H

Hallett, Judith P. 350
Harrison, Beverly Wildung 24, 202,
    394
Hauerwas, Stanley 203
Hays, Richard 24, 302 f., 403
Hegel, Georg Wilhelm Friedrich 370
Herdt, Gilbert 92 f., 175, 378
Heyward, Carter 24, 202
Hieronymus, Sophronius Eusebius
    57, 353
Hoagland, Sarah 384
Hollenbach, David 343
hooks, bell 384
Hume, David 69, 356
Huntington, Samuel 365

I

Imam, Ayesha 118
Irenäus von Lyon 353

J

Jesus Christus 55, 60, 115, 149, 153 ff.,
    163 ff., 208 f., 247, 265, 278, 295,
    329, 338 f., 352, 375
Johannes Paul II. 156, 163 f., 166, 374
Johannes von Antiochia 59
Johannes von Damaskus 59
Johnson, Elizabeth 163
Johnson, Virginia Eshelman 19, 184
Jolly, Margaret 86
Jones, Serene 163, 391
Jorgensen, Christine 379
Jung, Carl Gustav 84
Justin der Märtyrer 161, 353

K

Kakar, Sudhar 110 ff., 365
Kant, Immanuel 69, 259 f.
Kanyoro, Musimbi 159
Keane, Philip 24
Kearney, Alice 343

Keenan, James 204
Kelsey, David 154, 372, 386
Kinsey, Alfred Charles 19, 260, 324
Knauft, Bruce 92 f.
Knox, John 161
Kosnik, Anthony 24
Kraemer, Ross 52, 352, 400

L

Laqueur, Thomas 167 f.
Lawler, Justus George 343
Le Maistre, Martin 62
Lebacqz, Karen 202, 239
Lorde, Audre 202
Luther, Martin 15 f., 63 f., 72, 161,
    284, 354, 397

M

Mackin, Theodore 278 f.
MacKinnon, Catharine 39 f., 73,
    215, 313
Maimonides, Moses 52
Malinowski, Bronislaw 88–94, 358
Mallanaga, Vatsyayana 109, 111 f.
Manderson, Lenore 86
Marcel, Gabriel 369
Mark Aurel 15 f., 49
Martin, Dale 24, 302 ff.
Marx, Karl 69 f.
Masters, William Howell 19, 184
McCormick, Richard 204, 355
Mead, Margaret 94 f., 358
Merleau-Ponty, Maurice 23, 369, 371
Milhaven, Giles 24
Mill, John Stuart 69 f.
Mir-Hosseini, Ziba 120, 125
Mohammed ibn 'Abd Allah
    115–121, 366
Montini, Giovanni (→ Paul VI.)
Morgan, Robin 249
Musonius Rufus, Gaius 49

N

Nabokov, Vladimir 386
Nasimiyu-Wasike, Anne 105, 363
Nelson, James 24
Nietzsche, Friedrich 69 f.
Novak, David 24
Nussbaum, Martha 225, 367 f., 373,
    389 f., 392

O

Okin, Susan Moller 294
Origenes 57, 161, 353
Oveis, Frank 343
Ovid 380

P

Pacelli, Eugenio (→ Pius XII.)
Paul VI. 66
Paulus von Tarsus 155, 163 ff., 280,
    302 ff., 339, 375, 403
Peppard, Christiana 343
Peterson-Iyer, Karen 264
Petrus Abaelardus (→ Abaelard)
Philon von Alexandria 302
Pius XI. 65 f., 354
Pius XII. 66, 354
Plaskow, Judith 24, 125, 304, 323, 384
Platon 15, 48 f., 134, 164, 194, 351, 374
Plutarch 50
Posner, Richard 40, 42

R

Rahner, Karl 147 f., 353
Ratti, Achille (→ Pius XI.)
Ratzinger, Joseph (→ Benedikt XVI.)
Rawls, John 294
Rich, Adrienne 312 f., 324
Richards, Renee 379
Ricoeur, Paul 198–201, 218, 262,
    371, 383
Rilke, Rainer Maria 178
Rousseau, Jean-Jacques 69

Ruether, Rosemary Radford 272 f.,
279, 287
Russell, Letty M. 343

S

Said, Edward 81 ff., 115, 365
Sartre, Jean-Paul 23, 144 ff., 184, 246,
288, 369 f., 371, 394
Scarry, Elaine 146
Schopenhauer, Arthur 69 f.
Schwartz, Delmore 188
Scroggs, Robin 24
Seaich, Jennifer 343
Seneca, Lucius Annaeus 15 f., 49
Shorter, Edward 40 f.
Sokrates 49, 351
Solomon, Robert 227, 389
Strathern, Marilyn 93, 358
Swancutt, Diana 304

T

Tertullian 161, 353
Thielicke, Helmut 67, 355
Thomas von Aquin 61 f., 69, 135, 154 f.,
161 f., 225, 353, 372
Thomas, Dylan 148, 370
Tillich, Paul 67
Trible, Phyllis 24

V

von Balthasar, Hans Urs 156, 166

W

Weil, Simone 142 f.
Wojtyła, Karol Józef
(→ Johannes Paul II.)
Wollstonecraft, Mary 69 f.

Y

Yeats, William Butler 232